諮商概論

An Introduction to Counselling

Second Edition

作者：John McLeod

譯者：李茂興・吳柏毅・黎士鳴

弘智文化事業有限公司

An Introduction to Counselling

John McLeod

Chinese edition copyright © 2002

By Hurng-Chih Book Co., Ltd.

For sales in worldwide.

ISBN 957-0453-53-2
Printed in Taiwan, Republic of China

第三章　心理動力取向

第四章　認知─行為取向

第五章　個人中心取向

第六章　系統論概述

第七章　女性主義取向：諮商的激進化

第八章　敘事取向：處理故事

第九章　多元文化諮商取向

第十章 認識理論的多樣化：品牌名稱與特殊要素

第十一章　結合不同的取向：折衷主義與整合主義的議題

第十二章　諮商的歷程

第十三章　諮商的政治議題

第十六章　進行諮商的各種模式

第十七章　研究的角色

第十八章　有成效的諮商員：其技巧與特質

第十九章　諮商的訓練與指導

原書序

　　長久以來，諮商活動對我（指原作者）而言，一直顯得既單純又複雜。向一位關懷你的諮商員談論你的問題，這豈不是很單純嗎？但是歷程中涉與敘述與傾聽、認識對方與為對方所認識、反省與行動，這些又可能會很複雜。在諮商歷程中，人們談論任何事物與所有的事物。諮商員與案主的關係除了透過語言面對面溝通之外，彼此的想法、感受、與記憶也同時雙向交流。正因為如此，使諮商變得複雜，以及使諮商成為一項大課題。我一向主張，諮商是跨學科的活動。將諮商侷限在心理學的領域，絕對無法令人滿意。諮商有一部分屬於心理學的領域，但是它同時又有社會學、文化、宗教信仰、哲學、美學、與其他更多領域的影子。這就是為什麼我在撰述本書時採取審慎嚴肅的態度，盼能將諮商完整的面貌介紹給初學的讀者。本書第一版出版後，有些教授向我反映本書的份量似乎超出「概論」教本常見的篇幅。僅就此一問題答覆如下：我個人的信念是，為了協助學生徹底貫通，有必要使他們瞭解諮商是門零散而尚未整合完全的學科，其中包括不同的學派傳統與各自衍生的理論文獻、研究、與進行的實務。諮商已產生豐富而迷人的文獻，其中包括各種強而有力的理論與研究發現。我相信，對諮商員而言，找出一條貫通這些文獻與不同知識的途徑，必然極為重要。

　　但是讀者在研讀本書時，應緊記在心：這是一本概論性的教科書。研讀本書有點類似經由一扇窗往房間裡望。在房間裡，有一群人做著一些事情，但是他們的世界是在玻璃窗的另外一邊。諮商是實務性的活動，僅能透過扮演諮商員與案主等實務經驗，方足以完

整地掌握：只是把本書讀完，還是無法眞正理解諮商。眞正的瞭解需要把自己沉浸在實務中，身體力行去體驗，至於看懂書中每一個字只能得其「形」，尚無法得其「神」。

本書第二版增添了許多新的章節。第一版對於諮商「過去的種種」做了許多強調，對於諮商未來的走向則著墨較少。第二版有新的章節披露多元文化、女性主義、系統、與敘事等取向。這些崛起的新取向目前在影響力方面尚不足以凌駕精神分析、個人中心、與認知行爲等盛行的舊取向，但是在未來的10年內，它們有此可能。有一新章探討權力與權力在諮商中使用與濫用的情形。另有一新章探討諮商的歷程，因爲我常常感受到我的學生在掌握「歷程」（process）的涵義方面遭遇困難。第一版可能顯得較爲乾澀與理論性，爲了提昇可讀性與促進理解，第二版增添了許多短篇的專欄，以趣味性的寫法透露與內文相關的案例與研究發現。

寫出一本像這樣的教本，最令我苦惱的是權威性方面的問題。人們通常會假設作者是書中領域的權威專家。我並不喜歡人們認爲我必然擁有特殊的知識，或認爲書中的內容必然含有某些特殊的眞理。我寧願視自己寫出來的這本書對於學術性的對話有所貢獻。我衷心希望本書有助於讀者對於「諮商是什麼？」與「諮商應是什麼？」等問題有更進一步深入的對話。

（以下致謝詞謹略）

John McLeod

推薦序

　　閱讀John McLeod所著的《諮商概論》，隨著作者的引導，我彷彿進入一座寬闊又廣大的森林，這座森林的名字叫做「諮商」。

　　首先，作者帶領我們從較高的角度往下俯瞰，描繪這座森林的整體輪廓，並且說明它是如何在這塊土地成長發展出來的；接著作者帶領讀者進入森林遊覽，他耐心的介紹森林裡的各種建築與設施。在這座森林裡有一個「諮商理論」木屋區，本區建造了許多名為「諮商理論」的木屋；森林裡還有一些各具風格的小徑，每一條小徑上都豎立了各式各樣的展示牌，幫助我們增加對「諮商」的瞭解與思考。

　　有一間木屋名為「心理動力取向」，一間名為「認知-行為取向」，一間名為「個人中心取向」，一間名為「系統論概述」，一間名為「女性主義取向」，一間名為「敘事取向」，一間名為「多元文化諮商取向」。有些木屋已經具有多年的歷史，在這些木屋上有舊的建材，也有翻修過的痕跡，不過走進屋子去看則會發現，木屋的外表雖具歷史，但是內部卻有不少新的設施，可以跟得上時代的潮流；有些木屋則還很新，看得出來剛剛建造好沒有多久，這些新木屋深具吸引力，讓人流連忘返。參觀完「諮商理論」木屋區就會看見一間服務中心，中心內陳列著關於「認識理論的多樣化：品牌名稱與特殊要素」，以及「結合不同的取向：折衷主義與整合主義的議題」的知識，介紹理論在實務上的應用情形和發展趨勢。

　　森林中的每一條小徑都有各自的展示主題：其中之一展示和「諮商歷程」、「組織脈絡」、「進行諮商的各種模式」的相關知識，

探討諮商的進行、形式與情境脈絡；第二條小徑展示和「諮商的政治議題」、「諮商實務的道德、價值觀及倫理議題」有關的知識，對於諮商實務的相關議題提出批判性的思考和觀點；第三條小徑展示和「有成效的諮商員：其技巧與特質」、「諮商的訓練與指導」的相關知識，討論諮商員的教育訓練問題；第四條小徑名為「研究的角色」，探討研究和理論、實務之間的關係；第五條小徑名為「展望未來」，整理諮商過去五十年的發展情形，並且指出諮商未來五十年的發展趨勢。有些小徑的路旁種滿花草、長滿樹木，看得出來這是已被耕耘多年的土地；但是有些小徑的路旁仍然荒蕪，等待更多的開發和耕種。

　　作者以其淵博的知識和獨到的眼光，引領學習諮商的讀者對於「諮商」的意義、內涵、理論、實務、訓練、研究及相關的重要議題，進行整體且深入的探討。作者一再強調，他並未企圖對於書中的許多議題提供絕對的答案，而是希望邀請所有學習諮商的人一起來思考與討論這些議題，豐富諮商領域的知識與研究。在眾人的耕耘及灌溉之下，「諮商」這座森林將會繼續成長與變化，生生不息。

　　這座森林裡蘊藏了無窮的寶藏，進入森林遊覽的人，眼界得以拓展，思考受到啟發，處處皆是驚喜，時時都有激盪，非常值得一遊！

洪莉竹

1 諮商導論

前言

　　萬里無雲的晴朗天氣，這天，寶兒開車載著她的朋友瑪莉安兜風。在毫無預警下，一輛魯莽的汽車撞上她們的車子。她們的車子偏離道路，情況相當危急，寶兒剎那間的念頭是：「完了！完了！」。伴隨著這次可怕意外而來的，是寶兒對當時的情境產生強烈而難以抹去的記憶。夜晚她常因惡夢而難以入眠，變得焦躁與高度警戒。她與家人、朋友漸漸疏遠，後來甚至不敢坐上駕駛座。雖然寶兒努力嘗試忘掉這次意外，但都無法如願。後來，寶兒尋求諮商員的協助。諮商員先請她填寫一份問卷，並請寶兒每天找一段固定時間花十分鐘回憶與寫下意外發生時的情景。第二次晤談，寶兒將該事件以口頭敘述的方式紀錄在錄音帶內，以第一人稱說話，猶如發生在當下一樣。回家之後還要把這捲創傷錄音帶一再撥放，直到她對此感到厭煩為止。第三次晤談，諮商員提供她一個對付惡夢的方法，利用想像力，將此一意外想像成兩個卡通角色之間的一場遊戲。第四次晤談，她要回想意外發生前良好、正面的回憶。她也重新接受開車的訓練，從一開始短暫的五分鐘練習，再漸漸增加上路的時間。在經歷所有這些階段之後，諮商員仔細傾聽她所說的話，用最大的耐心與關懷對待她，也對她的改善抱持相當樂觀的態度。在經過九次晤談之後，創傷後的壓力症狀幾乎全然消失，她也能夠像從前一樣生活了。關於此一案例更完整的闡釋，可參考Scott（1997）。

　　麥拉葛莉森（Myra Grierson）在她的生命陷入深沉沮喪時，曾寫下一段動人而真誠的描述：

在那一段遙不可及的日子裡，我唯一知道的是我必須回到某個
已被我遺忘的避風港，那是個我曾經感受到它，卻無法指認實
際存在於何處的地方。最初我嘗試以情感與肉體都從真實世界
中消失的方式去接近它。我放棄言語溝通，也放棄營養補充。
我游走於晦黯、隨時可能將我吞噬的絕望邊緣。我與「黑暗之
地」共舞，它發出震動的信息，承諾幫我解脫痛苦……我的生
活是一場麻木的惡夢，有時候會被個人的損失、憂鬱、強迫就
醫、與深切的失落感與孤寂所打斷。整個世界，沒有我容身之
處；活著，對我而言是如此的艱辛。

（Grierson 1990: 28-9）

　　她並描述一位與她晤談多次的諮商員，談到她們之間的關係如
何使她感受到被人接納，相信自己是個有能力、有價值的人。

　　羅拉亞倫（Laura Allen）曾接受過兩位諮商員的輔導。第一位
諮商員是位男性，他坐在一張比她位置高許多的椅子上（「他是需要
別人經常『往上看』的優勢者」）。他是「派克醫師」，拒絕透漏名字
的「派克醫師」。在晤談歷程中，他對於她的痛苦或沮喪沒有任何表
情與反應，最後則建議她該到精神病醫院接受治療。她咒罵這名諮
商員之後，氣沖沖地奪門而出。第二位諮商員是個女性，她很溫
暖，使人安心，但一直避談難以處理的情緒問題。在幾次的晤談
後，羅拉覺得自己應該不要談任何會使諮商員困窘的話題來保護對
方。這次的諮商員很溫和也很慈祥，只是「真的沒發生什麼事」。這
些經驗都記錄在Allen的撰述中（1990）。

何謂諮商？

　　上述案例可以使我們大致了解尋求諮商協助時可能發生的情

況。但，什麼是諮商？在大不相同的當事人經驗中，又有哪些想法與原則能加以貫穿？我們如何能瞭解及定義諮商？

　　諮商不只是發生在兩個人之間的二三事，同時也是深鉗於現代工業社會文化中的一種制度，更是近年來才新興的職業、學科、與專業領域。在英國，諮商促進評議會（Standing Council for the Advancement of Counselling, SCAC）在1971年成立，並於1976年成爲英國諮商協會（British Association for Counselling, BAC）。BAC的會員人數，從1977年的1,000人，成長到1992年的8,556人（BAC 1977, 1992）。在美國，更專業化的美國心理學會第17分會（諮商心理學）（Division 17 （Counselling Psychology） of the American Psychological Association）的會員人數由1951年的645人，到了1978年則擴張達2,695人（Whiteley 1984）。這些數字，說明了這些國家受過深度訓練的專業諮商員數目成長的情形。除此之外，活躍於志工組織中提供業餘諮商協助的人們，並未包括在這些統計數字中。在人群服務的職業中，包括護理領域、教學領域、神職領域、警界以及其他諸多職業，絕大多數提供服務的人員會認爲諮商是其工作角色的一部分。諮商已經成爲「人群服務」職業新增的一份子，其意義及其在當代文化中的地位仍在演變中。

　　在「諮商」眾多的定義中，以下僅列出一些：

「諮商」一詞包括輔導「個人」與輔導「關係」，性質可能是個人的發展問題、危機支持、心理治療、引導、或輔導如何解決問題……。諮商的任務在於提供機會給「案主」去探索、發現、與澄清如何使生活更令人滿意、更爲豐富。

（BAC 1984）

諮商代表「受過訓練的諮商員」與「案主」之間的「專業關係」。這樣的關係通常是「個人對個人」，不過有時也有超過兩人的情況。它是設計來幫助案主瞭解與釐清他們對於自己之生活空間的看法，並且幫助他們學習透過有意義、充分瞭解的選擇，以及透過情緒或人際問題的解決，來達成他們自己所擬定的目標。

（Burks and Stefflre 1979: 14）

諮商是一種有其原則的關係，其特色是應用一種或數種心理學理論，與一組公認且經由經驗、體察、以及其他人際因素而做某種修正的溝通技能，來輔導案主處理個人的隱私、問題、及渴望。它主要的思潮之一是不提供忠告或強制對方，而是促進對方成長。它持續的期間可能很長也可能很短，進行的地點在組織中或私人執業的場所，並且可能會與個人的實際問題、醫療問題、與其他福祉有重疊處。它是由雙方彼此同意分別扮演諮商員角色與案主角色的一種獨特活動……也是一種新興的專業……它是人們覺得挫折、感覺到某種程度的困惑時，想要尋求討論與解決的服務。這種服務不同於對朋友的傾訴，因為諮商員受過專業訓練，能以較隱密的方式進行，而且或許比傳統的醫學或精神病學等環境所提供的助人關係更能使人們獲得應有的尊重。

（Feltham and Dryden 1993）

由以上的定義，可以看出諮商具有許多不同的涵義。例如，Burks與Stefflre（1979）強調「專業」的關係以及「自己擬定目標」的重要性。英國諮商學會（BAC）的定義著重在探索與瞭解而非行動。Feltham與Dryden（1993）的定義突顯諮商和其他助人形式（例如：護理領域、社會工作，甚至生活週遭與朋友的關係）重疊的部分。之所以會存在著如此不同的詮釋，根源於諮商在現代社會裡興

起的歷程。二十世紀以來，諮商演變得相當快速，各種不同的主
題、重點、應用、與思想流派紛紛出現。接下來的第二章，我們將
詳細探討這些定義背後的文化與歷史背景。

　　諮商以多種不同的商標上市。以商業用語做個比喻，即市場中
有彼此競爭的各種產品，提供給消費者或客戶約略相同的服務。市
場上以高價位吸引顧客的是一種稱為「心理治療」（psychotherapy）
的產品，服務提供者通常是受過高度專業訓練的開業心理治療師，
他們通常具有醫學背景。心理治療的歷程可以很長。儘管近年來大
家對於10到12次晤談的「短期」心理治療愈來愈有興趣，但是多數
的心理治療師還是覺得為期一年或更長的療程對案主較有益。心理
治療方法中最昂貴的形式仍然是正統Freud學派的精神分析論。

　　長久以來，諮商與心理治療不同之處的論爭就沒有停止過。有
人認為兩者的分野很清楚，心理治療是針對困擾程度較嚴重的案主
所進行的一種更深層、更根本之改變歷程。另有人則認為，諮商員
與心理治療師基本上做著相同的工作，用同樣的方法與技巧，不過
在不同的機構中工作時，要使用適合該機構的頭銜。例如，傳統的
心理治療是在精神醫療單位的場合中使用的詞彙，諮商一詞適用於
諸如學生諮商中心等教育場合。諮商與心理治療最明顯的不同點在
於，多數的諮商是由業餘的志工實施，心理治療則是專業人員才可
進行。儘管有上述的不同，諮商與心理治療兩者均明顯不同於提供
忠告、照護、教導等活動。

　　另外一個逐漸使用的詞彙是諮商心理學家。諮商心理學家代表
一開始受過基本的心理學訓練，其取向使用心理學的方法與模式之
諮商員。透過與特定科學專業的聯結，這個領域明顯注入了科學的
語彙。服務特定族群的諮商員也有特定的名稱：例如，心理健康諮

商員，婚姻諮商員，或學生諮商員。這些從業人員最明顯的特徵是，他們除了受過一般諮商訓練之外，還具備特殊領域的訓練與專業知識。

　　最後，有很多非屬諮商關係的情境中也可以看到提供諮商服務的例子。例如，學生可能會把老師當成可以安心分享擔憂或焦慮的對象。社區護士也許會拜訪末期案主的家庭並給予醫療照顧，無形中卻提供其配偶精神上的支持。在這類情境中，稱這些老師或護士使用諮商技巧，而非建立真正的諮商關係似乎較恰當。他們進行諮商，但並非諮商員。這裡可以跟正式的諮商關係做個很好的區辨，因為真正的諮商（或稱為「心理治療」）是諮商員與案主簽訂正式合約，而且在關係中，諮商員不具備其他角色。然而，還是有許多情況很難將正式的諮商關係與使用諮商技巧之間劃清明確的界線。例如，在上述的例子裡，護士與案主家屬可能長期處於諮商的情境中，任誰聽了他們的錄音帶，都將難以區別護士所做的事情，與一位受過訓練、專門為失去親友的案主提供諮商服務的諮商專家所做的事情有何不同。

　　若要將教師、護士、觀護人或社會工作者與正式的諮商員做一嚴格的專業區分，可能不會有多大幫助。然而，很重要的是必須認清，當嘗試幫助案主的人既要扮演諮商員，又要扮演如教師或護士等角色而陷入角色衝突的泥淖時，他們的案主可能會感到困惑或受傷。有關這一類議題將在第15章進一步探討。若諮商歷程進入了超過助人者的訓練或能力之外的領域，對案主與輔導者可能都會造成傷害。關於如何明確劃分真正的諮商與諮商技巧的應用，至今仍然相當值得討論（見Bond 1989）。

　　更難以界定清楚的，如同諮商的多元化與心理治療，則是催眠

治療（hypnotherapy）與其他各種治療活動。利用催眠幫助有情緒或行為困擾的人們，可以回溯到18世紀。然而，由於一些原因，催眠從來就沒有被接受為心理治療或諮商之主流思想的一部分。也因此，大部分稱自己是「催眠治療師」（hypnotherapists）的人們所接受的訓練並不為諮商或心理治療的專業團體所認可或接受。類似的情況，諸如冥想、祈禱、按摩、與草藥療法等技術的治療形式，一直以來也被認為是諮商主流之外的一些方法。催眠與療養（healing）這兩者的理論基礎與應用技術，對大多數的諮商員與心理治療師而言，尚未做好心理準備去接受它們，不過，蠻多的諮商員對這些感到興趣，並有意在主流與非主流的鴻溝之間建立溝通的管道（Sheikh and Sheikh 1989; Graham 1990; Sollod 1993）。

　　綜合來說，要定義諮商並不簡單。就某些方面而言，人們在尋求諮商協助時可能會感到挫折，因為這代表當他們向某位將自己定位為「諮商員」的人尋求諮商時，並不知道他到底能提供自己哪些服務。另一方面，諮商一直受到許多不同的傳統與助人取向之影響與塑造，並且賦予大量的活力與能量。關於「什麼是諮商？」這個問題，在Feltham（1995）傑出的撰述中有極完整的討論。

諮商理論與實務的多元化

　　Karasu（1986）指出，諮商與心理治療的模式超過400種。整個領域的歷史相當短，意思是說，在1950和1970年代間如雨後春筍般出現了許多新概念，但尚未有足夠的時間來整合為一個統一的取向。不過有些證據顯示，1980年代有一股朝向整合與統一的強烈趨勢（見第11章）。然而，儘管有許多支持理論統整與結合的運動，大

家普遍認定有三種核心取向：心理動力取向（psychodynamic）、認知行為取向（cognitive-behavioural）、與人本取向（humanistic）（見第3、4、5章），代表了根本上對人類及其情緒與行為等問題持不同的看法（Mahrer 1989）。

諮商實務也同樣呈現很多不同的面貌，像是一對一諮商、團體諮商、夫妻與家庭諮商、透過電話，甚至利用書籍和自助手冊之類的方式。

文化、經濟、與社會等力量的混合，是出現多種諮商理論的原因，也增加了諮商應用的場合及其服務對象的多樣化。例如，許多諮商機構是由主要任務在於提供醫療與健康照護的機構所贊助而成立，或附屬在這些組織中。它們的範圍從照顧極受困擾或受傷的案主之心理健康／精神病院，到主要的醫療場所，例如一般醫療診所（GP surgeries），乃至社區護士。近年來，更專業的諮商一直持續成長，這是針對需要特別醫療的案主，如罹患AIDS、癌症、以及各種遺傳疾病。諮商在很多提供多種健康治療方式的醫學中心或醫院也扮演重要角色。諮商與心理治療在文化中的地位，被認為是伴隨著醫學。即使諮商員與諮商機構獨立運作於醫療組織之外，他們也常常和醫學與精神疾病治療機構保持聯繫，以便轉介嚴重的案主。

在職場上，諮商也佔有一席之地。各式各樣的諮商機構是為了幫助人們克服其工作角色上遭遇的困難、難以決定的選擇、或焦慮而設立。這些機構包括職業輔導、學生諮商服務、以及大型工業組織與政府部門所提供的員工輔導與工作場所諮商。不管工作角色是主管、一般員工、或大學生，諮商員均能協助處理工作產生的壓力與焦慮、工作上的改變、與做成生涯決定。

另外，也有些諮商實務的主要焦點並非解決問題，而是探索人

生意義與拓展察覺。這類型的諮商出現在私人診所與「成長中心」
（growth centres）。

　　有一些諮商機構的服務對象是經歷創傷、或在生命發展階段及
社會角色上遭逢遽變的人。其中最著名的應該是專門針對婚姻破
碎、受到強暴侵害、及因親友去世而難過的人們提供諮商協助的機
構與組織。在這些機構中，諮商員的工作很明顯來自社會問題。例
如，社會對婚姻看法的改變、兩性角色的重新定位、婚姻與家庭生
活的新型態、以及令離婚更容易的立法規定等，均為20世紀重大的
社會變遷與文化變遷。諮商提供一條協助的途徑，使個人更能適應
社會環境的變遷。

　　諮商活動更進一步的應用面是「成癮」（addiction）問題。有
一類諮商取向是為了幫助有藥物與酒精濫用、暴食、與戒菸等相關
問題的人們而衍生。諮商員的社會角色在這些工作中特別清晰。在
某些成癮諮商的領域中，例如重度藥物使用者，諮商員在工作時必
須依靠相關法律的強力限制與他們個人的道德判斷。例如，持有與
使用海洛因（heroin）對多數人而言不僅是道德上的錯誤，也是一
種犯罪行為。因此，諮商員對毒癮者的諮商就不只是探索「如何使
生活更令人滿意、更豐富」（British Association for Counselling 1984）
而已，還要探索何種是社會所認可的「生活方式」。其他方面的成癮
諮商，針對諸如暴食、酒精濫用、與過度抽煙等行為，這些行為受
到瘦身、飲料、以及煙草公司等廣告強力的強化。與酒精與抽煙相
關的疾病，若透過增加賦稅的方式來抑制，將比增加諮商員人數有
效，而這也是諮商的角色與行為的其他控制方式有關，並引起爭議
的一種看法。

　　諮商應用面向的範圍與多元化，在Woolfe和Dryden（1996）以

及Palmer和McMahon（1997）的文獻中有更詳細的探討。重要的是須認清，諮商並非只是個體學習的歷程，同時也是具有社會意義的社會行動。通常，人們會在面臨轉捩點時尋求諮商，例如由小孩轉變為成人，結婚到離婚，成癮到戒除。諮商也是一種受到文化認同、使人們接受社會制度的手段。在大學、公司、或社區中，諮商員幾乎不會是握有權力的經理人員或主管。相反地，諮商員的角色受到限制，受僱在這些機構中協助遭遇困難、無法找到自我定位的人們。

諮商的目標

在上述各種理論模式與社會目的背後提供支撐的，正是諮商與心理治療的各項目標。由諮商員所明示或暗示的部分目標敘述如下：

- **洞察**（*insight*）。明瞭情緒困擾的根源及其發展，進而漸能透過理性來控制情緒與行動〈Freud: 'where id was, shall ego be'〉。
- **自我察覺**〈*self-awareness*〉。更能明瞭被排除或否認的想法與感受，或發展更加瞭解自己在別人眼中是如何被看待的醒悟。
- **自我接納**（*self-acceptance*）。發展以正面看待自我的態度，特徵是認清哪些經驗時時受到自己的批判與排斥之能力。
- **自我實現或個體化**（*self-actualization or individuation*）。朝發揮自我潛能的方向前進，或成功地整合過去自我互相衝突的部分。

- **啓發**（*enlightenment*）。協助案主達到更高精神面向的覺醒。
- **問題解決**（*problem-solving*）。幫助案主找出一直無法獨自解決的特定問題之解答。獲得解決問題的一般性能力。
- **心理學教育**（psychological education）。幫助案主學會瞭解與控制行為的觀念與技巧。
- **習得社交技能**（*acquisition of social skills*）。學習與精通人際方面的技能，像是保持目光接觸、在交談時輪流發言、自信、或脾氣的控制。
- **認知上的改變**（*cognitive change*）。修正或取代非理性的信念及和自我行為有關、適應不良的思考模式。
- **行為上的改變**（*behaviour change*）。修正或取代適應不良或自我毀滅的行為模式。
- **系統上的改變**（*systemic change*）。為社會系統（例如家庭）的運作方式引入改變。
- **賦權**（*empowerment*）。探究使案主能夠面對社會上不公平待遇的技能、察覺、以及知識。
- **復原**（*restitution*）。幫助案主彌補過去所做的毀滅行為。

　　任何諮商員或諮商機構均不太可能達成上面所列的所有目標。從傳統來看，心理動力取向的諮商員主要的焦點在於洞察，人本取向的開業者將目標放在自我接納與個人自由，而認知行為取向主要的重點是行為的管理與控制。

諮商：跨學科的研究領域

　　儘管諮商與心理治療一開始源自精神病學，在近代則已逐漸被視爲心理學應用面的分支。在歐洲的一些國家，想要接受心理治療的訓練，心理學是必修的學分。在美國，諮商心理學（counselling psychology）一詞廣爲使用，英國也漸漸有這樣的趨勢。心理學教科書對於諸如Freud、Rogers、以及Wolpe等心理治療師的著作均有大篇幅的介紹。由於立足於精神病學與心理學，諮商與心理治療具有應用科學的地位。然而，儘管心理學的觀點在諮商中有舉足輕重的地位，不可否認的，其他學科也積極介入。

　　在諮商與心理治療中，有些極爲重要的概念根源於哲學（philosophy）。潛意識（unconscious）的概念最早是在19世紀由哲學所使用（Ellenberger 1970），較Freud在其理論中使用領先好一段時間。現象學（phenomenology）與眞實性（authenticity）的觀念是存在主義的哲學家Heidegger與Husserl發展出來的，影響了後來的Rogers、Perls、與其他人本取向的治療師。倫理哲學也同樣對諮商有所貢獻，使道德議題有合理的架構（見第14章）。

　　另外一門對諮商理論與實務有很大影響的領域則是宗教。一些諮商機構開始活動是因爲教會設立分部，或由具宗教理念的創辦人所成立。在諮商與心理治療的歷史中，許多關鍵人物具有強烈的宗教背景，他們也一直試圖整合諮商員的工作與精神意義的追尋。Jung在此一領域一直有相當重要的貢獻。儘管這個領域受到基督教思潮與教義的影響已久，但逐漸有部分的諮商員在想法與實務上受到其他宗教的影響，像是佛教禪宗等（Suzuki et al. 1970; Ramaswami and Sheikh 1989）。

　　第三個對諮商有著重大影響的心智活動則是藝術。諮商與心理治療為了使案主能表達出他們的感受和關係模式，傳統上慣用的方法與技術是透過戲劇、雕塑、舞蹈、以及視覺藝術。近幾年來，心理劇與藝術治療已經成為有良好基礎的諮商取向，他們有自己獨樹一幟的理論架構、訓練課程和專業期刊。此外，諮商和文學的關係一直密不可分，基本上是因為語言在治療工作中是主要的工具，而且詩人、小說家、文學評論家對語言的使用也有許多看法。以語言為基礎的特定技術也一直在諮商中使用，例如自傳、日記寫作、作詩、與閱讀治療法。

　　從很多方面來看，諮商是一門不尋常的研究領域，因為包括了許多似乎難以並存的理論觀點、實務應用、與不同學科各種具有意義的投入。Thorne與Dryden（1993）編輯了一套由諮商員所寫的傳記論文集，這些諮商員各依照他們過去所受的訓練，像是生態學、神學、與社會人類學來表達他們對諮商實務的看法。諮商代表科學、哲學、宗教、與藝術等想法的結合。它是跨學科的領域，不能夠適切地歸屬於這些領域當中的任一領域。若有某種諮商取向否定案主與諮商員在其關鍵領域中的經驗，例如，在性質上純然科學化或全然宗教性，將不會被認定是諮商。

結論

　　本章概述當代諮商實務複雜的面貌。這是在一個特殊時間點的描述，而毫無疑問的，未來二、三十年後所提出的回顧與看法可能會相當不一樣。現在所提供的意象也許很膚淺、零碎，且令人有混淆之感。不過，在多種理論和應用領域背後還是有個統一的主題。

諮商是20世紀西方工業化社會所發展出來的活動，為了要提昇與維護個人主義，也即將個人視為有界線、獨立自主的自我。在大型官僚機構壓得使人喘不過氣來的時代裡，諮商演化成提供緩衝與保護個體的手段。對許多人而言，諮商也大大取代了長期以來宗教和團體生活在社會中所佔有的位置。在繁忙的都市社會中，諮商是個體為人認識與為人傾聽的途徑之一。

　　諮商的文化背景與歷史淵源將是下一章的主題。隨後，在緊接的章節中，將介紹一些諮商取向，包括女性主義、多元文化、系統、敘事等取向，這些取向超越個人主義，正朝向使個人定位於不只是文化之一員的方向前進。

本章摘要

・諮商是一種助人的形式，焦點放在個人的需求與目標。

・諮商的普遍化正反映出當代社會生活的緊張與支離破碎。

・諮商有許多定義，不同的定義強調諮商不同的面向與歷程。

・諮商既類似也不同於其他的助人形式，諸如心理治療、社會工作、和精神案主的照護。

・諮商有多種互相競爭的理論，實務應用面也呈現多元化。

・諮商的多元化也反映其根源學科的多元化，也即除了心理學和精神病學之外，也包括哲學、宗教、與藝術。

・諮商的多元化和異質性可以視為一項優點，反映著諮商對

於變異性極大的人類經驗有很高的敏感度與包容性。

討論問題

1　請將內文對諮商的定義再閱讀一遍。您覺得它們是否捕捉了諮商的涵義？對於這些定義，您希望可以補充或刪去其中的哪些部分？若您亟需尋求協助解決情緒問題，這些定義在您來看有何感覺？若您身為弱勢族群的一員、同性戀者或有生理上的障礙（換句話說，看待事物的方式與主流文化不同），這些定義在您來看有何感受？

2　Feltham（1995: 163）提出建議：「以下兩者需要做出明顯的區別……其一是視諮商與心理治療是個人成長的一種嗜好（『娛樂性治療法』）、宗教告解的替代方式，其二是視諮商應由州政府贊助或管制，為了解決迫在眉睫的心理健康問題的衛生專業。個人選擇個人成長治療的自由有其正當性，不過難以看出州政府如何能（或應該）贊助它們。」您同意其論調嗎？「娛樂性治療法」和諮商是種衛生專業之間的區別有多清楚？

3　多數諮商的著作和理論來自心理學的觀點。為了突顯其他學科能豐富諮商的內涵，試以您熟悉的專業學科，將之應用於諮商中。例如，想想看經濟學、建築學、社會學、生物學、或管理學的哪些觀點可以融入諮商中？

4　試製作一份諮商可以應用的所有不同場合之清單。您能不能將它們分類？有沒有諮商尚未包括、卻可能應用到的領

域？當您研讀後續有關各種諮商取向的章節之後，想想何種理論取向對各種場合最爲合適。

5 試針對您所居住的城市或社區，做出一份清單列出各種不同形式的「諮商」（儘可能採廣義的解釋）。並指出哪些族群的人們最可能使用上述各項服務。從中您能看出諮商和社會階級、年齡、性別、以及種族之間有何種聯結嗎？

6 試想您是某位尋求解決情緒問題或心理困擾的人。您查詢健康提供者名錄或翻閱廣告黃頁，發現上面提供不同種類的協助：諮商、諮商心理學、心理治療、心靈治療、個人成長中心等等。您對這些不同的機構會產生哪些印象與期望？

關鍵詞彙與概念

addiction	成癮
art therapy	藝術治療法
authenticity	真實性
cognitive-behavioural approach	認知－行爲取向
counselling	諮商
counselling agencies	諮商機構
counselling psychologist	諮商心理學家
counselling skills	諮商技巧
healing	療養
human services professions	人群服務職業

humanistic approach	人本取向
hypnotherapy	催眠治療
phenomenology	現象學
private practice	私人診所
psychodrama	心理劇
psychodynamic approach	心理動力取向
psychotherapy	心理治療
spirituality	靈性
unconscious	潛意識／無意識

建議書目

本章主要在於介紹後續章節的一般性議題和主題,更深入的探討需要參考其他書籍。在Colin Feltham (1995) 所著的《What Is Counselling》一書中,很多本章所討論的特定議題有深入的探討與精闢的見解。

Irving Yalom也許是最能成功捕捉到諮商或心理治療之涵義(至少以開業治療師的觀點來看)的學者。他所著的《Love's Executioner and Other Tales of Psychotherapy》(Yalom 1989)(《愛情劊子手:心理治療故事》,呂健忠譯) 是暢銷國際的作品,內容是他與案主們一系列纖細的描述。Howe (1993) 的著作則檢視案主的真實經驗。

現代諮商理論與實務極大的多元化一直是本章的中心主題

之一。在一些期刊如《Counselling》和《Journal of Counseling and Development》可以看到它們捕捉到這些多元化（有時候幾乎全面探討這些多元化）。前者是英國出版品，後者則是美國出版品。（譯註：counselling是英式寫法，counseling是美式寫法。）一份從《Counselling》摘錄下來蠻令人感興趣的論文集，已由Palmer等人（1996）彙編出版。

2 文化與歷史根源

前言

　　第一章我們討論到當前諮商理論有各種不同的面貌。為了幫助讀者更能欣賞現今各種不同的理論，在這一章我們會回顧諮商理論在過去200年來的發展和演進。由於社會的變遷與歷史的演進，我們可以發現各種諮商理論的差異與衝突矛盾。

　　從古至今，所有社會文化下的人們或多或少都會有情緒或心理上的困擾與行為問題。每個文化都有一些傳統的方式來幫助人們處理這些困擾。例如，北美印地安人相信，身心不健康的原因之一是個體有一些未滿足的慾望，而有些慾望只會在夢中浮現（Wallace 1958）。當族人得了怪病時，先知（巫師）便會探索案主潛在的慾望為何，然後安排一場「圓夢儀式」（festival of dreams），此時其他族人會給予生病的族人想要的物品。北美印地安族的圓夢儀式與當代的心理治療何者較有效呢？目前尚無確切的證據來判定與說明。目前我們只能這麼說，現代的諮商理論對於現在這個文化下，在這段時期內，似乎是實用、有意義、或具影響力的。

新興行業——「治療精神疾病」

　　雖然諮商與心理治療盛行於二十世紀後半，然其根源可以回溯到十八世紀初，當時正是社會結構產生劇烈變化的轉捩點。在此之前，人們生活中遭遇的問題主要透過宗教的方式來解決，而進行的場域是在地方的社區中（McNeill 1951; Neugebauer 1978, 1979）。過去在歐洲，絕大多數的人居住在小型的鄉村社區中務農維生。在這樣的生活方式下，有嚴重精神不正常或精神疾病的個體還是受到包

容與接受為社區的一份子。只要不是非常極端的情緒或人際間的問題，均由當地的神父來處理，例如天主教的告解室。McNeill（1951）指出，這項古老的宗教傳統治療方法是「靈療」（cure of souls）。在靈療中，一個必備要件是「原罪的告解」，以及在主的面前懺悔。McNeill（1951）指出，古早時代的告解是在公共場合進行，並且經常伴隨著訓誡、禱告、甚至可能被逐出教會。早期基督教幫助受困靈魂的儀式是社區裡公開的交流活動，頗類似北美印地安人部落的圓夢儀式。直到最近才建立起在告解室進行私下告解的活動。McNeill（1951）發現，在十六、十七世紀時，一些神職人員為他們教區的居民進行諮商，擔任諮商員的工作。有些學者如Foucault（1967），Rothman（1971），Scull（1979，1981b，1989），以及Porter（1985）曾經指出，在工業革命發生、資本主義開始主導經濟與政治、以及科學價值觀開始取代過去的宗教價值觀之後，神職人員擔任諮商員的狀況就開始起了變化。由於社會結構以及社交與經濟活動等歷史「轉捩點」所發生的重大改變，也使得個體的人際關係與人們對於情緒與心理困擾的定義與處理方式在性質上產生變化。Albee（1977）曾寫道：

> 資本主義需要高層次的理性，並須壓抑與控制本能尋求喜樂的發展。意思是說，須嚴苛控制衝動，以及發展職業道德，使多數人在辛勤工作後也能得到高度的滿足感。資本主義也要求個人努力達成長期的目標，提高對個人自主性與獨立性的需求……這個系統所仰賴的是節儉與創造力，以及最重要的，大大地控制並壓抑「性」本能。

根據Albee（1977）的說法，心理上關鍵性的轉變發生在，從「以傳統為主」（tradition-centred）（Riesman et al. 1950）的社會，轉

為強調「內心導向」（inner direction）的社會。在傳統文化裡，人們居住在彼此認識的小型社區中，行為受到別人的監視與控制。人們做些什麼事情直接受到觀察，對待社會偏差行為的處理方式是直接地嘲笑或排擠。社會控制的基礎在於引發居民的差恥感。另一方面來說，在城市、工業化社會中，生活較具私密性，社會控制必須透過內化的標準與規範，違抗的結果是產生罪惡感。從這點分析來看，不難明白在都市化、工業化、資本主義的文化下，是如何創造了對於人們內心的迷惘與困惑等經驗的協助、輔導、與支持之方式會發展為較個人化與較為獨特。不管如何，此類協助的形式，是受到其他事件與歷程的形塑。

　　Scull（1979）所整理的歷史文件指出，在1800年至1890年間，英格蘭與威爾斯超過20,000人以上的市鎮居民，人口所佔比例從17％增加至54％。人們離開農村，搬到城市去新的工廠工作。甚至在農田，生產也開始機械化與利潤導向。如此大規模的經濟與社會的轉變，對於弱勢族群與殘障者有相當深刻的影響。以往田園生活的步調緩慢，有些工作可以在家中完成，即使是家族內最弱小的成員也能貢獻自己的力量。現在有了機械化訓練與長時間待在工廠的規定，原本照顧老人、病者、窮人以及精神錯亂者的社區和家族網絡便不再完整。在這樣的環境之下，由政府為無生產能力的人們所準備的系統便快速地茁壯成長，也就是所謂的「救濟系統」。救濟所內的住民在受過嚴格訓練之後，便能開始工作。但很快地便發現，精神疾病案主在「控制上」有所困難，且無法依照救濟所的制度與規定來工作。正如1750年救濟所的一份報告所述：

　　這些法規對精神疾病案主而言並無特別的助益，因為一般教區

中的救濟所（其中居民大多為年老體衰的人們）對於接待「無
控制能力」且會「惡意傷人」的人們，並不是一個適當的地
方；他們需要另外的獨立住所。

（引錄自Scull 1979: 41）

　　這些獨立住所，也就是收容院（譯註：asylum，譯作收容院、救濟
院、精神病院；由於當時的asylums並無明顯的精神治療，故譯為收容所或收容
院在實質上應較符合當時的情況），從十八世紀中葉緩慢地開始設立，而
於1845年由一項收容所法案（Asylums Act）大力地促進，使地方法
官不得不建立公立的收容所。這樣的發展結果，算是歐洲社會第一
次由政府有系統地涉入照顧與控制精神疾病案主。

　　一開始，收容所被認為是能收容精神疾病案主的地方，但鮮少
有醫療方面的照護。在一些由教友派信徒（Quakers）所經營的收容
所（例如約克郡收容所的Tuke），他們介入的方式是過去眾所周知
的「道德治療法」（moral treatment）（Scull 1981a）。然而，在多數
的收容機構中，精神疾病案主像動物般被對待，生活環境十分低
劣。例如，在倫敦的Bethlem醫院，會開放給民眾參觀；民眾花一便
士的門票，就可入內觀看這些精神疾病案主。在十九世紀初，即收
容所運動的成長初期，醫學界對這些精神疾病案主的興趣並不高。
從Scull（1975）所做的一項歷史性研究顯示，後來醫學界逐漸發現
在這門「精神醫學」中其實有利可圖，不只透過管理政府出資的公
立收容院，還可以從經營收容上流社會的精神疾病案主來獲得。在
英國，醫界在政治角力中的力量，影響了國會法案的內容，給予了
醫學界管理收容所的特權。道德治療法的挫敗可以視為心理治療史
上的關鍵：科學取代了宗教，成為治療精神疾病案主主要的意識型
態。

在十九世紀剩餘的時期內，醫學界鞏固了對這門「精神醫學」的控制。在鞏固的歷程中，有一部分涉及改寫精神病史。宗教對精神疾病案主照顧的型態，主要被描述為「魔鬼論」（demonology），而女巫的迫害被錯誤地描繪成在採用科學與醫學方法之前，對待精神病的主要方式（Szasz 1971; Kirsch 1978; Spanos 1978）。醫學與生物學提出了對精神病的一套解釋，像是骨像學的觀點（Cooter 1981），以及縱慾或手淫的觀點（Hare 1962）。不同種類的生理治療透過下列的方式進行實驗：

> Morphia的皮下注射；bromides，chloral hydrate，hypocymine，physotigma，cannabis indicta，amyl nitrate，conium，digitalis，ergot，pilocarpine等藥劑的使用；電擊；土耳其浴和濕袋的使用，以及其他多到無法逐條說明，各有其擁護者的治療方式。
> （Tuke, *History of the Insane*, 1882, 引錄自Scull 1979）

在那個年代裡，有一個重要的議題，即利用收容所來剝削其中佔大多數的女性患者（Showalter 1985）。接近十九世紀末期，治療精神病的醫學專業研究已經與其他醫學領域並駕齊驅，並以Kraepelin、Bleuler及其他人共同發展出來的心理疾患分類系統為主。但當時的許多發展結果都極具爭議性：例如，既然精神疾病案主跟其他有情緒困擾的人接觸似乎對其復健不太可能有益，那麼將他們深鎖在精神病院是否妥當，則是相當大的爭議。十九世紀時，一些關於精神病治療的批評反駁說，社區所提供的看護比起收容所提供的看護要好得多。同時也有一部分的群眾，為了收容所的案主所受的殘酷待遇提出抗議，並懷疑醫療方式的效果。

十九世紀時，對精神疾病案主的照顧產生論爭與激辯，從一個

世紀後的我們來看，這些爭議仍然相當熟悉。目前，在先進的二十
一世紀裡，社會仍然論爭著相同的事情。但當我們了解這些爭議的
性質之後，可以幫助我們了解為何現代工業化社會將注意力集中在
「看護者」身上。當我們回顧精神病治療行業的誕生，並與十九世紀
初所發生的事件加以比較時，我們能看出：

1 生活上的情緒與行為問題醫學化。

2 出現了「治療精神病」的新興行業，使市場力量涉入公共
　事務的發展。

3 在對待精神疾病案主的方式上，排拒與殘酷的方式漸多，
　以及更重視社會控制。

4 當時的收容所由男性經營管理，並用來剝削女性。

5 科學代替宗教成為瞭解精神疾病的主要方式。

　　這些因素在工業革命之前沒有一項顯而易見，而且所有因素到
了今天仍然伴隨著我們。它們對於任何工業化、都市化、以及非教
會控制的社會在處理精神疾病方面均十分重要。法國社會哲學家
Foucault（1967）曾指出，十九世紀出現的社會新秩序的中心價值觀
之一是理性（rationality）。對於一個講求理性、科學觀的社會中，
不理性的精神疾病案主立即會成為犧牲者，因而被放逐到城市外的
收容所。Foucault（1967）將這個時代描述為「監禁」（confinement）
的時代，社會想出各種壓抑（或禁錮）非理性（或性慾）之象徵的
手段。

心理治療的誕生

　　十九世紀末期，精神病學已經擁有照顧精神疾病案主的優勢地位，並且將「精神錯亂」（insane）一詞重新分類為「心理不健康」（mentally ill）。從醫學與精神病學當中，演化出一門新的專業領域稱為「心理治療」（psychotherapy）。最早稱自己為心理治療師的醫師是Van Renterghem與Van Eeden，他們於1887年在阿姆斯特丹成立一間「聯想心理治療診所」（Clinic of Suggestive Psychotherapy）（Ellenberger 1970）。Van Eeden對心理治療的定義是：「經由一個大腦傳到另外一個大腦的刺激，協助大腦治療身體」（Ellenberger 1970: 765）。十九世紀時，催眠在歐洲的醫學界是相當值得研究的一種現象。最早由「動物磁性論」（animal magnetism）的倡導者，Johann Joseph Gassner（1727-79）與Franz Anton Mesmer（1734-1815）所發現。催眠在外科手術中廣為使用，成為化學麻醉法發明之前的麻醉方式。1880年代，具有影響力的法國精神病學家Charcot與Janet開始嘗試將催眠作為治療「歇斯底里」（hysterical）案主的工具。他們的催眠技術有兩方面的觀點，持續到今日的諮商與心理治療仍然是關鍵的概念。第一，他們強調醫生與案主之間關係的重要性。他們明白，催眠若缺乏他們稱之為「和諧關係」（rapport）的條件，便不會發生效用。第二，他們聲稱催眠之所以對案主有幫助的原因，在於催眠可以使我們進入清醒時不得其門而入的領域。換句話說，大腦「潛意識」（unconscious）的概念在十九世紀的催眠術中所佔的地位，正如同在二十世紀的心理治療中所佔的地位。

　　催眠對於心理治療的誕生所扮演的角色極為重要。Bourguignon（1979）、Prince（1980）等多人曾觀察到，原始文化使

用的治療儀式倚賴昏迷或不清醒的狀態。在十八世紀與十九世紀，
歐洲所出現的催眠論與催眠（mesmerism and hypnosis）（譯註：
mesmerism是hypnotism較早的詞彙，字根源於其發現者，Franz
Anton Mesmer），以及它們進入心理治療的轉變型態，可視爲傳統
文化的治療形式受到現代醫療科學同化後的代表。Cushman（1995:
119）曾寫過有關催眠論在十九世紀中期於美國大流行：「在某些方
面，催眠是美國第一種無關宗教的心理治療，一種對廣大無宗教信
仰的美國人在心理上的照料。」

　　從催眠到心理治療的轉型歷程中的關鍵人物，毫無疑問是
Sigmund Freud。在1886-7年間，與Charcot在巴黎度過四個月的時光
之後，Freud回到維也納，開始在一間私人診所擔任心理治療師。他
很快便揚棄催眠技術，而選擇自己所發展以自由聯想與夢的解析
（free association and interpretation of dreams）爲基礎的精神分析技
術。最後，Freud不僅在醫學與心理治療方面成爲極具影響力的人
物，在歐洲文化的歷史中也佔有一席之地。若詳加檢視Freud的天份
與創意，可以發現其中有若干當時的思想潮流與社會慣例反映在他
採用的方法上。例如：

1　與精神分析師的個別晤談，是當時普遍的醫療業務中，一
　　對一的醫生與案主會診的延伸。

2　在Freud的概念中，單一的生命驅力（libido，慾力）是從十九
　　世紀的生物學理論中引申出來的。

3　情緒問題均與性方面的原因有關等概念，在十九世紀時被
　　廣爲接受。

4　潛意識的概念不只爲催眠師所採用，也爲十九世紀時期的

學者與哲學家所採用。

Freud將這些概念統合成相容一致的理論之才能，也許可視為他最為顯著的貢獻，他的理論模式對許多研究領域證實都有相當大的價值。弗洛依德學派（Freudian）的文化意義可能在於他的內隱假設，即人們全都具有長時期難以言喻的恐懼與神經質（neurotic），即使是表現得最理性、最成功者的內心裡，仍然存在著內心衝突與原始本能的驅力。Freud所傳達的資訊是，心理治療並不只是與收容所中神智不正常的男人或女人有關，而是與所有人都有關。精神分析所包括的概念，也反映出當時歐洲中產階級在人與人的關係上，由傳統的形式延續到現代化的形式所面臨的挑戰。Sollod（1982: 51-2）寫道，在維多利亞時代的社會：

> 視長輩如父，並待之以禮，在當時非常得宜。在（現代）去宗教色彩的世界裡，權威人物以不講情面的經濟與職業安排，而不是以傳統羈絆的方式將個人綁緊，因此，這一類對權威人物的移情關係便無用武之地，而且可能還很不得體與不適當。

弗洛依德學派的概念，在他有生之年對英國與歐洲的衝擊有限，直到後來精神分析論為中產階級的知識份子與藝術家接納與理解。例如在英國，精神分析論早期的發展是與「布盧姆斯伯里團體」（Bloomsbury group）的文學菁英結合在一起（Kohon 1986）。一直到精神分析論傳到美國之後，心理治療，接著稱為諮商，才更廣為人們接受。

心理治療在美國的成長

Freud對美國社會強烈反感。他在1909年與Jung和Ferenczi造訪美國，在克拉克大學（Clark University）講課並接受一個榮譽學位，後來形容美國是個「龐然大誤」（gigantic mistake）（Gay 1988），然而美國文化對精神分析論的思想卻頗為認同。當法西斯主義（fascism）在歐洲大行其道時，一些卓越的精神分析師像Ferenczi、Rank、以及Erikson，便遷徙至紐約與波士頓，在那裡他們找到了有意求助的客戶。跟歐洲比較起來，美國社會表現出更高的社會流動性，多數人會離開自己的出生地、城鎮、社會階級、人種團體之外的領域工作、討生活、以及結婚生子。因此，許多人對人際關係的圓融，或對於個人認同的安全感產生困難。此外，「美國夢」（American Dream）主張人人都可以改善自己，強調個人追求快樂是很合理的人生目標。心理治療提供一個根本、徹底的自我提昇途徑。在1930年代到達美國的精神分析師發現，美國對心理學早有濃厚的興趣，像是Samuel Smiles所寫的自助書籍，以及行為主義者J. B. Watson的論著。美國在應用心理學方面也有深厚的傳統，尤其在第一次世界大戰期間，學術界的心理學家與美國軍隊的合作更給了應用心理學一股推力。心理測驗在教育、工作遴選、以及職業輔導方面受到廣大的運用，這代表應用心理學來幫助平常人已為美國大眾視為當然。

精神分析論的概念在美國掀起了一陣旋風，不過要與美國文化同化，仍然需要使Freud的思想與美國文化相容。Freud過去生活在階級支配的社會裡，是一個在瀰漫極端反猶太人與悲觀主義時代裡長大的猶太人，他埋首於古典知識與生物科學，論述的觀點便源自

於此。也因為這樣的背景，使得他的著作跟美國人民的生活經驗大異其趣。結果，在1950年代出現了一系列的作品，美國人以自己的文化價值觀將Freud的著作重新詮釋。這些學者當中最出名的是Carl Rogers、Eric Berne、Albert Ellis、Aaron Beck、以及Abraham Maslow。許多歐洲的精神分析師，像是Erikson和Fromm，到了美國後，重新以更寬廣的社會與文化觀點為精神分析論詮釋，因而使其更能被美國的顧客接受。

在美國的文化中，對精神分析論最強烈的阻力之一來自心理學界。儘管第一位使心理學在美國大學內受到學術界的重視學者William James（1890）也強烈關注弗洛依德學派的思想，但美國學術界的心理學家從1918年開始，就對行為取向深深著迷。行為主義的觀點強調科學方法的運用，例如測量法與實驗室實驗，並且較傾向於研究外顯行為而非不精確的內心歷程，例如夢、幻想、與衝動。因此，學術界的行為主義學派激烈反對精神分析論，並認為精神分析論不值得認真去研究。雖然學術界某些精神病學者對於精神分析論展現出一絲絲的好奇，但多數的開業者與學者仍然被迫在私人診所或醫院系統中工作，而無法進入學術界。雖然Rogers、Berne、與Ellis在1950年代與1960年代期間建立了響噹噹的美國心理治療品牌，但他們對於實務工作與想法進行的學術研究則相當有限。Rogers最為著名的貢獻之一是，他建立了一套有系統的方法來研究治療的歷程與結果。這項成就的影響是透過尊重心理治療為一門應用科學並給予地位，強化了心理治療為社會接受的專業之正當性。1947年，Rogers成為第一位具有治療師身份的美國心理學會（American Psychological Association）會長（Whiteley 1984）。1960年代期間，認知行為取向開始加入心理治療的行列，以行為心理學

的理論與假說，以及「科學開業者」的形象，使心理治療成為一門
應用科學的地位更加堅實（見第四章）。

　　心理治療在美國的發展，代表「處置精神患者的生意」有很大
的擴展空間。當時美國大眾衛生系統的不健全，說明了大多數的諮
商與治療是由在私人機構中發展出來的理論與方法主導著。私立機
構的影響力與聲望，甚至使志工組織或教育界的諮商中心也同意它
的領導地位。在社會福利工作的領域中，其種種作法就曾受到心理
治療的實務工作相當大的影響。

去宗教色彩的社會

　　諮商與心理治療的歷史發展和有組織的宗教之間的關係也相當
值得注意。Halmos（1965）曾提供證據說明在二十世紀的英國，神
職人員數量的減少與諮商員數量的增加相符。他認為，宗教信仰正
被一套信念與價值觀所取代，他稱之為「諮商員的信仰」（faith of
the counsellors）。Nelson與Torrey（1973）曾經描述在生活中某些領
域裡心理治療取代宗教的情形，例如提供難解事物的解釋，解答諸
如「為什麼我會在這裡？」等存在問題、定義社會價值觀、以及提
供與別人見面時的禮儀之道。Holifield（1983）指出，有些一流的
「心理治療師」事實上曾是美國教會的一份子，後來漸漸轉變為獨立
的專業人員。

　　諮商與心理治療的根源為宗教的「靈魂的治療」，於本章一開
始曾提過。例如，心理治療與天主教教會使用告解室的相似處非常
顯著。再者，很明顯的，傳統上在非工業化的地區裡，個體的情緒
與心理問題之治療大多在宗教的框架內運作。儘管如此，很少心理

治療師會承認宗教與民俗療法和諮商與心理治療有關。由於社會文化試圖將心理治療建立爲個別、獨立的專門行業，因此治療師的工作必須要能跟神父或牧師的職掌有明確的劃分。當然，這兩者有很重要的不同之處，但也有明顯重疊的部分。爲了定位爲能在二十世紀的市場中佔有一席之地的產品，打造一個心理健康「產業」（industry），心理治療將自己從宗教中分化出來（Kovel 1981）。一般來說，諮商與心理治療的主流理論對生活的宗教面向或靈魂面向的論點少得近乎沒有。從此心理治療深深擁抱著科學的世界觀，即使如Halmos（1965）所宣稱，心理治療理論可以視爲一種「信仰」（faith）。Carl Rogers的生活與工作，可以作爲在諮商演化的歷程中宗教與科學拉扯的範例。

Carl Rogers扮演的角色

　　Carl Rogers（1902-87）是案主中心（client-centred）或稱個人中心（person-centred）諮商與心理治療取向的創始者（見第五章），他年輕時的故事包括了許多上面提到的主題。Rogers在美國中西部的農村長大（Rogers 1961; Kirschenbaum 1979），身爲嚴謹的新教徒之一員，賭博與欣賞戲劇之類的休閒活動是不被允許的。爲了尋找替代的休閒，Rogers在科學農業方面有很濃厚的興趣，十四歲時，他進行栽種植物方面的相關實驗。後來，他決定成爲一名牧師，在二十歲那年，他代表到中國參加世界學生基督徒聯合會議（World Student Christian Federation Conference）。與其他文化和信仰接觸之後，使他受到相當大的衝擊而放棄雙親所灌輸的信仰。當他進入宗教學院時，他選擇了講求自由風氣的學校—聯合宗教學院（Union

Theological Seminary)。在一個由學生主持的「會心團體」
(encounter group)中，他探索到自己內心深層的想法，並決定改變
職業，開始在哥倫比亞大學裡接受心理學家的訓練，在那裡他浸沐
在漸進式教學法運動（progressive education movement）的思想中，
該運動強調信任每一個孩子或學生與生俱來都有學習與成長的自主
性。

　　Rogers年輕時的生活故事，說明了在其職業生涯中，宗教與科
學是如何一起影響著他。他對科學嚴謹性的尊重在他的研究中可見
一斑；他是第一位紀錄下治療晤談內容的治療師，並且研發出相當
多的方法來探索治療的歷程。新教的思想對案主中心理論的影響，
在於強調每個人都有達到領悟自身命運的能力，並且是運用自己的
情感與直覺，而不是透過教條或論理來達到這項目標。案主中心取
向也著重「當下」的行為，而不是過去發生的事情。Sollod（1978:
96）指出，受新教教義影響的案主中心治療法可與精神分析論做一
比較，其中前者強調「信任是治療師（猶太教祭司）所必須接受的
訓練之一，並且記載在猶太教法典對複雜現象的詮釋」。

　　在成為一位合格的臨床心理學家之後，Rogers在紐約州羅契斯
特市（Rochester）的受虐兒童防治協會（Society for the Prevention
of Cruelty to Children）之兒童研究部門工作，他主要的工作對象是
心智異常的兒童與青少年以及他們的家庭。儘管他從Jessie Taft，一
位Otto Rank的追隨者（Sollod 1978），接受了更深入的心理動力取向
治療法，他卻不將自己認定為任何一種特定療法的學生；並且，在
羅契斯特市的十多年間（1928-40），他大部分都在發展他自己的治
療取向，由他認為對案主有幫助的方式來主導。Rogers的臨床工
作，以及早年在哥倫比亞大學的經驗，使他受美國文化價值觀的影

響頗深，他的理論也包括許多該文化背景的要素。例如，Meadow（1964）曾提出案主中心治療法持「美國文化基本的標準」，像是對專家與權威人士的懷疑，強調方法而非理論，注重個體的需求而非社會共同的目標，不重視過去發生的事情，以及強調獨立與自主的價值觀。

心理治療是「空虛的自我」的因應之道

Philip Cushman在心理治療史上是最具影響力的學者之一（1990, 1992, 1995），他檢視了十九、二十世紀時引發心理治療之出現與擴張背後的文化因素—特別是在美國。他的論點是，美國在十九世紀是個新興國家，民眾遭逢大規模的社會變遷與轉型，而心理治療的前身，如催眠術或復古運動，都試圖要在社會極大的不確定性當中尋找意義性與穩定性。在這同時，較歐洲更具支配力量的美國資本主義系統，要求個體要為這個經濟系統將自己塑造為適合且獨特的一份子。每個人不只要學習如何販售貨品與服務，也要將「自己」推銷出去。自助書籍與小冊子在這個時期相當流行，不過心理治療則是塑造正確人格更有效的方式。

美國社會的高流動性意味著傳統的社會結構（如家族與社區）漸漸凋零；與這些結構有關的目標與歸屬感也一併喪失了。Cushman曾論述，許多美國人的核心經驗—也就是所謂的「空虛的自我」（empty self）：

　　我們的地域所塑造的人們，其自我失去了社群，失去了傳統，
　　也不再擁有共同的意義感。這樣的自我體驗到社交性的不足…
　　…正如個人缺乏確定感與價值感一樣，並且在情感上會產生長

期性的饑渴。因此，二次大戰後的自我，便以消費做爲潛意識補償曾經失去事物的方式。這就是空虛。

（Cushman 1990: 600）

　　根據Cushman的說法，對於空虛的自我在文化上有兩種主要的因應方式，分別爲心理治療與消費主義／廣告。爲了要灌漑「毫無情緒起伏的貧瘠」，身爲先進資本主義經濟的公民，可以選擇與心理治療師約個時間見面，或去買輛新車。

諮商在二十世紀晚期的擴展

　　目前爲止，對於心理治療這門專業的討論，集中在十九世紀與二十世紀初這段期間。諮商，另一種專業，在1950年代才出現，因此，爲了將諮商和「治療與看護」的早期形式加以連結，需要瞭解心理治療的歷史。雖然從許多角度來看，諮商都可視爲心理治療的延伸，一種因應新消費型態而誕生的「市場性」心理治療法。但還有兩項重要的歷史事件使諮商從心理治療當中分化出來：諮商涉入教育系統與志工團體。

　　在1920年代與1930年代，各種不同的諮商形式在學校與大學校園中出現，例如職業輔導、以及輔導適應校園生活要求有困難的青年。心理測驗與衡鑑和這些活動緊密結合，其中對於學生的問題或測驗結果還會再經過討論或詮釋（Whiteley 1984）。

　　在志工團體裡，諮商也有相當深厚的淵源。例如，英國最大規模的諮商仲介機構—英國婚姻輔導組織（National Marriage Guidance Council）（RELATE）—是由一群關懷戰爭對婚姻之威脅的人們在1940年代創立（Lewis et al. 1992）。同樣地，也有其他自發性團體在

強暴、喪失親友、同性戀議題、以及虐待兒童等領域提供諮商服務。

　　在教育與志工團體的系統中（還續存著心理治療與準宗教的傳統），諮商一直都關注著當下的社會問題。並且，諮商在醫療系統之外有它自己的著力點，而心理治療則由於精神病學的緣故與健康看護系統密切合作；此外，諮商也有醫藥方面的專業夥伴，像是臨床心理學與精神病學的社會福利工作。諮商已經有相當蓬勃的非專業團體，在地方社區中也有保障志工與經費來源的提供者。因此，儘管諮商員和心理治療師兩者所持的技術極類似，接觸的客戶對象也相當類似，但他們在文化的定位上仍分屬不同的領域。可惜的是，有關諮商的文化歷史鮮少被提及。

　　爲何諮商在二十世紀最後的二十五年間成長得如此快速？在英國與美國，諮商員數量的與諮商的普遍程度在1970年代明顯增加。其中似乎還有其他因素的配合，促進了諮商的成長：

- 在後現代的世界裡，個體迅速明白自身週遭存在的種種選擇；自我宛如有待執行的「專案計畫」；諮商是自我選擇身份認同的一種途徑（Giddens 1991）。
- 照顧與人群服務專業，例如護理、醫療、教書、以及社會福利工作，過去所扮演的幾乎都是諮商的角色。在1970年代與1980年代期間因爲經濟面與管理面的緊縮，這些行業的人員不再有時間傾聽他們的顧客。其中有許多人接受諮商員的訓練，並在他們的組織中創造出專業的諮商角色，以確保接觸客戶時的品質。
- 許多諮商員都具有開創事業的精神，他們積極地將其服務

推銷給全新的消費者。例如，很多大公司的人事主管一定
有個檔案櫃，裡頭裝滿了渴望提供員工諮商服務的諮商員
或諮商仲介公司的小冊子。

• 諮商經常受到媒體的青睞，而且大多為正面題材。

• 我們所居住的社會仍舊破碎而疏離，許多人缺乏情感與社
交的支援系統。例如，在每個大城市可能都有大量的游
民，以及有愈來愈多的民眾過著獨居的生活。

　　因此，似乎有許多因素與諮商的擴展有關。很明顯的是，諮商
是因應社會的需要與壓力而茁壯的，並非因為研究或其他證據證明
諮商有效後才開始成長的。但是，經由這些因素所塑造的諮商代表
哪些意義？諮商的社會意義又是什麼？

諮商的社會意義

　　此處所談到的歷史只是一部分。很少研究人員與學者曾特別關
切心理治療在二十世紀的發展，大多數有關諮商在二十世紀之擴展
的歷史文獻，均將焦點集中在美國。毫無疑問的，若將焦點放在歐
洲國家，將發現不同的主題與故事。儘管如此，從這些有限的歷史
文獻，還是可以看出當代的理論與應用之種類與形式受到文化力量
強大的影響（Woolfe 1983; Pilgrim 1990; Salmon 1991; Cushman
1995）。特別是諮商史上關鍵性的人物，如Freud或Rogers，這些新
理論的創造者甚至還不如其他人能夠清晰地侃侃而談，將他們在文
化中已逐漸具體化的思想或著作加以解釋。從歷史的角度，也可以
看出貫穿所有理論取向與所有諮商實務形式的根本議題。這些根本

議題所關注的，首先是我們對諮商之社會意義（social meaning）的瞭解，其次是諮商理論所提倡的個人意象（image of the person）。

我們從心理治療的根源來看，可以發現在較早的年代，心理治療的重心在於控制那些會影響社會運作的個體。到了現在，雖然心理治療已經有了很大的轉變，但是大多數地方的心理治療師仍有權力迫使案主接受入院治療。相對地，人本取向的治療師將目標著眼於「自我實現」（self-actualization），並且認為案主要對自己的生活與行為負起責任。諮商員與諮商仲介機構逐漸出現人本取向的風氣，甚至有些治療師更是注重個體的自由與解放。然而在實務上，在所有的諮商情境中，還是存在著社會規範與控制的壓力。最直接的影響是，治療師本身的價值觀與判斷─案主是否違反社會規範。其次，誰來付費，大學、商業組織或志工機構所提供的服務是免費的。最後，考量案主可能自殘或傷人時，強大的社會壓力與約束力會迫使諮商員更積極處理，因而較不會顧及案主的「自由」。

有些學者視他們的諮商或心理治療取向為對於現存社會規範的批判，或甚至視為導引社會產生改變的一種手段。例如，秉持最原型想法的激進精神分析師Ko.e.（1981）聲稱，弗洛依德學派的古典理論代表一種強力的政治改變工具，他對於「後」弗洛依德學派理論者（第二世代）改寫弗洛依德學派思想的做法並感到遺憾，特別是在美國：

> Freud透視既有秩序的重要能力─正是他偉大之處─竟遭到遺棄的命運；而先進資本主義所見容的─釋放一些慾望，連同其技術性的操控與扭曲─卻得到了強化。

Holland（1977）也主張，弗洛依德學派最根本的立場已經失

去優勢，Rogers（1978）並指出諮商或心理治療已成為改變社會的手段。在當代的應用實務中，最能整合心理治療與社會運動的是女性主義與同性戀取向的諮商員，還有弱勢族群的開業者（詳見第9章）。但是，這些激化諮商的意圖都遭逢到相同的矛盾：想透過使社會問題個人化與「心理學化」的方式來尋求社會改變（Conrad 1981）。

　　諮商之社會意義的另一項重要面向是，案主與諮商員之間有關權力方面的問題。歷史上，「諮商員與案主」的關係已塑造為「醫師與案主」以及「神職人員與教區居民」間的關係。由傳統來看，醫師與神職人員一直都被當成專家與權威象徵，向他們諮詢的人們期望被告知下一步應該要如何做。相對下，在諮商的領域中，許多開業者堅信對案主「賦權」（empower）的觀念，並或多或少同意Rogers的看法：「只有案主自己才知道什麼是對的」。儘管如此，大多數的諮商晤談仍延用「醫師與案主」的關係模式。在這些諮商情境中，諮商員經常擁有開始與結束的掌控權。諮商員對案主的背景無所不知，案主對諮商員的背景卻知道得很少。有些諮商員對於「諮商員與案主」之權力不均衡的情形未能改善感到不滿，轉而投入自助諮商網路（詳見第16章），其中人們輪流對彼此進行諮商。還有一點需要注意，目前為止擁有最多案主的是電話諮商機構，在電話諮商的情境中，案主能掌控他們自我坦露的程度，並能決定何時結束。

　　近年來，許多研究者已將注意力轉移至諮商關係，以及當中權力的濫用；例如，對案主的性剝削。Masson（1988, 1992）曾經彙編了有關案主受到傷害的大量案例。他宣稱，這種因濫用權力而導致的傷害並非僅源自偶爾未能掌握對錯的標準，而是發生於任何治

療中屬於本能性與無可避免的結果。Masson（1988: 296）曾寫過：
「這種專業本身已經腐化……心理治療主要得利於別人受到痛苦」，
他並建議廢除心理治療是當務之急。雖然同意他全然責難論點的擁
護者極少，然而不容否認他所蒐集到的大量證據，而且大眾也開始
認真思考他的批判。Masson（1988, 1992）所蒐集的權力濫用案
例，指出男性剝削女性的相關情境，並且引起了與社會上一般現象
的比較，包括男性對女性施予肢體暴力、強暴、及色情書刊的氾濫
等等。

　　諮商的社會意義以三種方式在諮商員的工作中呈現。第一，尋
求諮商員的協助，以及因諮商而產生的變化歷程，總是會影響到案
主的社會生活。第二，諮商員的權力與地位來自他們擔任大眾公認
為「治療者」（healer）或「助人者」（helper）的角色。這種獨特的
治療者或助人者角色，會依背景的不同而有別。例如，在醫院情境
裡的治療師使用科學語言來描述他們的工作，而在其他健康診所中
任職的人員則使用成長與心靈方面的語言。第三，案主與諮商員會
一再演出各種他們在每日生活中所使用的社交互動模式。

　　這三種屬於諮商之社會或文化基礎的構面在實務方面環環相
扣。有個理論能說明這些概念如何共同建構出諮商在某個社會背景
下的實務，即Bergner與Staggs（1987）的「地位認定」（status
accreditation）理論。他們認為，治療師在社群中被大眾視為名聲優
良的成員。成為一名治療師也等於受到社會認定為理性、傑出、誠
實、而且可靠的人。任何由治療師告知有關案主的特質或人格，便
因此有較大的可能性使人相信與接受。Bergner與Staggs（1987）指
出，在一個正面的治療關係中，治療師將案主視為處事得宜、值得
關注、具有抉擇能力、及擁有力量的人。這些特質經由地位崇高的

人（就如同諮商員或治療師）告知，這不啻向案主確認「他們擁有一新的『身份地位』，能合法正當而完整地融入社會」（Bergner and Staggs 1987: 315）。Frank（1974: 272）表示相同的觀點，他寫道：「由於治療師代表的是更大的社會，因此所有的治療師能協助案主對抗他們受到的孤立，並且重新建立他們與團體之間的聯繫，也因而協助重新找回生命的意義。」從這樣的觀點來看，心理治療可視為一種社會歷程，使人們認同自己在社會中是理性與具有價值的成員。這相對於過去將案主「貼上標籤」（labelling），認為他們「心理不健康」，並視為危險、失去理智的邊緣人，顯得完全相反（Scheff 1974）。

對個人意像的詮釋

在實務方面，精神分析或行為取向等治療法可能被視為只是一套助人的策略。然而，在各種實務底下，每一種取向各代表對人類的看法，即人類的意像（image）為何，一種「道德上的看法」（moral vision）（Christopher 1996）。在過去收容院的時代裡，精神疾病案主被視為動物的一種：缺乏理性、無法溝通、毫無控制能力。這些意義有一部分在弗洛依德學派對人的看法中仍然可見，不過精神分析論所指的獸性／本我，在一般情況下是隱藏於人格中。行為學派認為人類就如「機械一般」（mechanistic）：案主就像已故障的機器，不過還修得好。認知取向對人的看法也是機械觀，但使用的象徵是現代的機器，即電腦：案主宛如設計不良的電腦，如果理性的指令取代非理性的指令，就可以挑出問題所在。人本學派對人的看法較接近植物學，例如Rogers使用許多會助長或抑制植物成長的

比喻。

　　每一種對人類自我的看法都有它的歷史。就主流思潮來看，諮商根源於擁有長遠歷史、主張獨立自主的個人主義（individualism）（Baumeister 1987; Logan 1987; Cushman 1990, 1995）。多數的（或許並非所有）諮商取向所具有的鮮明的個人主義性質，限制了應用在認同集體主義文化的族群身上。

　　「各種諮商取向代表何種世界觀」這個問題已超出對於不同的「根本隱喻」（root metaphors）之認同，或不同的理論系統對人類自我的見解之認同。而諮商模式是否反射了我們所經驗的世界之真實面也同樣是個問題。例如，精神分析論在過去是強勢男性主導社會下的產物，許多女性學者與開業者曾堅稱她們看不出在該理論中有什麼能反映出女性的真實面。人本取向所描述的是世界的積極、樂觀景象，然而部分的批評家也許將此視為對悲劇、失落、與死亡等現實的否定。也可以說，幾乎所有的諮商理論實現了一個中產階級、白種人、猶太教與基督教共有的生命觀點。

　　由各種獨特的取向或理論提出各自的個人意象或世界觀，可以得到一個重點，即人們並非活在一個由統一的、無所不包的思想所主導的社會中。想要成為一位諮商員，便需選擇這許多現實的版本當中，最合理的一個版本，使自己能活在其中。但是無論敲定哪一個版本，必須要瞭解這不過是眾多可能當中的一種可能。例如，對案主而言，對世界的觀感可能非常的不同，而這種哲學觀的不一致是重要的。Van Deurzen（1988: 1）曾寫道：

> 每一種諮商取向都是建立在一套攸關生命，攸關世界，攸關人類的思想與信念上……案主只有在他們覺得可以接受這些取向的基本假設之範圍內才能夠受益。

在不同的諮商取向下，不同的根源象徵，對現實所抱持的不同
景象或基本假設，使得某些取向很難，甚至可說不可能彼此調和或
合併，例如Rogers與Skinner對於抉擇之性質的辯論（Kirschenbaum
and Henderson 1990）。由歷史來看，諮商理論的發展有一部分是由
彼此競爭的意識型態或個人意象促成的。例如，生物學與社會／存
在主義對人的觀點之不同，很明顯在這個領域裡產生過許多理論上
的辯論。Bakan（1966）曾提過，心理學理論，以及從這些理論分
化出來的治療方法，可以分爲兩類。第一類是在根本上欲解開生命
謎團的理論。第二類是欲成就生命極致的理論。Bakan（1966）認
爲這「謎團－極致的情結糾葛」（mystery -mastery complex）其實
就是心理學與治療的領域裡會有許多辯論與爭議的主因。

　　最後是有關個人意象如何運用於治療關係中的問題。不論這幅
意象是諮商員套在案主身上，把僵硬的架構強加入案主的生活中，
或如Friedman（1982）偏好的，「揭開發生在治療師與案主之間，
或團體諮商成員之間的人類意象。」

結論

　　本章一開始即指出諮商理論及其應用的多樣化。欲明白此一多
樣化，必須先明瞭諮商的歷史，以及諮商在當代社會中扮演的角
色。一般大眾，或第一次尋求諮商的案主，通常不太清楚要期望什
麼。很少有人能分辨精神科醫師、心理學家、諮商員、以及心理治
療師之間的不同，更別說要分辨可供選擇的各種諮商取向。也因爲
專業資訊的缺乏，有些文化的印象中可能包括對精神異常患者的懼
怕、羞於尋求協助、告解的儀式行爲、以及將諮商員當成醫生。在

一個多元文化的社會裡，這些印象的範圍更是非常廣泛。諮商員不僅沈浸在這些文化意象裡，在社會化之下也吸納了特定諮商取向的語言與意識型態，或接受了諮商機構欲間接傳達的規範與價值觀。欲瞭解諮商，必須使視野超越晤談室的高牆之外。在晤談室內，對外界更寬廣的社會環境進行瞭解有其特殊的角色。在後續的章節，這是非常重要的觀點，將透過檢視當代理論與實際實務當中最重要的部分，做更深入與完整的探討。

本章摘要

- 諮商在二十世紀後半興起。要瞭解諮商是什麼，以及諮商做些什麼，必須先瞭解其歷史根源與發展。

- 在工業化之前的時代，情緒上有困擾的人們是透過神職人員或社區成員的幫助。

- 在十九世紀，伴隨著工業革命的發生，以及社會逐漸脫離教會的控制，漸漸出現新的機構與專業，致力於處理「心理疾病」的問題。

- 在十九世紀中期，催眠術是心理治療領域廣為使用的一種方式。

- 接近十九世紀末期，Freud整合許多不同領域的思想，如心理學、醫學、與哲學，使心理治療領域發展出第一套完整的系統，也就是大眾所熟知的精神分析論。

- 精神分析論一直都處於停滯階段，直到1920年代至1930年

盛。

- Carl Rogers的案主中心（client-centred）理論是更受歡迎與更
容易使人接近的取向，也因此使諮商更融入大眾。

- 諮商在美國快速擴展與普及，可歸因於高程度的社會流動
性與消費主義導致缺乏生活意義，造成空虛的自我，而心
理治療則有助於填滿這種空虛。

- 在諮商的演進歷程中，其他重要的要素尚包括教育情境中
的職業輔導以及志工團體。

- 須認清的一點是，諮商在特定社會中對於促進每個人在性
質上都是獨立自主的個體之個人意象，以及促使在個人的
層次上協助解決社會問題等方面都扮演重要的角色。

- 諮商是一種與西方工業社會文化緊密結合的活動，也因此
並不一定與其他文化團體的成員所遭遇的問題有關。

討論問題

1 選一個您所熟悉的諮商機構。對於該機構，您知道多少有關它
的歷史發展？它的創造若以本章所提的主題來瞭解，可以到達
何種程度？在它的社區內，該機構的社會角色為何？

2 問您認識的朋友，請他們告訴您他們所知詞彙的定義，如「諮
商員」（counsellor）、「心理治療師」（psychotherapist）、「催
眠治療師」（hypnotherapist）、以及「精神病學家」（psychia-
trist）。請他們告訴您當有人向這些專家諮詢時，他們認為會發

生哪些事情。這些觀念與意象的根源為何？

3 將諮商與心理治療視為基礎應用科學的分支，其優點與缺點為
何？

4 在您自己的生活圈子裡，宗教信仰與諮商之間的關係是什
麼？在您認識的諮商員身上，或您曾經讀過有關諮商員的
生活中，這兩者的關係又是什麼？

關鍵詞彙與概念

asylums	收容所
behaviourist perspective	行為主義觀點
capitalism	資本主義
client-centred approach	案主中心取向
culture	文化
cure of souls	靈魂的治療
empty self	空洞的自我
hypnosis	催眠術、催眠學
image of the person	個人意象
individualism	個人主義
industrialization	工業化
mesmerism	催眠術、催眠學
moral treatment	道德治療法
moral vision	道德上的願景
postmodernism	後現代主義

psychiatry	精神病學
psychoanalysis	精神分析
secularization	社會與宗教的分離
self-improvement	自我改善
social meaning	社會意義
trade in lunacy	治療精神病
workhouse system	庇護工廠系統
world-view	世界觀

建議書目

Phillip Cushman（1995）的《Constructing the Self, Constructing America: a Cultural History of Psychotherapy》以令人嘆服並具權威的方式將本章所提的諸多主題加以整合，並且也許是目前為止唯一綜覽心理治療的歷史發展之著作。本書非常美國取向，對歐洲提到的不多，甚至也不太提到諮商。但是本書極值得一讀，能激發思路與擴展視野。

有很多由治療師所著、相當值得一讀的歷史與自傳體選輯（例如，Dryden and Spurling 1989; Dryden 1996a）。Kirschenbaum（1979）所著Carl Rogers的傳記非常完整地說明諮商專業興起的關鍵時期。

3 心理動力取向

前言

情緒問題的童年根源

「潛意識」的重要性

精神分析取向使用的治療技術

精神分析取向的後Freud學派的演進

客體關係學派

英國的獨立團體

短期的心理動力諮商

對話模式

對心理動力取向的評鑑

本章摘要

討論問題

關鍵詞彙與概念

建議書目

前言

　　Sigmund Freud（1856-1939）不僅是現代心理學的創始人之一，也是對於二十世紀的西方社會有關鍵性影響的人物。童年時代的Freud便想成為科學家，一開始他接受的是醫學訓練，並且成為1880年代探索古柯葉片（古柯鹼，cocaine）要素的首批醫藥研究員之一。然而，當時奧地利中產階級的反猶太主義使他無法繼續在維也納大學的職業生涯，被迫在後來為人所熟知的心理治療領域裡自行開業。Freud花了一年的時間在巴黎與當時最知名的精神治療師Charcot（也是將催眠技術傳授給Freud的人）一起進行研究。回到維也納後，Freud開始看情緒困擾的案主，其中許多人患有後來所知的歇斯底里（hysteria）。他發現催眠作為一種治療技術並不特別有效，並逐漸發展出一套自己的方法，稱為自由聯想（free association），也就是使案主躺在一個舒適的位置上（通常是沙發），然後「想到什麼就說什麼」。從這套程序中所浮現的素材，往往囊括強烈的情緒，及深深埋藏的記憶與童年的性經驗。當案主分享這些感覺與記憶之後，對他們似乎相當有幫助。此一程序稱為「對談治療法」（the talking cure）。

　　更深入的資料，有關於Freud思想的發展，以及他早年的家庭生活對他思想的影響，他的猶太人身分，他接受的醫學訓練，及十九世紀晚期的文化背景概況，在很多書籍中均有提及（例如，Wollhein 1971; Gay 1988）。

　　Freud的治療方法稱為精神分析。自從他的理論與方法逐漸為人明瞭與運用（大概是從1900年開始）之後，他的想法便持續被精神分析領域的其他開業者與學者修改與研發。因此，現在有許多諮

商員與心理治療師會把Freud視爲他們的傳統領域創始者，不過卻稱他們的取向是心理動力而非精神分析。運用心理動力取向輔導案主的諮商員往往對案主問題的性質做出類似的假設，解決的最佳方式也很類似。心理動力取向最顯著的特色是：

1 假設案主的困擾之根本根源來自童年的經驗。
2 假設案主可能察覺不到他們行動背後眞正的動機或衝動。
3 在諮商與心理治療中使用諸如夢境分析與詮釋移情關係的技術。

以下將更詳細地探討這些特色。

情緒問題的童年根源

Freud注意到，在「自由聯想」的情境中，他的許多案主都提到記起小時候不愉快或恐懼的經驗(大多與性的議題相關)，此外，他也發現分享這些經驗會有治療效果。Freud很難相信這些幼兒時期的創傷經驗是眞的（我們則不覺得奇怪），所以認爲這些經驗事實上是源自兒童時期的性需求。

很重要的是，要清楚有關Freud所提到「性」（sexual）。他自己所寫的文獻當然是德文寫成的，而他所提的概念，精準的意思爲「生命驅力」（life force）或「情緒能量」（emotional energy）。雖然這個概念有性的面向存在，但不幸地，它的英文譯作僅將焦點放在此一面向。

Freud從傾聽他的案主談論他們的生活，推測兒童的性能量

（sexual energy）或慾力（libido）的發展與成熟，需經過幾個不同的時期。在出生後的第一年，小孩從嘴巴區域，得到幾乎是性歡愉的經驗。小嬰兒從吸吮，啃咬，與吞嚥中得到滿足。然後，在二到四歲之間，兒童從排便得到歡愉，也就是肛門區域的感覺。接著，在五到八歲左右，兒童開始有種不成熟的性渴望(對異性)。Freud將此稱為性器期（phallic stage）。（Freud認為，兒童的性活動在兒童階段後期變得較不重要，並稱此為隱沒期(latency stage)。）

　　在心理性別化的發展時期中,兒童和環境、它的家人(特別是雙親)之間引發了一連串的衝突。Freud認為雙親或家人必須對兒童的需求與衝動做出回應，並認為雙親回應的方式對於孩童後來的人格發展有強大的影響。大部分而言，父母或家人可能會表現出相當大的控制，或以不太管教的方式來回應。例如，小嬰兒肚子餓了時會哭。若母親每次都立刻餵飽嬰兒，或甚至在嬰兒表達需求之前就餵食，則口腔期的嬰兒可能會學到並不需要作任何努力就能獲得照顧。在成長的歷程中，它可能在內心深處會相信，世界是美好的，而長大後可能會是一個難以面對挫折的人。反過來看，若嬰兒必須等很久才會被餵食，它可能會學到這個世界只有在它生氣或大哭大鬧時才能滿足它的需求。在這兩個極端之間，存在著英國精神分析師D. W. Winnicott所稱「剛剛好」（good enough）的母親，這種母親（或照護者)回應的速度剛好，不會過度保護或忽視小孩。

　　Freud對肛門期也提出類似的說法。如果小孩的如廁訓練太過苛刻或嚴格，它會學到絕對不能允許自己弄得一團亂，並且長大後可能會發現自己難以表達情緒，腦子裡也有一種要將每樣物品有條不紊地放在它們應放位置的偏執。另一方面來說，若如廁訓練太寬鬆，小孩長大後可能會缺乏將事物依序放置的能力。

　　第三個發展階段，即性器期，影響後來的生活最劇烈。Freud
認為，在此一時期的小孩開始感覺到外在性徵的衝動，並指向最明
顯的目標：它的異性父母。因此這個時期，小女孩「愛上了」她們
的父親，而小男孩則「愛上了」他們的母親。不過，Freud繼續說，
小孩子接著會懼怕同性父母的懲罰或怒氣，而不敢付諸行動。小孩
於是被迫將性的感覺壓抑下來，並且藉由更強烈地認同同性父母以
減低衝突的產生。通常，這類型的「家庭劇碼」，大多數會在潛意識
裡上演。到了成年時期，這些衝突可能會繼續壓抑或扭曲他們的性
活動。我們可以在他們的親密關係中，可以發現他們在追求像父親
或母親般的伴侶。在這裡的基本心理困擾，如同其他階段，也就是
自身的衝動或驅力「受到秘密運作」，並且不知不覺地影響當事人。
因此，擇偶時可能不會意識到已經「選擇」了一名象徵性地代表著
他們的母親或父親之婚姻伴侶，以及對待伴侶的方式可能會比照幼
年親子關係的模式。譬如，一個小時候經常被母親批評的老公，後
來似乎總是預期他的老婆也會做出同樣的事情。

　　很顯然，從上面的討論可看出Freud的原始理論強調兒童之心
理性別化（psychosexual）的發展，但真正對兒童長大成人後的情緒
與心理有影響的乃是童年時期與雙親和家人間的互動關係。這項看
法使更多晚近的心理動力學派之學者強調兒童心理社會化（psy-
chosocial）的發展，而不是從性與生物學的觀點來看。

　　該學派最重要的學者之一，Erik Erikson，在他的著作
《Childhood and Society》（1950）中提及人的一生有八個心理社會化
的發展階段。他的第一階段，介於生命的第一年左右，與Freud的
「口腔期」相當。然而，Erikson認為母親與小孩之間的早期關係對
心理發展非常重要，因為就是在這段關係中兒童學到信任（如果基

本需求受到滿足）或不信任世界的基本感受。信任或不信任的感受可能會影響兒童日後成年生活的人際關係型態。

　　另一位強調童年的心理社會化發展的是英國的精神分析家John Bowlby（1969, 1973, 1980, 1988）。在他的研究中，他檢驗童年的依附關係（親密、安全、持久關係的存在）與失落經驗，指出這些可能是塑造個人在成人生活中之依附關係的主導因素。

　　儘管心理動力學派後繼的理論家之焦點已經與Freud所強調之幼年的性活動有所偏離，他們仍然同意幼年的性活動經驗所引發的情緒與感覺會對兒童的心理發展產生強大的影響。不過，精神分析取向與心理動力取向的諮商員與治療師共同的基本觀點是，爲了瞭解成人案主的人格，應特別探討家庭環境如何塑造其人格。

「潛意識」的重要性

　　Freud不僅談論童年經驗影響了成人人格，還論及這種影響是以一種特別的方式產生，即透過大腦潛意識的運作。對Freud而言，「潛意識」（unconscious）是我們人之心智活動的一部分，但卻在人們所能夠意識到的範圍之外。Freud將人類的心智活動視爲來自三個分開的區域：

• **本我**（*id*），原始本能與衝動的儲藏槽，是我們的行爲最基本的動機。Freud假設有兩種核心驅力：生／愛／性／愛神（life/love/sex/Eros），以及死／恨／侵略／死亡之神（death/hate/aggression/Thanatos）。本我沒有時間構面，因此壓抑在其中的記憶可能會相當強大，每件事都像剛發生般鮮明。

此外，本我由「享樂原則」所支配，並且沒有理性思考歷程。

- **自我**（*ego*），屬於大腦意識與理性的部分，負責做出決定並處理外在世界的眞實面。

- **超我**（*superego*），即「良知」，專門存放什麼是應該做與不應該做的規範與禁忌。超我所持的態度主要是雙親所持態度的一種內化型態。

　　有關心智運作的方式，其理論有兩個非常重要的推論。第一，Freud認爲本我和大部分的超我，絕大部分是無意識的，所以個體的行爲多數受潛意識下的驅力（例如，被壓抑的記憶，童年的幻想）所控制。因此，心理動力取向的諮商員或治療師致力於發展發掘案主使用語彙之絃外之音的方法－因爲人們脫口表達的話語經常是無意義的表面資訊，而且也許不是最令人感興趣的部分。

　　第二，自我與其他區域（本我以及超我）是相互衝突與競爭的。例如，本我促使它的本能衝動能付諸實行（「我恨他，所以我想打他」），但自我明白這樣的行爲可能會受到外在世界的懲罰，以及超我會試著使人有罪惡感，因爲想做的事情是不對或不道德的。無論如何，這些內心的衝突與糾葛相當痛苦，因此Freud認爲個體爲了消除痛苦會發展出一套防衛機制（defense mechanisms）－例如壓抑（repression）、否定（denial）、反向作用（reaction formation）、昇華（sublimation）、合理化（intellectualization）及投射（projection）等等來保護自我免於承受壓力。所以，人們的意識面向所知覺到的資訊只是整個故事的一部份，還有一大部分是個體所無法知覺到的內心衝突。

精神分析取向所使用的治療技術

　　上面的章節提到，Freud學派（心理動力理論）根源於Freud等人協助情緒困擾者的臨床經驗。因此，該理論已經被應用於如何治療案主與協助案主改變的技術上。不過，在我們繼續探討精神分析(心理動力)取向的治療(諮商)中所使用的特殊技術之前，必須清楚這一類治療欲達成的目標。Freud使用一句話來總括他的目標：「有『本我』在的地方，也使『自我』同在」（where id is, let ego be）。換句話說，人們在治療之後將更為理性，對於自己內心的情緒狀態會更加洞明，並且更能使感覺控制在表達出合宜的態度上，而非受到潛意識的驅力與衝動之驅策。此外，精神分析另一關鍵目標是，洞察與瞭解個體之問題的性質（即問題的幼年根源）。但是真正的洞察並不僅是理智上的思考：當人們真正明瞭時，他們會有一種解脫感，感受到壓抑已久的情緒徹底的紓解。Freud使用宣洩（catharsis）一詞來描述這種情緒上的紓解。

　　在精神分析(心理動力)理論中有一些治療技術：

1. **自由聯想或「想到什麼就說什麼」**。主要目的是幫助人們談論有關他們自己的事情，且較不會受到防衛機制的影響。在自由聯想中，個人的「真相」隱約能脫口而出。

2. **探究夢境與幻想**。Freud將夢境視為「邁向潛意識的捷徑」（the royal road to the unconscious），並且鼓勵他的案主們與他談論關於他們的夢。同樣的，其目的是要探討從個體更深層、較不防衛的人格層次上浮現的素材。它的假設是，夢中的情境象徵性地代表做夢者在日常生活中遇見的人、衝突、或狀況。其他

由想像而得的產物—例如白日夢、幻想—也能夠如夢境一樣來分析。

3 **區辨與分析抗拒與防衛**。當案主進行自由聯想時，治療師可能會發現案主會為了某些感受或察覺而做某種迴避、扭曲或防衛。Freud認為，瞭解這一類抗拒的根源相當重要，而且如果抗拒反覆出現的話，他會請案主將注意力放在這些抗拒上。例如，一名學生因為學習問題而前來尋求諮商員的協助，並反覆將自己的學習困難責難其家教老師，在這種狀況下，有可能是案主不敢面對自己能力不足、不認真的事實，而使用投射的防衛機制—將自己的無能與不認真投射到家教身上（也就是說，將自己無法接受的部分特徵歸因到別人身上）。

4 **諮商員與案主之間關係的系統化運用**。精神分析的諮商員與治療師傾向對案主採取中立的態度。對於受過訓練的諮商員而言，他們很少會對案主自我坦露(分享自己的感受與想法)，主要原因是諮商員要使自己成為一塊「空白布幕」（blank screen），使案主能將幻想或內心深處所保留有關親密關係等念頭投射在他們身上。治療師預期，當治療持續數週或數月之後，案主對於治療師所抱持的感覺，將與案主對過去生活中曾遇見的重要權威人物的感覺類似。換句話說，如果案主在孩童時期對其母親表現出一種被動而依賴的態度，那麼她對治療師的態度可能會重複同樣的模式。經由中性與超然的態度，治療師可以確定案主對治療師的感覺並非由治療師曾做過的任何事情使然，而是因為案主投射了自己的母親、父親等人的形象在治療師身上。此一歷程稱為「移情」（transference），並且在精神分析的治療中是非常強力的工具，因為它使治療師得以觀察

案主在童年早期的人際關係，進而使這些人際關係在諮商中重新上演。其目標可能是為了使案主能察覺這些投射，首先是與治療師的關係，然後是與其他人，例如伴侶、上司、朋友等人。

5 **詮釋**。精神分析取向的諮商員或治療師會使用上述的歷程—移情、夢、自由聯想等—做為詮釋（interpretation）的題材。經由對夢境，回憶與移情的詮釋，治療師試圖幫助案主去瞭解其問題的源頭，進而加以控制，取得更多自由的空間，並且以不一樣的方式來處理。不過，有效詮釋是件艱難的工作。有些問題是治療師或諮商員在進行詮釋時需謹記在心：時機恰當嗎？案主已經做好接受這種概念的準備嗎？解析是否無誤？是不是所有的要件都蒐集完整了？詮釋中所使用的詞彙，案主聽得懂嗎？

6 **其他各種技術**。當案主是小孩子時，期望小孩子將內心的衝突以語文形式表達並不切實際。因此，許多兒童分析師會利用玩具與遊戲的方式，使小孩子能將恐懼與憂慮具體化。有一些以成人案主為主的治療師發現，使用各種表達技術，像是美術、雕刻、以及詩句，對案主會有幫助。利用Rorschach的墨漬測驗（Rorschach Inkblot Test）或主題統覺測驗（Thematic Apperception Test）等投射技術，也可以產生類似的功效。此外，有一些治療師會鼓勵案主寫日記或自傳，當作探索過去或現今環境的工具。

雖然英國真正的精神分析師數量很少，精神分析與心理動力學派對諮商普遍的影響卻非常巨大。若說幾乎所有的諮商員都受到精

神分析概念某程度的影響，可能一點也不爲過。必須瞭解的是，在美國與英國，對Freud相當普遍的認識，其實是翻譯所致。Bettelheim（1983）曾經指出，Freud用德文寫成的原典中之觀念與思想，在翻譯爲英文之後變得更爲「臨床」（clinical）與制式化。

　　在此處對Freud學派的理論與應用之解釋，對這整個廣大的領域而言不過是簡短的介紹。若想要更仔細而深入地探索精神分析取向的思想，建議有興趣的讀者閱讀Freud本人的作品。《Introductory Lectures》（Freud 1917），《New Introductory Lectures》（Freud 1933），還有朵拉（Dora）（Freud 1901），鼠人（Rat Man）（Freud 1909），以及Schreber（Freud 1910）的案主研究，以實務上的範例使人更加瞭解Freud學派的分析方法。Michael Jacobs（1986, 1988）的作品，則提供心理動力取向在諮商情境中珍貴的應用實例。

心理動力取向後弗洛伊德學派的演進

　　文獻中清楚記載著，Freud要求他身旁的人對他的理論要高度的同意。在他的一生中有不少學生與同事，而且都是精神分析界裡重要的人物；他們均曾與Freud有過爭執，並忿而離開國際精神分析協會（International Association for Psycho-Analysis）。這些重要人物最有名的是Carl Jung，他在精神分析的圈子裡被公認是Freud的「愛子」，並且被預期不久會是精神分析運動的領導人。Freud與Jung兩人的書信往來，後來被收集成冊並公開出版，其中勾勒出兩人之間漸行漸遠，最終在1912年變得不可能重修舊好的歷程。Freud與Jung之間的歧見，主要集中在動機的性質上。Jung指出，人類的驅力不只與性有關的生物驅力，同時也有朝向自我實現方向(或自我的統整

與成就)的驅力。此外，Jung將潛意識視爲蘊含著意義之精神上、超乎人所能理解的領域。

　　其他與Freud分道揚鑣的著名分析家還有Ferenczi、Rank、Reich、及Adler。Ferenczi與Rank發現Freud並不積極尋求使治療更有效而感到失望。Reich離開後，開始探索防衛機制的源頭，分析性與攻擊的能量被壓抑、否定、以及受到其他防衛機制所抑制，但經由身體上的變化(例如肌肉緊繃、姿勢、以及疾病)所表現出來的各種類型。Adler發展的主題是社會因素在情緒生活中的重要性；例如，在生命中第一次與兄弟姊妹對立的情境中，當事人所經驗到的力量與控制的慾望。

　　如果僅將Freud與他的追隨者之間的意見不和視爲人格上的衝突(Freud不理性的例子)，或歸因爲文化因素(諸如Freud的奧地利猶太身分與Jung的瑞士新教身分的不同)，是相當偏頗的想法。這些歧見與分裂，代表心理動力取向在理論上的根本議題，儘管在前面幾年，過於個人間的辯論可能模糊了概念與技術之差異的焦點，但它也協助釐清論爭的界線。Freud與其同事之論爭的基本問題有：

- 在生命初期發生了哪些事情，會導致後來的問題？
- 潛意識的歷程與機制如何運作？
- 治療師應該做哪些事情，可以使精神分析治療對案主能發揮最大的功效（技術面問題）？

　　當Freud在世時，他主導了整個精神分析界，那些不同意他的人被迫成立獨立的機構與訓練中心。精神分析界的分裂一直持續到今天，例如Jung學派、Adler學派、以及Reich學派。1939年Freud過

世後，整個討論就更開放了，並且重新整合過去被視爲「異端」的
思想，形成所謂的心理動力取向。要在此處回顧當代心理動力思潮
中與諮商及心理治療有關且令人關注與有用的要素似乎不太可能。
然而，自從Freud死後，四種最重要的方向開始演進，分別是以下所
知的理論觀點：客體關係取向、英國「獨立者」（independents）的
研究、短期治療的技術改善、以及「對話」（conversation）模式的
發展。

客體關係學派

　　心理動力取向中，客體關係運動的發起者普遍認爲是Melanie
Klein。奧地利出生的Klein，與一名Freud的學生Sandor Ferenczi，一
起在匈牙利接受訓練，最後她在1926年搬到英國，成爲英國精神分
析學會（British Psycho-Analytical Society）一名很有影響力的會
員。Klein所從事的工作相當特殊，因爲她將精神分析運用在小孩身
上，並且著重在生命最早的幾個月裡母親與小孩的關係，而Freud則
主要關注發生在童年晚期之戀母情結的衝突原動力。對Klein而言，
兒童在第一年與人類「客體」（object）（例如母親）之間關係的品
質，建立了一套持續至成人生活的關聯模式。Klein的原作很艱澀，
不過H. Segal（1964）、J. Segal（1985, 1992）、以及Sayers（1991）
將她的理論發揚光大。

　　關於心理動力與客體關係論之間主要的差異，Cashdan（1988）
做以下的陳述：

　　　　在客體關係的理論中，心智與心理結構是因爲人類之間的互動
　　　　而逐步形成，並非來自生物消除緊張感（tension）的本能。人類

的動機源自於對人際互動的需求，而不是來自於消除緊張感。換言之，依客體關係的觀點，與人接觸的需求構成了原始的動機。

在Klein之前，幾乎沒有精神分析家直接以小孩為研究對象。透過塗鴉、玩具、洋娃娃、以及其他種類的遊戲素材，Klein發現她能夠探索小孩的內心世界，並且發現小孩所感受到的衝突與焦慮大部份都不是由Freud所假設的性衝動所引起，而是他們與成年人之間的人際關係，特別是與母親的關係，更是一個重大的核心因素。事實上，小孩子無法在沒有照顧者的情況下生存，而通常這名照顧者就是母親。另外一名在此一領域研究的精神分析家，D. W. Winnicott（1964），曾寫道「小孩是獨一無二的」，並指出「小孩不能獨自生存，但卻是關係中不可或缺的部分」。根據Klein的說法，從小孩的視野來看，母親在最初的幾個月是以乳房的「部分客體」出現，並會被評價為「好的客體」或「壞的客體」。當嬰兒的需求經由餵食而獲得滿足時，她就是「好的」。當需求不被滿足時，她就是「壞的」。嬰兒對於壞的客體，會以毀滅性的憤怒感覺來對付。在最初的幾個月，Klein描述為「偏執－精神分裂」（paranoid-schizoid）時期，此時嬰兒幾乎感受不到安全感，並且正在從剛出生時的創傷中復原。不過，經過一段時間之後，嬰兒逐漸能知覺到母親是個更為真實的整體而非乳房的部分物體，並開始瞭解好與壞可以共存於同一個人身上。幼年經驗對「好」與「壞」做清楚劃分的時期開始解體。

下一個發展階段的特色是「壓抑」（depressive）反應，深刻體會到失望與生氣，會發現所愛的人有很好的時候，卻也會有很壞的

時候。在較早的時期裡，嬰兒能夠維持「好媽媽」與「壞媽媽」是完全獨立分開的幻想。現在他（她）必須接受好與壞兩者並行。此時有種原始的失落與孤獨感，即與「好」母親完全結合的可能性已經幻滅。小孩也許會因此而產生罪惡感，認爲自己要對告別早期美好的關係而負責。必須要瞭解的是，嬰兒在此一歷程裡，不會是一種實際的察覺。兒童時代的世界是一種夢幻的世界，對於外界的察覺是片段、不完整、與不連續的。對於成年人而言，很難想像小孩子的內心世界是何種模樣。Klein試圖建構小孩的內心世界，描繪了一個爲了應付外界「客體」而充斥著衝突與情緒的世界。其假設是，成年人內心的情緒世界是建立在生命最早那幾個月與那幾年所經驗的世界上。

這種內心世界最關鍵的特徵之一，根據客體關係論的觀點（以及其他心理學理論，如Piaget所提的理論），即小孩沒有能力分辨什麼是自我，什麼是自我之外的世界。剛開始，孩童擁有自我中心的感受，相信它能控制全世界所發生的一切；例如，因爲我哭，所以食物就送到我嘴邊；因爲我醒了，所以天亮；或阿公去世了，是因爲我沒有好好照顧他。

由Klein所提出的兒童發展模式，經由Margaret Mahler（1968; Mahler *et al.* 1975）（另一位客體關係取向的核心人物）的補充而更加有用。Mahler將出生第一年的小孩視爲自我中心，對於其他人的存在毫無概念。在二到四個月之間是「互利共生」（symbiotic）階段，此時開始瞭解母親是個客體（object）。然後，大約在四個月到三歲期間，嬰兒經歷與母親分隔開來的漸進歷程，慢慢有與母親分隔開來的自我獨立感。這段歷程一開始時，小嬰兒會先實驗用爬的方式離開母親，然後再回到她身邊。接近此時期結束時，尤其伴隨

著語言的發展，小孩子會有名字，還有一些被歸類為「那是我的」的東西。

可以明白的是，由Mahler與她的同事從「客體關係」（object relations）觀所共同開發的理論架構，相當強調「自我」（self）的概念，這是Freud並不特別廣泛使用的概念。雖然Freud由於受到醫學與科學訓練背景的影響，認為人格最終的決定因子是生物力驅動的心理性別化發展階段，以及生物力驅動的生物動機發展階段，理論家如Klein與Mahler則認為人們基本上是社會性的存在體。在英國，此一精神分析論的分支通常被稱為「客體關係」（object relations）學派，正如Klein的稱呼。在美國，受到學者如Kohut（1971, 1977）、Mahler等人（1975）、及Kernberg（1976, 1984）等人的影響，相似的概念被稱為「自我」（self）理論。

透過觀察所謂「正常」（normal）與有困擾的孩童，Klein、Mahler與其他客體關係理論家，已經能夠將零碎的線索拼湊出對於孩童的情緒活動之瞭解，並且，他們認為這樣的瞭解比起Freud透過對成年案主在治療歷程當中自由聯想的詮釋所重新建構的世界更為精確。雖然如此，跟Freud一樣，他們認為成年生活的困擾源頭是幼年發展階段的障礙衍生的。Winnicott使用「剛剛好」（good enough）一詞來描述能使小孩有效地發展的養育型態。不幸的是，很少人是在「剛剛好」的養育型態下長大，因此產生多種不同的病症。

採用客體關係理論的諮商員(治療師)所描述最基本的異常類型之一是「極端區分」（splitting），指一種防衛方式，為了要對抗不舒服的感覺與衝動，並且能夠回溯到剛出生後的頭幾個月。我們可能會想起Klein提到的，進而明白嬰兒只可以分辨純然「好的」與純然「壞的」乳房部分客體。此一客體在餵食嬰兒時，被當成是帶給它歡

愉與快樂感受的客體；或當它不在時或被奪走時，變成與憤怒連結的客體。在嬰兒的心理與情緒世界裡，存在的只有好東西與壞東西，沒有中間的灰色地帶。因為這種「壞的」感覺所引起的原始不安全感與恐懼，使Klein將之描述為「偏執－精神分裂」（paranoid-schizoid）特徵的狀態。

隨著小孩的成長與發展，它變得較能夠明瞭好與壞可以並行，因此能開始辨別不同程度的好與壞。當個體無法順利發展（或當某種外在威脅重新誘發早期的原始不安全感），在長大後體驗世界的方式可能會傾向於將物體「極端區分」（split）為全好或全壞（或在某些特別的情境下使用此種防衛方式）。

我們在日常生活中很容易發現一些「極端區分」的例子。社會中有許多人只會在自己喜歡的政黨、球隊、宗教或國籍身上發現好的優點，並且把所有壞的缺點歸給另外一方。在人際關係與家庭生活中，人們有朋友、也有敵人；父母有最喜愛的子女、也會有不想要的子女；而子女們可能會認為母親最完美、而父親則令人討厭。在人們的人格中，性慾是壞的、而理智是好的；或酗酒應該受到指摘，而節制則值得讚揚。

對諮商員而言，當案主表現出極端區分時，很可能是在防衛自己對於同一個對象既愛且恨的感覺。例如，一位為了丈夫的不當行為與不夠體貼而不斷尋求諮商的女士（她也會將諮商員理想化），對於婚姻可能有著渴望親密關係的強烈感受，並對於先生虐待她的行為而產生憤怒的感覺；或有著被照顧的需要感，但是對於先生不這麼做而生氣。連同考量本章前述的其他防衛機制，諮商員的首要工作就是先巧妙地處理她的感受，然後和緩地鼓勵案主去探索與瞭解令她難以接受的情緒與衝突，進而幫助案主察覺她在迴避自己真實

的感受時所使用的方式。從心理動力的觀點來看，這名女性會有使用防衛機制的需要是因為，當前的情境在某些方面類似童年的痛苦情境，使得長久以來深深埋藏的幼年事件之記憶浮出表面。雖然案主可能是個在社交上或職業上都很成功而盡責的成年人，但她帶來尋求諮商的混亂情緒卻是她還是一個小孩的部分，並且僅能夠使用嬰兒式的應對方法，例如極端區分。所以，在此案例中，將諮商員理想化並且責罵先生的女士，最終會浮現出來的事實也許是，在母親外出時原本應該照顧她的祖父對她進行性方面的不當傷害，而她對此唯一能做的只有建構出「好」祖父與「壞」祖父的形象。

　　極端區分的防衛機制類似正統Freud學派的防衛概念，例如壓抑（repression）、否定（denial）、與反向作用（reaction formation），原因是這些全都是在個體的心理或人格內發生的歷程。儘管如此，Klein學派的投射認同（projective identification）概念，則出現一個重要的不同，因為它描述的是人與人之間的情緒防衛，而非純然是個人內心的情緒防衛。對於認為案主的困擾根源於人際關係的心理動力諮商員而言，能夠應用投射認同的概念因而成為一種獨特且珍貴的工具。

　　「投射」（projection）的概念其實已經透過上述歷程而引入，靠著這種歷程，個體能防衛具有威脅性且無法接受的感覺與衝突，就好像這些感覺不屬於自己，只存在於別人身上。例如，一名男士指控他的同事總是不同意他通情達理的提議，這可能是將他埋藏在自己心中的敵意與競爭感投射到他們身上。一直堅持消沉的案主需要交更多的朋友並參加一些俱樂部的諮商員，可能是在投射自己內心空虛的恐懼。

　　當感覺與衝突所投射到的對象被巧妙地操弄成相信自己真的有

這些感覺與衝突時，投射認同就發生了。例如，那名指控同事的男士可能在不知不覺中，將情境設計成使他們毫無選擇，只有與他爭執一途，例如，不將他的提議以很清楚的方式解釋明白。而諮商員很可能輕易地說服消沉的案主相信自己確實想交朋友。從客體關係論的觀點來看，投射認同的動力源自相當幼年的經驗，那個時候的小孩尚無法分辨自我與外界物體的差異。在投射認同中，自我—外物間的模糊界線伴隨著控制外物的需求，而這需求來自於兒童認為自己擁有控制一切事物的力量之幼年階段。

　　Cashdan（1988）曾經區分四種主要的投射認同，並由下列四種基本議題所引起：依賴（dependency）、權力（power）、性（sexuality）、以及逢迎（ingratiation）。據他描述，投射認同是發生在人際關係背景下的歷程。就依賴而言，人們會主動尋求週遭眾人的協助，他們所使用的詞彙類似「你覺得如何？」或「我好像沒辦法自己處理這件事」。在人際關係中，人們可能表現出無助的姿態。不過，通常這些尋求協助的要求並不是他真的沒有能力解決或處理問題，而是受到Cashdan（1988）所稱的投射幻想（projective fantasy）所驅動，根源於童年早期受到擾亂的客體關係，是一種自我在人際關係中的感受。依賴者可能在心中存在著一種根本信念，即「我無法生存」的投射幻想。包括在此種幻想中的是童年時代懸而未決的需求或怒氣，使得本來很合理的求助，看起來變成了迫切的需要而且是未獲幫忙的壓力。因此，被要求的對象受到壓力，很可能就陷入不得不幫忙的困境中。在性、權力、以及逢迎等情境中，類似的歷程也會發生，如表3.1所示。

　　就心理動力的觀點而言，當前的問題被視為根源於童年時期的經驗。在投射認同的這些模式中，其實就是要在成年的人際關係裡

重新製造小時候的客體關係型態。依賴者可能過去有個無時無刻照顧自己的母親。想表達自己擁有權力的人可能曾經成長在一個雙親之一需要別人照顧的家庭。性活動旺盛的人可能曾經成長在一個親密關係是透過某種形式的性接觸來達成的家庭。逢迎者可能在生命早期的人際關係中便明白，贏得贊同與認可的基礎是使自己對別人有所幫助。

投射認同的概念提供心理動力諮商員一個有效的概念化工具，得以解開存在於令人困擾的人際關係中糾纏不清的感覺與幻想的巨網。在投射認同底下的潛意識意圖，就是要引導或誘使別人對自己有所回應，就好像自己在現實中是依賴別人、有權力、對性很行、或對別人有所幫助的人。此種人際關係的應對之道，使當事人拒絕承認例如「依賴」是隱匿在這繁瑣而多樣的感覺（例如憎恨感、歸屬感、或失望感）背後的一種幻想。有些時候投射可能為被投射者接受，這也許是因為滿足了對方具有權力或能照顧別人的幻想。但是有些時候當被投射者發現事情不太對勁，便會拒絕接受投射。或者，有些時候投射者自己會痛苦地察覺到正在進行的事情。最後，還有一些是發生在諮商的狀況中，當投射認同的對象是諮商員時，那麼案主便會以幻想中的期望方式對待諮商員。這些都能夠提供諮商員相當豐富的素材來參考。

防衛機制，例如極端區分（splitting）與投射認同（projective identification），是諮商的客體關係取向之重要基石。然而，必須明瞭的是，在實務中，案主在諮商中所呈現的困擾與焦慮往往包括著複雜的幻想與防衛機制之組合，而我們目前為止的討論只不過是從案主整體的內心生活與人際關係當中抽取出來的簡化範例，目的其實在於介紹這些歷程。因此，經由描述源自幼年客體關係之特殊困

表格 **3.1** 投射認同的歷程

潛在議題	投射幻想	與他人建立關係的方式	得自他人的反應
依賴	「我熬不過去」	「你能幫我嗎？」	照顧
權力	「你熬不過去」	「照我說的去做」	順從
性	「我會使你得到性的滿足」	挑逗	興奮
逢迎	「你應對我有所感激」	自我犧牲（「我一直在做牛做馬」）	感激

來源：節錄自Cashdan（1988）。

擾所形成的成人人格，可以將案主生活的完整意象呈現出來，所以檢視客體關係與自我理論兩者的貢獻是很有用的。在當今心理動力理論當中最受矚目的兩種人格模式分別是自戀型特質疾患（narcissistic character disorder）與邊緣型人格疾患（borderline personality disorder）。

自戀（*narcissism*）的概念一開始由Freud引入，借用希臘神話中的Narcissus，一名與自己的水中倒影相戀的青年。Freud視自我的過度吸納是一種相當難以採用精神分析來治療的狀況，因爲對分析師而言，幾乎不可能突破自戀者的內心，進而接觸到根本的衝突。Kohut（1971）與Kernberg（1975）在精神分析學派裡開始重新評鑑自戀問題。Kohut（1971）指出，自戀型患者基本上無法辨別自我與

別人。在自戀患者的心目中，別人都只不過是自我的延伸部分，並且都被認為是「自我般的客體」（self-objects），而非當成獨立的實體來對待。別人的存在只是為了要使自我看起來比實際更為豐富，更為強大，以及美化自己。對Kohut而言，解決之道在於案主與治療師之間的移情關係。如果治療師刻意避免直接面對案主心中的假象與自我的過度美化，但是卻特別重視並接受案主對於事物的體驗，那麼與童年早期類似的情境將會再出現。

Kohut（1971）主張，正如同真實世界裡的母親絕不會完美，只能期望她盡量恰到好處一樣，一個治療師也絕不可能完全地分享與接受別人的感覺與情緒。因此，案主會覺得治療師無法同理到他的感受時，會有一種挫敗感。在高度接納與挫折的組合背景下，逐漸能夠使案主體會到自己與別人之間的個別存在。雖然由Kohut（1971, 1977）所提出來的模式對這種狀況有相當清楚的解釋，但此處僅屬輕描淡寫。應用客體關係取向抽取出來的概念，對於此等類型疾患的瞭解與治療有很明顯的貢獻。

另外一個重要領域是輔導「邊緣型」（borderline）案主。這個名詞指在建立人際關係方面有重大困難的人們，他們在童年時期曾有過遭受重大情緒傷害的經驗，並且在治療關係中表現出高度依賴與不可壓抑的憤怒。在一般的狀況下，「邊緣」（borderline）所代表的意義之一是「邊緣型精神分裂症」（borderline schizophrenic）。傳統上，這類疾患的人們不被認為適合採用心理動力治療法，所以在治療上大多採用支持性（supportive）的治療策略。Kernberg（1975, 1984）與其他同仁採用客體關係／自我的觀點，將邊緣型案主的困擾歸因為童年早期發展停滯的緣故。這些人在情緒方面仍然相當年輕，對待世界的處理方式就好像他們尚處於Klein所稱的「偏

執－精神分裂」時期，相當原始地將世界區分為「好」與「壞」。治療師的任務在於使案主回到童年時代，發掘出是哪些情節在當時阻止了發展的進行與成熟，進而創造新的方法來克服。此一型態的治療法幾乎可視為特殊的教養方式，提供發展的第二次機會，藉由治療關係扮演家庭的替代角色。

　　對於邊緣型案主的治療往往要持續數年，案主每週需接受好幾次晤談。如此緊湊且富挑戰性的治療工作，伴隨著並不突出的成功率，無怪乎開業者對於承接邊緣型案主的治療往往相當謹慎，或限制這類案主的人數，以確保在負荷量之內（Aronson 1989）。

英國的獨立團體

　　在後Freud學派年代中的心理動力取向，因為有不少學者出書，相關的概念能夠發揚光大。在眾多心理動力治療師的團體中，有個知名的團體，即—英國的獨立團體（British Independent）。英國的獨立團體之根源可以追溯到精神分析學派在英國剛開始萌芽時。在Ernest Jones的領導下，英國精神分析學會（British Psycho-Analytical Society）於1919年成立。1926年，原先在柏林接受訓練的Melanie Klein移居倫敦，並且成為該會的一員，並對於過度拘泥的精神分析取向加以批判。她開闢了兒童分析論，將重點放在破壞性衝動（destructive urges）與死亡本能（death instinct），較少討論戀母情結的相關議題。Klein及其門徒的觀點與正統Freud學派的觀點有相當大的歧異，當Freud與他的女兒Anna Freud，和其他一些精神分析師在1938年從維也納移民到倫敦時，他們之間的衝突達到了頂點。在1939年，Freud死去之後的幾年間，因Anna Freud代表著Freud

學派理論的主流，所以她的團體與Klein的支持者之間的關係變得緊張起來。1940年代在學會裡有著一連串後來被稱爲「爭議性的討論」（controversial discussions）。有關這段期間精神分析學派所上演的戲碼，Rayner（1990: 18-19）在其著作中有畫龍點睛之妙：

> 在1941年，舉辦固定學術聚會的氣氛逐漸強烈……在戰爭之際是否應對理論之類的事情如此狂熱，實在令人感到迷惑。當時的情況是倫敦幾乎每晚都會遭到空襲，學會裡很多人都不知道自己是否能夠生存下去，更不用說精神分析論——這門他們賦予生命的學科——的未來了。他們自覺是珍貴思想的保護者，對抗的不只是炸彈的威脅，甚至還有來自於同事與他們自己的威脅。此外，精神分析取向的執業幾乎無法繼續下去，因爲要延續精神分析論的思想，實際執業是命脈。此時，意識型態的氾濫與人物的刺殺大行其道。當許多人在戰爭的威脅下找到了新的社群身份時，倫敦的精神分析論者卻是相反的情形。

以下所述也許可以視爲英國人對於衝突的妥協方式。該學會於1946年決定，基於訓練的需要，劃分成三個不受拘束的團體：以Klein爲主的團體，以Anna Freud爲主的團體，以及「中間」（middle）團體，即後來所稱的「獨立團體」（Independents）。規定是這樣的：正在接受訓練的分析師必須對一個以上的團體之思想與方法有所涉獵。這項原則使英國精神分析界對新的思想敞開大門，不再像以前那樣封閉。有關精神分析界在此時所受的影響，Kohon（1986）與Rayner（1990）在著作中有深刻的描繪。

雖然獨立團體產生了橫跨整個心理動力論範圍的新思想（Rayner 1990），但是這個團體特別出名的是它重新評鑑反移情作用（counter-transference）。特別是那些曾受過創傷的治療師，他們對於治療關係的互動更爲敏感。獨立團體的貢獻在於重新將注意力拉回

諮商關係，並開始探討治療師本身的情感。在此之前，治療師一直以質疑的態度看待反移情，這更突顯了治療師本身的內心衝突。相對的，Heimann（1950）則認為反移情作用是精神分析學派「最重要的工具之一」。她所持的論點是：「分析師的潛意識瞭解案主的潛意識。這種深層的信賴關係以分析師回應案主時的感受形式浮出表面。」

Symington（1983）是獨立團體的另一位成員，認為「在某個層次上，分析師與案主共同製造出一個單一系統」。分析師與案主都會被困在共同的幻想或假象中，Symington（1983）認為，只有透過分析師採取的「自由的行動」（act of freedom）才能解決。換言之，分析師須真正明白自己在維持此一系統時所扮演的角色為何。獨立團體開創的反移情作用的方法包括案主與治療師之間更為溫暖、更以人性為本位的接觸（Casement 1985, 1990），並預先為了有時間限制的心理動力諮商取向相關的發展鋪路。然而，對於反移情作用的性質以及在諮商與心理治療中使用的方式，仍存在著相當多的爭議（見專欄 3.1）。

短期的心理動力取向

在精神分析論發展的早年，Freud與他的同僚並未設定案主必須接受長時期的治療。例如，Freud報告他在1908年成功地以四次晤談的療程幫助作曲家Gustav Mahler解決性方面的困難。不過，隨著精神分析論者逐漸地察覺到案主的抗拒，以及認為他們帶來治療的問題會相當棘手，他們開始認為輔導大多數的案主會是冗長的生意，案主每週須接受治療數次，而且有可能須持續多年。

　　儘管如此，在主流的精神分析家當中，對此一趨勢仍然有所批評，他們認為治療師的角色要更加積極，並對於療程確立固定的長度。抱持此一觀點最著名的兩位擁護者分別是Sandor Ferenczi與Otto Rank。但由於Freud與精神分析學派內部的強烈反對，最後終於迫使兩人離去。此一歷程裡第二項重要事件是，Alexander與French於1946年出版一本書，認為治療師的治療要有彈性，該書的出版也引起有關精神分析技術的論爭。經過了幾年，芝加哥的精神分析研究所（Chicago Institute for Psychoanalysis）對於各種標準的精神分析技術進行實驗，例如，嘗試每週內採用不同的晤談次數，使用沙發或椅子，以及對移情關係付出不同程度的注意力。Alexander與French的書有很大的影響力並帶來新思想，隨著1939年Freud的謝世，更加刺激了許多分析師扣緊有關「固定時間架構」(time limited framework)（即短期）的相關議題。發展短期治療（brief therapy）的歷程中，主要人物為Mann（1973）、Malan（1976, 1979）、Sifneos（1979）、及Davanloo（1980）。

　　必須清楚的是，短期的心理動力治療與諮商之產生，是因為治療師自己的深思熟慮，以及社會的需要與案主要求的壓力。例如在美國的1940年代，大眾期望諮商員與心理治療師能協助戰後英雄的情緒困擾；到了1960年代，有力的政治因素促使心理健康機構移至社區，使它們能更迅速地為更多的案主服務。即使到私人診所求診的案主也不想要「沒完沒了」的治療。例如，Garfield（1986）檢視了在不同治療機構下各種治療長度的研究報告後發現，案主與治療師晤談的次數最多的是五到六次，而且大部份都少於二十次。這種種因素使所有取向的諮商員或治療師密切地檢討短期治療可能的問題，而短期的心理動力治療之文獻，也與短期的其他取向治療之文

專欄 3.1　治療師反移情作用的情感來源爲何？

　　在精神分析論發展的早期幾年，分析師或治療師通常被視爲空白布幕，可以使案主投射過去尙未解決的情緒衝突而產生的幻想（移情神經官能症）（transference neurosis）。不過，在新近的精神分析論與心理動力論的諮商相關著作中，已經漸漸重視治療師對於案主的情緒反應，即「反移情作用」（counter-transference），並且認爲這是治療中必然發生的現象。但是，反移情到底從何而來？Holmqvist與Armelius（1996）認爲，在精神分析論的文獻裡，對反移情作用有三種觀點。第一是正統Freud對反移情作用的觀點，認爲它是從治療師的人格衍生而來的，特別是治療師自己懸而未決的內心衝突，很可能會干擾治療歷程。這是反移情作用會扭曲空白布幕的一種觀點。第二個觀點在於解釋反移情作用是治療師對於案主建立人際關係之策略的反應。從此一觀點來看，治療師與案主建立關係時所體驗到的感覺，是案主的人際關係之風格或內心活動相當珍貴的線索。第三，部分當代心理動力論的學者認爲，反移情作用是案主與治療師之間合創共享的人際經驗。

　　Holmqvist與Armelius（1996）所進行的一些研究，爲此一議題開啓了一扇窗。他們使用一份情緒字彙清單，來評鑑治療師對於案主的情緒反應。接受研究的治療師們在一所醫療單位裡治療嚴重異常的案主，而且每一位案主均由這組治療師當中的數人共同診療。調查中要求治療師回想某位特定的案主，然後從上述清單中，針對問項所引起的反應選擇一個形容詞；問項如：「當我和該案主交談時，我感到……」。接著分析每組的治療師與案主的資料。假設這些治療師的情緒反應受到案主的移情投射所主導（觀點二），那麼不同的治療師對個別案主的評價理應相同

（意即，因為案主對每一個治療師的反應是固定的，因而主導著治療師的評價）。另一方面，假若治療師對於案主的情緒反應受制於治療師個人的風格或未化解的衝突（觀點一），則各個治療師將對不同的案主會以相同的方式去評價。最後，若反移情作用確實是與每位案主之間獨特而全新的情感聯結（觀點三），那麼每個評價模式中就會有統計上所謂的「交互作用效果」（interaction effect）。分析資料後顯示，對這三種觀點均有部分的支持。換句話說，證據顯示，治療師對於案主的感受是受到案主、治療師、以及這兩者的組合所影響。不過，治療師的感覺類型之間出現了一些有趣的差異。治療師的快樂情緒較會受到案主的影響，而親密的情緒則高度受到治療師個人風格的影響。這些發現顯示，諮商員或治療師對於案主的感覺受到多種來源的影響，因此，過度簡化反移情的觀念會是一種錯誤，。

獻等量齊觀。

　　短期的心理動力治療之學者們對於他們所指的「短期」有不一樣的註解，是指三到四十次的晤談均稱之。大部分則同意短期治療是少於二十五次的晤談。然而，更重要的概念是晤談次數是有限的，且在諮商開始之時便訂立契約，約定將來只會有固定次數的晤談。雖然在許多不同診所中，各有不同團隊的治療師發展出多種風格的短期心理動力治療模式（詳見Gustafson（1986）對於此一運動中部分重要思潮的評論），但是一般均同意短期的治療工作主要分為三個階段：開始階段、介入階段、以及結束階段（Rosen 1987）。倘若花在案主身上的時間有限制，那麼案主與諮商員每次的互動必須

盡量善用。其中，開始階段是諮商員未來諸多活動的基礎，包括了評鑑、為該案主作準備、建立起以治療為目標的合作關係、啟動治療的工作並找出案主的生活史與生活背景。與案主第一次相見，以及案主開始所講的那幾句話相當重要。Alexander與French（1946: 109）對於這點有很好的表述：

> 在此一階段的分析師或許可比喻為站在山丘頂端的旅人，眺望著他即將踏上的國度。此刻，他能夠透過這樣的位置看到預期的全部旅程。一旦他走下山坡、進入山谷，在山頂所鳥瞰的景象必須能留在腦中，否則行程就會亂掉。打從這一刻開始，他將能更細微地欣賞這塊土地更小的部分，這是站在遠處時不可能做到的，不過整體的脈絡卻不會那麼清晰。

一般而言，短期諮商只適合特別的案主。例如，精神病案主或「邊緣型」（borderline）案主就不適合（不過有些開業者，如Budman與Gurman（1988），會反駁此一說法，並視所有案主均可能適合短期治療）。因此，在短期諮商或治療裡，必須要進行一次評鑑性訪談。評鑑性訪談的目標涵蓋如下所須探索的主題：

- 案主對於治療合約所持的態度；
- 改變的動機與「心理上的意願」（psychological-mindedness）；
- 案主來此之前，維持親密的人際關係之能力；
- 評鑑晤談期間與治療師建立關係的能力；
- 可以確認的治療目標與欲解決的困擾。

經過這樣的評鑑之後，若結果良好，我們自然可預期案主在短期治療中會有不錯的效果。評鑑的技巧包括要求案主在晤談之前完

成一份關於自己生活史的問卷，將訪談內容錄影下來並與同事進行關於晤談的討論，以及在晤談期間積極進行「實驗性治療」（trial therapy）。實驗性治療的內容大多是針對案主所提的素材進行部分的解析與回饋（Malan 1976），不然就是將評鑑時段分出一段時間來進行一個很短的治療（Gustafson 1986）。

當案主被評鑑為不適合短期治療時，則必須進行轉介。一般均認為進行評鑑訪談者必須接受特別的訓練。短期治療的開始階段也包括與案主協商有關諮商或治療合約內的目標與持續期間以及案主所需要準備的事項，這些均經由向案主解釋他（她）所負的責任與任務。

短期治療師主要的任務之一就是，找出整個治療以及每次晤談的焦點。治療師積極地尋找治療的焦點，由此一觀點來看便與傳統的精神分析師有所不同，傳統的精神分析師在自由聯想中等待著主題的浮現。為了找出焦點，諮商員提出一些他（她）在治療中所欲尋求的素材種類之假設。這些假設乃源自心理動力理論與客體關係理論，並且引導諮商員選擇案主在故事當中製造出來的各種線索並加以發揮。例如，Budman與Gurman（1988）提出IDE準則，這是他們在晤談時決定焦點所使用的方式。他們認為，人們無可避免地須面對心理社會化階段造成的發展議題，由人際關係引起的人際議題，以及面對諸如孤單、抉擇、與察覺死亡等存在議題。Gustafson（1986）寫道：「直到我對於案主的『困擾』找到線索，否則我不會繼續進行下一步」，強調找出焦點最為重要。

在找焦點時，思考「為什麼是現在？」（Why now？）這個問題相當重要。短期心理動力治療會認為，案主會將生活上的困境帶來治療室討論。所以案主是因為生活中的困境而產生困擾，而不是性

質上「有病」的個體。「爲什麼是現在」這個問題，可以協助探尋當下的生活事件引發的困擾情緒之根源所在。有時候問題癥結點可能是多年以前發生的事件，經由特殊情境使個體的傷心回憶重現。例如，一位女子因爲對於夫妻關係感到疲憊而來尋求諮商，雖然告訴治療師當下發生的事件，但可以發現這些與她女兒在十六歲時開始約會有關。案主發現，她自己回憶起當年她十六歲時因爲懷孕，很快就必須扛起爲人妻母的所有責任。她的女兒現在正處於同樣的階段，並且也使案主憶起青春時光該有的美好，只是自己卻無法真正享受這些青春的滋味。本案例顯示「爲什麼是現在？」（Why now ?）這個問題能開啓發展方面的議題。

　　失落的經驗（experiences of loss）也經常是短期治療的重要焦點議題，在尚上述的例子裡，包括了對於失落年輕時代與青春期的哀傷。以心理動力理論的觀點研究失落的重大貢獻者之一是英國的精神分析家，John Bowlby（1969, 1973, 1980, 1988）。在他的研究與著作裡，Bowlby指出，人類就像其他動物一般，一生中也有與別人形成依附關係（attachments）的基本需求，除非這種依附關係存在著，否則人們將無法正常運作。根據Bowlby所說，依附是與生俱來的，但發展上會受到幼年經驗裡重要他人的影響。例如，假若孩子的母親不在身邊，或無法形成安全可靠的依靠，那麼孩子的成長歷程中將伴隨著缺乏「信賴」而無法建立穩定而親密的人際關係。另一方面，如果母親或家庭成員提供孩子在童年期有一種Bowlby所稱的「安全基地」（secure base），那他很可能可以擁有美好的親密關係。

　　類似的情況，根據Bowlby的觀點，幼年失落的經驗可以形成延續至成年生活的一套情緒模式。Bowlby與Robertson曾觀察與雙親分

離的兒童，例如因送醫治療而分離，最初表現的是反抗與憤怒，接著是沮喪與哀傷，最後是明顯正常的行為（Bowlby *et al.* 1952）。然而，這樣的正常，卻隱藏了保留與不願與新認識的人們分享情感。如果雙親回到身邊，在他們再次被接受之前，是會有拒絕與躲避的反應。對於一個無法在認知層次上瞭解所發生的事情之年幼孩子而言，這一類的失落經驗可能會使小孩害怕被人拋棄，因而使他們在未來的生活中緊握著人際關係。對於較年長的孩子而言，他們用來處理哀傷與失落的方式（不管有效或無效），同樣也會建立起一套持續的情緒模式。例如，當雙親離婚，孩子很可能相信是自己造成這起分離事件，並產生後續的失落感，這對於將來任何人際關係均有傷害性的衝擊。

　　促使人們前往尋求諮商協助的事件包括多種失落。家族成員的死亡、被公司解僱、離開家園、或因外科手術而移除身體的一部分，全都是重大的失落經驗。在諮商中，失落的主題通常有人際（interpersonal）及存在（existential）這兩個構面。多數的失落經驗涉及人際關係的某種改變，以及人們體驗到自己有某種改變。特別是失落經驗挑戰了自我不會受到損傷與永存的幻象（Yalom 1980）。失落的其他存在面向會把人拋進一種狀態，懷疑發生的事情之意義性：「再也沒有什麼是有意義的了。」最後，當下的失落經驗將重新喚醒幼年潛伏的失落經驗，因而觸發與童年事件關聯的強烈情感。

　　從短期心理動力取向的觀點，輔導失落的諮商員或治療師之目標包括揭露與解決。諮商中的揭露部分需要案主探索與表達感覺，並打開這整個內心經驗的領域。用來協助揭露的技術可以是再次訴說失落的事件，其中也許佐以相片或舊地重遊來勾起記憶與感覺。

解決階段包括察覺失落事件帶來的啓示，以及當事人如何處理個人與人際方面的事物。在較後面的階段裡，諮商員可能會告訴案主有關反應失落的「正常」方式。

可以看得出來，雖然短期心理動力治療的介入期需要用到以過去的事件來詮釋目前的感受，但也包括治療師（諮商員）鼓勵案主表達他在諮商室中「當下」（here-and-now）的感受，其目標是爲了使案主體會到Alexander與French（1946）所稱的「修正後的情緒經驗」（corrective emotional experience）。他們認爲，治療的主要目標之一是，「在更有利的情況下，使案主重新回到過去自己無法處理的情緒狀態」（Alexander and French 1946: 66）。所以，例如，某位案主一直害怕表達出丟了工作所產生的憤怒，擔心妻子無法承受，此時便可以試著在諮商員面前表達這種感覺，進而希望此類型的情緒經驗在出了諮商室之後可以在妻子面前或別人在場的情境中表現出來。因此，短期治療師介入的一部分是協助案主與自己「深層」的感覺進行溝通，此時可以利用一些問題如：「你現在感覺到什麼？」及「你內心裡的感受是如何？」來催化達成（Davanloo 1980）。

在任何短期的諮商中，特定的時間結束後，治療也告終結，這同時也可能引發出相關的問題。諮商關係的結束可能會喚醒案主的分離經驗，而導致案主以過去面對分離的反應來面對這次的別離。諮商的結束對案主來說，也許類似分離－個體化的發展階段（separation-individuation stage）（Mahler 1968），這是離開雙親的保護殼並成爲更具自主性個體的時期。案主對於諮商的結束可能會有一種依依不捨的感覺，但同時也有達成某項成就的滿意感，以及還有一些事情沒有學到的挫折感。由於治療時間受限制，這樣的時間規範也可以當作案主處理時間觀的議題，例如未來導向（future-orientation）

　　的人（他們經常會擔心還有多少時間可用）與不願意活在當下或過去的人。若短期治療師認為案主可能有上述問題，可以試著利用時間限制的形式，使案主學習面對這一類議題。

　　　諮商關係的結束對諮商員也可能引發一些問題，例如失落感、誇大治療效果、或治療效果微不足道而產生自我懷疑。因此，妥善地處理結案工作（termination）便成為諮商員與督導（supervisor）需特別關注的部分。

　　　短期的心理動力諮商員所扮演的角色與傳統的精神分析是有別的。後者的治療師扮演被動的角色，就如同一張「空白布幕」，案主可以將其情感投射在其身上。另一方面，短期治療的治療師相當主動且有目標，與案主成為一起解決問題的共同夥伴。移情關係的運用因此也就很不一樣。

　　　在長時間的精神分析中，治療師鼓勵培養強烈的移情作用，有時候稱為「移情性神經官能症」（transference neurosis），目的在於使童年期的人際關係模式能夠明顯浮現。短期治療中，運用的方法往往是為了避免這種深層的移情；例如在情緒投射出現時便立刻加以明辨與詮釋，即使是第一次與案主接觸的晤談也不避諱如此，以及透過解釋正在進行的事項及保持工作焦點的清晰度來降低案主的依賴。在短期治療裡，案主當下對治療師或諮商員當下（here-and-now）的感覺反應，即移情，會用來做為聯結案主目前與治療師的應對行為及案主過去與雙親的應對行為之基礎（Malan 1976）。

　　　Malan（1979）與Davanloo（1980）曾建立一些有效詮釋移情行為的原則。洞察三角形（triangle of insight）（Davanloo 1980）指案主與治療師（therapist, T）應對的行為、現在與其他關係人（other current relationship figures, C）應對的行為、以及與過去特定

人物如雙親（parents, P）應對的行為之間的關聯性。案主可以經由體會T-C-P連結，協助自己獲得洞察。例如，有位女性以極謙恭的態度與治療師互動，依賴他來解決問題，這可能是將治療師與過去相當照顧她的母親做連結。下一步可能要解開她對先生與工作同事謙恭的方式。洞察三角形能使案主了解到她的行為模式從何而來、如何運作（透過小心而仔細的探索她與諮商員之間的關係），以及這種模式對她目前生活帶來的影響。

　　心理分析論的基礎技術，如移情、抗拒、以及詮釋，也在短期的心理動力治療中使用，不過有大幅度的修改。正如同任何的精神分析輔導工作，這些技術的效果將依治療師的精熟度而有別。

對話模式

　　近年來心理動力諮商另一項重要的發展是對話（conversational）模式的演化。這種方法最早在英國由Bob Hobson與Russell Meares（Hobson 1985）提出，且影響力與日俱增。對話模式有三個關鍵性的特色使它與其他心理動力方法有別。第一，它是以現代對於語言的意義與角色等概念為基礎，這與主流的心理動力理論對語言的假設與概念相當不同。第二，目的是要能夠在次數有限的晤談中應用。第三，此一模式的效用獲得研究結果的支持。當其他心理動力模式宣稱某些領域有所成就時，對話模式卻是目前心理動力學派中唯一在理論、實務、以及研究等方面屬於全新與原創的方法。除此之外，此一取向也進行如何以最佳的方式訓練人們的研究（Goldberg *et al.* 1984; Maguire *et al.* 1984）。

　　對話模式的主要著作是Hobson（1985）所寫的《Forms of

Feeling: the Heart of Psychotherapy》。這是一本非凡而具有創意的書，其中，Hobson用了大量文字描述案例，並且引述各種研究文獻。這本書很清楚的表達出，Hobson並不是以抽象的理論或心智系統來呈現此種方法，而是用一組原則，可以協助建構他所謂的「特別的友誼」（special friendship）之任務，也就是心理治療。不過Hobson不認為其理論已經完備，認為還有發展的空間，因此他相當重視不確定性與暫定性，並認為透過對話可以獲得理解與知識，權威式的獨斷則否。

　　對話模式的核心思想是，人們都有一種基本需求，即希望能夠與別人分享感受。個人的困擾根源於無法與別人溝通自己的感受。與人交談或對話對於心理健康極為重要的原因是，一個人透過交談，可以對於感覺有所行動（語言本身就是一種行動，文字「能做事」），也因為與別人的交談，因而消除了無法與別人分享的孤寂感；例如，獨自承受喪失親人的感受。諮商員或治療師主要的任務是，透過案主與治療師之間建立起與案主感覺有關的對話，彼此之間培養出一種「感覺語言」（feeling language）。諮商員經由注意案主所運用的實際或隱含之情緒字彙與譬喻來做到這一點。諮商員也使用「我…」的陳述句來表示另一個人存在的事實，並延伸為對話的邀請。此時，諮商員避開不介入的中性立場，而且還「擁有」（own）他對案主講過的話，透過這種方式，希望可以成為案主的榜樣，鼓勵案主也「擁有」他們自己的感覺。諮商員會提出一些暫時性的假設，指出案主的感受與生活中的事件或人際關係可能有某種連結。所進行的這一切均建築在相互對話的理念上。案主們有「困擾」（problem），是因為他們在生活中無法與別人分享自己內心的感受。心理治療提供一個開啟這種相互對話的機會，案主在治療後也

許能夠將之延伸到其他關係中。

Hobson、Meares、以及許多同事在發展對話模式時有精神分析論與Jung式心理治療的背景，在對話模式中也能發現有許多心理動力論與精神分析論之關鍵概念的不同版本。不管如此，這些概念被重新陳述與應用，以符合對話取向認為人們更需要人際互動與更需要與人交談的假設。例如，Freud學派的防衛概念（defence）在對話取向中是以「逃避」（avoidance）出現；移情（transference）成為「現場重現」（direct enactment）；洞察（insight）成為「個人問題的解決」（personal problem-solving）；詮釋（interpretation）則成為「假設」（hypothesis）。雖然「反移情作用」（counter-transference）的概念並未出現在Hobson（1985）著作的索引中，不過整個對話取向其實是依靠著諮商員對這份關係所投入的察覺。Meares與Hobson（1977）也以「受到困擾的治療師」（persecutory therapist）之概念來討論反移情的負面面向。對話模式的治療目標定義為：

> 藉著移除障礙來促進成長……減少因分離、失落、以及遺棄所產生的恐懼……滿足對於獨處和與人共處之理想狀態的渴望……增加個體察覺到「我」與扮演多種社會角色的「我」之間的「內心」交談……發掘「感覺的真正聲音」。
>
> （Hobson 1985: 196）

這些想法和既有的心理動力論之分離與失落等概念相去甚遠，卻有人本理論（「成長」，「察覺」）、存在主義（「獨處－與人共處」）、及個人構念理論（personal construct theory）（Mair（1989）的「諸我的社群」（community of selves）之概念）等影響的蹤跡。

專欄3.2示範對話模式如何實際運用。本案例取自對話模式對

醫院中患有慢性激躁性腸道症候群（IBS）案主所產生的效果之研究。IBS會逐漸使人衰弱，人們認為此一病症具有生理與心理交互影響的要素，但是較早的研究認為諮商或心理治療無濟於事。儘管如此，Guthrie在有限的晤談次數內，發現對話模式的治療能夠明顯地協助這些案主。對話模式的其他主要研究在Sheffield的心理治療專案中進行，這是一個大型的比較計畫，對象是憂鬱的案主，方法是短期的「心理動力－人際」取向（即對話模式）與「認知－行為」治療法。由於心理治療研究的一些政治性因素，在這些研究報告中，對話模式被稱為「心理動力－人際」（psychodynamic-interpersonal）取向。研究結果證實了對話治療對於這一類案主具有效果。

　　總之，對話模式在諮商與心理治療的方法當中，未來可能巨幅成長。它使用哲學、文學、以及結構主義等領域的概念，已經使心理動力的理論與應用重新恢復了活力，也引起致力於整合人本／存在、以及心理動力等傳統方法的諮商員們相當大的注意。有關對話模式的理論、研究、實務、以及訓練等方面最新近的發展，可以參閱Barkham等人的著作（即將出版）。

對心理動力取向的評鑑

　　精神分析論是在各種不同背景中均能發現其應用面的一組概念與方法。心理動力論的概念已被證明，不僅對於個人治療與諮商具有非凡的價值，在團體福利工作、婚姻諮商、以及組織的分析等領域也同樣具有重要的地位。Freud的思想一直是強韌而禁得起考驗，在批判與各種重新的形塑之後仍不屈膝。心理動力論的觀點對於諮商與心理治療的歷程研究有相當重大的貢獻。在本書裡，有許多在

專欄 3.2　　「我一吃東西就會拉……我的腸子不停地翻
絞」：心理動力對話模式輔導消化道困擾的案主

　　激躁性腸道症候群（irritable bowel syndrome, IBS）的症狀有腹部疼
痛與膨脹，不時改變的排便習慣，並且找不出任何已知的生理病因。許
多患有IBS的人對於醫學治療的反應良好，但是約有15%的人不論使用藥
物或飲食控制等方法均不見起色。這些「頑強」的IBS患者，其毛病在性
質上似乎受到生理與心理交互的影響，而諮商對他們可能會有幫助。
Guthrie（1991）曾研究Hobson（1985）的對話模式治療法對於在醫院中
102位被診斷為IBS且無法以藥物或飲食控制治療的門診案主之成效。其
中一半的案主接受治療，包括一次長時間（三到四小時）的起始晤談，
接下來有六次晤談，每次四十五分鐘，平均分配在十二週內。另外一半
做為控制組，與治療師見面五次，平均分配在同樣的時間內，晤談時討
論他們的症狀，不過並未施予真正的心理治療。此項研究的結果顯示，
心理動力的對話模式諮商對於這類案主具有效用。以下是Guthrie（1991）
敘述的案例，提供了對話模式在實務上運作的範例。

　　Bob四十九歲，苦於腹部疼痛與腹瀉持續多年。來此之前無法工作
已有三年的時間。Bob是個獨子，被「嚴厲且不苟言笑」的母親帶大；他
的父親在他六歲那年離家。他視自己是個「孤獨的人」，並且幾乎不相信
諮商能夠對他有所助益。在第一次的晤談時，他用很長的時間談論他的
病症：

　　　　我的腸子一直在絞動。
　　　　我不能上班，我必須不停地往廁所跑。
　　　　太慘了，我身體裡的一切似乎都從那裡狂瀉出去。

我就是得上廁所，實在很慘，我害怕得不敢出門。

諮商員僅針對他所說的話做出回應：

吃的東西無法留在體內。

當東西要出來時……控制不住。

害怕……不能控制……很慘……就是得上廁所。

Guthrie（1991: 178）評論說：

> Bob逐漸地明瞭，雖然我幾乎只用他所使用的相同詞彙來描述腸道症狀，但是我實際上卻是在談論感覺。在他做了這項連結之後，他開始能夠更自由地講論他自己的事。他更深刻地敘述第一任太太輕視他的性能力，使他感到相當大的羞辱。在長長的沉默之後，我試探性地詢問他擔不擔心我也會以某種方式羞辱他。就在此時，他猛地站起，衝出門外說他必須到洗手間一趟。

當他再回到諮商室，Bob承認他對諮商員一直感到畏懼，然後「鬆了一口氣微笑了」。在後續的晤談中，他變得更能夠將他的腸道症狀當成他內心感覺的比喻。建立了這道連結之後，他開始與他的太太談論他的恐懼，症狀也有所改善。不久，他回到工作崗位上，儘管症狀並沒有完全消聲匿跡。

Bob的案例捕捉了對話模式運作的方式。諮商員在對案主較具意義的領域中進行對話，此處指腸道症候群的例子。諮商員與案主一起培養出彼此的感覺語言，並且經由這種語言的使用，案主能夠停止逃避生活中的困難或痛苦。諮商員會做各種暫時性的試探，但卻直接且與案主切身相關。

不同背景下使用心理動力概念之範例。所有的諮商員與治療師，即使支持著不同的理論觀點，均已受到心理動力思想的影響，並且不得不接受或拒絕Freud對人類意象的看法。

　　在心理動力與其他取向之間，有著數不清的相似處與差異處。然而，最重要的不同在於心理動力論對於兒童發展領域重視的強度。認知行為取向對於兒童發展幾乎沉默無聲，而個人中心取向在使用其「價值的條件」（conditions of worth）之概念上，則比起沉默無聲要好一點。比較之下，心理動力諮商員有隨時可取用的高複雜度的概念網。尚在論爭中的議題是，此一理論如何影響了諮商的歷程。從心理動力的觀點來看，它代表一張能捕捉到獵物的網。從其它諮商取向的觀點來看，它是一張可能使諮商員與案主糾纏不清，阻礙行動與改變的網。

本章摘要

- 心理動力諮商取向最早是從Sigmund Freud的精神分析理論發展而來。很重要的是，不僅要認清Freud思想的價值，也要明瞭他的理論是在特殊的文化與歷史時空下之產物。

- Freud所做的幾點關鍵性假設是 ：(a) 情緒困擾的源頭來自童年經驗；(b)人們對於上述經驗的性質通常察覺不到；以及 (c) 潛意識的素材在諮商中會間接浮現，透過對諮商員的移情作用以及夢境與幻想。

- 諮商員的角色在於詮釋潛意識的心理內容，使案主能獲得洞察。

- Freud許多最親近的同事，例如Jung與Adler，對於他的理論有相當多的爭執，例如強調潛意識記憶的性本質。

- 在1940年代與1950年代，精神分析的客體關係學派，受到Klein、Mahler等人的鼓舞，發展出更加重視案主與生命中重要他人（客體）之關係的心理動力取向。此一取向至今仍有高度的影響力。

- 一群英國的精神分析師，包括Heimann與Casement，在他們有關諮商員對於案主的反移情作用之價值性的著作裡，使我們對於諮商員或心理治療師的角色有新的瞭解。

- 近來心理動力諮商的重要趨勢是發展短期的治療法，其中涉及了諮商員更積極的參與，以及找出關鍵主題如依附與失落的焦點。

- 由Hobson、Meares、及與他們在英國與澳洲的同事所創的心理動力對話模式諮商，是個以研究爲基礎、整合性的取向，援引了許多傳統精神分析論的要素。

- 諮商的心理動力取向是囊括相當多各不相同之思想學派的寬廣觀點。它是諮商與心理治療的領導取向之一，並且已成功地應用於許多不同的案主族群，以及擁有豐富的文獻典藏與建立起完善的訓練方法。

討論問題

1 Coltart（1986: 187）曾寫道：「我們需要培養忍受一無所知的

能耐，即枯坐與旁觀案主（通常是很長的一段時間）而絲毫不知該往哪裡下手的能耐，僅能依靠著我們常用的工具與對於諮商歷程的信念，引領著我們通過抗拒、複雜的防衛機制、以及全然意識不到的潛意識所組成的漆黑道路。」請根據本章介紹過的主題，對此一陳述加以討論。

2 短期的諮商將心理動力治療的顯著目的與意義，減弱到何種程度？

3 心理動力諮商與接下來各章所介紹的其它取向，有哪些主要的相似處與差異處？

4 Strupp（1972: 276）曾提出，心理動力取向的諮商員或心理治療師「運用父母般的優勢地位為權力基礎，藉以改變案主的人際策略，呼應了『在最終的分析中，案主的改變是出自對治療師的愛』的原理。」你同意他的說法嗎？

關鍵詞彙與概念

anal stage	肛門期
Attachment	依附
borderline personality disorder	邊緣型人格疾患
brief therapy	短期治療
British Independents	英國的獨立團體
catharsis	宣洩
conversational model	對話模式
corrective emotional experience	修正後的情緒經驗

counter-transference	反移情
defence mechanisms	防衛機制
dream analysis	夢境分析
ego	自我
free association	自由聯想
hysteria	歇斯底里
id	本我
IDE formula	IDE模式
individuation	個體化
interpretation	詮釋
libido	慾力
loss	失落
narcissistic character disorder	自戀型人格疾患
object relations approach	客體關係取向
oral stage	口腔期
phallic stage	性器期
projective fantasy	投射性幻想
projective identification	投射性認同
projective techniques	投射技術
psycho-sexual development	心理性別化的發展
psycho-social development	心理社會化的發展
resistance	抗拒
self-theory	自我理論
splitting	極端區分
superego	超我

T-C-P links   T-C-P連結
transference   移情

建議書目

對於心理動力諮商欲一探究竟的讀者，就要閱讀Freud所寫的原稿，而不是看教科書的二手資料。Freud是位充滿鮮活想像力且具說服力的學者，能將讀者的注意力拉入他研究的精神分析領域的世界裡。《Introductory Lectures on Psychoanalysis》（Freud 1917/1973）這本書是個好的開始，最早於1909年美國麻薩諸塞州的克拉克大學發表。其中，Freud試著向熱心、卻帶著些許懷疑的美國心理學家與精神病學家解釋他的思想。在《Introductory Lectures》之外，相當值得一讀的還有經典案主—朵拉（Dora）、鼠人（the Rat Man）、狼人（the Wolf Man）、薛柏（Schreber）—這些全都包括在隨處可得的Freud著作之標準版本中。

心理動力諮商的文獻非常龐大且分歧，因此要推薦一些專門的書籍而不會產生一份無止盡的書單並不容易。Michael Jacobs（1988, 1995, 1996a, b）的多種著作提供了絕佳的導覽。期刊《Psychodynamic Counselling》（Routledge出版），是具激發性與可讀性的期刊，並且包括臨床題材，理論論文，以及研究文章。由Patrick Casement（1985）所著的《On Listening to the Patient》，Janet Sayers（1991）的《Mothering Psychoanalysis》，以及Peter Lomas（1994）的《Cultivating

Intuition》，是傳播當代心理動力思想之精神的著作。

對於傳統精神分析論與心理動力論有許多批評的聲音。在這類書當中最有用的是 Ernesto Spinelli（1994）所著的《Demystifying Therapy》，Jeffrey Masson（1991）所著的《Final Analysis: the Making and Unmaking of a Psychoanalyst》，以及Alice Miller（1987）所著的《The Drama of Being a Child and the Search for the True Self》。

 認知—行爲取向

前言

　　認知－行為（cognitive-behavioural）的傳統，由於有它自己獨樹一幟的方法與概念，因此對於諮商來說是一重要的取向。該取向從行為心理學演進而來，而且有三項關鍵特徵：輔導案主時，聚焦於解決問題與產生改變、特別講究科學方法、以及密切注意人們監視與控制其行為的認知歷程。近幾年來，許多接受認知－行為方法訓練的諮商員與心理治療師已漸漸對於建構論者（constructivist）的觀點感到興趣。建構主義（constructivism）特別注意人們用以創造其生活真實面的語言，而建構論治療師會試圖協助案主更加察覺這種語言，並加以改變。不管如何，實務上建構論者治療法仍舊保持認知－行為治療法對於解決實際問題的強調，因此其架構比較像是找出解答方案而不是剖析問題。本章一開始，將回顧這門取向在學術上的行為心理學與認知心理學之根源。

認知－行為取向之根源

　　要瞭解認知－行為諮商取向的性質，就必須細查學術上心理學科的歷史。認知－行為取向在所有主要的治療流派中是最「科學」的取向。認知－行為取向的行為觀點源於行為心理學，而行為心理學普遍認為由 J. B. Watson 所創，特別因為他在 1919 年出版《Psychology from the Standpoint of a Behaviorist》一書。

　　Watson 是美國芝加哥大學的心理學教授，當時，心理學在學術領域仍屬襁褓階段。事實上也不過自 1879 年，Wilhelm Wundt 在德國萊比席大學（University of Leipzig）首度將心理學從哲學與生理學

的範疇中分離出來建立為獨立的學科。Wundt與Titchener等人在研究心理學的主題，例如記憶、學習、問題解決與知覺時，所使用的技術是內省法（introspection），參與研究的受試者報告出他們在進行記憶、學習、或其它任何心理活動時自己的內心思考歷程。這種技術較容易得出矛盾的資料，因為不同的受試者在不同的實驗室裡參與同樣的心理作業，卻報告出很不一樣的內心事件。Watson辯道，以內省法為一種科學方法相當薄弱，因為並不能夠以客觀的態度加以檢驗。只有身歷其境的受試者能「理解」所發生的事情，因而也就無可避免會導致偏誤與主觀的扭曲。Watson主張，如果心理學要成為一門真正的科學，就必須只著重在可觀察的事件與現象上。他認為，心理學應將自己界定為一門研究真實與外顯行為的科學，而不是研究看不見的思考與意象，因為行為能夠在實驗室環境中加以控制與測量。

Watson的「行為」（behavioural）宣言說服了許多同事，尤其在美國，並且在之後的三十年間，心理學的主流受到行為學派思潮的主導。行為學家如Guthrie、Spence與Skinner將他們主要的任務設定為探索學習的法則。他們的立論是，人類表現出來的所有習慣與信念必然來自學習，因此心理學最重要的任務就是要瞭解人類如何學習。除此之外，他們認為所有關於學習新行為的基本法則，對所有的有機體皆然。由於實驗室研究在進行時，動物受試者比人類受試者在倫理面與實際面均有其優點，因此行為學家著手進行以動物為受試者的大型研究計畫，動物大部分是小白鼠與鴿子。

從當代的觀點來看，這所有的一切顯得相當怪異。研究人類的心理學能夠透過研究動物行為來解釋之假說，現在已經沒什麼人認為合理。事實上，有很多人一直試著想去瞭解行為論在心理學界當

道的道理。許多學者指出，這些心理學家只不過依循主導當時學術界的科學模式，也就是邏輯實證主義。其餘的觀察家則認為，行為主義在美國受歡迎的原因在於，行為主義與廣告業的需求一致，因為廣告需要能控制與操弄消費者行為的技術。這一點也許可以明顯地從J. B. Watson離開學術生涯後搖身變為廣告主管看出。

在Bakan（1976）對於行為主義的社會根源所做的分析中指出，許多行為學家例如Skinner，曾在一個四周圍繞著動物與機械的環境中長大，所以也就無可避免地受到以小動物為實驗對象的觀念之吸引。在學術界裡也有追求「純」科學的強大壓力（Bakan 1976），而行為學家所採用的實驗方式使得他們更符合此一科學規範。另外一項促使行為主義發展的因素是，也在同時期成長而被行為心理學家視為極不科學與頗為誤導的精神分析論之影響力。就某個程度而言，精神分析論的威脅促使行為學家持續將注意力堅定地放在客觀與可觀察的事物上，而不是人類經驗中主觀與潛意識的面向。

儘管在1930年代與1940年代期間，行為論運動呈現的形式，對於眾多投身諮商與心理治療領域的人，可能顯示出人類荒蕪與未成熟的意象，但重要的是必須瞭解它對於美國心理學家產生莫大的影響。任何在這個時期以心理學背景進入諮商或心理治療領域的人（例如Carl Rogers），或多或少會帶著行為學派的思想與態度。

然而，在行為學派本身內部，也逐漸承認「刺激－反應」模式甚至對於解釋實驗室動物的行為也不足夠。Tolman（1948）在一系列的實驗中，曾經展示已經預先學會游泳通過水迷宮的老鼠，後來能夠成功地用四隻腳找到牠們的路。他指出，牠們在實驗第一部分所學會的行為——一系列的游泳動作—事實上與繞著迷宮跑的第二項

作業毫不相干。他指出，牠們必然已獲得關於迷宮的「心智地圖」（mental map）。以這種方式，內心心智事件的研究，或稱爲「認知」（cognition），便成爲行爲心理學的主題。行爲主義對於認知的新興趣呼應著瑞士Piaget進行的研究，他最早研究兒童的思考發展；以及劍橋的Bartlett，他檢視人們回憶長期記憶來「重新建構」（recon-struct）事件的方式。這些在1930年代的領先研究，由Tolman、Bartlett、Piaget、以及其他一些研究者主導，終於產生後來被標記爲心理學界的「認知革命」（cognitive revolution）。在1970年代，學術界的心理學家整個來說逆轉了行爲主義的思潮，並且不再對人類全部的行爲只僵硬地固守「刺激—反應」分析。早先以內省法探討內心、認知事件的學派再一次主導心理學，只是現在還結合了更精細的研究方法，而非簡單幼稚的內省法。

行爲概念在臨床實務上的應用

　　一直以來，行爲心理學家們持續尋找應用其概念來解釋心理與情緒困擾的方法。第一位以行爲觀點的角度來看待情緒困擾的理論家也許是Pavlov，十九世紀後期俄國的生理與心理學家，他注意到，當他將實驗狗放在難度太高的知覺辨識作業情境裡（例如，看到刺激爲圓形時，有反應就有獎賞，但刺激爲橢圓時則無獎賞），動物會變得沮喪、發出長而尖的叫聲，並且會「失控」。後來，Liddell在康乃爾大學（Cornell University）進行制約實驗，創造出實驗性神經質（experimental neurosis）一詞—指一種在疲倦與被動至過度活躍等狀態之間游移的行爲模式—來描述他的實驗動物處於單調的實驗情境中所表現的行爲。Watson進行了一項衆所皆知的「Little

Albert」實驗,實驗中當小男孩抱到毛茸茸的動物時,便立即發出極大聲響使他受到驚嚇,進而使小男孩對動物產生制約恐懼。Masserman在一系列有關貓的實驗中發現,「神經質」(neurosis)行為可以經由創造動物的「接近-躲避」衝突(approach-avoidance conflict)來產生;例如,設立一種情境,使動物在實驗室的同一區域裡會有酬賞(給予食物)與懲罰(施加電擊)。

　　Skinner(1953)發現,當動物受到酬賞或增強是在隨機的情況下,即牠們表現的行為與得到的結果(獲得食物)之間沒有關聯時,動物開始學到「儀式性」(ritualistic)或強迫性行為。

　　後來,Seligman(1975)研究習得無助感現象(learned help-lessness)。在Seligman的研究裡,動物被限制在不能逃離的牢籠內,或使用施加電擊來控制的其他方式。一段時間之後,即使動物在能夠逃離牢籠的狀況下被電擊,牠們仍留在原處與接受電擊。牠們已學會表現出無助與沮喪態度的行為。Seligman認為這項研究可以作為沮喪(depression)來源的一些線索。有關行為治療法的實驗研究根源,更深入的文獻紀錄可參考Kazdin(1978)。

　　對於行為學家而言,這些研究提供了令人信服的證據,說明了心理與精神方面的困擾可透過行為原理來解釋,進而加以治療痊癒。儘管如此,行為學派所強烈認同的「純」科學價值觀,意味著他們使自己主要侷限於實驗室研究的範疇內。直到第二次世界大戰結束後的那幾年,精神治療服務在美國整個擴展開來,行為主義才首度嘗試將觸角延伸為治療的形式之一。Ayllon與Azrin(1968)的行為矯正研究計畫發現,Skinner的學習操作制約模式具有實際效用,以及Pavlov的古典制約模式使Wolpe所發展的系統化去敏感技術(systematic desensitization technique)有了合理解釋,兩者均是行為

概念在治療方面最早的實際應用。

諮商中的行為方法

　　行為矯正（behavioural modification）來自Skinner學派的概念，指在任何情境下或對於任何刺激，人們都有一組可能的反應，並且會做出能獲得增強或得到獎勵的行為。主要的原理是眾所皆知的操作制約（operant conditioning）。例如，被人詢問問題時，人們有許多可能的回應方式，包括回答問題、忽略問題、或逃離。Skinner（1953）認為，人們表現出來的行為其實會是過去最常受到增強的行為。從這一方面來看，大多數的人會去回答問題，因為在過去這項行為的結果是獲得增強，例如詢問者的讚美或注意，或給予物質上的酬賞。另一方面，假若有人生長在回答問題會導致肢體暴力的家庭裡，而逃跑能使自己安全，那麼他（她）的行為將反映出這樣的增強歷史，他（她）將會逃離。應用在有行為困擾的個體上，這些觀念指出，增強或獎勵合適的行為，並且忽視不恰當的行為是有幫助的。根據Skinner的說法，如果行為或反應無法獲得酬賞，則會漸漸消退，並且在某一組可能的反應中淡出。

　　Ayllon與Azrin（1965, 1968）將這些原理應用在精神病院嚴重異常的案主身上，使用一種稱為「代幣法」（token economy）的技術。參與代幣法的案主若表現出特定的目標行為，如使用餐具用餐或與另一人交談，則醫務人員會有系統地獎勵，通常是給予可以換取香煙或會客等獎勵的代幣，有時也會當場就直接給予巧克力、香煙、或讚美等獎賞。在計畫剛開始時，照著Skinner增強排程的研究，案主做出非常簡單的行為即能獲得獎賞，而且目標行為每次一

表現出來就能獲得。隨著計畫的進行，案主只有表現出更持久、更複雜的系列行為時才有獎勵，並且採取間歇性獎勵。最後，要達成的目標是，透過正常的社交性增強來維繫受到期望的行為。

　　行為矯正術與代幣法所產生的效果相當依賴受到控制的社會環境之存在，在這樣的環境裡，對學習者的行為能朝著想達成的方向持續地加以增強。也因為這樣，大部分的行為矯正術是在「大機構」中實施，例如精神病院、監獄、以及治安單位。儘管如此，若重要的關鍵人，例如教師與家長，被教導如何運用這項技術，則也可以應用到更普通的環境中，像是學校與家庭。然而，重要的是，執行者的技術要相當熟練而且要有良好的動機，如此才不會使案主陷入矛盾的增強排程中。此外，由於行為矯正術仰賴執行者擁有給予或收回案主高度關切之需求物的真正權力，所以會有貪瀆與濫用的可能。只受過一些訓練的人也常會認為處罰是行為矯正術的要素之一。相對下，Skinner明白的指出，處罰只能暫時抑制不適當的行為，而行為的長期改變需要學會新行為，同時並消除老舊與不適當的行為。

　　另外，行為矯正術可能會在實務上受到濫用的一種方式是，過於強調稱為「暫停」（time out）的技術。在精神療養機構中，對於問題行為例如攻擊與暴力行為，會將案主移至類似囚室中使其「冷靜下來」，目的是不使暴力行為因受到院方員工或其他案主的注意而獲得酬賞，而是恢復理智後以允許離開囚室為酬賞。原則上，這是一種有用的策略，能夠幫助一些人改變原先會導致嚴重糾紛的行為。至於危險性在於醫護人員可能以處罰的心態濫用，為了使案主保持安靜或消除他們對他（她）的怒氣，因而侵害了案主的權益。

　　行為矯正術不像一般的諮商關係，因為一般的諮商關係是合作

導向、一對一，案主能在此關係中談論著有關自己的事情。不過，行為矯正術的原理仍能在諮商情境中採用，即向案主解釋行為觀念，並且輔導案主應用這些觀念為自己的生活帶來變化。這種作法常被描述為「行為上的自我控制」（behavioural self-control），而且涉及對行為模式進行功能性分析（functional analysis），其目標較不是放在「瞭解你自己」，而是「瞭解你自己控制著一些變數」（Thoresen and Mahoney 1974）。這整個運作背後的假設是，依據Skinner的說法，人們所表現出來的行為都是受到刺激的引發，並且受到其結果的增強。因此，可以鼓勵案主適當地改變一連串行為當中的所有（或部份）步驟。

問題行為之功能性分析的一個簡單範例（Cullen 1988）是，一名希望停止抽煙的案主。行為取向諮商員首先會進行一項仔細的評鑑，知道當事人在何時、何地抽煙（刺激），當他抽煙時會做些什麼（行為），以及他從抽煙所獲得的酬賞或愉悅感（結果）。這份評鑑通常能指出案主複雜的「抽煙」行為模式中更詳細的資訊，例如，他總是在午餐後與一群老煙槍抽煙、他會沿著一圈遞煙給別人、以及抽煙使他有放鬆的心情。接著案主與諮商員一起介入這種抽煙行為模式，可以試著與其他非抽煙的同事在午餐後共聚，決不帶超過兩根以上的香煙，這樣他就不能遞煙給別人，並且進行一項「實驗」，在一個小房間內與禁煙診所內的成員一起抽煙，一根接著一根，一直到覺得生理上感到不適為止，如此抽煙便串聯到新的結果：不適感而非放鬆感。

行為取向的另一項入門技術是由Wolpe首倡的系統化去敏法（systematic desensitization）。這種方法取自Pavlov的古典制約學習模式。Pavlov曾以一系列狗的實驗顯示，動物或有機體的行為中包括

許多反射性反應。這些與生俱來、自動的反應，是爲了要應付某些特定的情境或刺激（他稱這些刺激是「非制約」（unconditioned）刺激）。在他的研究中，他觀察的是唾液分泌反應。當食物呈現在面前時，狗會自動地分泌唾液。然而，Pavlov發現，假如有些別種刺激也伴隨著「非制約」刺激一起出現，則新刺激會成爲非制約刺激的「訊號」，最終則可能會引發同樣的反應，即便原先的非制約刺激並不存在。所以，Pavlov在給狗吃東西之前搖鈴，過了一段時間，狗兒們聽到鈴聲時便分泌唾液，即使食物並未出現。此外，牠們在聽到別種鈴聲時也會開始分泌唾液（類化）。如果聽到鈴聲卻沒有與食物有任何連結的話，經過幾次之後牠們便逐漸減少唾液分泌量。

Wolpe看到了古典制約與人們產生焦慮或恐懼反應之間的對照性。請運用想像力，想像一個人曾遭遇過一場車禍。正如同Pavlov的狗一樣，車禍中的受害者只能被動地對情境做出反應。同樣地，他（她）會產生對特殊刺激或情境的自動反應，此處指因恐懼而產生的反射反應。最後，恐懼反應可能會類化到其他與車禍有關的刺激上；例如坐車旅行或甚至只是到戶外去。所以，變得對旅行感到焦慮或懼怕的車禍受害者其實是爲制約情緒反應（conditioned emotional response）所困。解決之道在於，根據Pavlov的說法，重新使當事人處於不含恐懼要素的「制約」刺激裡。這些可由系統化去敏法來達成。首先，案主要學會如何放鬆。諮商員可以在諮商時便進行放鬆練習，也可以給案主放鬆指導與錄音帶在家練習。一旦案主精通了放鬆法，案主與諮商員便可以一起確認出引發前者恐懼的刺激層級表，從高度恐懼（例如，坐車旅行並路過事故地點）到最低程度的恐懼（例如，觀看雜誌上刊登的汽車圖片）。接著，從能誘發恐懼感的最低刺激開始，使案主循序漸進地暴露在不同強度的刺激

專欄 4.1 行爲矯正術：貪食症的案例

大吃，接著再自我催吐，是暴食症（bulimia nervosa）的特徵。因爲行爲明顯，而且病症的發生有規律可循，因此適合以行爲的技術介入。也就是說，有許多機會能中斷原先的行爲並導入新的反應與增強物。除此之外，身罹此症的案主往往極度渴望想改變這種情形，因此會有高度動機配合行爲治療法。Viens與Hranchuk（1992）提出一份案例研究，描述一位三十五歲的女性長期有飲食困擾而接受行爲治療。她先前曾進行過減肥手術，現在則有強迫性大量進食與嘔吐的情形。她已經喪失控制進食的能力，因爲其行爲已受到體重須保持在個人能接受之標準上的負面增強。此外，生活中親友不讚許她的飲食方式，也導致她在社交上逐漸孤立。

治療的啓始階段包括爲期三週對飲食行爲進行嚴格的自我監控。她寫下所吃的食物，每一餐吃幾口，以及她在用餐時與用餐後嘔吐的次數。有了這些資訊後，就可以建立一份行爲治療法療程，包括：

• 訂下用餐細節，每一口以兩湯匙爲限，接著在休息三十秒的期間做放鬆練習，再接著吃兩湯匙的食物；

• 每天早上量自己的體重並將數據記錄在圖表上，並且每週向治療師報告結果；

• 每天繼續監控自己吃的食物，每一口吃的量，以及嘔吐的情形；

• 每天要做某種體能活動，並且每週晤談時跟治療師報告這方面的進度；

• 對她的男友說明治療的情形。

案主的嘔吐症狀在六週內顯著改善，而且在六個月的治療期間保持良好。這些收穫在一年的追蹤訪談期間也仍維持著。Viens與Hranchuk（1992）指出，這案例顯示飲食失調可透過行為方面的改變來改善，即使沒有任何認知技術的介入。此外，治療介入的要素極少，主要是靠每週活動的排程與進展來強化案主。他們指出，行為技術的介入不僅調整了案主的進食行為，其他改變也使新的進食行為獲得了第二波的增強，這是因為她的體重減輕得到周遭親友的好評，使她變得更樂於進行社交活動。

下，每隔一會便練習鬆弛技能。這套程序可能會花點時間，而在許多案例中諮商員會陪伴案主進入並通過各種誘發恐懼的情境，例如一起坐車兜風。在療程結束時，刺激層級表內的所有刺激所引起的，應該均為放鬆反應而非恐懼反應。

儘管系統化去敏法從古典制約中借用理論，大多數的行為理論家卻認為適應不良的害怕與懼怕之發展若要完整解釋，則除了古典制約之外，也須借重操作制約，即Skinner學派。他們指出，雖然一開始的制約恐懼反應最初可能透過古典制約而獲得，但在許多案例中，使案主自己重新經驗汽車、旅遊，以及外在世界的自然狀態時，就會銷聲匿跡。可能的情形是當事人主動迴避這些情境，因為它們會帶來焦慮感。結果是，逃避行為使當事人獲得了增強，換句話說，在家中而不是在戶外，或在戶外時以步代車，會因為感到較輕鬆而獲得增強。這種精神官能症的「二因子」模式視案主的焦慮為制約情緒反應，扮演一種逃避驅動力的角色。

行為的自我控制與系統化去敏法技術顯然均來自操作制約與古

典制約的行為「學習法則」（laws of learning）。然而，在心理學界更
偏向認知取向的運動中，評論家如Breger、McGaugh（1965）、以及
Locke（1971）開始質疑，在涉及這些技術的治療歷程中，使用的行
為概念實際上是否能為人所完全瞭解。在Locke（1971）的著作中，
他提出一個議題：「行為治療法是『行為取向』嗎？」行為治療法
的諮商員通常會要求他們的案主報告與監控其內心的情緒經驗、鼓
勵自我果斷（self-assertion）與自我理解（self-understanding），並將
目標設定為協助案主發展應對生活的新計畫或新策略。這些活動包
括了很廣泛的認知歷程，其中包括心像、決策、記憶，與問題解
決。這項批評一針見血之處在於，行為取向可能曾產生許多有用的
技術，但是這些技術卻極仰賴案主理解事物的能力、處理資訊的認
知能力，也因為這樣，便需要一套更富認知色彩的理論來瞭解到底
發生了哪些事情。傾向行為主義的諮商員與心理治療師也漸漸接受
其工作中需要更明顯的認知構面。Bandura（1971, 1977）的社會學
習理論取向對於這些發展有相當重大的貢獻。就在心理治療領域對
認知面向的興趣與日俱增的同時，一些認知取向的治療法例如理情
治療法（rational emotive therapy）（Ellis 1962）與Beck（1976）的認
知治療法（cognitive therapy）也於此時出現。

認知的思潮

　　「認知－行為」諮商取向有關「認知」部分的發展之描述，詳
載於Ellis的著作中（1989）。Ellis（1989）指出，最早嘗試對案主使
用認知取向是在性治療法（sex therapy）的領域裡。性治療法的開
拓者發現，他們有必要告知案主關於性與各種性行為的資料。換言

專欄 4.2　結合行為與認知技術：競爭性運動比賽焦慮案例

　　Houghton（1991）曾發表一份成果報告，敘述一位優秀的運動員飽受運動表現焦慮的困擾。這名運動員是一位男性弓箭手，代表國家參加奧運會與世界冠軍比賽。有好幾次的場合，需要寄託在最後一箭得到高分以成功地結束比賽時，他「凍結」在放箭的訊號上，等得太久，經過高達五次的催促而仍未放箭，然後很快速地射出連續三箭。他說當他最後一箭需要得到「金」（十分）時，感到「焦慮而消極」，並且一直對著自己說：「為什麼要拿的是十分，而不是九分？」這名運動員接受一位運動心理學家十二次的諮商晤談，使用行為與認知技術結合的方式。

　　首先，諮商員仔細觀察他在比賽時的行為。對他的基礎資料進行分析之後，先引導他學習漸進放鬆的方法，以及在認知上預演成功表現的視覺化技術。最後，則鼓勵他做出積極的自我陳述。這些技術在訓練時與比賽時均加以練習。最後，他錄製了一卷成功射箭之後興高采烈的錄音帶，並且每天一再撥放。經過這樣的「認知－行為」技術的介入之後，他的比賽成績很顯著地提高了，即使在有BBC（英國廣播公司）現場轉播的重大比賽也不例外。這案例不僅示範了行為與認知技術配合使用的方式，也顯示治療師使用此一取向試著在關鍵的標的行為中找出能客觀測量改變的偏好。弓箭手並未表達治療結果是否使他對自己有較好的感覺，但他的實際表現已經證實了成效。

　　之，他們需要挑戰案主心中對性所抱持的不當的幻想與信念。協助案主改變思考事物的方式仍然是所有認知取向的焦點。

　　理情治療法（rational emotive therapy, RET）的創始者Ellis，與認知治療法的創始者Beck，兩人均以精神分析師的身分展開心理治療的生涯。兩人也都對精神分析法感到不滿，並且愈來愈明白案主思考自己的方式之重要性。Beck（1976）在其著作《Cognitive Therapy and Emotional Disorders》中，講述了關於他轉換跑道到認知治療取向的故事。他提到，「多年來一直致力於實踐精神分析論與精神分析治療法，直到我發現案主的認知狀態對於自己的感覺與行為有極大影響的事實」（p.29）。他提到一名進行自由聯想的案主曾發怒過，並大刺刺地批評Beck。當被問及感覺到什麼時，案主回答自己感到相當內咎。Beck根據精神分析論，即怒氣導致內咎，接受了這份陳述。不過，接著案主解釋當他批評Beck時，「也持續地思考他那自我批評的天性」，其中的陳述包括「我不應該這麼批評他……我很壞……他不會喜歡我了……我不能沒由來地如此刻薄」（pp.30-1）。Beck做出結論：「案主感到內咎的原因在於他怪罪自己對我發脾氣」（p.31）。

　　Beck（1976）將這些自我批評的認知描述為「自動化思緒」（automatic thoughts），並且開始視之為治療成功的關鍵所在。人們在生活中經驗到的情緒與行為困擾，並不是直接由事件所引起，而是人們對事件詮釋的方式以及如何去理解這些事件所導致的。當我們能協助案主去注意其「內心對話」（internal dialogue）時，這些是伴隨與引導其行為的自動化思緒川流，他們便能對於這些自我陳述的適當性做抉擇，必要時還能導入新的思考方式與觀念，使他們過著更喜樂或更適意的人生。雖然Beck曾經是個精神分析師，但是他對於認知方面的興趣與日俱增，於是遠離精神分析論，朝向行為治療法的方向。他指出認知治療法與行為治療法的一些共通特性：兩

者均採取結構化、解決問題或消除症狀的取向，治療師的風格相當積極，且兩者均強調「當下」（here-and-now），而非「機巧地重新建構案主童年時期的關係以及早期的家庭關係」（Beck 1976: 321）。

更早之前，Albert Ellis曾經走過幾乎一模一樣的生涯道路。他也接受精神分析論的訓練，並發展出較主動的治療風格，以高度的挑戰與面質為其特色，目的是為了使案主檢查自己的「非理性信念」（irrational beliefs）。Ellis認為，將生活視為各種「應該」與「必須」，會引發「扭曲的想法」（crooked thinking），進而導致情緒問題。例如，當一個人經驗一段關係時，是以一種絕對性、誇張性的方式，則其行為很可能依循著內心非理性的信念，像是「我一定要擁有生命中對我重要的人之愛與讚許。」對Ellis而言，這是一種非理性信念，因為它被誇大敘述了。理性的信念系統中的陳述應如「我喜歡有人愛」或「若生活中大多數的人在乎我，我就會感到很安心。」假若在關係中任何事情出了一點點差池，非理性的信念將產生「災難臨頭」，以及焦慮或憂鬱的感覺。理性信念產生的陳述，可以使人以更積極與更平衡的方式處理人際關係中遭遇的困難。

繼Ellis（1962）與Beck（1976; Beck *et al.* 1979; Beck and Weishaar 1989）的開創之後，許多臨床從業人員與學者也相繼對此取向在諮商中的應用做出貢獻，進行更纖細與詳盡的構築。認知─行為取向在歷史上屬於較新近的治療法，每年不斷地增添新的想法與技術，目前也許是最具創意的時期（Dryden and Golden 1986; Dobson 1988; Dryden and Tower 1988; Freeman *et al.* 1989）。此處的檢視將該取向分為三種領域：認知歷程、適應不良的信念、以及以認知介入的策略。

認知的歷程

在引導案主將注意力放在其處理生活難題之認知面向時，認知
─行為諮商員指出兩種有趣的認知現象。第一，人們處理外界資訊
的方式不同。第二，人們對於這個世界所抱持的信念不同，認知的
內容也不同。認知─行為諮商員已經發展出處理這些議題的介入策
略。

認知─行為諮商員使用的認知處理模式中，最有名的是Beck
（1976）的認知扭曲模式（cognition distortion model）。此一架構的
假設是，人們對威脅的經驗導致喪失了有效處理資訊的能力：

> 當個體知覺情境會威脅到他們極為重要的利益時，會經驗到心
> 理上的痛苦。在這些時候，正常的認知處理會造成功能性傷
> 害。因此，對事件的知覺與詮釋會變得高度選擇性、自我中
> 心、以及冥頑不靈。此時人們「關掉」扭曲性思考、集中精
> 神、進行回憶或做理性判斷的能力會減弱。也就是說，使真實
> 的情形能以普同性概念加以測試與推敲的矯正性功能受到削
> 弱。
>
> （Beck and Weishaar 1989）

Beck（1976）曾找出一些不同種類的認知扭曲，可以在諮商情
境中加以處理。其中包括過度類化（overgeneralization），指從相當
有限的證據得出整體或包括全部的結論。例如，假如有人第一次的
汽車駕照測驗沒有通過，她可能會過度類化地下結論認為並不值得
多費心思再次參加考試，因為很明顯她絕不可能通過。另一種認知
扭曲是二分法思考（dichotomous thinking），指傾向將情況視為只有
相反的兩種極端。二分法思考常見的例子是，在某些活動裡認為自

己是「頂尖好手」，但若出現任何自己不夠好的證據，就會將自己視為徹底的失敗者。另一個例子是，將別人視為極善或極惡。第三種認知扭曲是個人化（personalization），指一個人傾向於將發生的事件歸因於他的行動（往往因為自身的缺點）所致，即便這中間沒有任何邏輯上的關聯。例如，在婚姻關係中，並不難發現某一方認為另一方的心情總是因自己的行為而牽動，儘管存在著豐富的反證，譬如，對方的不安是由於工作壓力或其他外界因素造成的。

　　以上的認知扭曲類似於Ellis（1962）所述的「絕對」與「災難臨頭」性的思考。這些認知－行為概念背後的思想其實頗類似範圍更大的認知心理學。例如，許多研究指出，解決問題時人們經常「急於論斷」（rush to judgement），或根據甚少的證據而進行過度類化，或頑固而死板地固守對事實之某一面向的詮釋，甚至忽視或否定矛盾的證據。「個人化」概念類似Piaget學派的自我中心（ego-centric）概念，指大約四歲不到的小孩看世上的一切均從自身的觀點出發，他們無法從別人的角度來看事情。認知－行為治療師在臨床上觀察到的現象，也在其他場合下被心理學研究者觀察到。另一方面，這些研究（尤其是問題解決方面）的對象是並未遭遇情緒困擾或精神問題的成年人。假如認知扭曲是人們在日常生活中用來因應外界壓力的一種方法，則很難視之為造成情緒困擾的原因而必須以認知技巧加以消除。

　　認知處理的認知扭曲模式在很多方面類似Freud的「主要歷程」（primary process）思考的概念。Freud認為，人類具有從事理性、邏輯思考（「次要歷程」（secondary process）思考）的能力，不過高度傾向於回轉到發展較不成熟的「主要歷程」思考，此時想法受到情感需求的主導。主要歷程與認知扭曲模式之間重大的不同在於，前

者是由情緒控制想法，後者則是由想法控制情緒。

　　認知扭曲另一重要的構面在記憶（memory）的領域。Williams（1996）曾進行過一項研究，顯示焦慮的人們，或曾經歷艱難生活經驗的人，往往發現難以回憶痛苦事件的細節。他們的回憶被過度類化，因此會記得「有事情發生過」，但是卻想不齊其中的細節。Williams（1996）認為，這一類的記憶扭曲導因於回憶事件與負面情緒之間的聯結。既然進行認知—行為諮商時，往往需要建構特定情境的細部分析，諮商員便須特別注意案主在進行這一類的回憶作業時可能會遭遇困難。

　　在認知—行為諮商與心理治療中，瞭解認知歷程的另一種主要方法是，探討後設認知（metacognition）的運作。後設認知指人們思考自己的認知歷程之能力，了解自己如何思考某件事情，或嘗試去解決問題。有一個可以說明後設認知的簡單例子，試回想過去你完成一件拼圖遊戲的經驗。你將會發現，自己並不是隨隨便便就能「拼」出拼圖（除非簡單到極點），而是你察覺到自己需要一組策略來選擇碎片，像是「找到四個角落」，「找出四周邊緣」或「先把天空收集起來」。後設認知策略是一種察覺並加以溝通的能力，對於教導小孩子如何拼圖是非常重要的一環，而不只是拼給他們看。後設認知是發展心理學近幾年來廣受研究的主題。

　　雖然在諮商與心理治療的後設認知議題中，Meichenbaum（1977, 1985, 1986）是最常被聯想到的名字，但是後設認知處理的原理實際上是Ellis、Beck，以及其他認知—行為實踐者之研究工作的重心。例如，Ellis（1962）研發出一套A-B-C人格功能理論，其中，A指啟動事件（activating event），可能是個體的某項行動或態度，或實際的物理事件。C指該事件的情緒或行為上的結果（consequence），即遭遇該事件的當事人之感受或行為。然而，就Ellis來看A並不會直接造成C。A與C之間還有個B，指當事人對事件所抱持的信念（beliefs）。Ellis指出，事件總是受到信念的中介，以及事件所產生的情緒結果決定於對事件所持的信念而非由事件本身。例如，如果有人丟了工作，並且相信這「未嘗不是做點不一樣事情的機會」，因而感覺很快樂。另一個人丟了工作，並且相信「這是我扮演一個有用的人的終點」，心情奇惡無比。

　　A-B-C模式與後設認知之關聯的重要性在於，理情（rational-emotional）諮商員能教導案主使用此一模式來監控自己對於事件的認知反應。於是，案主便能對於自己的反應進行後設認知處理，在理想上，會使案主更能選擇自己要如何去思考某事件。

認知的內容

　　認知－行為諮商員與治療師曾致力於歸納各種認知內容（cognitive contents），只是不同的學者有不同的名稱，包括非理性信念（Ellis 1962）、功能不良或自動化思考（Beck 1976）、自我交談或內心對話（Meichenbaum 1986），或「熱認知」（hot cognitions）（Zajonc 1980）（譯註：「hot cognitions」相較於「cold cognitions」而言，指並未將情感抽離的一種思考）。認知－行為取向的中心目標之一是，以和自我接納（self-acceptance）與建設性解決問題（constructive problem-solving）相關的信念來取代導致自我挫敗行為（self-defeating behaviour）的信念。以下所列的「非理性信念」，由Ellis提供給諮商員探索案主之認知內容的一個出發點。

我每次一定要做得很好。

當我表現得軟弱而愚蠢時，我要不是個差勁的人，就是一點價值也沒有。

我一定得獲得我覺得重要的人們之讚許或接納。

如果我被拒絕了，我必然是個差勁而不為人喜愛的人。

大家一定要公平對我，我需要的就要給我。

行為不道德的人是墮落、不值得交往的人。人們一定得符合我的期望，不然就太可怕了。

我的生活不能有太大的困擾或麻煩。我無法忍受真的不好的事情或難相處的人。當重要的事情沒有照我想的方式進行時，就會變得很糟糕，很可怕。

我無法忍受生活中真正的不公平。

對我重要的人必須能愛我。

我需要立即的滿足，得不到時，我總是感覺極糟。

在RET（理情治療法）中所見的信念陳述，反映出許多扭曲的認知歷程運作著。譬如，假若案主相信自己要一直為人所喜愛，這就出現了過度類化。認知治療師會辯駁這種表達方式的合理性，並邀請案主重述為「我喜歡被人愛與接納的那種感覺，假如沒有人這麼做，有時候我會覺得不快樂。」其他的認知扭曲，例如二分法思考（「如果人們不愛我，那麼他們一定恨我」）、武斷的推論（「我考試沒過，所以我一定笨到無藥可救」），以及個人化（「煤氣裝配員遲

到，是因爲那間公司的人全都討厭我。」)，也都是明顯的非理性信念。

　　RET取向處理認知時，諮商員會去尋找案主深深抱持的一般性陳述，這些合起來就可以知道案主對於世界所持的假設。另外一種取向，由Meichenbaum與其他認知－行爲諮商員所使用，是發掘出伴隨著當事人之眞實行爲的陳述語句。例如，一名求職晤談有困難的案主，可能在晤談中會進行一些「內心對話」，包括的資訊也許是「我會失敗」，「看吧，又來了，這不正是上一次的翻版嗎？」或「我知道我又說錯了」。這些信念或自我陳述非常可能會損及晤談應徵者的表現，因爲會產生焦慮感，以及將注意力放在內心對話而非聆聽面試主考官的問題。

　　認知－行爲諮商的難題之一是，獲知案主的信念或自我陳述。在評鑑認知方面使用的一些主要技術有（Hollon and Kendall 1981; Kendall and Hollon 1981）：

- 以隱藏錄音來捕捉自發性談話；
- 錄下依特定指示的發言（例如「想像一下你現在正在考試……」）；
- 要求案主從事一項任務時「大聲地想」；
- 問卷（例如果斷的自陳測驗（assertiveness self-statements test））；
- 列出想法清單；
- 紀錄功能失調的想法（案主將誘發事件的細節、自己的信念，以及行爲造成的結果紀錄在一張清單上）。

　　很重要的一項事實是，引出信念的歷程本身可能就會造成影響。例如，有些證據顯示，若要求憂鬱者自陳過去的想法，那麼他們會報告較多負面的想法，但是如果要求自陳當下的想法，則會有較多正面的想法（Hollon and Kendall 1981）。此外，口頭溝通的方式似乎比將想法寫下來的方式會更有收穫（Blackwell *et al.* 1985）。

　　引出信念之後，促進信念改變的主要策略是，鼓勵案主用替代的信念或自我陳述在特定的情境中實驗，看看依循不同的指引假設去行動會產生何種效果。這項策略顯示了認知—行為諮商取向的行為與認知面向的性質。案主不僅探索自己的「想法」，也有機會瞭解認知產生的行為結果，以及擴展對問題情境可行的因應行為。

　　很明顯，適應不良的認知歷程與適應不良的認知內容是有關聯的。將兩者視為整個認知結構（Meichenbaum 1986）、基模，對世界的假設模式之運作的面向是有幫助的。認知—行為諮商員的任務，可以視為協助案主像個科學家一般，去探討其個人的地圖或假設模式之實用性，以及協助他們決定哪些部份要保留，哪些部份需要改變。

認知—行為諮商的技術與方法

　　不像強調探索與領悟的精神分析與人本取向，認知—行為取向較在意案主採取行動去改變，而較不關懷內心的洞察。儘管每個開業者有都自己的風格，但採取「一步接一步」（step by step）的治療計畫是目前普遍的趨勢（Kuehnel and Liberman 1986; Freeman and Simon 1989）。這樣的計畫可能包括：

1 建立起和諧關係，諮商員與案主締結諮商聯盟，並進行治療原理的闡述。

2 評鑑問題。確認並量化問題行為和認知的頻率、強度，以及適切性。

3 設定改變的目標。須由案主做此抉擇，並且要清晰、特定、與可達成。

4 運用認知與行為上的技術。

5 持續評鑑目標行為，以監控進展。

6 終止並安排有計畫的後續增強，使成果能成為常態。

　　Persons（1993）主張，在認知－行為的輔導工作中，將所有這些資訊整合成一個概念化的案例是很有用的。這可以當作針對每一位案主及其困擾的迷你理論。Persons（1993）認為，只有在諮商員對於案件在腦海中加以完整地概念化之後，潛在的治療障礙才會顯現，進而予以克服。

　　認知－行為諮商員往往會運用一些介入技術，以達成案主同意的行為目標（Haaga and Davison 1986; Meichenbaum 1986）。經常使用的技術包括：

1 挑戰非理性信念。

2 重新界定議題：例如，視內心的情緒狀態為興奮而非恐懼。

3 與諮商員進行角色扮演時，預演使用不一樣的自我陳述。

4 在真實的情境中，實驗不同的自我陳述。

5 將感覺尺度化；例如，把當下的焦慮或驚慌感用0到100的尺度來表達。

6　堵住想法。不使焦慮或偏執的想法「佔據」腦海，案主應學習
　　做某件事情來阻撓，例如拉緊手腕上的橡皮筋。

7　系統化去敏法。案主學習以放鬆的反應替代焦慮或恐懼的反
　　應。諮商員並應與案主建立各種強度由弱轉強會引發當事人恐
　　懼感的情境層級。

8　果斷或社交技巧訓練。

9　指派家庭作業。在治療晤談期間練習新的行爲與認知策略。

10實境體驗。由諮商員伴隨進入會引發高度恐懼的情境；例如，
　　陪著懼曠症患者拜訪商店。諮商員的角色是鼓勵案主運用認知
　　—行爲技術去因應此類情境。

　　　更多認知—行爲方法的範例可參考Kanfer與Goldstein（1986）、
Kuehnel與Liberman（1986）、以及Freeman等人（1989）的著作。

　　　另有一套認知—行爲諮商員廣爲使用的觀念與技術，和復發預
防（relapse prevention）的概念有關。Marlatt與Gordon（1985）觀察
到，雖然很多案主經過治療的協助而改變他們的行爲，在開始有很
好的進展，卻在某些時點上遭遇到一些危機，引致原來的問題行爲
復發。這在某些上癮（如食物、酒精、藥物、或抽煙）的案主身上
最能找到這種情形，但是在任何行爲改變的案例中都可能發現。
Marlatt與Gordon（1985）在結論中指出，認知—行爲治療工作須預
防這種結果，並提供案主處理復發事件的技能與策略。預防復發的
標準方法涉及認知—行爲技術的應用。例如，「復發」導致的「極
大災難感」可重新界定爲「失誤」（lapse）。案主可以學習確認有哪
些情境可能引起失誤，並學習人際技巧以資因應。Marlatt與Gordon
找到三種高復發率的型態：「落寞的人」（downers）（感到憂鬱）、

「吵架」（rows）（人際衝突）以及「加入俱樂部」（joining the club）（因別人的壓力再次飲酒，抽煙等）。如果有復發的威脅，案主可以取閱一張寫好的指示，裡面敘述該採取的行動，或可以打過去的電話號碼。Wanigaratne等人（1990）的著作中敘述了許多其他方法，可以在諮商中應用預防復發的概念。

　　這些技術與策略的範例顯示認知－行為諮商之科學方法的根本重要性，其中相當強調測量、評鑑，以及實驗。這套哲學被稱為「科學家－開業者」（scientist-practitioner）模式（Barlow *et al.* 1984），強調治療師也是科學家，將科學觀念整合到他們的實務工作中。這個諮商與心理治療的觀點有時也稱為「柏德模式」（Boulder model），源於1949年在美國科羅拉多州的柏德市舉辦的會議，以決定美國臨床心理學未來的訓練形式。

認知－行為取向的評鑑

　　認知－行為取向的概念與方法對諮商領域有相當顯著的貢獻。在這個領域的研究人員與開業者所表現出來的活力與創造力，可以從急遽增加的相關主題文獻裡發現。Kuehlwein（1993）、Rosen（1993）、Mahoney（1995a）、及Salkovskis（1996）曾評論過這個領域的發展。認知－行為取向吸引許多諮商員與案主，因為它們直接了當、相當實際，且強調行動的重要性。各種相關技術使諮商員對能力產生信心。認知－行為治療法廣泛的效果，在研究文獻中受到充分的肯定。

　　儘管如此，認知－行為取向有兩個重要的理論領域特別受到批評。第一是有關治療關係的議題。認知－行為治療師對於和案主建

立良好的同盟關係看得非常認眞（Burns and Auerbach 1996）。這份
關係的特色常常被描述爲教學上而非醫療上：是「老師—學生」的
關係，而非「治療師—案主」的關係。不幸的，這種關係的實務察
覺並未延伸至理論與培訓的領域裡。例如，在認知—行爲的概念
中，並沒有等同於心理動力論的「反移情作用」或個人中心取向的
「調合一致性」（congruence）概念。通常也不會要求認知—行爲諮
商員以案主的身份去經歷一段個人治療的歷程，作爲培訓的一部
分，此時個人治療的目標是要促進對諮商關係產生適當的自我察
覺。若不曾眞正體會過諮商員對案主的衝擊，那麼一旦瞭解該取向
允許諮商員去面質與挑戰案主時，會感到很遺憾。在這些時候，認
知—行爲諮商員能確定面質與挑戰使何人受益嗎？例如，就心理動
力論來看，當諮商員與案主之間達到理性而對等的關係時，即可視
爲輔導工作極爲成功的結束點，而不是開始進行輔導的預備事項。
許多案主因人際關係困擾尋求諮商協助，這些困擾往往會在諮商室
裡表現出來。

　　第二個使認知—行爲諮商員在理論上兩難的困境，與「認知」
被瞭解與概念化的方式有關。該取向的基本原理是，思考上的改變
可以導致行爲與情緒上的改變。然而，支持此一論點的研究證據，
並非毫無問題。例如，在一項涉及憂鬱患者之認知歷程的研究中，
Alloy與Abramson（1982）發現，這些人表現出來的想法悲觀而負
面，但是與所謂的「正常」人之認知處理事實上較不扭曲。他們認
爲，憂鬱患者更精確地觀察著世界，而不憂鬱的正常人們則透過
「玫瑰色（譯註：喻樂觀）鏡頭」（rose-tinted lens）去欣賞事物。在
他們的實驗裡，憂鬱患者記得關於自己好的一面「與」壞的一面等
資訊，而不憂鬱的人則只記得正面的資訊。在另外一項研究裡，

專欄 4.3　克服飛行恐懼：是什麼幫了忙？

　　認知－行為技術相當適合協助在生活特定的領域中可能須面對高度恐懼感的人們。飛行恐懼，就是可藉由認知－行為技術加以有效處理的好範例。但是，當案主接受認知－行為的介入技術來對抗飛行恐懼時，到底是什麼幫了忙？要歸功於空中旅行的非理性信念改變嗎？案主學會新行為技能（例如放鬆技巧）的比重有多少？和認知－行為諮商員的人際關係又佔多少比重？人們之所以改善，是因為他們信任諮商員或想取悅他們？

　　Borrill與Foreman（1996）針對這些議題，訪談以認知－行為技術成功克服飛行恐懼的案主。這些治療計畫的起始晤談先探索案主的恐懼來源，並告知案主有關焦慮的性質。第二次晤談則搭正常的航班，由諮商員陪同做一次從英國到歐洲大陸的來回飛行。被問及治療的經驗時，這些案主對於掌控他們的恐懼感有許多意見要表達。他們說，治療協助他們瞭解本身的情緒激發（emotional arousal），以及運用焦慮的認知－行為技術也使他們有不一樣的感受。他們變得較能在認知上對於困擾的情緒重貼標籤。恐懼與焦慮現在變成了不舒適或興奮，或兩者都有。他們變得較能理性思考他們的飛行經驗。更進一步地，搭乘班機來勇敢面對恐懼，成為一項重要的信心來源。譬如，有位案主回憶：「然後，她（治療師）說：『我希望你在機艙內走一遍』。在過去，這會像是有強力膠黏住我的鞋底。但是我站了起來，而且很驕傲地做到了。」（Borrill and Foreman 1996: 69）

　　這些經驗與認知－行為理論一致。因應技巧、認知的再建構、以及自我效能，均是認知－行為取向的主要特徵。若從更嚴謹的認知－行為

觀點來看，更令人驚訝的是，案主自陳他們與治療師的關係對於治療成功非常重要。治療師被認為值得信賴、開放與親切、而且隨和。有位案主這麼說：「她走過來的樣子很輕鬆自在，非常非常地樂在其中……真的相當傭懶。她給人一種根本沒有什麼事好擔心的感覺」（Borrill and Foreman 1996: 65）。

治療師正視他們的恐懼，接納他們是害怕的；相對地，朋友與家人則不理會他們的感受。儘管如此，關鍵之處似乎在於案主覺得治療師不會失控，這使他們對她有信心，進而對自己有信心。正如同一位案主所述：「幫我度過難關的是有人對你有信心，治療師常說『你當然做得到』。就好像借用別人對你的信心，然後真正相信你自己」（Borrill and Foreman 1996: 66）。

這份研究的結論是，強固的治療關係是這種治療的要件，但是這份關係是以某種矛盾的方式維持著：「賦權（empowerment）來自準備放棄權力與控制，信賴治療師，以及遵照其指示」（p.66）。

Lewinsohn等人（1981）追蹤一組人達一年以上的時間。其中有些人在這段期間患有憂鬱症狀，但是一開始與後來發展出憂鬱症狀時所測量到的非理性信念與認知歷程並無相關性。Lewinsohn等人（1981）對此一發現的解釋是，扭曲的認知不是造成憂鬱症的原因，這是Beck等人（1979）的假設，而是憂鬱所產生的附加結果。Beidel與Turner（1986）從這些研究得到的結論是，對於情緒問題的產生，認知歷程的重要性次於行為歷程，因此「認知論者」的革命受到誤導了。此一論點受到激進行為論者Cullen（1991）與Wolpe（1978:444）的支持，Wolpe曾以「我們的思考是行為，也如同其他行為一

樣不自由……所有的學習都會自動發生……我們總是想著不得不想的事物」的論述,一再主張行爲論者、決定論者根本的立足點。Beidel與Turner(1986)也指出,認知－行爲諮商取向的認知立論,可藉由多注意認知心理學的新發展來加強。

　　認知－行爲治療法中關於諮商員與案主之關係的性質,以及此一取向背後之理論假設的效度問題,這兩項議題可視爲來自相同的根源。和其他主流取向比較之下,認知－行爲取向較偏向技術,而較不像是用來瞭解人生的架構。在認知－行爲取向的著作中,常見的主題有管理(management)、控制(control)、以及監控(monitoring)。這是快速修理人們、非常有效的方法。

建構論革命

　　就在認知－行爲取向逐漸成爲美國與許多歐洲國家的健康療養中心最愛採用的心理治療形式之際,接下來在理論上的徹底革命可能使人感到訝異。在過去十多年來,認知－行爲取向的主要人物,如Michael Mahoney與Donald Meichenbaum,喜歡稱自己爲建構論(constructivist)治療師。這是什麼意思呢?

　　建構主義根據三個基本假設。第一,視個人爲主動的理解者,一心一意想理解其身處世界的意義。第二,語言的功能是人類用來建構對於世界之概念的主要工具。因此,建構論治療師對於語言的結晶如故事、譬喻特別感興趣,這些被視爲建構經驗的方式。第三,人類建構其世界的能力有發展程度不一的構面。這三個核心假設使較舊的認知治療法、認知－行爲治療法、以及較新的建構論治療法之間有顯著的不同,雖然也能看出大量的共同點。建構主義可

專欄 4.4　建構論治療法中隱喻的運用

　　諮商與心理治療領域裡的行爲與認知取向在行爲學家的塑造下，必須處理具體、最好是可觀察到的行爲與非理性想法。持建構主義觀點的諮商員對於意義（meaning）以及人們在生活中創造或找到意義的方式較感興趣。當案主在諮商時談到創傷事件或情緒上的痛苦時，他們往往難以找出適當的詞彙來逼近他們的感受。爲了將事件所代表的意義傳達給諮商員或治療師，當事人常會使用隱喻（metaphors）。

　　對於難以直接、清晰表達的人而言，隱喻至少可能使他們說出事情「像」是什麼。使用隱喻一直是建構論治療法中一項重要的主題。Meichenbaum（1994: 112-14）對創傷後壓力疾患（post-traumatic stress disorder, PTSD）的治療指南中，特別強調須對隱喻保持高度敏感。他列出一長串PTSD案主常套用的隱喻：「我像顆定時炸彈，隨時準備爆炸；我走在一條細長的紅線上；越過邊境；在一個與世隔絕的硬繭中；生活的旁觀者；我生活中的破洞；我的生活處於停滯狀態；我是『過去』的囚犯，偶爾獲得假釋；我生活歷史中的眞空。」Meichenbaum（1994）也提供一份案主與治療師曾試圖克服PTSD所使用的治療隱喻清單，包括：

曾經歷創傷事件的人，就像是個移居新領土的人，他必須在全新的異地文化中打造新生活。

當洪水來臨時，水不會永遠持續一直來一直來。是會有一陣急流，但是暫時的，暴風雨最後會停止，土地會乾燥，一切又開始恢復正常。情緒也能用這種方式來看待。

> 正如同你無法迫使身體的傷口快速復原，你當然也無法迫使心理的傷口快速復原。
>
> 　　其他在建構論治療法中使用的隱喻範例，可以參考Goncalves（1993）以及Scott與Stradling（1992）。

視為使認知－行為諮商前進的方向指引，而非根本上互異的另一取向。認知治療法與建構論之間的一些要點對照見表4.1。

　　歷史上建構治療法的主要先驅，最初由Kelly（1955）提出個人構念心理學（personal construct psychology），後來由Bannister、Fransella、Mair及其他同事加以發展，大多數在英國（Bannister and Fransella 1985）。這套理論是說，人們透過個人的構念系統來「理解」（construe）這個世界。個人構念的典型範例大概是「友善－不友善」。這樣的構念使人能分辨他們認為「友善」或「不友善」的人。此一構念會用來協調當事人的行為；對於「友善」與「不友善」的人自然會有不同的行為。每個系統都有一套構念。在某些情境中，「友善－不友善」的構念會包括在核心構念中，如「可靠－不可靠」。每一種概念也有各自合宜的範圍，例如「友善－不友善」的構念適合用來瞭解人們，對食物就不適用。Kelly及其同僚所發明的戲劇方格（repertory grid）可用來評鑑個體的構念系統之獨特結構與內容，而且也設計許多方法，使治療實務可以應用個人構念的原理。這些技術中，最有名的是固定角色治療法（fixed role therapy）。案主先描述自己原先是什麼人，然後依據一套不同的構念創造

表格 4.1 諮商領域裡認知取向與建構取向對照表

特徵	傳統的認知治療法	建構論治療法
診斷重點	特定的疾患	綜合性，整體性
介入與衡鑑的目標	孤離的自發想法或不理性的信念	各種構念系統，個人故事
時間焦點	當下	當下，但較強調發展
診療目標	矯正；消滅功能失調	創造性；促進發展
治療風格	高指導性、心理教育般	較少結構，較多探索
治療脈絡	個體	由個體到系統
治療師的角色	說服、分析、技術指導	促進反省、細膩推敲、特具個人風格
案主信念適切性之測驗	講求邏輯、重視客觀效度	講求內部一致性、共識、重視個人的生存能力
對於案主意義之詮釋	直譯的、普同的	隱喻的、別具意義的
情緒的詮釋	負面情緒源於扭曲的思考，顯示需要控制的問題	負面情緒是現存的構念受到挑戰的警訊，應予以尊重
針對案主「反抗」的了解	缺乏動機，適應不良的行為型態	保護核心秩序過程中的嘗試

來源：Neimeyer（1993, 1995b）。

出別的角色。接著，鼓勵他們在設定的時間內演出此一角色。有關個人構念治療法更詳細的說明，可參考Fransella與Dalton（1996）。

　　個人構念心理學與眾不同的面向之一就是，Kelly將他的想法以正式的理論發表，其中有假設與各項推論。最重要的基本假設是：

　　　人們的心理歷程，會受到他們期盼事件的方式之調節。

　　後來的學者與理論家已逐漸遠離Kelly的形式系統，不過仍然保持著該取向的精神。建構論諮商與心理治療（constructivist counselling and therapy）可依此線索來理解，但有許多新的觀念與洞察是Kelly的原始著作中沒有的。

　　目前，建構論仍在演進中，因此欲詳述建構論諮商員與心理治療師所運用的核心程序或技術並不可能。就這方面來看，建構取向與認知－行為取向擁有各種已知效果的技術相當不同。建構論治療法由原理主導而非技術主導。建構主義目前似乎也是頗新穎的名稱，許多來自不同背景的治療團體正極力爭取其主導地位。這可能使人更難以明白建構主義一詞的涵義，就好像任何在治療室進行的都是建構論治療法。最後，不僅建構論治療法與Mahoney所命名、較早的「理性主義者」（rationalist）認知治療法之間呈現緊張，本章所述的建構主義（constructivist）取向與第8章將介紹的社會建構主義（social constructionist）取向之間也是。社會建構主義比建構主義較不具個人主義色彩，較關懷人類生活的文化、歷史、社會系統。另一方面，Beck與Ellis所提出的理性主義認知治療法又比建構主義更關注個人與心理面向，因為它主要專注在內在的認知歷程上，而非人與人之間語言的運用。建構主義位於這兩極當中，受到兩者的

牽引。這是個令人不安的位置嗎？是有創造性的張力來源嗎？

結論

　　認知─行為取向對諮商員而言是極龐大的資源。該取向務實的性質，意味著會有豐富的治療技術與策略可用在不同的案主及其問題上。認知─行為取向的創造力，可以從它近年來擁抱建構論的思潮、以及本取向的多位學者與治療師和其他取向的人物進行對話以尋求整合來看出。最後，認知─行為取向對於「研究」是改善實務工作的工具，一直抱持著尊崇的態度。從心理動力論或人本論的觀點，認知─行為取向與建構論取向的主要弱點是，未重視諮商員與案主之間關係的動力與品質。儘管在實務工作中，許多認知─行為諮商員清楚明白這份關係的角色，而且也能夠很有效地與案主建立對等的工作同盟關係，但移情、同理心、以及真誠一致等觀念在認知─行為治療方法中卻沒有一席之地。認知─行為取向內隱的人類意象，是一個管理生活的人，試圖達成一組工具性目標。當建構論者對生活的察覺涉及意義的追尋，其思潮大大拓寬了上述的人類意象，使認知─行為取向的根本涵義在於幫助案主管理、因應、及渡過艱困的世界。

本章摘要

• 認知─行為諮商是從行為心理學與認知心理學的發展衍生出來的取向。

• 近幾年來，許多認知─行為諮商員與心理治療師開始將他們的

取向描述爲建構論，以反映人們積極創造與建構其眞實情形（reality）的方式。

- 該取向的行爲根源，強調操作制約與古典制約的學習歷程、行爲的直接觀察、以及以科學態度去監控行爲上的改變。

- 這些行爲原理，透過如系統化去敏法與行爲的自我控制等技術，應用到認知－行爲諮商中。

- 1960年代，Beck與Ellis藉由探討功能失調的思考歷程與非理性信念，將認知構面引進到此一取向中，產生相當大的影響。

- 認知－行爲諮商員擁護有意圖、結構性強的治療取向，並運用廣泛的特殊技術，如指派家庭作業、放鬆練習、自我監控、以及復發預防。

- 新的建構諮商取向建立在Kelly的個人構念理論上，但超越Kelly而使用隱喻、語言、及角本陳述，以探索個人的意義系統。

- 認知－行爲與建構論的諮商取向在多種場合廣爲應用，並且獲得相當多研究證據的支持。

討論問題

1 將認知視爲一種行爲，有道理嗎？認眞看待的話，對諮商實務的涵義是什麼？

2 Ellis（1973: 56）曾經提到「事實上人類幾乎沒有正面的原因使自己極端沮喪、歇斯底里、或心緒受擾，不論受到何種心理

或口語刺激的衝擊。」您同意嗎？這段陳述所隱含的「人類意象」是什麼？當諮商員相信沒有「正當的理由」使案主沮喪時，對於治療關係的涵義是什麼？

3 認知—行爲取向強調明確的科學方法，其優缺點爲何？

4 建構主義激進地脫離行爲治療法與認知—行爲治療法的基本概念至何種程度？

關鍵詞彙與概念

A-B-C theory	A-B-C理論
automatic thoughts	自發性思考
behaviour	行爲
behavioural self-control	行爲的自我監控
classical conditioning	古典制約
cognitive content	認知的內容
cognitive distortion model	認知扭曲模式
cognitive processes	認知的歷程
cognitive revolution	認知革命
cognitive therapy	認知治療法
conditioning	制約
constructivist perspective	建構論觀點
experimental neurosis	實驗性神經質
fixed role therapy	固定角色治療法
functional analysis	功能分析

introspection	內省法
irrational beliefs	非理性信念
laws of learning	學習法則
learned helplessness	習得無助感
logical positivism	講求邏輯的實證主義
maladaptive beliefs	適應不良的信念
memory	記憶
metacognition	後設認知
operant conditioning	操作制約
overgeneralization	過度類化
personal construct psychology	個人構念心理學
rational emotive therapy	理情治療法
reinforcement	增強物
relapse prevention	復發預防
schema	基模
scientist-practitioner	科學家－開業者
self-statements	自我陳述
solutions	解答
stimulus-response	刺激－反應
strategies for cognitive intervention	認知介入策略
systematic desensitization	系統化去敏法

建議書目

在認知－行為取向的傳統中，Donald Meichenbaum一直是令人

感興趣且能激發想法的學者之一。他在創傷後壓力疾患（Meichenbaum 1994）方面的著作，精采地顯示認知—行為與建構論的概念及方法如何應用在難處理的臨床問題上。

認知—行為取向近幾年來的發展，在Dobson與Craig（1996）、以及Scott等人（1995）的著作中有詳細的探索。要趕上這個持續擴張的建構論諮商與心理治療取向可能有點困難，不過Mahoney（1995a, b）、以及Neimeyer與Mahoney（1995）篩選了一些主要理論家的著作，可加以參考。

5 個人中心取向

前言

　　第2章大致提到有關Carl Rogers所處的社會與文化背景，這對於他的諮商取向根植於美國社會價值觀的程度，可以有些概括性的認識。與Rogers有關的取向，被多次稱為「非指導性」（non-directive）、「案主中心」（client-centred）、「個人中心」（person-centred），或「Rogers學派」（Rogerian），不僅是過去五十年來最廣受運用的諮商與治療取向，其概念與方法也整合到其它取向中（Thorne 1992）。1950年代興起的個人中心治療法，是要找出有別於當時主導美國心理學界的兩大理論（精神分析論與行為主義）之替代選擇運動的一部分。這股運動即所謂的「第三勢力」（third force）（相較於Freud及Skinner所代表的兩股主要勢力而言），也稱為人本心理學（humanistic psychology）。除了Rogers之外，人本心理學早期的重要人物還有Abraham Maslow、Charlotte Buhler，以及Sydney Jourard。這些學者均認為心理學應當探討人類的創造力、成長、以及抉擇的能力，且均受到歐洲傳統的存在哲學與現象哲學之影響。人本心理學認為人類的意象是致力於發掘這個世界的意義與自我實現。

　　人本心理學一直都是由一組寬闊的理論與模式所組成，並由共享的價值觀與哲學性假設連接著，而非一個單一、連貫、理論化的公式（Rice and Greenberg 1992; McLeod 1996a）。在諮商與心理治療裡，雖然心理合成論（psychosynthesis）、溝通分析（transactional analysis）、以及其它模式也具備濃厚的人本色彩，不過最廣為使用的人本取向還是個人中心與完形（Gestalt）。所有的人本取向均強調經驗的歷程。不同於探討案主問題的童年事件之根源（心理動力

論），或學會將來使用的新行為模式（行為論），人本治療法聚焦在案主「當下」（here-and-now）的體驗上。可能會使人產生疑惑的是，「經驗」（experiential）其實是用來描述所有這一類取向的通用詞彙，不過也被特殊的取向用來作為標誌（Gendlin 1973）。

個人中心取向的演進

　　有關個人中心取向的誕生，大多數的人認為是Rogers在1940年於美國明尼蘇達大學（University of Minnesota）的一場名為「心理治療的嶄新概念」（new concepts in psychotherapy）的演講（Barrett-Lennard 1979）。這場被後來出版的《Counseling and Psychotherapy》（Rogers 1942）編為其中一章的演講中，提到治療師若使案主自己去發掘自身問題的解答，對案主將會最有幫助。這種強調案主擔任專家，而諮商員做為促進反省與提供鼓勵的來源，是這門「非指導性」諮商取向的神髓之所在。當時，Rogers與他的學生曾在俄亥俄大學進行研究，探討諮商員採「指導性」與「非指導性」等作法對於案主的影響。這些研究是第一個以直接錄音與謄寫的方式，記錄實際治療晤談的心理治療研究。

　　1945年，Rogers應邀加入芝加哥大學，成為心理學教授與諮商中心主任。此時適逢大戰結束，前線的退伍軍人大量回到美國。許多軍人因為戰地經驗而受創，因此，為了幫助這些軍人熬過回歸百姓生活之前的過渡時期，便需要一種有立即效用的方式來協助。當時精神分析論主導美國的心理治療界，不過要滿足這麼大量的士兵需求顯得過於昂貴而不可行；即使當時受過訓練的分析師數量足以應付這些需求，但是費用則相當龐大。當時行為取向尚未興起，無

法進行更符合經濟效益的治療。自然而然地，Rogers的「非指導性」取向就成了理想的解決之道，於是乎美國諮商員新血開始在芝加哥接受訓練，或由Rogers在各個大學的同事加以培訓學習非指導式治療。就因爲這樣，Rogers學派的取向快速地成爲美國諮商界的主要形式。而Rogers也獲取大量基金，使研究計畫能延續下去。

治療取向的發展與概念的變化有密切的關係。「非指導性」的概念自一開始就隱含著矛盾之處。怎麼可能有人在一種親密的關係裡，卻不會影響到別人呢？由Truax（1966）等人的研究裡提到，非指導性的諮商員，事實上會對於案主所做的某些陳述加以微妙地強化，但對於其他類別的陳述，則不予強化。因此，「非指導性」事實上有一些問題存在。在這同時，這門取向的研究重心也從原先關注諮商員的行爲，轉移到更深層地探討發生在案主身上的歷程，特別是案主之自我概念的改變。這種強調的轉換可以從重新命名該取向爲「案主中心」（client-centred）看出。這段時期的關鍵出版品是Rogers（1951）的《Client-centered Therapy》以及Rogers與Dymond（1954）的研究報告合輯。

個人中心諮商的第三個發展階段發生於芝加哥的後來幾年（1954-7），主要是嘗試著將早期對於諮商員之行爲的想法與發生在案主身上之歷程的相關想法加以整合爲「治療關係」的模式，藉以鞏固理論架構。Rogers在1957年發表論文，探討同理心（empathy）、眞誠一致（congruence）、接納（acceptance）的「充分與必要」（necessary and sufficient）條件，即後來爲人所知的「核心條件」（core conditions）模式，是這個階段一個重要的里程碑，也是其治療法的「歷程概念」（process conception）。在Rogers所有的著作中一直最廣爲閱讀的單本著作—《On Becoming a Person》（Rogers

1961），則是這個期間演講與報告的彙編整理。

　　1957年，Rogers與芝加哥的數位同僚主導威斯康辛大學的一項大型研究計畫，探討個人中心治療法治療就醫的精神分裂（schizo-phrenia）患者的歷程與結果。這項研究主要目的之一是，測試「核心條件」與「歷程」模式的效度。該計畫引發了Rogers團隊的一個大危機（參考Kirschenbaum 1979，對這段故事有生動敘述）。Barrett-Lennard（1979: 187）在他的個人中心取向歷史發展的評論中，提到了「研究團隊遭逢內部不穩定之苦」。這份研究的結果顯示，案主中心取向對於這一類型的案主並不特別有效。研究團隊中一些主要成員之間的關係也很緊張，此外，雖然整個計畫在1963年結束，但最後的報告卻等到1967年才出爐（Rogers *et al.* 1967）。

　　這次針對精神分裂患者的研究也有數項重大的貢獻。評鑑同理心、真誠一致、接納等概念（Barrett-Lennard 1962; Truax and Carkhuff 1967）、以及經驗深度（Klein *et al.* 1986）的新工具被研發出來。Gendlin開始建構具有持續影響的經驗歷程模式。在治療嚴重情緒困擾者的經驗中，以及與他們建立治療關係的種種困難，使團隊裡的許多成員重新檢驗他們的實務面，特別是治療歷程中對於真誠一致所扮演的角色之深入體會的部分。案主中心治療師如Shlien發現，大多數同理、思考的運作模式，雖然對於焦慮的大學生及芝加哥的其他案主有效，不過，對於深鎖在自己世界裡的案主卻無效果。為了與這些案主產生聯繫，諮商員必須樂於承受開放、誠實、自我坦露的風險。隨著那八位治療師晤談的歷程做成紀錄提供給其餘主要的開業者參考，並且致力於相互溝通談論這些概念，「真誠一致性」（congruence）漸漸受到重視了。在Rogers等人（1967）的報告中有關「這些對話」的說明裡，可以發現這些外界的評論家高

度批判案主中心團隊部分成員的消極、「僵化」風格。我們也可以在Rogers與Stevens（1968）的精神分裂症結果報告中，發現這些患者的學習成長。

威斯康辛計畫在最近特別受到Masson（1988）的批評，認為案主中心治療師採用的接納（acceptance）與真誠（genuineness）永遠無法克服這些患者遭受到收容所的殘酷待遇及壓迫：

> （這些）案主生活在壓迫的狀態中。不管同理心與仁慈的聲名多麼遠播，Carl Rogers沒有察覺到他們還是受到壓迫。他怎麼可能輕易地與佔據案主思緒日日夜夜的壓迫與暴力建立關係？在這所大型的州立醫院中，對於他所遭遇到的，沒有任何東西是人性的真誠反應（Rogers寫道）。

> （Masson 1988: 245）

在防衛方面，可以指出的是，Rogers等人（1967）詳細探討了在「全面化療養院」（total institution）中進行治療工作的議題，並且明顯地試圖處理Masson（1988）所敘述的難題。Rogers等人（1967: 93）評論：

> 大部份由於疏漏，導致本研究很明顯有一項未闡明清楚的課題，即我們並不需要因為我們的當事人患有精神分裂疾病，便發展其他的研究程序或不同的理論。我們發現，他們和我們過去曾經輔導過的案主很接近。

這段話意味著，「權力的不平衡」（power imbalance）、「貼標籤」（labeling）與「排斥」（rejection）等現象的存在並不是主要的影響因素。威斯康辛實驗的結束，標記著Barrett-Lennard（1979）所稱的案主中心治療法的「學院」時代也劃下句點。在此時之前，

Rogers身邊會圍繞著一群重要的核心人物，加上以醫療機構為基地，儼然是一個有凝聚力的學派。在威斯康辛的幾年之後，案主中心取向發生分裂，因為曾與Rogers有關的眾人紛紛離開前往不同的地方，大多數獨自追求自己的理想。

Rogers自己則前往加州，起先是到美國西部行為科學研究所（Western Behavioral Sciences Institute），然後在1968年前往位於LaJolla的人類研究中心（Center for Studies of the Person）。他逐漸活躍於會心團體（encounter groups）、組織變革（organizational change）、以及社群建立（community-building）等領域。最後，接近生命終點的那幾年，Rogers致力於參與東西方關係及南非的政治變遷（Rogers 1978, 1980）。他並沒有再進一步深入發展其取向的一對一治療方式。案主中心的概念延伸至會心團體、組織、以及整個社會中，代表了不適合將這門取向視為僅與案主有關，而「個人中心」一詞也逐漸地不只適用於個別的當事人，也適用於較大型的團體（Mearns and Thorne 1988）。

當時的幾位重要人物當中，Gendlin與Shlien回芝加哥，前者持續探索他的經驗取向的涵義，後者研究短期案主中心治療法的成效。Barrett-Lennard最後回到澳洲，且持續活躍於理論與研究領域。Truax與Carkhuff是創造新方法來訓練人們使用諮商技巧的重要人物。在加拿大的多倫多市，Rice是探討案主中心的概念與認知心理學的資訊處理模式之關聯性的一個團體領導人。許多人物，如Gendlin、Gordon、Goodman、以及Carkhuff，則特別擅長於擬訂訓練方案，使普通的非專業人士也能使用諮商技巧去協助別人（參考Larson 1984）。

案主中心的理論與實務工作在威斯康辛之後的發展，Lietaer

（1990）曾做出摘要，他提到雖然有許多有用的新方向，但是該取向整體而言缺乏Rogers強力的聲援而喪失一貫性與方向性。因此，儘管由Hart與Tomlinson（1970）、Wexler與Rice（1974）、Levant與Shlien（1984）、以及Lietaer等人（1990）所編纂的案主中心與個人中心理論期刊，涵蓋了相當多實用的素材，卻有逐漸分崩離析與式微的態勢。案主中心或個人中心取向在美國逐漸喪失影響力，因為其中心思想已為其他取向所吸收，然而在英國、比利時、德國、及荷蘭，則還是主要的獨立勢力（Lietaer 1990）。

　　個人中心取向超過五十年的演進，突顯出許多社會與文化因素。案主中心治療法是歐洲的「洞察」（insight）治療法與美國的價值觀兩者合成創造出來的（Sollod 1978）。強調自我接納（self-acceptance）以及簡單易懂的理論，使它非常適合治療從戰場回國的士兵，也因此其影響力在當時達到顛峰。戰後數年的美國，「心理健康產業」（mental health industry）逐漸激烈的競爭結果，就在其他治療方法宣稱運用獨特的技術、特殊的要素、迅速的療效，使其影響力逐漸受到侵蝕。此外，美國保險公司堅持案主應先拿到診斷書之後公司才會支付治療的款項，也不符案主中心取向的作風。最後，由於無法維持穩固的機構基地，使其不論是在學術界或獨立的專業協會，均逐漸式微。在其他國家裡，例如歐洲國家，在國家贊助的教育機構以及志工組織裡服務的諮商員與治療師大多不受業績壓力的影響，使個人中心取向得以繁榮。在這些國家裡，有一些也有Rogers學派的機構與訓練課程。

專欄 5.1　前置治療：個人中心取向接觸有人際關係困擾的案主之方法

　　由Rogers（1957）提出的「充分與必要的條件」理論，一般均解讀為強調同理心、眞誠一致、以及無條件主動關懷的重要性，且是治療關係欲獲得成果的基本要素。但較沒有注意到Rogers模式開頭的陳述：「兩人心靈相交」。在絕大多數的諮商情境中，心靈相交是大家認爲理所當然的。不論一個人焦慮或沮喪的程度有多麼嚴重，一般而言還是會對外界有一些現實感，不論是對諮商員或其他人。儘管如此，有些人還是無法與別人有基本的接觸互動。他們可能受過傷害、可能有著極度的焦慮、可能住過收容所、或人格沉默安靜、或認知功能退化，例如精神分裂或學習障礙者。很少有人願意對這些案主進行諮商。在個人中心取向的領域裡，Rogers與同事在威斯康辛大學探討精神分裂患者的諮商歷程之研究（Rogers *et al.* 1967），後來由Prouty（1976, 1990; Prouty and Kubiak 1988）發展的前置治療（pre-therapy）延續下去。Rogers（1968a: 188）曾寫道，威斯康辛計畫使他明白「精神分裂者有逃避人際關係的傾向。他們不是利用全然的寂靜，就是說非常大量的話，這些方法都能有效地防止眞正的交流。」Prouty設計了一些方法來對抗這些「逃避」（fend-off），即以非常簡單的方式，將諮商員察覺到案主的外在世界、自我與感受、以及與別人的溝通情形像鏡子般反射給案主，目的在於恢復案主與人進行心理接觸的能力，進而能接受一般性的治療。Van Werde（1994: 123-4）的兩個例子說明了此一技術如何實際應用：

　　Christiane走進護士們的辦公室，靜止不動，直視前方。很明顯，她處於一種封閉深鎖的狀態，但還是來到辦公室。當時，護士並沒有要她立刻回房或教導她進房間應該先敲門，其中一位護士很有同理心地回饋剛剛

發生的事：「妳站在辦公室裡，朝著窗戶的方向望著，妳的雙眼凝視前方。」這些回饋似乎使Christiane能接觸到自己的感覺，並將她從困死在腦海無法掌控的思緒中釋放出來。她現在說：「我好害怕，媽媽快要死了！」接著，她轉過身去，朝著起居室的方向走去。這種近乎精神病的狀態受到紓解，她再一次地控制了自己。

在一次每週兩次的案主與工作人員的晤談中……大約有二十個人圍成一個大圓圈坐著。突然，有一位名叫Thierry的案主，手裡拿著一本聖經，朝向我走過來，翻到其中一頁說：「我能使這些文字改變。」我與他的眼神相接，也指著聖經，並表示「我能使這些文字改變。Thierry，我們正圍著圓圈坐著。你正站在我旁邊，並且要我看聖經。」將這所有的一切顯示出來，將情境的脈絡提供給他，Thierry發覺到他正在做一件古怪的事，於是他便能將自己錨定在此時大家共處的真實狀態，最後拿張椅子安靜地坐在圈圈的一邊。

　　儘管前置治療主要運用在極度受損患者的輔導工作上，但是當功能較齊全的人從人際關係中退縮時，也同樣能加以應用。前置治療採行了個人中心的核心原理—尊重、接納、願意進入別人的參考架構、以及相信實現的歷程。

個人中心理論中的人類意象

　　Rogers與其他個人中心理論家主要關懷的是，建立一種有效的治療取向，而非一直在理論上推敲構思。跟心理動力論堅固的雄偉建築物比起來，個人中心取向的概念結構則是不太牢靠的鷹架。重要而須認清的一點是，這種缺乏理論基礎的表象，必然伴隨著任何

以現象學（phenomenological）導向去追求知識的企圖。現象學是哲學上的研究方法，由Husserl所發展，並廣泛地應用於存在哲學中，認為可以藉由探索及描述人們體驗到的事物而獲得具有效度的知識。現象學的目的是要勾勒出人類經驗的特性，並已應用在治療之外的許多研究領域，例如社會學。現象學的研究技術為「排除」（bracketing off）對於欲探索之現象的預設立場，並盡可能以充分理解與敏銳的態度來描述現象。「排除」（bracketing off）或「暫停使用」（suspending）假設意味著，現象學研究者（或治療師）不會將理論上的假設加諸在經驗身上。因此，以現象學的方法論運用在諮商理論上(例如個人中心取向)，所呈現的是，研究者將經驗現象勾勒出來並指出潛在的重點，而非對於該經驗的實際內容做任何假設。

在個人中心取向裡，人類是為了滿足兩項基本需求而行動的。第一項是自我實現（self-actualization）的需求。第二項是獲得別人的愛與重視的需求。根據Maslow，這兩項需求均與生物性的生存需求無關。儘管如此，從「有機體評價」（organismic valuing）的概念來看，人類仍應視為有血有肉的存在體。

自我概念（self-concept）是個人中心理論中重要的觀念。人類的自我概念指人們說「我……」時的那些屬性或經驗領域。因此，例如諮商中的案主可能會說一些話來防衛自己，像是「我很堅強，我會生氣的，有時候我覺得很脆弱。」就此人而言，堅強、生氣、以及脆弱都是其自我概念的一部分，並且當他覺得脆弱或生氣時，感受到的與所說的話、所表現出來的行動之間往往會一致。不過，假若某人不將自己界定為具有「撫育別人」的角色，並身處一個會引發撫育或照顧別人之感受的情境裡，則他將無法將內心的感受正

確地以話語表達，而且會以扭曲或不恰當的方式表達其情緒或內心衝動。例如，一個不認為自己要去照料別人的人，可能變得非常忙碌於為僅需要有人陪伴、安慰、或觸摸的某人「做事」。當真正的感覺與這些感覺的準確察覺及進行象徵性表達之能力有落差時，不真誠一致（incongruence）的情況就發生了。不真誠一致是個相當廣闊的詞彙，用來描述案主的各種困擾。

　　不真誠一致為什麼會發生？Rogers認為，在童年時期，被人愛與受到重視的需求相當強烈，特別是來自雙親與其他重要親人。然而，父母親所提供的愛或認可，可能有條件，也可能無條件。在無條件認可的環境裡，孩子能夠自由地表達潛能並接受內心的情緒。但是，若小孩獲取的愛與讚美(認可)是根據某些特定條件的話，孩子會學會依循著父母的價值觀與喜好來過生活。Rogers使用「價值條件」（conditions of worth）一詞來描述兒童的自我概念受到雙親影響而塑造的方式。在上面提到的例子中，當事人可能曾經因為「有用處」（useful）而得到讚美或接納，卻因為「感情用事」（affectionate）或「軟弱」（soft）而受到拒絕或訶責。因此，不真誠一致是自我概念中的差距與扭曲造成的，而自我概念則又受到價值條件的影響。

　　另一項與瞭解自我概念如何運作有關的是評價軌跡（locus of evaluation）的概念。Rogers觀察到，對事物做出判斷或評價的歷程裡，人們會受到社會界定的一套信念與態度之引導，或可能會使用他們內心對於該事物的感覺，即他們的「有機體評價歷程」（organismic valuing process）。過度依賴外界的評價就如同一直暴露在價值條件的影響下，因此個人中心的諮商鼓勵人們接納自己內在的評價來行動。Rogers對於人性抱持著正面而樂觀的觀點，並且相信一個

眞誠、自覺的人會依照內心的評價來做出抉擇，以及內心的評價不只對於自己有效，對其他人也同樣有效。儘管Rogers的著作中並沒有清晰地描繪出來，但是他的蘊涵假設是每個人都帶著完整的道德觀，並且對任何情境都能判斷對與錯。

　　值得注意的是，「價值條件」這個簡單的詞彙也許就涵蓋了個人中心取向對於兒童發展模式的全部看法。個人中心諮商員並沒有一套能適配（fit）案主經驗的發展階段模式。「價值條件」只是向諮商員指出一個方向，即案主的孩提時期可能有些尚未解決的經歷。任務不是要尋找這些兒童時期的情節，而是如果案主選擇這麼做的話，能使他們更加瞭解。須注意的是，該取向認爲兒童時期的經驗有長遠的影響力，並表現在內化的價值觀與自我概念上。這就與心理動力論的概念不同，心理動力論認爲，人們伴隨著兒童時期父母在心中形成的內化意象而成長（見第3章）。

　　個人中心理論的自我概念認爲，人們不只是探索「我現在的樣子」，也會思考「理想上我想要成爲的樣子」。「理想的自我」（ideal self）是Rogers在著作中談到人類努力實現並達成更深層整合之連貫性主題的另一面向。個人中心治療法的目的之一就是，使人們能夠朝向自己界定的理想前進。

　　個人中心對人的看法是，將人們當作「功能完整」（fully functioning）的人。個人中心學者試圖將人當作功能完整的個體，這與Freud 的想法相左。Freud根據自己的醫學與精神病學背景而發展出一套用來瞭解與解釋心理疾病的理論。Rogers、Maslow、與「第三勢力」的人士則認爲，創造力、快樂、與靈性是人類與生俱來的特質，並試圖將這些特性包括在他們的理論內。完整運作的人，其主要特徵由Rogers（1963: 22）藉由下列文字描述出來：

他能體驗到自己所有的感受，並且不害怕面對任何感受。他自己是證據的傳令兵，但對於證據的其他來源也保持開放的胸懷；他處於實現自我的歷程中，並因而發現自己的地位穩健而實在；他活在當下，學到了此時才是自始至終最實在的時刻。他是完整運作的有機體，因為對於自我的察覺在經驗中暢行自在地流通，所以他是個完整運作的人。

在此所提到的人，是個一致的人，能夠接納並運用感覺來引導行動。這裡所述的個人也是不需仰賴別人的自發者，並且相當重視「做自己與成為自己」（being and becoming himself）。

想要捕捉到個人中心的「人」有個難處，我們難以傳達最完整的意義。這是諮商領域在書寫文字與實際口語方面的明顯鴻溝（見第10章）。對Rogers而言，正在實現的傾向（actualizing tendency）或形成的傾向（formative tendency）很重要，因為人總是身處於形成、持續改變的歷程中。心理學理論的任務不僅止於解釋改變，更重要的是去瞭解發生了什麼事情遏止了變化與發展。「成為一個人」（becoming a person）的觀念抓住了這種精神。從個人中心的觀點來看，任何將有關人的概念描繪成靜態、固定的實體皆不適當。其目標一直是要建構出歷程（process）的概念。就這方面，早期理論中的要素如自我概念過於強調靜態的結構。若所談的是「自我歷程」（self-process），則較能夠前後相符。同樣的，「完整運作的個人意象」給人錯誤的印象是，這是一種能長期達成的持久結構，但事實上那是部份的歷程，其他還可能包括不真誠一致與絕望的階段。其模式的歷程導向也表達在它排除了任何有關人格特質或型態的觀念，個人中心的實務開業者們也極力反對任何欲對案主進行診斷或貼上標籤的企圖。

這門取向並不太強調諮商員本身技術的高低，這反映了對「人類意象」的看法；它重視的是，諮商員的態度或人生觀以及治療關係的品質（Combs 1989）。

治療關係

就核心部分而言，個人中心的諮商是種關係治療法。「生活上遭遇情緒問題」的人們往往因為在人際關係中，他們的經驗遭到別人的否認、界定、或輕視。所謂的治療就是，使人在關係中感受到自我獲得完整的接納與重視。有這些效果的關係之特徵，Rogers（1957: 95）歸納在「治療性的人格改變之充分與必要條件」中。要產生建設性的人格改變，必須存在著下列條件並且持續一段時間以上：

1 兩人必須心靈相交。
2 第一位，我們稱為案主的人，處在不真誠一致的狀態，易受傷害且感到焦慮。
3 第二位，我們稱為治療師的人，是真誠一致的，或在關係中是統整一致的。
4 治療師對案主是無條件的正面關懷。
5 治療師能以同理心理解案主內心的參考架構，並盡力與案主溝通。
6 治療師同理心的理解及無條件的正面關懷這兩個面向，應與案主溝通至一最低的程度。

　　上述的條件是必要的條件。如果這六個條件持續存在一段時間，則就是充分的條件了。接著，建設性的人格改變歷程會開始啟動。

　　這種治療關係的構想，後來成為眾所週知的核心條件（core conditions）模式。它指出了人際環境可以促進實現與成長的特徵。

　　治療關係的要素中，有三種諮商員的特質是個人中心取向的培訓與研究最看重的，分別是接納（acceptance）、同理（empathy）、以及真誠一致（genuineness）。在上面的清單中，使用的是「無條件的正面關懷」一詞，而非「接納」這日常生活中的概念。

　　Rogers試著將自己的理論精華濃縮成這些核心條件，也挑戰了其他治療師與思想學派，宣稱這些條件不只是重要或有用的條件，而是治療效果的充分與必要條件。因為這些條件與過去的學派不同，例如精神分析論者，他們認為詮釋是必要的，或行為論者將導入行為改變的技術奉為圭臬，所以激起了相當多的討論。這個模式激起了為數可觀的研究，結果廣泛支持Rogers採取的立場（Patterson 1984）。儘管如此，許多當代的諮商員與治療師認為「核心條件」就是諮商員與案主之間形成當時稱為「治療同盟」（therapeutic alliance）（Bordin 1979）的構成要素。

　　在個人中心取向中，對於必要與充分條件模式的解讀與精確性一直有著激烈的論爭。例如，Rogers（1961: Chapter 3）列出了更長的助人關係之特徵清單。

• 我是否能用某種方式使別人更深刻地感受到我是個值得信賴、可依靠、或表裡一致的人？
• 我是否能充分表達出我是個怎麼樣的人，並且清楚地與對方交

流?

- 我是否能以溫暖、關懷、喜愛、好感、尊重等正面態度對待別人?

- 我是否能足夠堅強地承受與別人分離?

- 我是否能在心中有足夠的安全感地容許別人的分離?

- 我是否能夠使自己完全融入別人對世界的感覺與個人之詮釋,就如同對方一般?

- 我是否能接受別人的每一面向,當對方向我坦露這些面向時?

- 我是否具備足夠的敏感度,使我的行為在關係中不會被認為是一種威脅?

- 我是否能夠將別人自外在評價的威脅中解放出來?

- 我是否能夠視對方是個處於形成歷程中的人,而不會受到對方的過去與自己的過去之羈絆?

　　這份清單包括同理(empathy)、真誠一致(congruence)、與接納(acceptance)等特質,不過也提到助人者其他重要的特徵,諸如表裡一致(consistency)、界線察覺(boundary awareness)、人際敏感度(interpersonal sensitivity)、以及重視當下(present-centredness)。後來,Rogers提出治療師的「在場」(presence)也是一項重要因素(Rogers 1980)。Thorne(1991)曾指出,「親切」(tenderness)也應該是核心條件之一。這些對於理論模式的修正都是為了要更明白地描述該理論的涵義,也可以說是要找出更新穎的方式來描述獨特的「個人」關係(Van Balen 1990),但是並未改變至今仍為個人中心實務工作之基石的基礎架構(Mearns and Thorne 1988)。

同理心概念的重建

　　「同理心」（empathy）一直都是個人中心取向的重要特色之一。對案主而言，受到某個人「聆聽」或「理解」的經驗，能使個體有更大的勇氣去探索與接納自我過去遭到否定的面向。不過，包括在「核心條件」模式內的同理心卻相當複雜。當研究人員試著測量諮商員表現出來的同理反應之水準時，他們發現，以不同觀點所進行的評量會產生不一樣的結果。特定的諮商員對案主的表達方式，若由案主、諮商員、與外在觀察者來看，將會獲得不同的評量（Kurtz and Grummon 1972）。評量者將難以精確地分辨同理心、真誠一致、以及接納之間的差別。這三種特質在研究助理對於治療錄音帶的分析中似乎是同樣的東西。最後，因為不同取向對於同理心之概念的詮釋不同，也引發了哲學上的思辯。Rogers認為同理心的特徵是「存在的狀態」（state of being）。Truax與Carkhuff則將同理心定義成一種溝通技巧，能夠在結構化的培訓計畫中加以塑造與學習。

　　與同理概念相關的許多議題，在Barrett-Lennard（1981）提出的同理循環模式（empathy cycle model）中均加以處理：

第一階段：**諮商員啟動同理心**（*empathic set by counsellor*）。案
　　　　　主主動地表達其經驗的一些面向，諮商員則積極地
　　　　　注意與接收。

第二階段：**同理的共鳴**（*empathic resonance*）。諮商員對於案主
　　　　　直接或間接傳達出來的體驗之各面向發出共鳴。

第三階段：**同理的表達**（*expressed empathy*）。諮商員表達或溝

專欄 5.2　Carl Rogers如何進行治療？

　　Carl Rogers與他的同事們的重要貢獻之一是，在實務工作中率先將諮商晤談加以錄音，如此一來錄音帶可以用在研究與教學等目的上。因為這個決定而產生的重要附加結果之一是，目前仍然留有當時Carl Rogers進行治療的數捲錄音帶。這些錄音帶成為價值非凡的檔案紀錄，特別受到了對於個人中心諮商與心理治療之性質感興趣的學者與研究人員們廣泛地使用。Farber等人（1996）將Rogers十則案例編成一本書，其中包括個人中心實務工作者以及其他治療學派代表的評論。該書的兩位編輯者Brink與Farber（1996）並提供了Rogers在這些案例中，對於案主所做的不同反應之分析。這些分析歸納如下：

　　提供引導（providing orientation）。Rogers在開始晤談之前，往往會提供引導案主與他自己逐漸融入晤談的機會。例如，Rogers有一次以這樣的開場白開始晤談：「那麼，你先坐下來吧……我需要一點時間準備一下，好嗎？……讓我們安靜個一兩分鐘。（靜默）準備好了嗎？」

　　確認注意（*affirming attention*）。Rogers常常會使案主知道他很專心地在聽，藉著傾聽案主，並說出「嗯哼，嗯哼」的詞調或肯定地點頭。

　　檢查理解（*checking understanding*）。Rogers常常會檢查自己是否真的理解案主所說的意思。

　　重新陳述（*restating*）。有時候，Rogers所說的話似乎直接像鏡子一樣反射著案主曾說的話。有時候，重新陳述可能會以簡短的敘述句呈現，釐清案主話中的主要涵義，如下面的例子所示。

> **案主**：我不是後悔付出關懷，不是後悔曾愛過或甚麼的，不過你知
> 道，我其實就像個小孩子一樣，你知道，我在某些方面就像個
> 小孩子一樣，我也會想受到別人的疼愛，得到某種互惠。其實
> 我想，我會開始期望，你知道的，沒有冷漠之類的東西在裡
> 頭。不過我必須，你知道的，也開始拿一些東西回來。
>
> *Carl Rogers*：你希望愛是雙方面的。
>
> **案主**：沒錯，就是這樣。
>
> 　有些時候Rogers會以第一人稱的方式重新陳述，就如同以案主的身
> 份說話一樣。
>
> 　　**承認案主未陳述的感受**（*acknowledging clients' unstated feel-ings*）。這種回應指澄清案主透過非口語行為或聲調表達、但未明確地說
> 出來的感受。
>
> 　　**使案主安心**（*providing reassurance*）。在眾所週知的Gloria案例裡，
> 使案主安心的情況出現了好幾次。例如：
>
> *Gloria*：我想要的時候不見得就能得到……我喜歡那整個感覺，對我而
> 言，那真的很寶貴。
>
> *Carl Rogers*：我想沒有人可以照自己的意思隨時得到。
>
> 　也有些時候，Rogers會輕觸案主，或在必要時應要求握著案主的
> 手。
>
> 　　**詮釋**（*interpretation*）。在很稀少的情況下，Rogers會做詮釋，這界
> 定為在超越案主即時提供的資訊之外的領域進行探險。

面質（*confronting*）。Rogers有時會面質案主，當案主好像在逃避某種會引起傷痛的議題時。

直接詢問（*direct questioning*）。當案主提到感覺有所不同時，Rogers會問：「那麼，差別是什麼呢？」以邀請對方對這些主題進行更進一步的探索。

撥回案主的協助請求（*turning pleas help back to the client*）。當案主尋求指導或答案時，Rogers常會將請求撥回給案主。例如：

> *Gloria*：其實我知道你不能回答我，不過我想你可以給我一些指導，這樣我就不會毫無頭緒不知從何開始，也不會覺得沒什麼希望。
>
> *Carl Rogers*：我可能也會這麼問，那麼妳希望我對妳說些什麼呢？

保持沉默或打破沉默（*maintaining or breaking silences*）。在某些晤談中，Rogers會允許沉默繼續下去（在某個例子裡甚至長達17分鐘！）。在另一些例子裡，則不使沉默持續而將之中斷。

自我坦露（*self-disclosing*）。例如，Rogers對一位案主敘述：「我不知道這麼說會不會有幫助，不過我就說出來好了。我想我也體會得到，那種好像你對任何人一點好處都沒有的感覺。曾經有段時間我對自己也有那種感覺。我知道那真的很難熬。」

接受更正（*accepting correction*）。當案主指出Rogers的瞭解並不正確時，他會接受更正，改過來之後再繼續。

Brink與Farber（1996）並未宣稱這份清單為Rogers所使用的所有治療策略或技術之詳盡分析。不過，他們強調，這份清單顯示了一些不同

的表達形式，這些是同理心、眞誠一致、以及接納的促進條件。他們也
觀察到，Rogers對不同的案主會有不同的表現方式。他能針對不同的需
要運用他的風格，與特別的案主進行溝通。最後，很明顯地，Brink與
Farber的歸納中也包括了一些並未與個人中心諮商取向一致的作法，尤其
是使案主安心與詮釋。此時或許我們從中學到的一課是，人性關懷比起
嚴格堅守理論模式的教條更爲重要。

通他對於案主之經驗的察覺。

第四階段：**同理的接收**（*received empathy*）。案主充分地參與諮
商員的談話，以明白或體會諮商員個人當下的理
解。

第五階段：**同理循環的繼續**（*the empathy cycle continues*）。案主
接著會以提供回饋的方式，針對諮商員之同理反應
的正確性及治療關係的品質，繼續進行陳述。

在這個模式中，同理心被認爲是一種歷程，其中涉及諮商員這
一方進行有目的、有意圖的活動。我們因此可知，不同的觀察者傾
向於察覺到特定階段發生的事物。如果諮商員對於案主所表達的事
物能做出同理心的「啓動」與「共鳴」（第一、第二階段）的話，那
麼自己會認爲與案主已產生良好的同理接觸。外界的觀察者最會注
意到諮商員實際的行動（同理的表達，第三階段）。另一方面，案主
則受到同理的「接收」（第四階段）之影響最大。Barrett-Lennard
（1981）模式也使我們能夠更清楚地定義同理心到底應該是一種溝通

技巧或存在的方式（way of being）。就諮商員必須能對案主傳達的情感加以接收並產生共鳴這方面而言，同理心像是存在的狀態（state of being）。但是就必須將這份理解提供回饋給案主而言，則也是一種溝通技巧。

「同理循環」對於「核心條件」的相互關聯性也產生一些問題。Barrett-Lennard模式所敘述的歷程是，不論案主表達什麼，均以不批判的態度加以接納，以及諮商員在歷程中，會真誠一致地體察自己的內心情感，並且運用在諮商關係中。在進行的歷程中，有效的個人中心諮商員不會使用分離技巧，而是提供給案主、屬於他們之間完整的個人融入。這當中有一種如Buber所述的「我－汝」（I-thou）關係之感受（Van Balen 1990）。Bozarth（1984）曾寫道，在諮商中到達這個境界時，對於案主的同理心反應不像早年案主中心治療法所大力提倡、呆板的「意義的反射」（reflection of meaning）。對Bozarth（1984）來說，理想的境界是以「個人特質」自發地表達出同理心反應。

另外一個與同理心有關的重要發展是，檢驗精確、及時、敏感度高的同理心反應所造成的衝擊。Barrett-Lennard（1993: 6）的觀察如下：

> 在個人某個重要的領域裡，如果有人逐字逐句聆聽你說的話並深入體會，這對你會產生獨特的衝擊—那是一種安慰，最終有意義的某種東西，一種感受或內心的連結感，或因此令你感到較不孤單，或令你感到輕鬆或獲得某種提昇。

Vanaerschot（1990, 1993）曾檢驗過有效的同理心反應之治療細部歷程，這些包括：令對方覺得受到重視與獲得接納；肯定自己

本身是個具自主性、有價值的人；學會接納感覺；減少孤離感（「我不正常，跟別人不一樣，而且怪怪的」）；學會信任與接觸自身的經驗與體會；將雜亂無章的經驗進行認知上的重新整理；以及促進資訊的回憶與組織。

此外，一直有一些研究探討諮商員(心理治療師)建立同理心溝通的方式。Bohart等人（1993）的研究發現，同理心的反射在意義上若屬於未來導向，以及若能連結現在關切的事物與未來的方向與意圖，則會很有幫助。

近年來這些對於個人中心取向之同理心理論的貢獻，已經從將其定義爲經由訓練能學會的技巧，轉移到同理心較寬闊的意義，視之爲融入別人世界的一項眞誠的投入要素。這樣的概念使核心要件更驅於統一，並且某程度地回歸案主中心治療法最初始的構想。在Rogers與他的同事開始使用諸如同理心、眞誠一致、以及無條件正面關懷這些詞彙之前，他們描述這門取向是一種態度或「深切地尊重每個人的重要性與價值」之哲學（Rogers 1951: 21）。

治療歷程

從個人中心的觀點來看，案主的治療性改變，是一種對經驗更爲開放的歷程。Rogers（1951）認爲，治療性成長的方向在特徵上包括：更能察覺到過去遭自己否定的經驗、擺脫概括化的世界觀轉向能以較具區隔性的方式去理解事物、以及更能視個人的經驗爲價值觀與標準的來源。最終，這些發展會導致行爲的改變，不過「自我的重整」（reorganization of self）（Rogers 1951）被認爲是任何新行爲必要的先驅歷程。

　　Rogers（1961）將諮商的歷程以階段的方式概念化，Gendlin
（1974）與Klein等人（1986）延續這樣的概念，並進行深入的探
索。在成功的諮商中，案主將能夠處理有關自我與經驗的資訊，並
進行更深入的探索。茲將案主融入自己的內心世界之七個階段
（Rogers 1961; Klein *et al.* 1986）摘要如下：

1　**溝通僅與外部事件有關**。感覺與個人的意義並不被「擁有」。
　　親密關係被認為是危險。思考僵硬。與個人抽離。不使用第一
　　人稱代名詞。

2　**開始能更自在地表達與自我無關的主題**。可抽離自我地談論感
　　覺。理智化。敘述的是行為而非內心的感覺。也許會顯示對治
　　療有些參與的意願。

3　**敘述個人對外在事件的反應**。有限量的描述自己。談論過去的
　　經驗。開始辨認經驗中的矛盾。

4　**描述感覺與個人的經驗**。開始體驗到當下的感覺，但還是抱持
　　著恐懼與不信任的態度。對於「內心生活」只進行陳述或列
　　出，而不是有意圖地探索。

5　**表達當下的感覺**。接納感覺的程度增加。更精確地辨別感覺與
　　意義性的差異。以個人的方式有意圖地探索問題，並且是根據
　　處理感覺後的結果而非推理後的結果。

6　**意識到「內心指引」或自己有其生命之感覺流動的存在**。「生
　　理鬆弛」如眼睛潮濕、眼淚、嘆氣或肌肉放鬆等現象會伴隨著
　　開放地表達感受。以現在式交談，或能對過去做生動的描述。

7　**能意識到自己對於某一議題的不同面向連接著一系列的感覺**。
　　對於自己的內心世界更加信任。可立即體驗與接納所有的感

覺。能流暢地以現在式交談。

　　使用七階段模式的研究顯示，若案主處於第一階段，則治療效果有限。Mearns與Thorne（1988）曾經評論過案主進行這一類自我探索的「預備度」（readiness）之重要性。Rogers（1961）也認爲，與第六階段有關聯的改變似乎不可逆，因此案主可能不需要別人的幫助而能順勢進入第七階段。

　　諮商員的「同理」、「眞誠一致」、以及「接納」能促進案主的內心歷程。例如，諮商員同理心的傾聽，可以將隱含在第一階段的陳述語句當中關乎個人的感受與意義性反射給案主。諮商員的接納與眞誠，增強了案主心中逐漸茁壯的信任感，以及鼓勵案主表達受到抑制或壓迫的想法與感覺。接著，當更令人懼怕的題材暴露出來時，諮商員對於那些長期被否定的感受與想法之接納，能幫助案主轉而接受這些情緒。諮商員願意接納案主體驗世界之方式的矛盾面，使案主接納自己可以同時具有「充滿敵意」與「對人親切」或「匱乏」與「有能力」等面向，進而對自我產生更區隔化、更複雜的觀感。

　　隨著個體更能體會到自己身爲一個人的價值感，個人的內心歷程也就會產生改變，開始重視自我內心(internal)的評價。Mearns（1994）認爲，在治療開始時，案主很可能以外在（external）的評價做爲與別人互動的基礎。他會尋覓著別人的指導與忠告：認爲別人知道得最多。在這個階段，諮商員需要嚴密地注意案主，維持有限度的同理心回應與接納案主之參考架構的焦點。然而，當案主後來變得較堅強，以及其評價變得更爲內化且與自我統整時，諮商員就可以更一致地冒險將自己的經驗在諮商室中使用。因此可以看

出，核心條件並非處於靜止狀態，而是依案主是什麼樣的人，以及
依他們處於變化歷程的哪一個階段來因應。

經驗聚焦

在個人中心取向中，Gendlin的經驗聚焦（experiential focusing）
模式這個重要的架構，被廣泛用來做爲瞭解歷程的工具，並且也許
是個人中心的理論與實務在後威斯康辛時代唯一最有影響的發展
（Lietaer 1990）。聚焦的技術與經驗的基本理論，已受到詳盡的哲學
分析（Gendlin 1962, 1984a）與相當多心理學研究之支持（Gendlin
1969, 1984c）。

聚焦歷程的基本假設是，事件與人際關係對人們的根本意義性
包含在人們體驗到的「感知」（felt sense）中。感知是內心對於情境
所產生的一種生理感受。有這樣的內心感知，使人們知道情境含有
比他當下能夠說出來的更多的資訊。Gendlin（1962）認爲，此種感
知或稱爲「內心指引」（inner referent），含有內隱意義（implicit
meanings）的高度區隔化心向（set）。爲了使這些意義浮現，當事人
必須以符號來表達感知，如字、詞、敘述句、圖畫、甚至包括肢體
動作。將感知內某一領域的意義以符號表達出來的這個做法，會使
當事人注意到其他領域的意義。因此，將內心對於情境或問題的感
知加以符號化，會產生一種「轉移」（shift）。

Gendlin認爲，此處所描述的體驗歷程不僅是個人中心諮商取
向的核心，對於其他治療取向也同等重要。他認爲，詮釋、行爲方
法、完形介入等等所造成的治療進展與轉移，均可縮影爲有效的經
驗聚焦之情節。這種體驗歷程也是日常生活常見的特色。人們帶來

尋求諮商協助的困擾，起因於上述歷程遭到干擾，使當事人不願意或無法取得對於問題的感知之完整圖像。因此，諮商員基本的任務在於協助案主能容納內心的感知而不是一昧逃避，以及協助案主對於內心的感知做出正確的符號化，使內隱的意義能表達出來。

「聚焦在問題上」（focusing on a problem）的歷程可以區分為數個階段或步驟：

1　澄清空間。仔細列出身體內在正在進行的事物。
2　找出對問題的內心感知。使感知現身。允許身體能夠「回話」（talk back）。
3　找出符合該感知的「把手」（handle）（字或詞）。
4　對把手與感知起共鳴。檢查與感覺違背的符號。試著問「這真的合適嗎？」
5　對於問題、經驗感受到轉移，可能是微妙的變動或「全然地放鬆」。
6　容納或接受浮現出來的事物。
7　結束或歷程重新再來一遍。

諮商員可依據這些步驟與案主對談，或協助案主自行經歷此一歷程，或由諮商員引導案主進行這些歷程。Leijssen（1993）的著作中提供非常詳盡的說明，描述她如何將經驗聚焦整合到一般的個人中心諮商實務中。這項技術可以教給案主並應用在同儕自助團體方面。Cornell（1993）則檢視了有關教學聚焦（teching focusing）方面的議題。

專欄 5.3　真誠一致、在場、與流通交融

在實務工作裡，真誠一致（congruence）也許是個人中心諮商取向最獨特的單一面向。Rogers的影響力，使得諸如同理心、自我、治療關係、以及體驗等古典個人中心取向的概念，已經成為其他取向的用語。儘管如此，卻沒有其他取向能像當代的個人中心治療法一樣，對於諮商員的真實、可靠、以及樂於坦露自己賦予如此高的重要性。在案主中心治療法的早期，Rogers與同事們幾乎是圍繞著非指導性、尊重案主內心的評價與參考架構、以及接納自我等原則來奠立諮商的根基。後來大部份是因為威斯康辛計畫造成的結果，當時Rogers、Shlien、Gendlin與同事們致力於找出和高度退縮的精神分裂患者溝通之道，他們發現，很顯然，治療師在歷程中運用自己的能力，是治療成效的關鍵。或許由於Rogers所受的訓練與專業社會化所致，真誠一致的概念一直到1950年代晚期才成為他的語言，而且一開始使用時，是以某種技術性的方式來解釋。Lietaer（1993）對於「真誠一致」概念在Rogers著作中演化的歷程有很精闢的說明。

近年來，Mearns（1994, 1996）曾以諮商員的「在場」（presence）來討論真誠一致的經驗。Mearns（1996: 307）引述案主的說法：

感覺她好像就在我的『體內』—在我感受自己時，感受著『我』。

她為我締造的空間非常大。這使我明白在其他人際關係中，我的感受有多狹隘。

Mearns（1996: 309）觀察到這種程度的「在場」，對諮商員來說相當冒險：「使我表面上的關係能力受到判斷是一回事，但是我怎麼能冒

險使眞誠一致的自我受到判斷呢？」他在其著作中比較了眞誠一致的個
人中心諮商員與將自己完全投射或融入在角色裡的演員之間的差異。

　　在一項探討案主與諮商員在眞誠一致與不眞誠一致之時刻裡的體驗
之研究裡，Grafanaki（1997）能辨認出雙方處於「流通交融」（flow）歷
程的次數。

治療的歷程經驗模式

　　　　在寬廣的個人中心或人本傳統內，另外一項重要的發展是
Greenberg等人（1993）所創的歷程經驗（process-experiential）的諮
商取向。歷程經驗取向整合了個人中心、完形治療法、以及當代認
知心理學的思想與技術。在諮商晤談中，這門取向的特色之一是，
強調意義重大的事件（event）。Rogers的同理心、眞誠一致、與接納
等條件，指的是人際歷程或關係的環境，是始終存在於治療中，而
Greenberg與同事們則建議，應特別注意具有高度意義性的改變時
刻。歷程經驗諮商的核心假設是說，人們的問題根本在於沒有能力
去進行有效的情緒處理。情緒提供關於關係的重要資訊，並且還會
引導行爲。當人們無法表達或交流情緒時，與別人互動的能力便會
受損。因此，治療的目標在於促進情緒的處理，使人們能將對事物
的感受整合到對事物的經驗上。Greenberg等人（1993）認爲，當案
主談到自己的問題時，會傳達有關遭受阻擋或扭曲的情緒之線索或
「標記」（markers）。治療師的課題在於傾聽並注意這些「標記」，並
啓動一系列適當的情緒處理。

　　　　這一類取向的範例可參考Rice（1974, 1984）對「問題事件」

（problematic incident）的解析中所提的階段模式。這些生活中的事件發生在案主察覺到，自己對於發生的事情之反應感到困惑或不恰當。Rice（1984）發現，在這些情境中，有效果的諮商似乎會依循四個明顯的階段。第一，由案主排好要探索的場景，這會經由將該事件歸類為有問題，確定自己對於該事件的反應不能令人接受，以及用一般性的詞彙重新建構該場景。第二階段是案主與諮商員同時進行各自負責的任務。一項任務是案主去找出在事件期間自己體驗到的各種感覺；另一項任務是案主要尋找該事件的哪個面向有最強烈的意義或重要性。第二階段環繞在發掘事件對於案主的意義性上。第三階段，案主開始嘗試去理解早先發生的事情對於「自我基模」（self-schema）或自我概念所隱涵的意義。最終階段探索可能的新選擇。Rice（1984: 201）把這一整個歷程描述為「喚起性顯露」（evocative unfolding），在歷程中「對某個困擾情節之認知－情感的再處理，能導致一連串的自我發現。」

Greenberg等人（1993）曾就諮商與心理治療領域內情緒處理的課題進行大量的研究，且至今已導出可引導治療師有效進行下列六種情緒處理事件的通則：

1 針對有問題的反應之標記（線索），進行有系統的「喚起性顯露」。
2 對於不清晰的感知進行經驗聚焦。
3 針對自我評價的極端區分（self-evaluative split）進行雙椅對話（two-chair dialogue）。
4 針對自我阻撓的極端區分（self-interruptive split）進行雙椅角色扮演（two-chair enactment）。

5 以空椅法（empty-chair）解決情緒方面的「未竟事務」（unfinished business）。

6 針對最脆弱的環節之標記（線索），進行同理肯定（empathic affirmation）。

證據顯示，歷程經驗治療法對於婚姻治療（Greenberg and Johnson 1988）以及憂鬱患者（Elliott *et al.* 1990; Greenberg *et al.* 1990）均有成效，目前的研究則專注於這門取向對於創傷後壓力疾患的效果。

歷程經驗取向來自Rogers（1961）、Mearns與Thorne（1988）所述之個人中心諮商原理的變化版本，不過也運用了完形治療（Gestalt therapy）與心理劇（psychodrama）在實務上創造富含情緒的改變時刻。無庸置疑的，歷程經驗治療法與時代的潮流相符。它非常明確具體，而且可以透過訓練來學習，並且有研究做後盾。它立刻可運用在診斷為憂鬱或創傷後壓力疾患的人們身上，也適合短期治療。它拓展了諮商員的技能，使諮商員在情緒方面能使用更多種回應案主的方式。不管如何，在Rogers的取向中，一直深信人類具有依照自己的步調去改變的能力。其基本假設是，應對於案主提供支持（Rennie 1998），而不是使諮商員成為案主的代理人。至於歷程經驗治療法未來是否會威脅到個人中心取向的這項關鍵特色，仍有待觀察。

對個人中心取向的評鑑

在個人中心取向發展的早期，即所謂的「學院」年代（Barrett-

Lennard 1979），代表諮商與心理治療史上的一項獨特成就。在1940
與1963年間，Rogers等人發展了一套具一致性且連貫的理論與實
務，並且一直有後續的研究不斷地加以充實與塑造。儘管這門取向
後來發生分裂，但它仍然是當代的諮商世界中一股強大的思潮。不
管如何，近來的發展已導致對於Rogers的遺產因有各種概念化的詮
釋，彼此間已出現明顯的緊張狀態。

　　這些議題之一是，個人中心取向做為諮商的一種獨特模式之認
同問題。許多諮商員與治療師認為他們屬「案主中心」（client-cen-
tred）或「個人中心」（person-centred），因為他們的意圖是聚焦在案
主的經驗或需求上，而不是將他們自己的定義加在案主身上，而且
因為他們發現，圍繞著「核心條件」模式的想法是瞭解治療同盟之
性質的有用架構。儘管如此，這些價值觀經常混合著一項觀點，認
為雖然核心條件是必要的，但它們本身卻不足以導致改變（Bohart
1990; Tausch 1990）。這些諮商員利用核心條件做為採用其他取向之
治療技術的基礎。例如，Boy與Pine（1982）曾描述諮商的兩個階
段。在第一階段，諮商員運用反映式聆聽（reflective listening）、真
誠（genuineness）、以及接納（acceptance）與案主形成良好的同盟
關係。接著，在第二階段，

> 諮商員有多種備選作法可用，視能否符合個別案主的獨特需求
> 而定……（接著則仰賴）態度、原有的技術與方法、以及其他
> 諮商取向的技術與方法。
>
> 　　　　　　　　　　　　　　　　　　　（Boy and Pine 1982: 18-19）

　　這門取向的特徵是，有許多以個人中心的觀點為整合基礎的諮
商員（見第11章）。最終的結果是採取一種個人中心的作法，而不是

整個個人中心取向來做為治療方式。在Rogers的著作中也支持這種作法。他認為同理心、真誠一致、以及無條件的正面關懷等核心條件，可經由不同的管道與案主溝通；例如經由精神分析的詮釋（Rogers 1957）。另一方面，這種做法的風險是，採行這種風格的諮商員實際上僅以個人中心的概念做為掩飾之用，實則採行全然不同的風格。例如，嚴格地詮釋個人中心的原理涉及仰賴案主的實現傾向，以及持續在治療關係中使用自我。這些都是引入其他取向的想法時，很容易造成迷失感的特徵。

當代個人中心實務上另一項重要議題是，有關技巧與技術所扮演的角色。Truax與Carkhuff等人已發展出一套結構化方案，能用來訓練人們使用同理、接納等個人中心取向的特質。這些訓練方案（將於第19章論述）將個人中心取向歸納為一套行為技巧。從另一個不同的方向出發，Gendlin與同僚等人則發展「聚焦」（focusing）方面的訓練方式，使從業人員能利用個人中心（與其他）治療形式中所發現的經驗歷程。這些技能訓練方案完全與個人中心取向支持平等的哲學觀相符，因為可以用來除去治療師角色的神秘色彩，並且能使得更多人加入與從諮商中獲益。賦權（empowerment）的概念是這些訓練方案的核心：提供人們能擁有改變自己生活的能力。

然而，另一方面，個人中心取向的理論架構相當重視諮商員與案主之間的關係品質，例如強調信任感與安全感能逐漸增長。本取向也指出，其治療模式須倚賴諮商員擁有一套完整的態度與信念。很明顯地，短期的技能訓練與自助方案，不足以嚴格或有系統地觸及人際關係與態度方面的議題。常發生的情形是，技術與背後哲學觀的分裂產生了令人不快的結果；例如，經理人被教導要對員工使用同理心傾聽的技巧，但是須考量組織或組織的利益，而不是個

人。

在個人中心諮商中也出現有關經驗的靈性構面之爭議。雖然Rogers曾想成為牧師，不過在他大部分的生涯裡，對於心理學理論的建構是秉持著世俗的人本架構。直到Rogers（1980）晚年，才寫有關「天人合一」（transcendent unity）與「內心靈性」（inner spirit）等經驗。這些想法在個人中心運動中，同時受到歡迎（Thorne 1992）與批評（Van Belle 1990; Mearns 1996）。

1968年，Carl Rogers應邀至名為「USA 2000」的座談會上演講，由人本心理學運動的精神大本營，Esalen研究所（Esalen Institute）贊助。他選擇談論的主題是，在現代世界裡人們之間的關係之各種移動方向，以及治療與團體對此等歷程的貢獻。他在論文中很明白地闡述他對於個人中心諮商與治療法的性質及其扮演角色之基本假設。Rogers（1968b: 266）陳述，「人類未來即將遭遇的最大問題在於……有多少改變是人類能接受、消化、與吸收，以及這些速度能夠多快。」在這項陳述中，可以看清的是，Rogers認為核心問題是：與現代世界的變遷妥協。Rogers自己就是歷經社會遽變的人，不只是在他的生活如此，圍繞他的世界亦然。他的生活轉變包括從一個小型的鄉鎮到紐約的一所大學就讀，從臨床實務的世界進入學術研究與教學，最後又離開，進入加州的新環境。他的諮商取向已證實對於身處過渡階段的案主最有效果，例如就讀大學邁向成年的過渡期，以及從士兵身份回到平民生活的過渡階段。個人中心取向的理論與方法相當符合身處變動世界的人們之需求。當有意義性的外在與安全的結構不存在時，該取向擁護較個人的、內心的價值觀。人際關係一定要有彈性，不論是在治療中或別的地方：

我相信人與人之間有快速發展親密感的可能性，這種親密感不是人造的，而是真實且深層，並且很能吻合我們日益深化的生活流動性。暫時的關係將能夠達到過去只有終身依附的關係才能擁有的豐富性與意義性。

(Rogers 1968b: 268)

這一段陳述總結了Rogers的著作為什麼能使人們起那麼大的共鳴，因為人們身處的世界中有太多因素阻撓著建立終身依附的可能性。暫時性的關係若能承諾帶來關係的豐富性與意義性，將能餵養許多因為過去熟悉的社會生態已經瓦解而遭到孤立的人們內心深層的飢渴。

同時，個人中心也能與呼應社會生活之其他構面的其他諮商取向相提並論。例如，心理動力論與客體關係取向所呈現的人類意象是遭受其他客體的侵入，困擾的原因不是「價值的條件」(conditions of worth)，而是內化但有時遭到濫用的父母表徵。認知－行為取向所勾勒出的人們，則致力於「管理」人生，以及成為成功、理性的問題解決者。這些主題都可以透過個人中心的觀點來探討，不過關聯性不是那麼明顯。

本章摘要

- 案主中心（後來則稱為個人中心）諮商，是1950年代與1960年代期間，「第三勢力」的人本心理學運動之關鍵要角。

- Carl Rogers在諮商理論方面的發展，依賴如Shlien、Raskin、Barrett-Lennard、與Gendlin等同事的相關研究，以及對於理論、研究、與實務進行創新性的融合。

- 個人中心諮商受到現象學思潮的充實，強調個人的自我概念及成長與實現的能力。

- 治療性的改變決定於治療關係中須具備充分程度的接納、真誠一致、以及同理心（即所謂的「核心條件」）。

- Barrett-Lennard所提的循環模式，釐清了個人中心取向之關鍵概念——同理心——的意義。

- 個人中心諮商的治療歷程，包括一系列經驗的深入察覺與自我的接納等階段。

- Gendlin發展的經驗聚焦法，是促進上述歷程相當有用的工具。

- Greenberg、Rice與Elliott的歷程經驗（process-experiential）模式，代表個人中心與完形治療法的整合，並且愈來愈有影響力。

- 儘管Rogers的概念以各種方式瀰漫到所有的治療實務中，仍有個人中心諮商員組成的獨特團體致力於深入發展這套模式。

討論問題

1 你覺得「充分與必要條件」模式的效度如何？有其他「條件」是你想加在Rogers所列的清單上嗎？

2 與上面幾章探討的心理動力取向與認知－行為取向比較，個人中心取向的長處與弱點是什麼？

3　Kahn（1997: 38）曾寫道：「Rogers花了四十年發展他的治療
觀點。或許他四十年的努力可視爲致力於解答如下問題：治療
師該怎麼做，才能傳達給案主說自己最終是被人愛的？」在你
看來，這項主張的效度如何？

4　至何種程度，可將歷程經驗治療法看成僅是Rogers觀念的一種
延伸？歷程經驗模式在哪些地方可能與個人中心的概念與假設
產生衝突？

關鍵詞彙與概念

acceptance	接納
agency	代理
core conditions model	核心條件模式
depth of experiencing	經驗深度
emotional processing	情緒處理
empathy	同理心
empathy cycle model	同理心循環模式
experiential approach	經驗取向
experiential focusing	經驗聚焦
felt sense	感知
fully functioning	完整運作
humanistic psychology	人本心理學
incongruence	不眞誠一致
locus of evaluation	評價軌跡

micro-processes	微觀歷程
mutuality	相互性
person-centred approach	個人中心取向
phenomenology	現象學
process model	歷程模式
process-experiential model	歷程經驗模式
relationship	關係
self-actualization	自我實現
self-concept	自我概念
significant events	重大事件
third force	第三勢力

建議書目

在諮商的領域裡，沒有比閱讀思想家的重要原創作品更好的方式了。在這個領域中，Carl Rogers一直是主要的人物，他在1942年的著作《Counseling and Psychotherapy》至今仍然新穎而重要。Kirschenbaum與Henderson（1990）將Rogers生涯中各個階段的著作收集成冊。

當代作品中最能表達目前個人中心之治療與實務的，是Mearns與Thorne（1988），以及Mearns（1994）等人的作品。Thorne（1992）的著作對於Rogers的取向提供了有用的概觀，也探討目前為止個人中心諮商所受到的批評。

《Dibs》一書讀來令人感到樂趣，並傳達了個人中心取向的精神，是Virginia Axline（1971）所著。本書解說Axline對一位小男孩Dibs，進行個人中心版本的遊戲治療。較其他作品更為深刻，《Dibs》所傳達的是對人的深層尊重以及強調人類成長的能力，這些都是有效的個人中心實務至為重要的要素。

6 系統論概述

前言

　　大多數的諮商是隨著個體的痛苦與個體的需求而發展。誠如同第2章所述，從西方社會的歷史分析來看，在「現代化」的時代裡，特別是二十世紀高度工業化、城市化的社會中，人類的問題有「個體」化（individualizing）的趨勢，這些問題在過去會在「社群」（community）的層次上加以處理。不管如何，在現代社會中生活，人們須致力於在龐大複雜的社會系統中掙扎奮鬥。所以，雖然諮商與心理治療發展出處理個人問題的方法，但另一方面，另一些支派則強調我們要將問題放在環境系統中來理解，找出這些系統運作的原理，進而在系統的層次上進行干預，以謀求真正的解決。在許多領域中都可以看到系統觀的成長，從研究組織，研究生活的特性，乃至研究生態系統。在諮商與心理治療的領域裡，系統取向主要與家族治療法（family therapy）有關。所有版本的家族治療法之基本假設是，家族個別成員的痛苦或適應不良的行為是因為整個家族系統出了某種問題；例如，家人間缺乏有效溝通，或家族團體的結構出現某種扭曲。

　　要將傳統的家族治療法整合至諮商的「主流」模式中頗為困難，有些是哲學觀的因素，有些則是實際的因素。家族治療法強調家庭生活之結構與系統等面向，他們的諮商員與那些輔導自我、內心歷程、與個人責任的諮商員無法輕鬆相處。從許多諮商員的觀點來看，家族治療師好像用很奇異的方式與他們的案主互動，因而表面看起來治療師好像與案主是疏離的。到目前為止，還是有許多諮商員無法認同古典家族治療法採用的治療方式，即：所有家族成員都要參加、由一組治療師介入、以及治療室放置單面鏡、電話、與

電視。然而，最近幾年來，家族治療法（至少是其中的某些分支）開始與較個人導向的治療法接軌，而且許多其他取向的諮商員也開始將系統的觀念引進治療中。本章的目的在於探討系統論的發展。一開始先簡單解釋用來理解人類系統的一些關鍵詞彙，接著檢視家族治療的方法、對象是夫妻與組織時運用系統觀來輔導的相關議題，最後則探討其實務性質。

瞭解人類系統

目前已有相當大量探討系統觀念的文獻。很明顯，許多系統的概念源自下列人物的思想：Ludwig von Bertalanffy，他是控制學的創始人；Norbert Weiner，他是資訊理論家；以及Gregory Bateson，他是哲學家，也是人類學家。Guttman（1981: 41）曾提到：

> 一般化系統理論的思想源自1940年代晚期到1950年代晚期的數學家、物理學家、以及工程學家，當年的科技發展使人們想到建立與人腦特性類似的一些機械模式。在那個年代裡，人們承認許多不同的現象（不論是生物方面或非生物方面）都具有系統的屬性，也就是說，整體可視為互相關聯的個別部分之加總，以及任何一部份發生改變皆會影響到系統的其餘部分。不論系統的組成要素為何，功能上與結構上的規則都可透過一般化系統理論的內容加以闡明。

這裡所表達的主要觀念是：系統是一個由互相關聯的部分所組成的整體，而重要的是，任何部分的改變皆會影響到系統的其他部分。這些歷程可以在社會、生物、以及機械運作中看到。例如，一輛車子可視為一個大系統，由許多次系統（煞車、齒輪箱、引擎……等等）所組成。次系統若發生改變，即使變化不大，譬如輪胎裡

的氣不夠充足，那麼其他地方將會受到影響，在這個例子裡，引擎的壓力會升高，最後可能導致機械故障。再舉一例，一個家庭可視為一個系統，其中可能有父親、母親、以及一對小孩。每一個人都扮演某些角色，在系統中負責某一部份的作業。然而，如果母親生了一場大病，因此無法繼續履行原先的角色與作業，那麼這些功能會由家庭內的其他成員重新分配，這因而改變了關係的平衡。

系統還有另一特性，與「部分－整體」的概念有關。運轉中的系統傾向於依照它們原先運轉的方式維持恆定（homeostatic）。換句話說，一旦系統建立，「開始動了起來」，它傾向於依照同樣的方式運轉，直到有外在事件加以干擾：系統達到「穩定狀態」（stable state）時，其中的要素會處於平衡。有關恆定最常見的例子是家庭的中央暖氣系統。房間的恆溫器先設定在某個溫度值。假如溫度升高到超過設定的水平，鍋爐與暖氣將會關閉；假若溫度降至該水平以下，鍋爐與暖氣將會開啟。結果是整個房屋的溫度會維持在穩定的數值上。這樣的歷程可理解為回饋（feedback）的資訊被用來調節系統（在家庭中央暖氣的例子中，恆溫器提供回饋給鍋爐）。恆定與回饋也出現在人類系統中。讓我們再回到家庭中母親生大病的例子，此時該家庭裡可能會出現強大的力量來防止系統發生變化。例如，母親可能無法起身清洗衣物與燙熨服飾，但是心裡卻認為這是身為「真正的母親」必須做的工作。她的小孩與配偶可能也是這麼想。父親笨拙地熨燙衣物的情形會成為一種回饋，引發她更努力想當個「真正的母親」，但她勉強熨衣的行為卻可能使病情加重。

一般化系統統理論另一項重要的概念是，所有的系統均奠基於一組規則（rules）。在上述的假設家庭中，對於性別以及雙親角色與身份方面存在著強大、非書面的規則。當家庭處於平衡狀態時，這

些規則可能運作得很好，但當改變發生時，就有必要重新修訂規則，使系統達到新的運作平衡。對這個家庭而言，很明顯可以看出，除非他們能改變他們對「母親」角色的想法，否則這個系統會因母親住院而導致重大的崩潰。

系統取向最後一項主要的觀念與系統的生命週期（life circle）概念有關。回到車子的例子來看，汽車有一套詳細的規則是有關某部分零件何時需要檢查、調整、或更換。同樣地，人類的系統(如家庭)則依循著軌跡：離家，結婚，進入工作世界，嬰兒出生，雙親過世，退休，配偶過世等等。這裡所要表達的是，儘管對於家庭系統而言，有一部分的變化（例如生病、失業、意外事件）屬於不可預期的因素，但還是有許多潛在的干擾在可規範與完全可預測的範圍內。因此經由探討系統對於生命週期中的轉變如何回應，以及經歷上述類似事件所獲得的「學習」，可以成為了解系統正發生些甚麼事情的重要線索。

此處所述的系統概念是整個複雜理論的簡化版。不過，這些核心的系統原理已足以勾勒出這個諮商與心理治療取向的基本輪廓。很明顯，系統取向的諮商員對於案主內心的心理狀態並不感興趣，感興趣的會是案主的生活系統，以及此等系統如何運作。性質上，如果有人發生「問題」了，那麼系統治療師會定義成系統在面對變化時的適應不良。因此，系統治療師的目標是，在系統層次上促進對於變化的適應；例如，重新改寫系統內隱的規則，改變系統內各相異部分之間的平衡，或改進溝通／提供回饋的效率。

家族系統的分析與治療

　　上面所談的系統概念，已由不同的家族治療師團體透過多種方式應用在治療中。古典的家族治療法有三個主要學派。第一是，結構取向家族治療法（structural family therapy），由Salvador Minuchin（1974）與費城的同事們合創。在這個模式中，認為要瞭解家庭內互動的結構與型態之主要概念包括：次系統（sub-systems）、界限（boundaries）、層級（hierarchies）、以及同盟（alliances）。第二是，策略取向（strategic）家族治療法，最早由Gregory Bateson、John Weakland、Don Jackson與Jay Haley等人，在1950年代於美國加州的帕羅奧多市（Palo Alto, California）之心理研究所（Mental Research Institute）進行的首創實驗中產生。Haley後來成為該取向的中心人物，並引進催眠治療師Milton Erickson的一些觀念。該模式的特徵是使用諸如矛盾命令（paradoxical injunction）、再建構（reframing）、以及任務的處方（prescription of tasks）等技術來導致症狀的改變。第三個主要的類別是，米蘭團體（Milan group）以及Palazzoli、Cecchin、Boscolo與Prata（1978）等人物。這個團體特殊的貢獻是，強調家庭生活的一些哲學面向，例如家庭的眞實情境是由家人共有的信念、迷思、與假設所集體建構出來的。米蘭系統學派特別使用循環（circularity）的概念，指一種因果關係的假設：任何事情都會影響到每一件事情，也會受到每一件事情的影響。家族系統所有的各個部分均相互連結，治療團體會嘗試透過循環式問題（circular questions）來開啓家庭生活的此一面向，例如，不會去問某個家庭成員對這個家庭曾發生過的事情有何感受，而是問當事人認爲他的兄弟對此有何感受，如此，既引入他們對於彼此之連結的

察覺，也能對於相同的事件產生多種描述（雙重描述）。另一項由米蘭學派推出的技術是正面賦義（positive connotation）（賦予所有行為正面的意義；例如，「爲了維持你對於家庭核心價值觀的認同，你能退出當時的情境，實在很勇敢……」），以及使用治療儀式（ritual）。Jones（1993）曾針對米蘭的系統取向提供一份簡要的說明。Guttman（1981）與Hayes（1991）更進一步探討家族治療法不同模式之間的異同處。我們也要注意，一些傳統的個體治療取向也開始思考針對家族來治療的可能性，如心理動力論與行為取向（參考第16章）。

　　近幾年來，家族治療法主要學派之間的分歧已逐漸消除，有更多的治療師在實務上整合各種不同的取向。新混合形式的治療法也已出現，例如White與Epston（1990）的敘事取向（narrative approach）（見第18章）或de Shazer（1985）所發展的解決辦法取向（solution-focused）。更進一步地說，由於不排斥彼此在意識型態上的差異，因此在實務上便可能有不同的融合方式。Omer（1996）曾指出，家族治療法從業人員之間的差異主要是風格（style）而非實質。當代家族治療法共通的作法大致可整理如下：

- 全部或大部份的家庭成員須積極參與，使互動的型態得以觀察，發生的改變也能共享。
- 介入的目標主要放在系統的屬性上，而非個人的經驗上。諸如家族雕塑（family sculpting）（Satir 1972; Duhl *et al.* 1973; Papp 1976）或家族圖譜（genogram）等技術能使治療師處理整個家族系統。
- 治療師採取超然、中立的立場，避免「被吸入」系統中或被引

誘與某特定家庭成員或次級團體形成同盟關係。

- 一組治療師以團隊的方式進行工作，一部分在室內與家庭共處，另外一部分擔任觀察者，以強化中立立場與「系統」傾向，以及使發生在以家庭同聚方式相處時的複雜細微之互動型態可以偵測得到。

- 使用有限次數的「高衝擊」晤談，而不是冗長與「較溫和」或較具支持性的晤談。

　　在百家爭鳴的家族治療法裡，另一個相同點是它們均試圖治療精神分裂患者與患者的家庭。目前大多認為個體取向的治療法用在精神分裂患者身上不但困難，而且成效有限。基本上，這一類患者的行為與思考型態阻礙著治療同盟的建立。此外，面對這些認知世界扭曲的案主進行治療，對治療師是一種龐大的壓力。長時間的同理與進入他們的內心世界，會使諮商員或心理治療師感受到強烈的恐懼與不安。對於「精神分裂症」（schizophrenic）患者而言，最有效的治療介入方式是家族治療法與治療性社群（therapeutic communities）。但至少就家族治療法而言，其代價一直是諮商員須發展出在進行治療時隔絕與人面對面接觸的風格。不過近幾年來家族治療法已有重大的改變，尤其在一些學者的影響下，如Bott（1994）以及Reimers與Treacher（1995）擁護較「個人中心」的作法。

諮商員擔任顧問：輔導組織系統

　　到目前為止，本章已討論了諮商員輔導家族系統所涉及的相關議題。不過，還有其他社會系統是諮商員也參與其中。許多諮商員

專欄 6.1　透過家族圖譜，探索跨世代的家族型態

　　對一名諮商員而言，身處在案主的家庭背景內，要捕捉並理解家庭成員之間的複雜關係並不容易，尤其在跨世代的情形下。在家族諮商與伴侶諮商中，用以描繪關係型態的技術是家族圖譜（genogram）。這很類似家族世系圖或家族歷史。通常，相關資訊由諮商員蒐集，圖表則由諮商員與家族成員共同繪出，不過也可能指示案主完成一份自製的家族圖譜。家族圖譜中有些常用的符號；例如，男子以方格表示，女子則以圓圈代表。親近關係則在兩人間以雙直線表示，衝突關係則示以鋸齒狀的線。更多符號的細節可參考McGoldrick與Gerson（1985, 1989）、以及Papadopoulos等人（1997）的著作。家族圖譜是用來列出問題如何隨著時間而演化，或連結家族的動態變化。家族圖譜也可以用來協助強調對家族意義重大的事件。家族圖譜不僅是蒐集資訊的方法，本身也是一種介入工具，因為參與繪製家族圖譜的歷程可使家族成員更加瞭解自己在家族中扮演的角色以及其他成員扮演的角色。

　　在家族圖譜的使用說明裡，McGoldrick與Gerson（1985, 1989）對許多名人的家族結構做了許多令人讚賞的分析。在他們曾檢驗過的案例中，最令人感興趣的要算是Sigmund Freud的家族了。圖6.1（McGoldrick and Gerson 1989: 172）的家族圖譜是1859年Freud家族的概況，Sigmund Freud時年三歲。Jacob與Amalia是Sigmund的父母；卒於1856年的Schlomo是他的祖父；Anna是他的妹妹；John是與他關係親近的堂兄弟。

　　在這張家族圖譜中，出現家族正處於極大壓力的許多信號。首先，家族遭逢一連串的損失：祖父，也就是Amalia的弟弟Julius與小嬰兒Julius在兩年內陸續死去。Jacob第一任婚姻的兒子，Emanuel與Philip，移民到

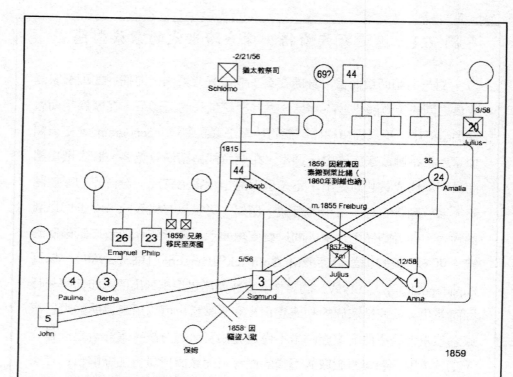

圖6.1　Freud家族的家族圖譜分析
來源：McGoldrick and Gerson（1989）。

英國去。因此，Sigmund喪失了他最親近的玩伴，John。此外，在1859年和1860年，因經濟問題各搬了一次家。其次，Freud家族是由兩個家族系統的「混合」。Jacob曾結過婚，並有兩個已成年的兒子，其中一位比他的新太太年紀還大。Jacob與Amalia的父親年齡相同的事實，更強調了Jacob與Amalia兩人之間的年齡差距。Sigmund的角色很「特別」，家族迷思對他的生活有著明顯的影響，或許因為在某種意義上他被期望成為Schlomo的接班人，他是家族的猶太教祭司領導者，在Sigmund出生後不久便死去。最後，這個家族至少還隱藏了一個秘密。Jacob的第二任太太

Rebecca，他們在1852年結婚，顯然未被提及。

　　這份家族圖譜可以看出造成Freud之人格的一些因素。無怪乎他花整個職業生涯試圖要去理解其父母生活的早期經驗。也不令人訝異的是，他發展出來的心理學理論顯示，女性在兩性關係中扮演較卑微的角色。

　　McGoldrick與Gerson（1985）的著作是使用家族圖譜的標準入門指南。Papadopoulos等人（1997）與Stanion等人（1997）對於近年來使用這項技術的發展提供了相當有價值的評論，包括特別強調在保健機構中的應用。

專欄 6.2　在家庭裡的感覺是什麼？雕塑家庭生活的經驗

　　有個相當直接的方式可使家庭成員表達出他們在家庭中的經驗，這種的方式稱為家庭雕塑（sculpture）。在這樣的練習中，透過檢視家庭中的一個成員如何安排家庭中的另一成員，來呈現出他（或她）看待家庭的方式。這個人在家庭中的位置，表情與姿勢，接近對方或隔一段距離，以及凝視的方向，皆傳達出「雕塑者」對家庭的觀感。有時候，治療師可能會要求當事人重新雕塑其家庭，依照自己心目中理想的運作方式或想像未來可能的模樣，或也可以邀請其他成員進行雕塑。

　　Onnis等人（1994）曾提供一個經轉介向他求助的家庭，經他使用雕塑法的範例：Gianni十歲，住在家中，患有嚴重的慢性氣喘，對標準的醫療法並沒有起多大的反應，並已被診斷為「無法治療」。這個家庭由Gianni、他的父親、母親、以及七歲大的妹妹，Sabrina等四人共同組成。Gianni被要求雕塑其家庭「就如同在眼前一樣」，他在雙親之間放了

一張空的椅子,把妹妹置於母親面前,看著母親。他將自己置於家中其他人的前方,面對那張空的椅子。完成雕塑之後,他快速地坐在雙親之間的那張椅子上。Gianni接著被要求表達他認為家庭十年後的模樣。他將妹妹放在遠方,背離他們面向別處。他說她的臉正「朝著朋友望去」。他接著將自己置於雙親前方,使自己成為三角形的頂點,在他們的注意集中處。他說:「他們正看著我」。治療師問Gianni,他在看哪裡,他答道:「我正看著鏡子」(在治療室牆上的一面單向鏡)。他的父母插話說家裡沒有一面像那樣的鏡子,接著Gianni轉向他的父母說:「我看著他們,他們看著我,我們就像三根柱子一樣!」然後他開始咳嗽,好像是氣喘發作。

　　家族治療團隊認為這些雕塑是一種表達方式,首先,Gianni感覺到「爸媽之間的距離」,而他必須引起父親的注意並要求父親乖乖坐在椅子上。Gianni將他與雙親的角色關係看作「如果我在他們之間的話,就沒有人會分開了」。治療團隊了解到,第二次的雕塑是Gianni害怕改變的表徵。這一次,Gianni藉由描繪家庭為一穩固的永恆三角來強化他較早的資訊,正如同他所說的:

> 我不能丟下我的父母。Sabrina可以向外發展,有她自己的生活,但我一定要留在這裡。我會想要看看我自己,映照自己(看鏡子的欲望),但是我不能。如果我們不再是三根柱子,一切都會崩塌。
>
> (Onnis *et al.* 1994: 347)

　　根據這些資訊,治療團隊對於該家庭的處境提供再建構的作法,其中並建議採行一些正面的改變。以下的再建構陳述是許多家族治療師典型的說法:

家庭雕塑對於我們瞭解家庭中發生的事情非常有用。我們對於Gianni
看自己未來的樣子特別感到印象深刻。Sabrina能交朋友，並開始走她
自己的路。但是Gianni不能！Gianni必須留在父母身邊維繫家庭。「我
們是三根柱子」，他這麼說。我們現在瞭解Gianni做了多大的努力，肩
負的擔子有多重，對孩子而言這太沈重了，沈重到令他窒息，切斷他
的空氣，奪走他的呼吸。不過有件事我們仍感模糊：何以Gianni會認
爲他的父母無法獨力承受這份重擔呢？我們相信有另一種可行的作
法：就是他的父母能成功地使Gianni安心，向他保證他們有能力處理
此事。也許，Gianni將因而能更自在地呼吸，開始看到自己並找出他
要走的路。

(Onnis *et al.* 1994: 347)

這份處方的重點是對患者症狀的正面賦義（positive connotation）。
氣喘症狀不應視爲問題，而應視爲Gianni爲了維護家庭所做的正面犧
牲。在這個案例中，這個家庭後來從再建構的陳述中發展出可行的策略
（雙親承擔起重擔），很快地，Gianni的氣喘病症顯著地減輕。

在大型組織中工作，他們發現到前來尋求協助的員工，其問題源自
組織系統的功能不良。以下是一些例子：

- 一名壓力管理諮商員受僱於一家大型的工業公司，在她給管理
  部門的年度報告裡指出，大多數的案主似乎有適應換班制度的
  困難。高層的主管團隊於是邀請諮商員參加全公司的工作座談
  會，探討換班政策。
- 一家銀行與一家獨立的心理診所簽約合作，對於遭武裝搶劫事
  件的員工提供諮商服務。銀行的人事部門想知道與該診所簽約

是否物超所值，或由銀行自己的專業衛生部門的一些人員來做可以做得更好。

• 某個高度多元化都市的社會服務局完成一份調查，顯示市政府內部的一些部門每天發生的種族騷擾比例偏高，但正式呈報的案例卻極少。他們想知道諮商是否能幫助受騷擾的人站出來申訴。

• 某大學的學生諮商單位發現，在他們輔導的案主中有很高的比例來自某個系。該系的學術標準甚高，且有重視研究甚於教學以及對學生提供各種支援的文化。該系的一位職員與諮商員見面，他們確認了問題的存在，並請諮商單位提供建議以改善情況。

貫穿上述例子的共通點是，它們均要求諮商員的思考範圍要超越個人或個別的問題與困難，並開始以系統的觀點來探討問題。正如同進行家族治療一樣，也須視組織的運作為恆定系統，不同的部分之間有界限、有回饋迴路、規則、迷思、以及正常的生命週期。第15章將探討諮商代理機構特定的組織動力論，不過其中所論及的許多主題與議題同樣可應用在其他種類的組織身上。

諮商已漸漸成為一種基礎完善的專業，而諮商員業對於促進組織變格方面也開始扮演更積極的角色。儘管如此，目前仍少有文獻提及諮商員擔任顧問的角色問題，而且這個領域裡也缺乏合適的訓練與督導。當然，有關管理顧問與組織行為方面確實有大量的文獻與專業基礎存在，可供諮商員參考。Gerstein與Sturmer（1993）的著作對於這方面的工作提供了有用的大綱，指出諮商員可能面對的機會與挑戰。

專欄 6.3 透過儀式來治療

　　家庭與其他社會系統的主要特色之一是，會利用儀式來彰顯社會角色或地位的轉移、象徵團體成員之間的鍵結、以及表達個體與較高權力之間的關係。家族的生命週期可透過一系列的儀式來彰顯：婚禮，聖誕節或感恩節慶，喪禮。在現代、世俗的世界中，許多傳統儀式已經失去其本來意義，或在由不同宗教與種族背景之成員組成的家庭裡並不適當。一些心理學家建議，人們能發明屬於自己的儀式是很重要的（Imber-Black and Roberts 1992）。家族治療師對於諸如用餐時間等儀式如何顯示一個家庭的價值觀與關係型態漸感興趣，並且也發展出運用儀式來促進家庭中的各種改變。

　　Imber-Black與Roberts（1992）曾描述Brian的案例，他十九歲，當母親過世後，前去與哥哥同住。Brian當時很難過，告訴哥哥與嫂嫂：「我覺得我沒有安全毯（譯註：用來給小孩抓摸以消除緊張）。」仔細考慮之後，兄嫂二人一起和延伸家庭中的其他成員為Brian編織一件被毯，裡面有她母親的護士服、父親的海軍服、以及其他對Brian有意義的布料。他們在Brian祖父八十歲生日時向他展示這件被毯。這對Brian及整個家族來說，象徵著他的哥哥與嫂子能給Brian照料及他需要的「安全毯」。這個家族儀式傳達了家庭成員對於Brian的關懷，以及集體表達了悲傷與希望將大家凝聚在一起，而且最後，使用可觸摸的實際物體，一件被毯，做為象徵與提醒他們曾經做過或感覺過的事物。其他用於家族儀式中的實體象徵包括蠟燭、埋葬物體或資訊的地方、或裝有擔憂與喜樂的盒子。

　　Imber-Black與Roberts（1992）、以及Wyrostok（1995）的著作對於不同的治療師如何運用儀式有進一步的說明，是很好的參考讀物。

結論：在諮商中應用系統概念的議題

　　接納系統概念對於每個諮商員而言，會相當有價值，畢竟每一位案主均不可免地身處社會系統中。社會系統往往以家庭為單位，但也包括工作團隊、友誼網絡、或醫院的病房。案主在生活中進行改變的能力將決定於系統的穩定性，決定於此等系統中人們的關係型態能加以變換的程度，甚至決定於系統是否允許案主離開。所有良好的諮商員對這些議題都會有敏銳的直覺，不論是否下過功夫鑽研過這些理論。

　　不過，在另一個層次上，系統觀對於諮商的目標與歷程有截然不同的解釋方式。至目前為止已討論的理論模式包括心理動力論、認知行為取向、以及個人中心取向，全都將諮商員放入與案主直接面對的個人關係中。系統取向諮商則要求諮商員與案主採取不同的關係模式。與個案建立同盟關係仍屬必要，但仍須視案主為較大系統的一部分，以及諮商員須整體考量此一系統，並處理案主與此一系統的關係。系統取向的個人意象徹底地異於諸如心理動力論、認知行為取向、以及個人中心取向等主流。這些已建立的取向認為人類是受限而自主的實體，性質上與社會環境的其他部分是分離的。系統取向視人類在根本上屬於關係上（relational）的存在，是僅能以身為家族、團體、或社群之一部分的方式存在的實體。在往後的章節中將介紹的理論取向有女性主義取向、敘事取向、與多文化取向，它們均以各自的方式對於系統的、關係的哲學觀提出挑戰，並在運用時做不同的強調，但背後的涵義都一樣，即，個人主義對於美好的生活而言，不是一項適當而足夠的基礎。

本章摘要

- 大部分主流的諮商取向是在個人層次上處理問題；新的諮商取向則視個人爲功能不良的社會系統或家族系統之一部分。

- 一般化系統統理論提供一套觀念，可以用來瞭解人和人之間的關係型態。

- 這些概念已應用於Minuchin的結構取向家族治療法，Bateson與Haley的策略取向家族治療法，以及Palazzoli、Cecchin、Boscolo、與Prata等人的米蘭系統（Milan systemic）學派。

- 目前，許多使用系統取向的諮商員擷取所有上述這些模式的元素，使用諸如家族圖譜、儀式、以及家族或團體雕塑等技術。

- 採系統觀點的諮商員，也能夠將他們的技能應用在組織與機構內的問題上。

- 姑且不論系統取向的聲勢如何，採行關係導向、系統導向的方法，對於接受傳統上一對一、洞察導向模式訓練的諮商員而言仍然是一項挑戰。

討論問題

1 試舉出一個你所屬的團體，可以是工作團體或友誼團體，或大學課程的班別團體。接著試以本章所述的系統概念來分析該團體的動態情形。分析後你學到了什麼？相較於以他們各自的私人生活與人格觀點來思考，你對於朋友或夥伴的認識增加了什

麼？從這樣的練習中，你對於自己又增加了哪些體認？

2　輔導家庭或其他系統時，可能會引發哪些倫理議題？保密原則
　與事前告知取得同意在系統內可能會如何運作？是否仍須顧及
　倫理原則與尊重個人的自主權？

3　試仔細思考採取系統觀點之後對於諮商員與案主之關係的涵
　義。例如，從個人中心取向的觀點來看，良好關係的特色是高
　度的眞誠一致、同理心、以及接納。這些觀念可應用在系統取
　向嗎？精神分析論的移情與反移情概念又可應用在系統取向至
　何種程度？

4　是否有些諮商議題較適合採系統取向來處理，以及另一些諮商
　議題較適合以個人的觀點來處理？

關鍵詞彙與概念

circular questioning	循環式詢問
equilibrium	均衡
family therapy	家族治療法
feedback	回饋
genograms	家族圖譜
homeostasis	恆定性
life cycle of a system	系統的生命週期
Milan group	米蘭團體
positive connotation	正面賦義
ritual	儀式

rules	規則
sculpting	雕塑
strategic approach	策略取向
structural family therapy	結構取向家族治療法

建議書目

許多諮商員讀了Robin Skynner（知名的家族治療師）與John Cleese（知名的喜劇演員）所寫的《Families and How to Survive Them》一書之後，找到他們進入系統取向的途徑。

有本完善的教科書包括了與諮商與心理治療的系統取向相關之豐富素材，是Carter與McGoldrick（1989）所著的《The Changing Family Life Cycle》。至於Reimers與Treacher（1995）易上手的家族治療法著作中，對於他們致力免於陷入輔導家庭有時會產生的意識型態僵化，有著令人感興趣的敘述。Hoffman的著作中（1992）有一章捕捉到漸為某些系統治療師採用的「個人中心」（person-centredness）之相同精神。

在這個領域裡的研究與專業期刊，《Family Process》與《Journal of Family Therapy》，均持續出版易讀且能刺激思考的文章。

7 女性主義取向：諮商的激進化

前言

　　女性主義的觀點可以說是在過去十年或十五年來，在諮商的理論與實務中最有進展的領域。在諮商與心理治療裡，性別所扮演的角色一直是許多重要理論與研究的靈感來源。目前的研究已探索了三種領域：諮商與心理治療之女性主義取向的發展；諮商員與案主之性別配對恰當（或不恰當）對於歷程與結果的影響；以及創造只適合女性之獨特經驗的理論模式。本章的目的在於介紹諮商的女性主義取向。首先將敘述這種諮商導向在女性主義之哲學中的根源；接著說明這些觀念如何用來批判現存的主流治療取向。這些批判使人們開始討論女性主義諮商的性質，並探討該取向對於理論、實務、及研究等方面的涵義。

女性主義既是哲學觀也是社會行動

　　女性主義的基本假設是，在絕大多數的文化裡，女人受到有系統的剝削與壓迫。Howell（1981）將這一類事情的狀態描述為「文化對女性的貶抑」；另有人稱為「性別歧視」（sexism）。女性論者曾從多種角度探討性別歧視的問題，批判與分析由男性支配的社會秩序如何創造出來與維持，並創造出敘述與理解女性經驗的語言。最後，並創造出新型態的社會行動與社會制度，其目在於對女性「賦權」。

　　然而，在女性主義寬廣的社會與政治取向中，仍存在著許多分歧的思想流派。Enns（1992）把女性主義中「複雜、重疊、及不固定」的各種觀點區分為四種主要的女性主義傳統：自由取向、文化

取向、激進取向、以及社會主義取向（見表7.1）。自由取向的女性
主義（liberal feminism）可視為「主流的」女性主義傳統，源自女
性參與政權論者（suffragettes）致力於爭取平等的權利與待遇。相
較之下，文化取向的女性主義（cultural feminism）則更加強調認同
與歌頌身為女人的獨特經驗，以及藉由將諸如合作、和諧、接納直
覺與利他主義等肯定生命之價值觀的重要性加以正當化，來提倡社
會的「女性化」（feminization）。激進取向的女性主義（radical femi-
nism）把集點放在有系統地挑戰與男性權力或父權制度、以及社會
生活區隔為男性與女性領域等等有關的結構與信念。最後，社會主
義取向的女性主義（socialist feminism）的核心理念則談到，儘管壓
迫可能受到性別的影響，但其決定因素卻在於更根本的層次上：社
會階級與種族。對於社會主義取向的女性主義論者而言，唯有當生
產與資本的控制以及社會階級的議題能適切地處理時，人類的潛能
才有釋放與成就的一天。這些在女性主義運動下的各個類別已衍生
出不同的目標、方法、以及解答，而且也試圖將它們應用到不同形
式的問題上。

　　很重要而須認清的是，女性主義是個複雜與演化中的思想系統
與社會行動。儘管如此，還是可以找出一組關於自我與社會的核心
信念，是大多數的女性主義取向諮商員廣泛支持的。依照這樣的脈
絡，Llewelyn與Osborne（1983）認為，女性主義治療法奠基在與女
性的社會經驗有關的四項基本假設上：

1 女人持續地處於遵從男人的地位。例如，女人在職場上的權力
　　與地位似乎處於弱勢。Miller（1987）觀察發現，尋求權力的
　　女人比起被動的女人容易被認為是自私、具破壞性、及不溫婉

的女性。

2 女人受到的期望是,要體貼別人的感受,並提供別人情感上的
滋潤,尤其是對男人。

3 女人受到的期望是,要與男人「連結」在一起,因此女性要達
到個體的自主性是困難的。

4 性方面的議題對女人而言是極大的困擾。原因來自社會普遍透
過女性理想化的身體意象來販售商品、女人的性自主威脅到許
多男性、以及女性遭受性暴力的侵犯相當廣泛。

　　可以看出的是,這些陳述列出了女性主義諮商亟待處理的事
項。Llewelyn與Osborne所強調的課題,沒有一項在諸如心理動力、
個人中心、或認知行為取向等諮商中受到強調。女性主義諮商所宣
稱的事項,帶給諮商的是察覺到社會與經濟的現實面、身體的意
義、以及人際關係中的權力,這些在諮商與心理治療的世界裡,都
是獨特的課題。要將這些事項化為行動,女性主義者首要的任務是
進行澄清,顯示在1960年代與1970年代盛行的治療是「如何」與
「為何」不夠好。

女性主義對心理治療之理論與實務的批判

　　對女人而言,心理治療中的事件跟廚房裡的事件頗為類似,因
此過度具象化(objectification)人類的苦難可能會使得認同這
個領域變得不太可能。我們看到許多理論擺出那種姿態,往好
處想是荒謬,往壞處想則是共謀與壓迫。

(Wooley 1994: 324)

表格 7.1 女性主義四大傳統

差別	自由取向的女性主義	文化取向的女性主義	激進取向的女性主義	社會主義取向的女性主義
性別歧視與女性受到壓迫的原因	社會化及性別制約；不合理的偏見	女性特質受到貶抑；陽剛價值觀與父權制度受到過度的稱揚	男性支配；父權制度；男人控制女人的身體	以性別、階級、種族偏見爲基礎的各種壓迫；經濟機構中深植的男性支配情勢
目標	個人自由、尊嚴、自主性、自我實現、以及兩性平等	女性優點重新評價；在社會中注入以合作爲基礎的價值觀	性別關係的改善；女性文化；性自主與生育自主	社會關係與性別關係、以及制度的改善
解決之道	改革；公平機會；由立法來保障權利、教育、理性對談	女性去探索內心的眞相、認同、以及與其他女人之間的關係；文化的「女性化」	成立自主女性社群；分離主義；慶祝女性的成就；文化與靈性的昇華	教育、工作、父母養育子女的方式、經濟結構、性方面包括（生育自由）重新調整建構，以消除男性支配與其他壓迫
關鍵議題	教育改革；肯定行動；生育權	無暴力；和平主義；以關係之價值觀爲基礎的倫理	生育技術、強暴、虐待、戰爭、親密關係、以及色情文學等等對女性施加的暴力	種族／階級／性別的互動關係；貧窮之女性化；比較價值議題；產假／父親假
方法	將平等權交付立法；以立法來打破權力結構；創設無性別歧視的政策	爲女性設立保護法案（例如針對產假）；有組織化的和平努力；與其他女性的合作	集體行動；反暴力組織；透過寫作及有創意的表達方式傳達憤怒；採行在傳統政治結構外的行動主義	集體行動；消除上班與家管的盲點（例如做家事的薪水）；資源重新分配，使有充份的學校、工作、以及孩童照護能顧及所有人

來源：Enns（1992）。

在諮商與心理治療歷史上,幾乎所有的關鍵人物都是男性,而且不論有意或無意,他們均從男性的觀點出發去發展理論。女性學者與執業者付出極大的努力,想重新修改諮商與心理治療的理論與取向,使它們更能與女性的經驗與需求相符。在1960年代,女性主義更形穩固並成為社會變遷的主要力量,更促成其中許多努力的靈感來源。女性主義學者如Simone de Beauvoir、Germaine Greer、Kate Millett與其他受鼓勵的女性心理學家與治療師,均致力於重新檢視這些學科當中已存在的思想。然而,若以為在此之前女性在諮商與心理治療中完全沒有聲音,則是一項誤解。在精神分析運動中,Melanie Klein與Karen Horney曾強調母親在兒童發展的歷程中所扮演的重要角色。其他女性治療師如Laura Perls、Zerka Moreno、與Virginia Axline,則分別對於完形治療法、心理劇、以及案主中心治療法的奠基付出卓著的貢獻,但是相較於她們曾共事的男性,她們受到的注意較少。

心理健康領域裡有各種女性受到壓迫與剝削的例子。豐富的證據突顯了女性案主與患者受到實驗與性虐待的事實(Masson 1984;Showalter 1985)。一項針對女性對心理健康之知覺的研究發現,心理健康工作者認為女性一般而言較神經質,與男性比起來調適能力較差(Broverman *et al.* 1970)。精神疾病與心理健康等專業領域,是諮商與心理治療之知識與機構的供應來源,與社會上其他部門比起來,性別歧視的色彩並沒有比較淡。因此必須認清的是,諮商與心理治療裡出現的父權色彩與性別歧視的態度與事實,不能僅歸因於個別理論家如Freud誤解的概念,大多數心理健康領域視為當然的心態背景也是其中的部分原因。

女性主義諮商與心理治療的發展,包括從女性主義的觀點出

發，對理論的假設重新有力地檢驗，特別是精神分析論的假設。精神分析論中有兩個基本假設尤其倍受關注：陰莖妒羨的概念，以及童年時期「性」的概念。陰莖妒羨的概念是Freud用來說明女孩子的陰柔氣質（femininity）之發展。Freud認為當女孩第一次看到陰莖時，她會「被妒羨感所征服」（Freud 1905）。由於這樣的自卑感，女孩會因此認清：

> 這是她無法同男孩競爭的一點，因此她最好放棄競爭的想法。因此，小女孩由於對生理構造差距的體認，迫使她遠離陽剛特質（masculinity）與男性的手淫，轉向發展為陰柔氣質的新路線。
>
> （Freud 1924: 340）

這些「新路線」（new lines）包括產生動機使外表亮麗來補償沒有陰莖之缺憾，以及因為沒有「去勢焦慮」（castration anxiety）而傾向道德敏感度較不成熟，去勢焦慮對Freud而言是男性道德發展的重要要素。

從當代的角度來看，陰莖妒羨假說似乎顯得不可思議、荒唐、及令人難以接受。然而，Freud的優勢是如此龐大，以至於這些教條在他身後多年仍然持續保有影響精神分析運動的力量（Howell 1981）。一直到Mitchell（1974）的著作中，對於Freud理論的此一面向才有完整的批判。

陰莖妒羨假說可能可以視為Freud學派的理論缺乏對女性的理解，一種設想錯誤的概念，加以評論與修正並不至於威脅到整個理論。儘管如此，女性主義反對Freud理論的其他論點顯得更為顛覆。在精神分析論的較早年代，Freud曾經治療數位女性案主，她們談到

在童年時期發生性侵害的不愉快經驗。Freud並不確定該如何詮釋這些回憶，但是最終達成的結論是這些女患者所陳報的並不曾發生。在他的心中，Freud無法相信那些中產階級、受社會尊敬的男人會做出那樣的行為。因此Freud將這些報告詮釋為「布幕回憶」（screen memories），即創造來隱藏真正發生過的事情之性質的幻想，以渲洩她們自己的性動機。從現代的觀點來看，當愈來愈多的兒童遭受性虐待的事實受到報導，以及受害兒童須面對守密、勾結、與不信任成人等障礙時，古典Freud學派對於此一議題的取向之誤解便益顯嚴重。Masson（1984）是Freud理論的此一面向最主要的批評者之一，她把Freud理論貼上「侵犯真相」的標籤。

隨著時間的流逝，許多女性治療師漸漸同意Taylor（1991: 96）所說的：「詳讀Freud的著作，會發現他徹底否決女人是完整的人。」

在理論方面，在Mitchell（1974）以及Eichenbaum與Orbach（1982）以女性主義的角度重新檢視精神分析論之後，一系列定期發表的出版品對於整合女性主義的原則與心理治療實務（通常是心理動力取向）特別有貢獻。這些理論研究包括，對於以男性為主的取向進行有系統的評論。女性主義對於傳統的性治療（sex therapy）之批評特別放在多數性治療師有「陽具崇拜」的預設立場上（Stock 1988; Tiefer 1988）。Waterhouse（1993）提供一份女性主義者對於個人中心取向輔導性暴力受害者的詳細評論，指出Rogers學派強調個人責任、情感的誠摯表達、以及同理心，但對於女性生活中實際的社交面與政治面卻關注得不夠，詳言之即權力不平衡下受到的影響。Klein（1976）曾指出，評鑑治療成效的方法，並不足以反映女性主義者的價值觀與女性的經驗。

專欄 7.1　最早的女性主義取向心理治療師之一的命運

　　在1904年，Sabina Spielrein，一位來自富裕的猶太家庭、十九歲的俄羅斯女子，被帶離位於Rostov-on-Don的家，到歐洲當時最早的精神醫療中心，蘇黎世的Burgholzi診所看病。當時負責她的案子的醫師是Carl Jung；她成為第一位讓他分析的患者。整個歷程很順利，在1905年她註冊成為蘇黎世大學的醫學院學生。當學生時，她被分配到Jung身旁當助理，協助他進行字詞關聯實驗。當治療持續下去時，她變成他的朋友，而到了1908那年，或許也是他的愛人。在1909年二月，Jung的太太寫信給Spielrein的母親談到這段婚外情，當時正逢Jung試著要做個了結。在1911年，Spielrein完成了她的學業，並搬到維也納與Freud共事，成為維也納精神分析協會（Vienna Psychoanalytic Society）第二位女性會員。Freud顯然利用他分析Spielrein潛意識裡的幻想所獲取的證據去攻擊Jung。Spielrein後來結了婚，在1916年辭去了精神分析的工作，想做些「有益」的事，後來在一間外科診所中工作。第一次世界大戰後，她重返精神分析的實務，專門從事兒童分析並一度與瑞士的發展心理學家Jean Piaget共事。1923年，她回到俄國的莫斯科。於1941年，在她Rostov-on-Don的家鄉，她與兩個女兒以及城裡其他的猶太人，被納粹帶到一間猶太教堂遭受集體射殺。

　　有關Sabina Spielrein的生活記述取自Kerr（1994）所寫的一本書，他認為Spielrein在早年的精神分析運動中扮演重要的角色，亦即她試圖整合Freud學派性欲受到壓抑的概念與Jung學派之集體潛意識的概念。Kerr推測Jung理論中關鍵的生命（anima）概念，可歸為Jung與Spielrein兩人間的討論與書信往來的結果。雖然如此，在看到Kerr的著作之前，

Spielrein的貢獻至多不過是精神分析論歷史上的小小註腳。並且即使在那一本書中,她的故事主要還是被當作重新檢視著名的Freud與Jung之間競爭的媒介。

　　以上是部分女性主義學者對於支配性、男性導向的諮商模式所貢獻的深刻見解。由這些評論衍生出來的是女性主義取向的諮商理論與實務。

女性主義取向諮商的理論與實務

整合主義者取向

　　要建構女性主義取向的諮商理論不是一件輕鬆的工作。或許可以很合理的假設,絕大多數在諮商機構中工作的人,即使受到女性主義的影響,但事實上並無法執行「純」女性主義取向治療法。這些諮商員在實務上應用女性主義模式的地方或許不多。這樣的趨勢反映在當代的女性主義諮商與心理治療之文獻上,其中大多數在性質上屬於折衷與整合性,使用著諮商與心理治療領域裡各種已有的觀念與技術。這個版本的女性主義諮商由暢銷的書籍擁護著,像是Chaplin(1988)以及Worell與Remer(1992)的著作。例如,Worell與Remer鼓勵其讀者,用本章前幾節討論過的一些女性主義原則與概念來詳細檢察他們目前採用的理論,進而發展出「與女性主義相容」的理論模式。實際上,這個取向構成了一種以女性主義主導的

專欄 7.2　關係是危險的，還是安全的？

在1979年，在哈佛大學裡進行的一項研究中，Pollak與Gilligan使用主題統覺測驗（Thematic Apperception Test, TAT）探討男人與女人用以理解生活情境的方式。在TAT裡，受試者被要求以想像的方式針對一系列呈現的圖片刺激寫下故事。其基本假設是，寫故事的人會自動地將他們意識不到的態度與動機「投射」到他們的故事中。在研究裡，接著分析大量的男女學生所寫下的故事，針對他們對於具有危險性或威脅性的情境之知覺的性別差異。危險性或具威脅性是指故事中的情境是否含有暴力的反應要素。其中一幅圖片描繪的是一男一女在長椅上比鄰而坐的景象。在他們的面前有一條河，河上是座矮橋，通往大學建築物的另一邊。另外一幅圖片呈現的是兩位身穿白色實驗衣的女性，其中一位看著另一位拿著試管的女子。整體而論，男人所寫的故事中含暴力的要素是女人的兩倍。不過，大多數男性的暴力故事會針對描繪親密關係場景的圖片，像是那張一男一女坐在長椅上的場景。相較之下，大多數女性的暴力故事則會針對工作成就的場景（例如，在實驗室中兩位女人的場景）。男性典型的「親密關係具危險性」的故事如下：

Jake看著他的生命逐漸在眼前流失。他能感覺到寒冷深深地刺穿他的身體。從他掉進寒冰裡已過了多久時間？三十秒，一分鐘？要不了多久，他就會屈服在二月裡查理斯河寒冷的河水中。他幹嘛要笨得接受室友Sam橫渡這凍斃了的河水之挑戰！他早就知道Sam一直恨他。恨他這麼有錢，更恨他和Sam小時候的女友Mary交往。但Jake卻一直要到現在才確實明白Mary也恨他，並且真正愛著Sam。好了，現在他們倆平靜地坐在河畔的長椅上看著Jake下沉。他們可能很快就會結婚，而且可能還會用Jake的人壽保險理賠金過好日子，因為受益人就是Mary。

女性典型的「成就具危險性」的故事如下：

又一天在實驗室渡過的無聊日子，嚴厲又凶巴巴的Hegstead女士總是在學生背後監視。Hegstead女士已經在Needham高級中學待超過40年，而且每堂化學課都上得一模一樣。她每次都走到Jane身旁跟其他學生說，Jane每次做的實驗都很正確，Jane是班上唯一用功的學生……等等。Hegstead女士大概不太知道Jane正在製造放在她下午茶裡的強力砒霜。

這些故事隱涵的資訊是，男人推測危險會因關係與婚姻而起，女人則視危險藏在成就競爭所造成的孤立中。在這項研究中，使用的第三幅圖片在這些觀點上尤其引人注意。這幅圖片秀出一男一女進行高空盪鞦韆的動作。男人用膝蓋倒吊著，雙手抓著女人的手腕。這是唯一描繪出實際肢體接觸的圖片，也是男性受試者筆下的故事中視為最具威脅性的圖片。最後，大多數女性對高空盪鞦韆圖片所寫下的故事會提到有張安全網，即使圖片中並不存在這樣的網。幾乎沒有男人會想像圖片中有張安全網。Pollak與Gilligan（1982: 166）在報告中提出他們觀察的結論：「女人會編織維持關係的保護網，以避免遭受暴力與傷害。」

整合模式，整體而言具有和整合與折衷取向所有的優缺點（請參考第11章）。

整合的女性主義取向已成功地確認出女性主義諮商實務的目標與特色。例如，許多女性主義開業者也許會同意以下的指導原則（Worell 1981; Worell and Remer 1992），其中建議女性主義取向應當包括：

- 諮商員與案主之間的關係平等，彼此共同分擔責任。例如，在詮釋案主的經驗時需謹慎小心。
- 使用提昇察覺的作法。例如，區辨個人的問題與政治或社會議題。
- 幫助女性探索與表達她們個人的力量。
- 幫助女性找出她們內化的性別角色資訊與信念，並以更能提昇自我的自我對話來取代性別角色的刻板印象，及發展出完整的行為型態，可以自由選擇而不受性別角色之刻板印象的支配。
- 使女性能夠瞭解，個別女性的經驗也同樣會發生在所有女性身上。
- 協助女性接觸尚未表達的怒氣。
- 協助女性脫離她們與男性、家庭、小孩的角色關係來界定自己。
- 鼓勵女性同時能去培育別人與她們自己。
- 促進發展果斷與工作等領域的技能。

女性主義諮商的石心模式

　　Worell與Remer（1992）代表建構女性主義治療法的一種整合主義者取向。試圖建立一組獨創的概念與方法，使不僅彼此一致、可透過訓練來傳播，同時也能成為研究的焦點，則是建立諮商與心理治療的女性主義模式之其他途徑。目前達成這個目標最成功的團體是「石心」（Stone Center）團隊，位於美國麻省劍橋區的Wellesley大學，主要仰賴Miller（1976）、Chodorow（1978）、與Gilligan（1982）等關鍵人物的專業研究。

　　Miller與同事所發展的理論架構,是試圖利用「關聯性」(relat-edness)與「關係中的自我」(self-in-relation)等核心概念(Miller 1976)去理解女性在社會上所體會的不平等與無力感等心理構面。例如,在探討道德推理的性別差異之研究裡,Gilligan(1982)發現,整體而言,男性道德判斷的準則是公平與權利,而女性在衡量道德兩難的困境時,依據的是在關係中的責任感。依照Gilligan(1982)的說法,男性是以「保護分離性」(protects separateness)的方式來看待事物,女性則是以「維持關聯性」(sustains connections)的方式。Gilligan從此一發現繼續延伸下去,認為男人與女人使用不同的方式來建立社會現實(social reality):男人害怕親密,女人害怕孤寂。

　　Miller(1976)、Kaplan(1987)、與石心團隊的其他成員接著探討這項關係觀點對於理解幼兒之發展型態的涵義。她們總結說,男孩與女孩在社會發展方面有根本上的差異。對一個女孩子來說,與主要照顧者(母親)的關係,是一種相互關係(mutuality)。兩者性別相同,兩者都從事或預備從事為人母與養育後代的工作(Chodorow 1978)。對男孩子來說,只有透過逐漸脫離母親與自立,才能完成發展與成熟的境界。因此,男性成年人受到的社會化是成為一種分離、孤立的存在,因此在諮商時需要的協助是瞭解與維持各種關係。相對來說,女性成年人是在關係與關聯性的世界中度過生命的前段時光,因此在諮商時需要的協助是達成自主,並且重要的是,確保她們的關聯性獲得肯定。這些對於女性發展中關係性質的強調,導致重新檢查諮商歷程中的某些要素:同理心、相互性、依賴、與關懷。

　　Jordan(1991)指出,男性主導的治療理論傾向於強調發展

「自我的長處」（ego strength）等目標，並以自己及別人之間強力的界限來定義。相對下，女性主義所提的關係的（relational）自我概念，指人與人之間的相互關聯性。這種維繫有賴於具備感同身受地回應別人的能力，因此，同理心的概念便成為石心取向很重要的中心要素。然而，在這個治療取向中同理心的運用還有很獨特的一點，就是在使用時要同時考慮案主與諮商員的同理心敏感程度。在古典Rogers學派的「核心條件」模式裡（第5章），同理心被認為是諮商員提供的條件之一，可用來促進案主的理解與自我接納。在石心取向的理論中，同理心被認為是女人認識別人與建立關係的根本特徵。因此，案主運用同理心在別人身上，對象也包括諮商員，是本類型的諮商進行探索的關鍵領域之一（Jordan 1997b）。

　　女人通常社會化為照顧別人，以及參與她們付出同理心但卻很難得到同等回饋的關係中。因此相互關係（mutuality）的經驗就成了女性主義的諮商模式尋求檢查的領域之一。誠如Jordan（1991: 96）提到的：「在各為主體的相互關係中……我們不僅可以拓展認識別人的機會，也可以增進對自己的認識。」諮商的主要目標之一是，使案主更能夠以高度的相互關係去參與人際關係。相互關係也在諮商關係中表達，女性主義的諮商員樂於在諮商室中表現「真實」、自我坦露、及主動提供協助。

　　在石心取向中，聯結性（connectedness）的主題，也透過重新評估依賴（dependency）概念而加以應用。在整個諮商與心理治療的文獻中，這項特質一般而言視為個人缺乏適當控制其生活的能力。許多男人覺得依賴別人會威脅到他們的面子（Stiver 1991b）。不過，從女性主義的觀點來看，依賴則是日常生活經驗中的一個基本面向。這個面向之所以被心理健康專業人員以病理的方式分析，

可理解為父權態度支配下的另一例子。為了強調依賴具有提昇生活與建設性的面向，Stiver（1991b: 160）將「依賴」定義如下：

> 一種在生理或心理上依靠別人提供協助，以處理在外在世界遭遇的經驗與任務之歷程，尤其當一個人沒有足夠的技能、自信、精力、或時間去處理時。

她補充，「透過依靠別人協助的歷程，自我的經驗可以提昇」。「健康的」依賴可視為能提供成長與發展的機會。

Stiver（1991a）在討論關懷（care）的概念時，談到了石心取向諮商實務中使用同理心、相互關係、以及健康的依賴等等的一些涵義。對她來說，傳統心理動力取向的諮商與心理治療之原理是要在諮商員與案主間建立一道理性的距離，以促進客觀性（objectivity）。Stiver認為，這實在是一種陽剛的模式，並不適合應用在女人（或某些男人）身上。她指出，諮商員應該表達出樂於關懷案主，樂於「對別人的福祉做情感上的投資」（Stiver 1991a: 265）。

事實上，對於複雜而強力的理論模式而言，這必然是過於簡化的解釋。不管如何，可視為它指出理解女性主義諮商之獨特取向的一條門徑。石心團體援引了心理動力的發展理論以及個人中心對治療關係的理解，但重新以女性主義的觀點來詮釋這兩組思想，因為女性主義的觀點認為心理治療是男性支配下的社會世界之一部分。關係的、連結的自我（relational, connected self）之概念，可以為這些理論領域架起有效的橋樑。石心模式也可以用來分析女性隱藏其能力與憤怒的種種方式（Miller 1991a, b），以及發展女性的憂鬱模式（Stiver and Miller 1997）。這個團體另一個主題是關懷女性在職場上遭遇的問題，在職場環境中，相互關係、同理心、以及照顧的

關係很難維繫。他們近年來的著作則將焦點放在該模式如何應用在弱勢族群與女同性戀者身上（Jordan 1997a）。最後必須注意的是，儘管石心模式來自於特定的諮商員與心理治療師團體之合作，它也反映了許多在其他女性主義治療師的著作中所表達的想法與主題；例如Taylor（1990, 1991, 1995, 1996）的著作。

激進取向的女性主義者治療法

儘管明顯地強調關係，但是石心取向主要關注案主與諸如父母、手足、伴侶、以及工作夥伴等重要親友之人際關係中所環繞的心理歷程。該模式一開始也秉持著心理動力論對母親與子女之關係的想法，不過對於此等關係的動力是以截然不同的角度去理解。Miller、Jordan、與Stiver從研究親密關係開始，然後往外考量社會。相對下，激進的女性主義治療法主要關切女人生活週遭的社會環境與物質環境，即從社會環境開始，然後再考量親密關係的可能性。

Burstow（1992）的著作也許是激進取向女性主義治療法最清晰的說明。當Burstow評論女人在當代社會的經驗時，她所想到最首要的主題就是暴力（violence）。在她的諮商與治療取向中，主要的基礎假設分別是：

1 女人被粗暴地簡化為專為男人存在的身體，接著其身體受到進一步的侵犯。
2 暴力絕對是女人的核心經驗。
3 極端暴力是發生其他暴力的背景下，使其他形式的暴力有其意

專欄 7.3　女性主義諮商中的相互關係

　　在我試著與一位充滿害怕的年輕女案主建立短暫而脆弱的同盟關係之後，她向我透露，因為她對我的認識很少，所以信任我對她來說會產生不舒服的感覺；她又問我，她為什麼必須坦露自己，如果我不願意坦露的話？我問她想知道什麼還不知道的事。那時她沒有答案，但說會想想看。

　　這名案主長久以來心中一直掛懷的，是害怕雙親的去世。這些驚懼，以及其他的壓力源，導致了一種長期、循環性的憂鬱心情。上述事件經過三個禮拜之後，案主問我是不是曾失去過雙親中的一人。我暫緩立即的衝動，也就是要去問她為什麼妳想知道這種事的衝動。經過瞬間的思考之後，我決定回答，而不去問她為什麼想這麼問。我已經知道她的意思。她想聽聽別人從喪親走過來的經驗，以及不僅走過，而且能浴火重生。我告訴她我的答覆：「是啊，我的父母都不在了。」

　　眼淚在她的雙眸流轉，接著她回答，「妳有時一定覺得很孤單吧。」同樣淚流滿面，我回答她，「嗯。不過，我學會了如何哀傷，學會了繼續前進，學會了將重要的其他親友帶進我的生活中。」我們渡過了一段時光，在那一段期間，案主因喪親而造成的孤單感是抹平了，而且她因為能夠同理到我的感受而發現到自己的力量與效度。後來我補充：「而且我還相信，當時候到了，你一定也可以學會了這麼處理。」我們的焦點後來回到她及她的恐懼上。但是，從那一刻開始，我們的同盟關係使治療進度在數星期內有長足的進展，之前好幾個月的進展相當緩慢。

　　我刻意挑選上述的介入，主要依據治療的意圖而不是個人的需求。我允許案主能清楚我的經驗，這接著也使她能透露自己的經驗……除了

給案主機會去體驗相互關係之外，諮商員間歇地運用自我坦露似乎可以提昇女性主義治療法的目標，即案主與治療師在權力這方面盡可能平等。

資料出處：Nelson （1996: 343）。

義，並不可避免地與這些形式的暴力相互影響。

4 所有女人在某些時期都是極端暴力的受害者，或生活在極端暴力的威脅陰影下（Burstow 1992: xv）。

童年性虐待、強暴、以及生理上的虐待，都是女人遭暴力相向的明顯例子。精神治療是較不明顯的例子。憂鬱、自殘、解離／極端區分、以及進食問題，可視為女性回應暴力的形式。

激進女性主義者治療法將女人的社會化理解為，男性支配女性、男人對女人有權力、以及將女人與性劃上等號的歷程。女人對其身體（一種性化的物體）的經驗，因而成為治療中探索的主要課題。MacKinnon（1982: 16-17）解釋了激進女性主義者的觀點：

對女性的性別刻板印象……事實上，充滿『性』的色彩。『纖弱』（vulnerability）指能輕易地進行口頭與實際的性侵犯；『默從』（passivity）指無力抵抗，這是長久以來被培養的軟弱身軀所致；『柔軟』（softness）指易被某種硬物侵襲。『缺乏能力』（incompetence）而尋求協助就如同纖弱尋求庇護一樣，邀請著會變質為性侵犯的擁抱……社會上所謂的女性化（femaleness）指陰柔特質（femininity），表示吸引人，進一步表示能提供給男性性方面的需求。『性別的社會化』（gender socialization）指女性將自己內化為性動物的歷程，為男人而存

在……抗拒或失敗的女人，包括那些本來就不符合的女人（例如那些若表現柔弱與無能就無法生存的黑人與低社會階層的女人），果斷與擁有自尊的女人，具有雄心壯志的女人等等，會被認爲不像女人，較不女性化。

這段話的論點是，女人是性動物的形象與「爲男人而存在」，是女人的性別角色之核心。

這些想法在激進女性主義者治療實務中的應用，可以從Burstow（1992: 44-5）建議諮商員或治療師首度面對新案主時應自問的各種問題看出。例如，Burstow會觀察案主看起來是否疲憊或害怕、化妝、穿高跟鞋或緊身裝、或太過纖瘦。這些問題可以獲得案主受到壓抑的程度等資訊。例如，案主搽脣膏、睫毛膏、穿高跟鞋與緊身裝，則可視爲明顯「性化」（sexualized）。激進女性主義治療法的目標在於，幫助案主找出她受壓迫的方式，並且賦予對方足以產生變化的力量。通常，鼓勵案主去追尋的變化歷程可能包括參加不同形式的社群活動，變得更「認同女人」。

身爲異端的治療師：女性主義者倫理的需要

女性主義者諮商或心理治療的實務涉及業者不僅要站在治療的角度，同時也要兼顧一套價值觀與政治立場。即使像石心團隊這種似乎較傾向文化取向女性主義，而不是激進取向或社會主義者取向女性主義，還是有清晰的價值觀和政治要素在內（Enns 1992）。這種趨勢使多數的女性主義諮商員高度重視自工作中衍生的道德兩難問題。這些問題有許多來源：

- 對女性主義的批判曾指控實務從業人員濫用治療關係，提倡女性主義意識型態，或爲了女性主義組織招募成員。
- 女性主義的政治面向使女人察覺到一般性的權力不平等，特別是長久以來案主與諮商員之關係的權力差距。
- 女性主義諮商員與和她們的案主可能來自相對少數、志趣相投的社群，這種雙重關係更可能具有潛在的破壞性。
- 女人利用直覺與感覺就如同利用邏輯分析一樣來進行道德判斷，並且會考慮道德行動對關係的影響。因此，以男性觀點形成的道德準則與指引往往不全然適合女性主義治療實務。
- 女性主義者諮商理論所強調的相互關係，以及諮商員與案主之間真誠、透明化的關係，在某些情況可能導致治療的界限不清楚。

　　這些因素勾勒出女性主義諮商實務與主流取向之間顯著的差異，並且也刺激了許多論爭的文獻。

　　重要而須注意的是，女性主義諮商與心理治療方法大多是在獨立於主流組織與研究機構外發展的。對許多女性主義者而言，專業權力與權威的辦公大樓所代表的是要推翻與反對的父權結構。誠如Wooley（1994: 320-1）寫道，身爲女性主義諮商從業人員的經驗可能類似「異端」（outlaw）：

　　我們有許多最根本的價值觀與感受，和事情「本來應該如何如何」的方式不太一樣……大多數的女性諮商員對於她們靜靜地、通常也是秘密地背離正統心理治療的訓練與要求，會感到憂心。

　　正如Taylor（1995: 109）寫道：「身爲心理治療師，我從事的的工作已經到達了無法背離我的女性案主及繼續裝聾作啞的地步」，她表達出相同的感覺。就是這份不願意「背離」的想法，構成了女性主義諮商倫理的困境。

　　女性主義諮商員與心理治療師以兩種方式論述這些倫理上的議題。第一，大量的女性主義諮商在「集體的」女性主義組織中進行，像女性的治療中心或性侵害危機中心。一般而言，這些組織的會員對於與女性主義諮商實務相關的倫理兩難處境相當瞭解，並且設計出有效的機制來檢視其機構在這一類議題方面的運作情形。第二，一直都有人嘗試去創造一套女性主義諮商的倫理準則。下列清單取自美國科羅拉多州丹佛（Denver）的女性主義治療研究所（Feminist Therapy Institute）的倫理指南（Rave and Larsen 1995: 40-1）：

- 女性主義治療師可藉由有彈性的協助……使各種案主受益。女性主義治療師在適當的情況下，應協助案主獲得其他服務的協助。
- 女性主義治療師向案主坦露將能促進治療歷程。治療師應負責基於考量案主的利益而使用自我坦露。
- 女性主義治療師會積極參與她所屬的治療社群。因此，對於保密原則特別敏感。確認案主關注的事物及其整體的福祉最爲重要，她會自我監控其公開與私下的陳述與評論。
- 女性主義治療師會積極質疑在她的治療社群中對案主或治療師不當的實務，必要時則介入。
- 女性主義治療師應尋求以多種途徑去影響改變，包括民眾的教

育、在專業組織內提倡、遊說立法、及進行其他適當的活動。

這些指南補充了專業協會發佈的專業倫理規範（參考第14章）。後者主要集中於直接輔導案主的倫理涵義，以及治療對案主的家人或其他重要他人的影響。相對而言，女性主義者的規範強調諮商員要記住她們更廣泛的社會責任與角色。

結論：女性主義諮商中的議題

女性主義諮商是最近幾年才加入治療行列的取向。女性主義諮商與心理治療在過去十年間的進展相當令人讚嘆，特別是她們的激進觀點在任何男性支配的大學、訓練機構裡嗅不到一絲氣息。極大量的新觀念與方法、書籍、專業期刊（（《Women and Therapy》）如雨後春筍般出現，並將女性主義取向應用到不同的案主團體身上。當然，許多受這些觀念與原則影響的諮商員不一定會明白地標示自己為女性主義取向。女性主義的開業者是這次運動的先驅，使諮商更有社會意識與更容易取得。女性主義的理論提供了哲學、歷史、以及社會的觀點，使女性主義諮商超越了純心理、個體化的觀點。在這同時，女性主義諮商與心理治療的相關研究似乎相當稀少，至少就傳統的研究成果來看。這部分可能要歸因於女性主義論者批評主流「實證論者」（positivist）的研究設計所造成的影響。當然，也歸因於取得這一類研究的贊助金有其困難之處。但是，就長期來看，缺乏研究證據的支持，可能會產生一些機構排斥女性主義治療法，例如健康機構漸漸的只會支持「有研究為基礎」的取向。

本章一開始檢視女性主義內部，即自由、文化、激進、以及社

會主義這四種取向在哲學／政治方面立場的差異。另外也有一些其他的論爭，針對西方女性主義和其他文化的女性之間的關聯，以及從女性主義的觀點來看老年人與殘障者所代表的意義。有些女同性戀學者，如Kitzinger與Perkins（1993）強力地聲稱，任何形式的治療都會分散政治與社群活動。不過這些論爭都被視為女性主義傳統的活力象徵。

本章摘要

- 女性主義的諮商取向之影響力在近幾年來已逐漸增加且益形重要；女性主義諮商嘗試將政治與社會議題，以有意義的方式整合到諮商中。

- 定義女性主義諮商並不容易，因為要定義女性主義本身就很困難。四種主要的女性主義傳統可以界定為：自由取向（liberal）、文化取向（cultural）、激進取向（radical）、以及社會主義取向（socialist）。

- 在許多早期激發女性主義思潮的理論家之著作裡，包括了對男性支配的傳統心理學與心理治療理論之批判。

- 在當代的女性主義諮商中，可以區辨出許多獨特的取向。

- 整合取向利用相當多不同種類的諮商技巧，但仍依照女性主義的原則來篩選這些方法與技術。

- 石心模式以心理動力理論為基礎，但對於相互關係、關懷、同理心等概念有更多的強調。

- 激進取向的女性主義實務最重視克服社會上的壓迫，尤其是那些以暴力對待女人的方式。

- 和女性主義有關的哲學與政治立場，導致了女性主義倫理的發展。

- 女性主義諮商一直都存在著激烈的論爭。例如，有些激進的女同性戀學者認為，任何形式的治療都會分散政治與社群活動。另有些學者則認為，女性主義諮商所反映的大部份是白人中產階級女性的經驗，並不足以代表黑人女性的真實狀況。

- 雖然許多女性諮商員會稱她們受到了女性主義觀念的影響，但這門取向卻缺乏訓練課程或其他支援系統能提供給追隨者。

討論問題

1 您會將自己定位在四種女性主義取向的哪一種（自由、文化、激進、與社會主義）？這對於您擔任諮商員的實務有何涵義？

2 女性主義諮商對於已經抱持女性主義信念的女性合適或有幫助到何種程度？女性主義諮商的存在真的代表已經轉換到女性主義的思考方式了嗎？

3 男性諮商員在哪些方面會受到女性主義取向的影響？一位男性諮商員自稱是女性主義諮商員，這是否可以理解？

4 從女性主義價值觀的立場來看，您如何去進行評鑑女性主義諮商的效果？您的研究與別人（主要由男性進行）對其他諮商取向所做的研究有何不同？

5 一些女性主義治療師，例如Burstow（本章）或Holland（第13章），強烈抨擊精神治療透過藥物治療、強迫就醫、以及電擊等介入方式壓迫女性。女性主義是否應排斥與精神治療有關聯的任何事物？應該有哪些方式可以和精神醫療專業建立建設性的關係？

6 女性主義的倫理指南中有可以引用到諮商的一般性倫理準則上嗎？

7 身體的概念是許多女性主義理論的核心。例如，女人的身體是性化的物體（sexual objects），或可能是進食問題的所在或自殘的部位。諮商實務將焦點放在身體上具有哪些涵義？

8 試討論Brown（1990: 3）以下這段陳述：「女性主義理論與女性主義的治療理論都是由白人女性所發展以及以白人女性為基礎來發展。目前，女性主義治療理論所反映的現實既不分歧也不複雜。從一開始它就不能充分地包括不同膚色的女性、貧窮或藍領階級的女性、非北美洲女性、超過六十五歲的女性、或身體殘障的女性之真實面……看起來（這些）女性的生活……好像太陌生而令人難以理解，而且就距離而言也因為太遠了而難以囊括到女性主義的治療理論中。」

關鍵詞彙與概念

care	照顧、關懷
consciousness-raising	增進自我意識感
cultural feminism	文化取向女性主義

dependency	依賴
egalitarian relationship	平等關係
gender	性別
liberal feminism	自由取向女性主義
mutuality	相互關係
oppression	壓迫
radical feminism	激進取向女性主義
relatedness	關聯性
relational perspective	關係的觀點
sexism	性別歧視
sexualization	性化
socialist feminism	社會主義者取向女性主義
Stone Center	石心團隊
violence	暴力

建議書目

在許多方面開展了女性和諮商的領域之經典著作是《Women and Mental Health》，由Howell與Bayes（1981）所編。有兩本由石心團隊出的書籍，《Women＇s Growth in Connection》（Jordan *et al.* 1991）及《Women＇s Growth in Diversity》（Jordan 1997a），內容陳述已應用到許多問題與案主團體身上的女性主義諮商實務模式，剖析有力、條理分明。

Burstow（1992）的著作和Kitzinger與Perkins（1993）的著作指

出女性主義實務（或反實務）的一種形式，更富政治色彩，但
以女性主義的傳統爲依歸。

期刊《Women and Therapy》也同樣值得一讀，因爲囊括了女
性主義的研究與學術成就。

8 敘事取向：
處理故事

前言

　　諮商與科學的關係是貫穿本書的主題之一。第二章討論了諮商以無宗教色彩、有科學基礎的形式出現,用來取代宗教「靈療」實務的情形。前面幾章介紹了幾種不同的諮商理論與模式,很清楚的,有些取向,特別是認知行為取向,非常強調其觀念與方法具有科學的效度。本章將介紹的諮商取向在立場上與科學性的思考有些不同。心理學家Jerome Bruner(1990)認為,有兩種相當不一樣的方法可以用來認識(knowing)世界。一種是他稱為「典範式」(paradigmatic)的認識,也就是創造出描述真實現象的抽象模式;另外一種是「敘事式」(narrative)的認識,主要的基礎是透過說故事的方式使世界有合理的解釋。Bruner認為,日常生活中到處都有故事。我們無時無刻都在對彼此訴說著故事。我們藉由故事來組織、儲存、與傳達我們的經驗。我們生活在充滿故事的文化中:神話、小說、電視連續劇、辦公室的閒言閒語、家族的歷史……等等。然而,Bruner指出,一直到最近,整個社會科學與心理學才逐漸增加故事所佔的比重。社會學家與心理學家一直致力於建構對這個世界的科學性的典範模式。心理學實驗的研究對象、社會學調查報告中的資訊提供者、或諮商與心理治療晤談時的當事人,這些人所說的故事也許受到聆聽,但會轉化成抽象的分類、概念、或變項,故事的原貌則大多遭到忽略。對Bruner而言,對這個世界真正的認識來自於科學性的抽象形式與日常故事之間的交互作用。他建議,我們應該更嚴肅地看待故事。

　　Bruner與另外一些關鍵人物的著作,後來在心理學界成為有名的「敘事的轉向」(narrative turn)(Sarbin 1986; Howard 1991),激

發了人們對於敘事體的興趣遽增，並且在諮商與心理治療的領域裡以新興的「敘事取向」（narrative approach）出現（McLeod 1996c, 1997）。本章的目標在於介紹此一快速茁壯的取向中的一些關鍵概念與方法。

瞭解敘事的各種方式

敘事體（narrative）已經成爲一個極受歡迎的主題。如今已有大量的敘事文獻，由人類學家、社會學家、歷史學家、以及語言學家、文化研究與文學評論家，以及心理學家與治療師所撰寫。這反映出敘事體的普遍性：故事無所不在。而且，這也部分反映了當前我們處的後現代時代中一個重要面向。大多數的人居住在工業化、科學化、群居的社會裡，受到現代性（modernity）的支配：相信進步，相信理性，相信科學。許多人認爲，我們正朝著後現代時代（postmodern era）前進（Lyon 1994），過去所確定的事物已然動搖，再也難以信仰「偉大的理論」（grand theories）或思想的系統，諸如馬克思主義、科學、或精神分析論。有人認爲，在這個後現代世界裡還留存的，是我們告訴彼此的故事。我們擁抱局部的事實或局部的知識，而不是涵蓋一切的意識型態。我們住在一個多元文化的世界裡，這鼓勵著我們去欣賞地球社群中各式各樣不同的故事。多元文化也提醒大眾，所謂的「偉大的故事」一直都被用來消弭弱勢族群的聲音，那些不能融入主流的聲音。

有些原因可以解釋爲何敘事文獻如此龐大而複雜、而且可能會令人困惑。例如，對於「敘事」（narrative）與「故事」（story）很可能就有許多不同的定義。就本章的目的來說，故事可以解釋爲過

去事件的說明，其組織的方式是有開頭、中間段落、與結尾，傳達著某個人或團體所進行的有意圖的行動。因此故事不同於單純的事件紀錄。一個結構良好的故事會有戲劇的要素，含有懸疑、情感、以及說故事的人和劇中人兩者的人格在內。故事通常也會有某種評價的要素與「道德規範」的色彩。說故事是為了要「指出一項論點」。相對而言，敘事體是個總括性的詞彙，指創造來說明已發生的事情之一般性歷程。一段敘事可能包括數個分開的故事，但也可能包括對這些故事的評論、關聯性段落、及解釋。當事人在諮商晤談中所說的一切可以視為他（她）的「敘事」，可能會在一個鐘頭的時間內提到大約三到四個分開的「故事」。

　　敘事的概念在諮商與心理治療中被各種取向運用的方式相當不同。關於「敘事導向」（narrative-oriented）治療模式的演進，有三條相當不一樣的發展路線。與這個領域最有關聯的三種理論導向是心理動力論、建構論、以及社會建構論（McLeod 1997）。本章其餘的大部分會集中在敘事的社會建構取向所做的貢獻，因為該取向是應用敘事概念最完整的取向。不過，在我們更完整地探討之前，先簡短地回顧心理動力論與認知／建構論諮商員與治療師看待故事與敘事的方式。

以心理動力論處理敘事

　　精神分析和心理動力論治療師與諮商員對敘事體表現出極大的興趣，並且透過兩種方式來看待這種現象。第一，案主所訴說的故事傳達著他與別人建立關係的習慣。第二，視治療師的角色是，協助當事人找到另一種更令人滿意的方式來訴說其生活故事。

在這些當中的第一項課題是，當事人的故事可作為其人際關係中重複發生的衝突型態之資訊來源。Strupp與Binder（1984）、以及Luborsky與Crits-Christoph（1990）已對此進行探討。雖然Strupp與Luborsky對此一主題採取類似的研究方法，不過位於美國賓州大學的Luborsky研究團隊之成果較有名且觸及的面向更廣。這些研究的結果可參閱由Luborsky與Crits-Christoph（1990）合著的書，而Luborsky等人（1992, 1994）也曾針對他們所做的研究及其臨床上的涵義，編纂一本極佳的短篇評論。

Luborsky團隊觀察到，雖然案主在治療時所說的故事涉及許多不同的人物（例如配偶／同伴、家人、朋友、以及治療師）和他們之間的關係，卻還是可能偵測得到貫穿所有（或大部分）故事的主題與衝突。Luborsky稱之為衝突關係的核心主題（core conflictual relationship theme, CCRT）。此外，Luborsky還認為，這些故事是以特殊的形式加以組織，其中有三種結構性要素。故事表達出當事人對別人的希望、別人的反應、最後是自己的反應。這個模式使得案主所說的令人摸不著頭緒又龐雜的故事之意義，能以較簡單的形式加以摘要。專欄8.1提供一則CCRT的分析案例。一般而言，案主最常述說的希望是「能與人親近，獲得接納」，「被人愛與瞭解」，以及「肯定自己，表現獨立」。別人最常見的反應有「拒絕、反對」及「掌控」，而自己最常有的反應則是「失望、沮喪」、「不被接納」、以及「無助」（Luborsky *et al.* 1994）。在他們的研究報告中，Luborsky與同事發現案主平均會在一個晤談中講四個小故事，往往是過去兩週內發生的事情，而且別人與自己的反應約有百分之八十是明顯負面的，但隨著治療的進行，反應就變得較正面。

Luborsky與同事所做的研究，已建立起以CCRT為分析治療歷

專欄 8.1　衝突關係的核心主題之分析：Smithfield小姐的案例

　　爲了示範CCRT法的應用，Luborsky等人（1994）發表了他們對一位年輕的女子，Smithfield小姐，在治療前晤談時所說的故事中表達的衝突關係主題之分析報告。案主一部分的故事例子如下：

故事一

　　我在大學快畢業前遇見他。我留在大學裡的時間比預定的時程還要久，但是我們就是在雅加達的大學裡認識，一切是那麼完美，一拍即合。我們兩人在政治上有相同的想法，情感上我們有類似的個性，而文化上我們彼此因風土民情的差異而爲對方所著迷……所以我們利用我畢業前剩遺的時光交往……我們結了婚，不久之後，我來到這個國家（美國）。我們原來計畫的是等他完成他的論文……就到美國一直等我畢業，然後我們可能會一起回去……但他在我回去之後六個月竟消失了……事實上我不太確定他是怎麼了……沒有人知道他怎麼了……我不清楚……我想，對我來說不知道比較好。他消失一年後，我開始下決心要盡我所能好好地過我自己的生活。

故事二

　　我被強暴過五次。四次發生在過去的短短幾年間，全都是熟人強暴。不管就哪一方面來說，我以爲我認識他們，但從此我不敢再信任他

們……其中的一次強暴……發生在印尼。那個男人是我在遇見我先生前交往的對象，後來我和他分手了……但是他在我生病時仍願意幫我紓困，所以我去邦都（Bandung）治病，那時候的我非常虛弱，而他則期望能因照顧我而獲得性交的權利，但是我太過虛弱而絲毫沒有反抗的能力……他強迫我順從他的意思去做……他也和另一個有性病的女人做過……他故意把性病傳染給我，因為他惱我同他分手。

故事三

我曾是「學校的代罪羔羊」，曾逃過學，也被欺負過……我的父母都是高知識份子……他們是好人，現在我和他們的關係也逐漸好轉……壓力比較少，現在的壓力已經輕多了……他們不曾為我設定很明確的目標，但是他們希望我能成功……我是指他們逼我練音樂，因為以前我是個很有天份的雙簧管演奏者……他們給我協助與支援……他們也會強迫我每天練習一個半小時，或用另外一些方式強迫我繼續練習……我很想到外頭去玩，到樹林裡和朋友一起奔跑，和我當時的朋友們一起玩。

分析

根據以上的故事，還有案主在冗長而詳細的晤談時所說的其他一些故事，Luborsky等人（1994: 178）做成CCRT的分析：

我希望抗拒支配，希望沒有人強迫我順從或受到壓制。但是別人就是會支配、控制、與壓制我的自由。所以我覺得受人支配、必須順從、無助、是犧牲者。

他們認為在這關係型態背後，可能隱含著一股較意識不到的慾望，是去順從別人、被人控制的慾望。這種希望可能源自童年的經驗；例如環繞著與母親分離的經驗。對Smithfield小姐的敘事加以分析顯示了CCRT取向如何將敘事從龐雜的脈絡中加以剝絲抽繭，並嚴密地將焦點集中在情感上與幼年非常基本的客體關係有關聯的核心主題上。值得注意的是，CCRT方法傾向於強調故事的衝突（conflictual）面向，相對下，White與Epston（1990）的方法則著重在故事所傳遞有關個人的正面與提昇生活之能力。

程的單元之重要性。儘管如此，他們的模式對實務方面也有許多涵義。Luborsky的首要目標在於提供給治療師一種直接而容易上手的方法，可用以做出詮釋與分析移情作用。他們指出（Luborsky and Crits-Christoph 1990），詮釋若精確地以CCRT要素為基礎，在促進洞察方面格外有效，然而整體而言，以這種技術來評鑑治療師的詮釋之正確性偏低，而且當事人和治療師的關係（移情作用）往往與當事人在故事中與別人關聯的CCRT模式相符。因此，CCRT模式是提昇心理動力諮商之成效的實用方法，透過運用此種概念工具，諮商員與心理治療師能增進詮釋的精確性。

對於瞭解敘事在治療中所扮演的角色，其他的一些精神分析理論家也有重要的貢獻。Spence（1982）曾主張應區隔「敘事真實」（narrative truth）與「歷史真實」（historical truth）的分別。儘管Freud與一些早期精神分析理論家相信，自由聯想與夢境分析是兒童時期實際發生的衝突之隱埋證據，Spence卻指出，要以客觀的角度分辨這些童年時期的事件是否曾經發生，幾乎不太可能。他建議，

治療師要做的是幫助案主達到一種敘事真實（narrative truth），一種合理的故事，而且充分地與可觸及的歷史資料吻合。Schafer（1992）是另一位重視敘事且重要的精神分析論者，他認為治療師經過一段時間之後所做的詮釋，實則是以精神分析的敘事形式「再說一遍」案主的故事。最終，案主會以精神分析師的詮釋來看待自己的生活。Schafer主張，以類似的方式，尋求個人中心諮商的案主會以Rogers學派的敘事方式來解釋自己的生活，尋求認知行為取向的案主則是以認知行為取向的故事。最後，McAdams（1985, 1993）曾探討過底層或潛意識的敘事結構，例如過去人們用來描述其整體生活之外貌的神話。

精神分析或心理動力傳統對於敘事在治療中扮演的角色，已經產生許多有力與可運用的概念。不過，對於心理動力取向的學者與開業者來說，對敘事的興趣僅視之為業務上用以探究潛意識素材、詮釋移情作用等等的附加方式。Luborsky、Schafer等人的目標不在於開創出敘事治療法，而是有敘事風味的心理動力治療法。

認知／構成取向與敘事

第四章介紹過的建構取向，已經跟敘事的使用在諮商與心理治療領域的進展產生許多重要的聯繫。建構論治療法的基本目的是要探究人們在生活中建構意義的方式。他們認為，這些意義由認知基模組成，人們訴說的故事則反映了詮釋現實的認知基模背後的結構。依循著在認知行為取向中的根，建構論相當傾向於積極處理故事，以及採取在有限的時間內導致改變的技術。建構論的敘事諮商中有兩個面向特別重要：辨認衝突性故事及隱喻的使用。

　　Russell的著作對於吸引人們注意認知衝突在治療性改變中的角色，一直有著影響力（Russell and van den Broek 1992; Russell *et al.* 1993）。Russell主張，從事治療時，案主大部分會訴說關於同一情境或同樣一段關係的好幾種不同的故事。例如，案主可能常稱自己在處理工作壓力方面的無力感，不過偶爾會不經意地透漏某件他如何順利處理工作要求而無壓力的故事。Russell認為，就這一點來看，案主可視為對於同一組事件啓動了兩種相當不同的基模。而且，正如Piaget與其他發展心理學家的發現，兒童的認知發展來自必須整合互相競爭的基模，因此在治療師的協助下，案主若能反省這兩種故事間的差異性，將可以有更高層次的瞭解。現在再回到備感工作壓力的案例，案主可能變得能夠去建構「更高階」的故事，包括「工作時感受到壓力」與「工作時沒有壓力」這兩種故事。順著「當我確定了我尋求著我所需要的支援與協助時，就可以避免使壓力變得更大」這條路線行進的故事，或許就囊括上面那兩個故事，並且可做為未來能因應更好的指引。在新故事的背後有個潛藏的新基模，其特色可能是認定自己值得旁人協助，與過去認定自己不值得旁人協助的基模不同。

　　這個理論的另一版本是de Shazer（1985）的解決辦法導向（solution-focused）治療法。在這種取向中，較少去注意與對照對於相同事件的不同敍事，而是邀請案主純然地講述解決辦法或產生正面結果方面的故事，並且利用這些故事來學習他們如何在生活中完成其目標。在某些方面，此一取向似乎是以某種行為主義的版本在運作，即案主「正面」的行為受到獎賞，「負面」的行為則受到忽略，並因而消失。當然，幾乎未花時間在檢驗問題故事與解決辦法故事間的任何衝突上。然而，在結束時，對案主的影響很可能與

Russell的說法相同。治療師鍥而不捨地追尋解決辦法，這會使案主產生一種認知危機，發現到他們的問題故事或說法不再站得住腳。危機發生後的影響是，案主會渴望找到另外一種故事來傾訴。

建構取向諮商對隱喻的運用，在第4章已經探討過。Goncalves（1995: 158）提出敘事版的建構模式，將目標訂為賦予案主使用敘事技術的能力，以「培養出自己對自己的生活持續扮演主角與編劇者的意識」。在Goncalves的研究中，特別令人印象深刻的是，他一直致力於將不一致（incongruity）與衝突（conflict）導入案主建構世界的方式中。他會一而再、再而三地邀請案主以不同的方式一再訴說關鍵事件的故事，包括：客觀的方式、主觀的方式、隱喻的方式。Goncalves（1995）的建構敘事治療模式帶著案主經歷五階段的療程。

第一階段－回想敘事（*recalling narratives*）。找出重大生活事件的回憶，此時會利用引導式的想像練習來協助回憶；指定家庭作業，包括寫下生活中每年的主要故事；檢視所有的生活故事，以選擇一個「原型」（prototype）的敘事。

第二階段－使敘事客觀化（*objectifying narratives*）。以「引領讀者進入本文」的方式，再講述一遍重要的敘事。例如，透過感官線索（視覺、聽覺、嗅覺、觸覺），以引起更強烈的注意。藉著蒐集可做為佐證的文件與加工品（如相片、音樂、信件），使故事能夠更「客觀化」。

第三階段－使敘事主觀化（*subjectifying narratives*）。這個階段的目標是要增加案主察覺對上述敘事的內心經

驗。這一類練習用在治療師啓動案主去回想重要
的故事，然後經由指示，如「使自己專注在你現
在正在體驗的一切上就夠了」，要求案主專注在對
事件的內心經驗上。

第四階段－使敘事隱喻化（*metaphorizing narratives*）。訓練案
主產生與故事有關的隱喻聯想，進而探索這些意
象在生活中的根源。

第五階段－使敘事投射化（*projecting narratives*）。案主參考
文學與藝術當中的素材，練習建構不一樣的隱
喻。這些新根源的隱喻在晤談時進行練習，然後
在日常生活中加以運用。

該取向運用的實例見專欄 8.2。

Goncalves（1993, 1994, 1995）的研究是其他會處理敘事與隱
喻的建構取向之代表。治療師或諮商員採取主動的角色，建議練習
並鼓勵思考新的、替代性的故事與意象。在引導下，案主會去接觸
和故事有直接經驗關聯的佐證物。目標是要去實驗與故事有關的情
緒及身體的感覺，因爲特定、鉅細靡遺的敘事比對事件做模糊而概
括化的解釋，會產生較多導致改變的可能性。焦點在於在個體的層
次上所發生的改變歷程，目標在於促進個人在理解世界、思考、察
覺、以及感覺方式等方面的改變。

社會建構的敘事治療法

社會建構論主要是一種哲學立場，認爲個人的經驗與意義並不
僅由個體創造出來（建構論者的立場），而且深崁在文化中，受到文

專欄 8.2 建構新的生活隱喻

　　建構敘事治療法的歷程詳細描述於Goncalves（1993）所發表的一件案例。該名案主，Fernando，是一名二十三歲的單身大學生。雖然他最初想研習天文學，但是卻沒有被該系接受，所以現在只好改唸計算機科學。大一時，他並沒有通過學校的學科測驗，因此覺得頹喪無用，並懷疑自己的能力。儘管他成功地在一所學校找到代課老師的工作，卻不欣賞這個角色。他是家裡五個孩子的老大。他描述母親的特色是能接納別人，父親則冷淡而疏遠，總是沉浸在自己的工作裡。雙親都期望Fernando能在唸書方面獲得成功。他覺得自己「已經是個二十三歲的人了，卻完全無法覺得自己的人生有何意義」。

　　在治療的早期階段，Fernando被鼓勵去回想他生活中任何一段時期最重要的回憶。他想起一個似乎對他格外重要的故事：

　　上大學的第一天，發生了一件絕對使我難忘的特殊事件。教室的門是打開的，教授一句話也不說，焦躁地在教室兩側來回踱步十分鐘。所有人都在猜測接下來會發生什麼事。突然，教授關上門，一個接一個開始質問學生為何選擇計算機科學當作主修，還有他們的平均成績如何，同時指出，如果他們不是以這門學科作為主修的第一選擇或平均成績太低的話，他們應該立刻放棄。

（Goncalves 1993: 144）

　　就Fernando的生活經驗來看，不難想像為何這個故事會令他產生共鳴。

　　治療的下一個階段要Fernando盡可能詳細地重新體驗故事中的事件。例如，故事中當教授走近他詢問平均成績的那個時刻，他以下面這段話重新把故事說一遍：「當我看到教授向我走來，我的背脊發涼……

害怕又驚慌……每個人都想看我嚇呆了的樣子……我一定是個完完全全
的垃圾。」（Goncalves 1993: 151）

順著這個階段下來，Fernando被訓練以隱喻的方式去思考，並產生
一些與他的故事有關的隱喻。他最後想到的隱喻是「一個奉承、逃避的
演員」。他評論這不僅是這教授故事的「理想劇名」，也代表著「我的生
活故事……我的劇本」。

治療的最終階段是要發展替代性的各種隱喻，進而在日常生活中應
用這些新意象。一開始，Fernando花了一些時間從「奉承逃避的演員」
的生活隱喻中解放出來，並嘗試各種新的自我意象。終於，這些嘗試塑
造了一個全新的核心隱喻。Goncalves（1993: 158）描述這個階段的治療
如下：

> 當建構他的原型敘事的替代隱喻的時刻來臨時，他想到一個有趣的結構
> 性隱喻─私家偵探。事實上，他對社交性線索過度敏感，使他具備良好
> 的觀察與抽離自己（decentring）之技能。Sherlock Holmes確實是他過去
> 所讀的偵探書中最喜愛的角色之一。

Fernando與治療師在剩下來的治療中，把上述對於自己的新體認應
用到各種生活情境中。

化的形塑。人類是群聚性的動物。個人的認同（身分）決定於文化
的歷史、個人在社會中的位置、以及個體可取用的語意資源。社會
建構主義主要與Gergen（1985, 1994）的著作有關，雖然事實上它更
準確地被認為是哲學、人文、以及社會科學內寬廣的運動。從社會
建構的觀點來看，敘事體代表個體的經驗與文化系統之間必要的橋

樑。我們一出生就在故事的世界裡。文化的結構是圍繞著神話、傳奇、家族傳說、以及其他遠從我們出生之前就存在，而在我們死後仍會繼續長久流傳的故事。我們藉著與這些故事當中的一部分結合，「生活於」故事裡，來建構個人的認同。

應用到治療上，社會建構主義並不尋找心理歷程產生變化的解答。的確，就社會建構主義者的立場，存在著內在心理真實（inner psychological reality）的整個概念是需要質疑的。「真實、核心的自我」之觀念不是固定的真理，而是浪漫敘事的一部分，是西方社會的人們告訴他們自己，作為一個人所代表的意義是什麼（Gergen 1991）。因而，社會建構治療師會去探討文化或社群中發生什麼，以及有問題的人（或案主）和其社群間的關係。

社會建構的敘事諮商或治療法主要的啟發來自Michael White與David Epston的著作。或許因為他們住在澳洲（White）及紐西蘭（Epston），他們能夠發展出與主流治療法徹底不同的取向。雖然他們一開始所接受的訓練與背景是家族治療法，但是他們的概念能夠用來輔導個人、夫妻、以及團體。隨著他們出版第一本主要著作，《Narrative Means to Therapeutic Ends》（1990年出版），之後他們的取向獲得Parry與Doan（1994）以及Monk等人（1996）的迴響而寫出更深入的著作。

社會建構敘事治療法的關鍵概念可摘要如下：

- 人們生活在支配性敘事（dominant narrative）或對文化與家族的知識中。
- 有時候，在支配性敘事與個人實際的生活經驗之間會出現重大的不協調，或支配性敘事會建構出一種使人貧乏或屈服的生

活。

- 治療師的主要課題之一是，協助案主將問題外部化（external-ize），視之為存在於他們身外的故事。

- 治療師也應致力於解構（deconstructing）支配性敘事，降低它對個人的束縛。

- 治療師的另一項任務涉及協助案主找出獨特的結局（unique outcomes）或「靈光乍現的時刻」（sparkling moments）─能逃離支配性敘事之掌握的時刻。

- 治療師採取一無所知（not-knowing）的立場：案主是其故事的專家，並且知道如何加以改變（Anderson and Goolishian 1992; Hoffman 1992）；治療完成後，案主被反過來邀請成為「顧問」，可以將其所知分享給未來的案主。

- 治療的中心目標是要協助人們重新創作（re-author）他們的故事，而且要在他們的社群內執行這些故事。

- 治療的另一個目標是協助人們完成生命中重要的轉折點。

- 雖然治療大部分以對話與交談為基礎，但書面的交流也可以運用，如信件與憑證，因為這些可以使案主的新故事有一個長久而「權威」的版本。

- 可能的話，諸如支援團體或家族網絡等文化資源，會加進來協助個案鞏固與生活在新創的故事中，並且做為支持性的觀眾。

　　上述的許多特點可在Rose（專欄 8.3）的案例中看到。從這裡可以看出，這一類敘事治療法的療程似乎相當短，治療師主動的程度很高。治療師很明顯會是溫暖與肯定的，採取的風格使人聯想到Carl Rogers傳達希望的作風，以及相信案主有朝正面成長與改變的

能力。

將困擾外部化

敘事治療法獨特的特色之一是，White與Epston（1990）所稱的將困擾外部化（externalizing the problem）歷程。他們主張，許多前來諮商的案主認為困擾是自己的一部分，是他們身為人類與生俱來的。當這種情況發生時，案主整體的自我感，以及他們談論自己的方式，會很容易地進入怪罪自我與「蔓延問題」的情境。將困擾外部化的歷程是要隔離自己與自己跟困擾的關係，使個人擺脫束縛，以更輕盈的方式來看待上述被界定成「超級嚴重」的議題。

除此之外，從敘事的觀點來看，「困擾」（problem）被認為是來自於塑造案主之生活與人際關係的「支配性敘事」。就好像支配性敘事或故事透過案主的生活而上演，沒有多餘的空間留給不一樣的替代性敘事。困擾外部化開啟了一個空間，可以訴說有關困擾的新型故事，得以重編故事。但是，這又該如何達成？

外部化的第一步是將困擾命名。理想上，困擾應該由案主所使用的語言來定義或表述。通常是儘可能的特定，使用幽默或想像力會很有幫助。所以，例如案主開始時可能將困擾指稱為「恐慌發作」或「憂鬱」，接著換成更口語化的問題標籤，例如「嚇人的故事」或「遙不可及的完美主義標準的影響」，會很有幫助。諸如「焦慮」、「恐慌發作」、或「憂鬱」等詞彙可能是心理健康等強勢論述的要素，這可能已經對案主造成了壓迫，因此，即使只是將標籤文字由診斷術語轉換為日常生活的用語，就可能形成開始重新創作故事的一股影響力。下一步是要探討諸如「為什麼問題愈來愈大？」以及

專欄 8.3　重編故事治療法：Rose的故事

　　White與Epston最初的系統化、偏家族治療法色彩的取向應用到個體諮商上的例子是Rose的案例（Epston *et al.* 1992）。Rose丟了她在廣告公司當接待員與攝影機操作員的工作，因為她進行一項工作時如果受到打斷，就會「崩潰」並且淚如泉湧。當她遇見David Epston時，她告訴他：「我覺得我的心裡沒有可以依靠的基礎」。他答道：「那背後一定有個故事。你想告訴我這個故事嗎？」她接著談到了她被父親虐待的事，他是一位受人景仰的牧師。在第一次晤談之後，Epston寄給她一封很長的信，開頭是這麼寫的：

親愛的Rose，

很高興有這個機會遇見妳，聽妳說自己的故事，一個反抗妳認為自己的生活會遭受破壞的意圖，以及求生存的故事。而昨天妳來告訴我故事的始末，將上述的抵抗做更深入的延伸。我可以想像妳會因為害怕沒人相信而不敢告訴別人。很榮幸妳願意與我一起分享，希望這份分享能釋放一些加在妳身上的負荷。我可以看得出來這樣的過去是如何使妳覺得自己沒有「一個可以依靠的基礎」。

（Epston *et al.* 1992: 103）

　　信件其餘的部分覆述一遍Rose在諮商晤談時講述的故事，但覆述的是一個有勇氣、努力求生、帶著希望的故事。信件的結尾是這麼寫的：

我非常希望與妳再見一面，能協助妳創作一個過去事件的新生活史，一個全新、比舊有歷史更能創造出更截然不同未來的歷史。

妳真誠的朋友，
David

接下來的諮商晤談是一個月之後。在這一個月的期間，Rose應徵了一份穩定的廚師工作（她偏好的職業），而且在這個角色上扮演得相當出色，連餐廳老闆去渡假時都讓她負責餐廳的營運。她和母親的關係也獲得改善，並且逐一和兄弟姊妹們見面，討論那封信上頭的資訊。她覺得生活「上軌道了」。在這第二次的晤談之後，Epston寄給她另一封信，開頭是說：

親愛的Rose，

妳讀了那封提供截然不同的故事的信之後，似乎使妳「有種放鬆的感覺……我有問題是很正常的……那不是我的錯……我原先覺得自己很軟弱與容易受傷害……現在我應該能將它們一併處理。」妳開始更能欣賞自己，因為妳說「我覺得我起了個頭……我一定步上軌道了。」我猜想妳已經發現自己在「軌道」上有一段時間了；如果不是的話，如同妳說的，妳可能會覺得「理想幻滅了……並結束我的生命」。嗯，在妳身上還有許多生命的活力，所有人都等著要見識呢！

接著還有另一次的諮商晤談，然後在六個月後，Rose被她的治療師邀請來「當別人的顧問」，使「治療時所發掘出與產出的知識得以紀錄下來」（106頁）。在這次的諮詢聚會，Rose對自己獲得幫助的情形做如下的說明：

那個故事（第一封信）提供我一個參考的立足點，使我能去回顧、熟讀、思考，以及從我們的討論中形成自己的意見，並作成結論。我還記得從郵箱中取出那封信之後，給自己泡杯好茶，坐下來閱讀它。我有這樣的感覺，「是的，就是那樣……那就是完整的（whole）故事！」思考之後，再讀一遍……我對自己的感覺確實好多了……要是沒有那封信，我想我或許仍會感到困惑。

「問題是如何影響您的生活？」等議題。White與Epston（1990）稱此一階段爲**相對影響詢問**（relative influence questioning）。問這些問題的目的是要勾勒出問題的影響輪廓，如此一來將漸漸地區辨出人與問題故事之間的界線。當這發生時，治療師會很謹慎地注意獨特的結局（unique outcome）之出現，偶然間困擾將不再掌控案主的故事，或不再壯大。這些嶄新的故事或「靈光乍現的時刻」形成重新創作的基礎。敘事治療師的工作就是要使案主能夠詳盡敘述這些獨特結局並找到故事的聽眾。

在White與Epston（1990）的部分著作中，外部化的方式似乎傾向於詢問案主大量的問題。這似乎是來自家族治療法所遺留的方式，而且似乎也找不到任何理由說明爲何外部化不應透過交談與對話、或藉由習慣、藝術創作、詩詞、音樂等等一併進行。Parry與Doan（1994）提供了一些治療時有彈性地應用外部化原理的實例。專欄 8.4提供了一則「偷臭臭」（Sneaky Poo）案例的摘要。許多知名的治療師都和經典的案例有關：例如Freud和「朵拉」（Dora）案例連在一起，而Rogers則與Gloria影片有關。偷臭臭就是經典的White與Epston案例，是應用外部化原理的漂亮範例。

獲取社群資源與聽眾

值得一再強調的是，社會建構論的敘事治療法不是以個體爲中心的取向，而是在案主與其社群之間的空間進行，兩者都是必須的。Epston與White（1992）把治療描述爲變換儀式（rite de passage），個人透過該儀式能協議出某個地位身份與另一個地位身份之間的變換。在變換儀式中，個人先要經歷分離階段，即當事人與早

先的地位身份分離開來。接著，進入閾覺（liminal）階段，一段探
索與困惑的時期，最後進入再合併（reincorporation）階段，以全新
的角色重新進入社會。Rose的案例（專欄 8.3）對此一歷程有良好的
說明。治療開始時，Rose在社交上的表現幾乎像個小孩，一個依賴
別人的角色，但是在治療快要結束時，她採取的態度截然不同，搖
身變爲一名餐廳主廚，承擔成人經理人的角色。

　　有時候，在無孔不入的文化敘事中，爲了在案主的困擾情境中
持續維持適當與能提昇其生活的聽衆，必須投注相當可觀的努力。
這類情境的典型例子是飲食控制遭遇困難的女性案主。圍繞著食
物、女人的身體、以及節食的支配性文化與家族敘事相當強大（一
種大型的國際產業），以致於對女人來說，要找到空間來發展有獨特
結局的故事便顯得困難重重。Epston等人（1995）認爲，厭食／暴
食對抗聯盟（Anti-Anorexia/Bulimia League）的成立，不僅是個支
持團體，同時也是一種「地下抵抗運動」或「反實務社群」，爲了提
倡對抗厭食／暴食的主張而設立。Epston等人（1995: 82）曾說明設
計來讚頌人類從厭食／暴食中解放的儀式。呈現在該聯盟新進成員
面前的是：

> 厭食／暴食對抗聯盟的短袖圓領汗衫。要求收受者記住所有那
> 些被厭食症處決的女性、遍佈西方世界私人「集中營」的一切
> 長久苦難，並且要求朝自身的「自由」前進，以及若恰當的
> 話，應挺身反對厭食／暴食，以及支持所有相關信念與社會實
> 務。當印有聯盟標誌的汗衫在她們面前展現時，會使她們的情
> 緒飛揚：一個圓圈內有DIET一字，字母「T」則被撕裂爲二。

　　此處表達的論點是，抗拒厭食／暴食的敘事需要聯合的行動、
共享的知識與資源，因爲個人相對於厭食／暴食龐大的壓迫力量，

專欄 8.4　偷臭臭的故事

　　Nick時年六歲，有很長的排遺失禁歷史。幾乎每天都要來個嚴重的突發性腹瀉，結果當然是內衣褲都有「大作」。後來Nick和「臭臭」（poo）交上了朋友。他將它抹在牆上，還偷藏在櫥櫃後面。他的父母，Sue與Ron，覺得悲慘、難堪、絕望。他們前往Michael White的診所尋求治療。經過一連串的「相對影響」問題的詢問之後，他發現這位臭臭：

- 透過隔離其他小朋友的方式，把Nick的生活搞得一團亂；
- 迫使Sue質疑她做為一個好媽媽的能力；
- 極令Ron難堪，結果使他不敢拜訪朋友與家人而孤立自己；
- 影響家庭中所有的關係。

　　然而，在回應這些影響性的問題之後，他們也發現：

- 有時，Nick不許偷臭臭「比他精明」；
- 也有些時候，Sue與Ron不許偷臭臭打敗他們。

　　White踏著這些「獨特結局」的基礎，接著詢問各個家庭成員**如何**有效地對抗困擾，以及他們的成功是否帶給他們任何的想法，關於「可以採取哪些更進一部的步驟，從困擾手中奪回他們原來的生活」？他們三人全都想到了更進一步的方法。Nick說，他「準備制止偷臭臭贏他太多」。下一次晤談是在兩週後，很多地方都有了改善。在那段時間，Nick只有幾次相當輕微的失禁。他已「狠狠地教訓了偷臭臭一番」。Sue與

Ron也開始從壓力、孤立感、覺得難爲情等狀態移除。第三次晤談，三週後，以及後續六個月的追蹤，一切情況改善了。White鼓勵他們將成功對抗偷臭臭的啓示，進一步思考他們身爲人的特質，以及家人關係的力量。

資料出處：White and Epston（1990: 43-8）

勝算非常渺茫。

社會建構治療法集體的焦點之一是，質疑傳統一對一治療法能否有效地建構新故事。在個體諮商與心理治療的場合中，治療師擔任專家角色會有許多壓力，並且會在有意或無意間將自己支配性的心理健康敘事強加在案主身上。Gergen與Kaye（1992）、以及Gergen（1996）曾質疑，長期而言，治療師在傳統治療模式中所具有的特權地位是否能與社會建構理論的觀點一致。

結論

目前已有相當程度的刺激與能量投注於發展全新的敘事治療法。對許多治療師與案主來說，允許訴說故事是一種獲得自由的經驗。人們在日常生活中訴說的故事蘊含大量的豐富性與智慧。儘管如此，敘事取向的陣營裡還是有某些困惑與敵對：目前「敘事」一詞是個炙手可熱的品牌名稱。一直到目前爲止，幾乎所有聲稱從事敘事諮商或心理治療的人，大多數都曾經在其他取向內接受過訓練。敘事方法的培訓目前尚不可得。這種情況引發了有關敘事治療法未來發展的一些疑問。敘事治療法的成功應歸功於敘事治療師本

身已經持有從其他模式，如家族治療法、精神分析、或認知治療法衍生的技術與理論的基礎嗎？純敘事模式的培訓是否足夠？以及敘事治療法未來的正式化與接下來的制度化是否會扼殺它的創意優勢？

本章摘要

- 心理學與社會科學近年來的發展已汲取訴說故事與敘事的重要性，視之為理解社會經驗之意義性及與別人溝通的主要工具。

- 在諮商的心理動力取向中，故事被視為存在著內隱、無意識的「關係主題」之證據。

- 有些精神分析論者認為，治療的主要目的之一是，協助案主能夠以更令人滿意與連貫的方式，重新講述自己的故事；例如在心理動力的敘事架構內。

- 認知行為取向與建構論的諮商員對於故事反映著認知基模或認知結構，因而逐漸感到興趣。

- 建構論諮商員以隱喻為工具，協助案主在處於「蔓延性問題」的故事中時，能創造出新的、「解決辦法」的故事。

- 敘事諮商中最兼容並蓄的取向是從社會建構論的觀點發展出來，受到Kenneth Gergen著作的影響。

- Michael White與David Epston使用建構取向，鼓勵案主先外部化他們的故事，然後將之解構，最後再「重新創作」一個新的故事。

- 建構論敘事諮商有一些重要而創新的面向包括：利用社群資源
  與聽眾，以及透過信件與憑證來創作故事。

- 諮商的敘事取向在過去十年間獲得不少人的青睞，許多諮商員
  在他們的工作中會運用敘事技術。

討論問題

1 試仔細思考您說過關於自己的故事，例如與朋友或工作夥伴在
  對話中說過的故事。這些故事從CCRT的觀點來看將如何分
  析？困擾導向的故事與解決辦法導向的故事之間的平衡是什
  麼？

2 您最喜愛的虛構故事（小說、童話、劇本等等）有哪些？爲什
  麼這些故事會吸引您？這些故事以哪些方式捕捉到您自己的生
  活經驗或感受？在哪些面向？

3 敘事治療法可能的限制是什麼？

4 精神分析論的治療師曾批評White與Epston的取向，因爲忽視
  移情作用的重要性。您同意嗎？

關鍵詞彙與概念

core conflictual relationship theme (CCRT)	衝突關係的核心主題
deconstruction	解構
dominant narrative	支配性敘事

externalizing the problem　　　　　將困擾外部化

historical truth　　　　　　　　　歷史眞實

metaphor　　　　　　　　　　　　隱喻

narrative knowing　　　　　　　　敘事式的認識

narrative truth　　　　　　　　　敘事眞實

not-knowing stance　　　　　　　一無所知的立場

paradigmatic knowing　　　　　　典範式的認識

re-authoring　　　　　　　　　　重編故事

rite de passage　　　　　　　　　變換儀式

social constructionist approach　　社會建構取向

solution-focused therapy　　　　　解決辦法導向治療法

unique outcomes　　　　　　　　獨特結局

建議書目

在這個諮商領域內的經典之作是White與Epston（1990）所著的《Narrative Means to Therapeutic Ends》，有興趣更深入瞭解治療法轉向「敘事」風潮的人們必讀。另一本重要的書是Roy Schafer（1992）的《Retelling a Life》。雖然Schafer是位精神分析家，但他對敘事的想法已超越了心理動力傳統的範圍。McLeod（1997）概論敘事治療法之理論與實務近年來發展，其中特別強調社會建構取向。

最後，還有許多值得推薦的短文是敘事治療法實際應用的範例。Edelson（1993）、Penn與Frankfurt（1994）、Wigrem

（1994）、以及Omer（1997）等文章可以使人明白敘事治療師
與諮商員實際上做些什麼。

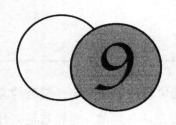

9 多元文化諮商取向

前言

　　在「後現代」（postmodern）的世界裡，特徵之一是各種文化差異性的突顯。在過去的年代裡，要生活在隔離、自給自足的社會階級或團體內，並且不知道、也不會受到不同生活形式之存在的影響，是比較有可能。但是近幾年來，一切情況全改觀了。所謂「種族上的弱勢族群」愈來愈不願意被當成邊緣化、弱勢、政治上遭剝削的勢力，並在社會中宣揚他們的聲音與力量。在此同時，全球化的歷程，包括全球化的通訊媒體如衛星電視、以及國際飛航旅行的成長，也使得汲取其他文化的資訊有長足的進步。不同文化的聲音與影像，如今已能以前所未有的方式取得。要否認我們生活在多元文化的世界，已然不可能了。

　　諮商以兩種方式回應這股多元文化的趨勢。最初、最根本的一些諮商取向－例如前幾章介紹的心理動力、個人中心、以及認知行為模式－很明顯在性質上為「單一文化背景」（monocultural）。它們被設計來應用在西方（主要是美國）工業社會的環境下，對於文化與文化差異性則著墨不多。1960與1970年代間，諮商與心理治療界嘗試將文化議題更清楚地整合到訓練與實務上，來回應公平機會運動以及有關種族歧視等論爭所衍生的政治、立法、及個人等壓力。在這段期間，產生了大量「跨文化」（cross-cultural）、「超文化」（transcultural）、以及「文化與文化間」（intercultural）諮商與心理治療取向的文獻，這也代表著將文化構面吸收消化至主流實務的嘗試。儘管這些努力有效地使「弱勢族群」的案主與諮商員的經驗及需求受到正視，但被認為做得還不夠。因此，對於察覺到文化差異性所引發的議題所做的第二項回應是，致力於建構一門諮商取向，

把「文化」的概念置於「個人的意象」之核心，而不是事後的「追加補遺」。這門全新的多元文化（multicultural）取向（Pedersen 1991）開始的立足點是，文化（一個或一個以上）是影響個人認同發展的主要要素之一，因此人們尋求諮商協助的情緒或行為困擾，反映著關係、道德、以及「好的生活」在當事人生活的文化中是如何被理解與定義。Pedersen（1991）曾指出多元文化主義應視為諮商的第四勢力（fourth force），繼行為主義、精神分析、與人本心理學之後。本章的目的在於概述這門重要而新興的諮商取向之理論與實務。

我們所謂的「文化」有何涵義？

避免任何過度簡化文化的概念之誘惑相當重要。就某個層次而言，文化被簡單地理解為「一群人生活的方式」。要瞭解「文化」，借用「社會人類學」（social anthropology）（一門致力於描述及理解不同文化的社會科學學門）所做的貢獻是必要的。社會人類學的研究傳統一直採取的觀點是，要充分理解一個文化的複雜性，唯有在其中長期生活，並對於該文化的份子如何經由一些諸如親屬網絡、儀式、習俗、神話、以及語言等歷程來建構他們認識的世界，進行系統化與嚴謹的觀察才可能做到。Clifford Geertz可能是近年來最有影響力的人類學者，他說文化可以理解為：

> 由歷史傳承下來、以符號將意義具體化的型態，是一種繼承的觀念系統，以符號的形式表達；人們透過這些符號來溝通、保存、以及發展他們對生活的知識與態度。
>
> （Geertz 1973: 89）

　　Geertz和其他人類學者認為，要瞭解文化或一群人的生活方式，只有試著瞭解隱藏在表層（表達在外顯行為中的意義網絡與「繼承的觀念」）底下的東西才能達成。這些外顯行為可以是任何事，從工作型態到可口可樂瓶子的設計，乃至於宗教儀式的表達。文化成員所做的每一件事，代表生活對他們的意義性之某一面向。這些意義性有其歷史根源，長年來會不斷演化與受到形塑。Geertz（1973）用來捕捉所有這一切的意象是，將文化認為是「豐厚的」（thick）；欲欣賞文化，需要做「豐厚的敘述」。

　　人們生存在複雜、因而難以理解的文化中，此一觀念對於諮商員有重要的涵義。人類學家可能會花數月或數年的時間來研究事物對於不同文化的人們之意義性。諮商員則試圖要在更短暫的時間內達成相同的目標。此外，諮商員鮮少有機會觀察案主與其環境互動的情況；諮商進行的場地是在諮商員的世界裡。基於這些理由，諮商員期望自己能完整地理解案主所處的文化狀況，對此必須小心、審慎。

　　因此，多元文化諮商的基礎並非接受徹底詳盡的訓練，以瞭解不同族群的文化與規範；這種方法不切實際。而是，多元文化諮商員應該要能運用一種從文化角度加以建構的概要模式（schematic model），內容能指出案主的個人世界與關係世界，以及案主對於協助或「治療」（cure）的想法。多元文化諮商的核心是，對於不同文化之運作與互動的可能性保持敏銳度，以及對於其他文化經驗有真正的好奇心（Falicov 1995）。

　　儘管在文化中的生活經驗是「綿密」（seamless）而統一的，然而若是為了釐清，則區別文化背後的哲學或認知構面、以及這些信念表達在社會行為上的型態，仍會很有用的。有關內隱的信念與假

設這方面，文化認同最重要的一些特色有：

- 如何理解「真實」（reality），譬如，二元論（dualistic）或整體論（holistic）；
- 自我的概念（自發性、有界限、指稱性；相對於社會性、受分配、索引性）；
- 道德觀（例如，自我抉擇與宿命論，價值觀）；
- 時間概念（線性的，零碎的，未來導向的，尊重老人）；
- 對土地、環境、地方的感受。

至於在人際與社會生活之可觀察的構面中，外顯的面向包括：

- 非語文行為，包括目光接觸，距離，姿勢，觸摸；
- 語言的使用（例如，反省與分析型相對於描述型；講述故事的直線性）
- 親屬與關係型態；
- 性別關係；
- 情緒的表達；
- 治療者的角色與治療的理論。

對於多元文化諮商員而言，這些特徵代表一種心智的「檢核清單」，透過這份清單，案主的世界可以加以探索，而且可以建構一個適切而有助益的「案主－諮商員」之相互世界。

文化的內隱面向

「真實」的概念

就理解與體會的最基本層次而言，不同文化的人對於真實的根本性質抱持不同的觀念。在西方文化中，人們一般對真實抱持二元論（dualistic）的觀點，將世界分割為兩個種類的存在：心智與肉體。心智「與身體分離」（disembodied），由念頭、概念、及思想所組成。另一方面，實體世界是具體、可觀察、且延伸於空間中。多位學者曾提出，這項心體分離的觀點，最初由法國哲學家Descartes在十六世紀提出，使科學的發展成為可能，並使西方工業社會的人們過著高科技的生活型態。它也是一種哲學立場，限制著宗教與靈性之經驗與信念的角色，因為實體世界是指派給科學去研究的，因此置於「神聖」（sacred）的領域之外。以社會關係的術語來說，二元論拉大了自我與客體或自我與別人之間的分化。「自我」等同於「心智」，相對於實體世界之外，包括事物的世界或別人的世界。

許多其他文化裡的人們對真實的性質並無二元論的概念，他們體驗到的世界是整體統合的面貌。與佛教、印度教、及世界其他宗教有關聯的哲學系統便持此觀點，也就是實體、心智、及靈性均為單一、統整之「真實」的各種面向，而非另一種獨立的存在。

討論「真實」的性質似乎顯得奧秘與模糊，而且好像只跟極少數參與哲學性對話與辯論的人有關。事實決非如此。諮商中發生的一切皆可窺探人們對真實的理解。例如，二元論的西方文化已產生許多詞彙與概念，用以專指心理現象：如憂鬱（depression）、焦慮

（anxiety）、內疚（guilt）。這些詞彙並不存於主要採整體觀的文化中。在後者的文化裡，個人因應生活中難以面對的情境時，會以主要是身體的詞彙來表達。例如，亞洲人面臨失落或損失（loss）時，可能會去看醫生抱怨身體的疾病或疼痛。經歷相同生活事件的歐洲人可能會認為自己相當憂鬱。諮商的核心要素，即人們用來描述其「困擾」的字句，反映出個人所屬文化的內隱哲學觀。不僅如此，文化所支持的治療觀念也依文化為二元論或整體論而定。在西方的二元論文化中，人們可以理解僅談論問題、進行「心理治療」的觀念。在身、心、靈統一的文化裡，實際的治療會在所有的這些層次上進行，包括的活動可能有冥想、運動、以及調整飲食。印度教的瑜珈即是以這種方式運作的治療、學習、以及啟蒙之實例。

自我的意識

　　身為一個人的意義為何之意識隨文化而異。誠如第二章所論，諮商與心理治療主要是在認為人類是具有自發性、分離的個體、與外在有著強大的邊界、及「內心」擁有私人的經驗領域之文化中發展出來的。Landrine（1992）曾經描述這種對自我的定義為**指稱性**（referential）。自我是一種內心的「東西」（thing）或經驗區域：「在西方文化下，與外物分離、被包裹著的『自我』……被認為是行為的根源、創造者、與控制者」（402頁）。Landrine將這個概念跟非西方的「社會導向」（sociocentric）文化下**索引性的**（indexical）自我經驗，做以下的對照：

　　　這些文化下的「自我」（self）不是獨立於關係與背景脈絡而存
　　　在的實體，而是在關係與背景脈絡中受到詮釋……自我在互動

　　與背景脈絡中受到創造與再創造，而且唯有在互動與背景脈絡
中與透過它們才能存在。

（Landrine 1992: 406）

　　在眾多理論家當中，Sampson（1988）也曾針對在西方社會佔
優勢的個人主義之**自我概念**（*individualist concept of self*）與傳統文
化與生活方式之**集體主義取向**（*collectivist approach*）之間的差異加
以評論。集體社會中的個人較傾向於將自己視爲家庭、親族、或其
他社會團體的成員之一，並根據社會網絡的需求、價值觀、與優先
性來做決定。自我實現或忠實性（authenticity）（忠於個人的自我）
之類的概念，在集體文化的脈絡下的意義不大。另一方面，榮耀、
責任、美德一類的觀念，在現代的個人主義文化中則會被認爲食古
不化。個人主義文化強調內咎的體驗，即自我批判與自我責備的內
心經驗。集體文化的人較可能談及羞恥，即在掌權者眼中自己被發
現不當的情境。對於身處極端個人主義或集體文化的人來說，是很
難瞭解彼此的（Pederson 1994）。然而實際上，大多數的文化與大多
數的人都同時有個人主義與集體主義的傾向，因此，舉例來說，一
位成長於高度個人主義文化環境中的諮商員在輔導來自偏集體主義
文化背景的案主時，應能夠提取某些自己對於集體活動的經驗。儘
管如此，有「深度」的個體式自我與「被延伸」的關係式自我之間
的壓力，對於諮商員與心理治療師仍然是很大的挑戰。基於訓練、
遴選、與個人偏好等理由，大多數的治療師感受到「個體」強大的
力量與尊嚴，因而尋求在個體的層次上啓動改變。

道德意識的建構

做出道德抉擇、決定孰是孰非，這些是生活的核心。然而，道德標準在不同的文化裡卻不盡相同。現代化西方社會的道德特色在於相信個人選擇與責任，並樂於依循例如「公正」、「誠實」等抽象的道德原則之指引。相對而言，傳統文化的道德議題較可能思考「命運」（fate）的運作（如印度的因果（karma）概念），道德教條或原則蘊藏在故事中，而不是以抽象的概念加以敘述。自我抉擇與宿命安排的差異在許多諮商情境中相當重要。個人中心取向與其他諮商取向的目標之一，是要幫助人們發現或發展他們「內心評價的軌跡」（internal locus of evaluation），擁有依據個體的一組價值觀而做出道德抉擇的能力。其實不難將這種道德抉擇的定義與Cushman（1990, 1995）將二十世紀的個體描述為消費者而做一連結（見第二章）。大多數的諮商員會試圖去面質持續將行動歸因為命運與否定任何個人責任的案主。相反的，大多數傳統的治療者視堅持將困擾歸因為個人抉擇的案主為頑固、不願承認祖先或靈魂某程度決定其人生的自我中心者。

文化對比的另一構面可於道德價值觀（moral value）的領域中發現。個人主義下的文化偏向提倡成就、自主性、獨立性、以及理性；集體主義下的文化則重視社交性、犧牲、以及從眾。

時間的概念

存在主義哲學家最偉大的貢獻之一在於，檢視時間（time）的經驗方式對個人與文化的意義。以物理的觀點來看，時間可視為線

性常數、可分割的單位，如秒、分鐘、小時。以個人與社會團體的角度來看，時間是存在的方式與建構關係的要素之一。界定現代工業化社會的特徵之一是它們未來導向（future-oriented）的程度。過去受到遺忘、破壞、與踩在底下。口述的歷史，也就是關於家庭或社區過去的故事，僅以最微量的程度倖存。過去被重新界定、重新包裝，然後當作「遺產」出售。相對而言，傳統集體主義的社會則更傾向為過去導向（past-oriented）。口述的歷史在傳統文化的生活環境中有強烈的連續性。祖先以某種意義存在，並可以跟活著的人溝通，是正常的想像。

在現代文化中，進步（progress）的概念被賦予極大的價值。上一代的行業、生活風格、及其所有物被認為「風格老舊」與「過時」。在傳統的文化裡，「進步」和發展常常被認為是一種威脅。溝通與資訊儲存的形式、工作的種類等等，在不同的文化背景中也會影響對於時間的體驗。在史前的文化裡，人們很自然地認為日常生活大部分都該活在「此時此地」，並專注在當下需注意的工作上。然而在現代的科技社會中，活動的範圍涵蓋了閱讀與觀看電視節目，無可避免地會將人們的意識移轉到「某個時候、某個地方」。在二十世紀中期，人本心理學家與治療師試圖創造出方法使人們能夠再去發掘「當下」（present），便顯得有些諷刺。

現代人的時間態度，產生的影響在治療的最核心處。很含蓄，但通常是大膽的，在心理動力及人本取向的諮商與心理治療實務工作上，常會邀請案主去對抗與排斥父母的權威，父母往往被認為是灌輸壓抑與約束生活之命令與行為模式的人。這種看待父母與孩子之間關係的方式，與當代社會普遍不認同舊觀念的態度一致，也符合進步的資本主義經濟鼓勵民眾消費更新、更不一樣的產品，以及

專欄 9.1　摩洛哥人的自我意識：尼斯巴（nisba）的作用

在中東的摩洛哥（Morocco）……是個外向、不固定、行動激進、陽剛、不拘小節的地方，一個如同美國西部荒野，但少了酒吧與牛車，完全是另外一種盛裝自我的容器。我在那兒的工作，從六〇年代中期開始，主要是在位於中部阿特拉斯（Middle Atlas）山腳下，距費茲（Fez）南部約二十哩的一座規模不太大的鎮，或算是小城市。那是個古老的城市，可能在十世紀、甚至更早時便已興建。它有城牆，城門，古典回教城鎮供禱告用的狹窄光塔，而且，從遠處看還算是個不錯的地方，是個座落在深海綠的橄欖樹叢綠洲中一塊乳白色的不規則橢圓地區，加上有群山以及當地的青銅器、石雕品。靠近點看，少了點魅力，但多了一些刺激：它是一座通道與小巷子組成的迷宮，四分之三的區域走不通，因為被牆壁似的建築物與路邊商家堵死，而且滿滿的都是極為多樣、非常引人注意的人。阿拉伯人、巴巴里人、以及猶太人；裁縫師、牧人、以及士兵；工作的人、市場的人、部落的人；有錢人，大財主，窮人，貧困潦倒的人；本地人，移民，假的法國人，不屈不撓的中世紀專家，而且，根據1960年官方的調查，某處還有失業的猶太籍飛行員─這個城鎮居住的是各式各樣強健堅定的個體─這是至少我還能想得到的形容。跟賽弗洛（Sefrou，該處地名）比較起來，曼哈頓（Manhattan）顯得呆板多了。

（Geertz 1983: 64-5）

這份生動的描述，勾勒出一個傳統社會，在這個社會中，人們的自我意識被預期更傾向集體主義，而非個人主義。但Geertz認為，摩洛哥人的自我意識既是個人主義也是集體主義。為了叫出一個人的名字，阿拉伯語需要一個稱為尼斯巴（nisba）的方法來協助。這牽涉到一個名詞轉換為關係形容詞的程序。例如，從賽弗洛來的人會被稱為賽弗洛依（Sefroui）（賽弗洛的在地孩子）。在城市中，人們會透過尼斯巴來指定當

事人屬於某個特定團體；如海拉依（harari）（絲綢商之意）。Geertz的報告指出，他從未發現人們認識並瞭解一個人，但卻不知道這個人的尼斯巴是什麼的例子。他認為，這樣的文化系統有創造「脈絡化個人」（contexualized person）的功能：人們「並非如有界限的心靈實體，脫離他們的背景然後被取了怪異的名字而漂浮著……他們對自我的身份認同是從生活背景處借來的一項屬性」（67頁）。Geertz的賽弗洛依研究呈現出，西方與非西方對於自我概念可能存在著複雜且微妙的差異。對一名賽弗洛依而言，一個人須做到完全照自己所想的去做，「不冒著迷失自我意識的任何風險」時，才能有高度耀眼的個體性（68頁）。

承擔新的工作型態與角色等要求。然而，這些作法卻無法輕易地見容於尊敬父母與祖先的非西方文化。在不同的文化背景下，時間的建構可以帶來非常實際的結果。在線性、可切割、以時鐘為準的時間主導下的文化裡，對諮商案主而言，每個禮拜在同一時間訂一個鐘頭的約是他們可以理解的。但在某些文化裡，這種約定並不合理，因為案主會期望在他們心血來潮時才去造訪諮商員，而不是由時鐘或日曆來指示他們何時該去。

地方的意義

此處討論的最後一項文化構面，是關於文化與實體環境—土地—之間的關係。很清楚的，人與地方之間的聯繫在現代化的都市社會裡，已大大受到切割。社會性與地域性的流動已屬司空見慣。人們為了教育與工作機會而四處遷徙。運輸與轉換地點變得相當容

易。如此一來，只有少部份的成年人定居在他們成長的社區中，更少的成年人會在父母或祖父母成長的社區中定居下來。在現代文化中，對地方的欣賞是有的，但通常是不帶感情且以旅遊的角度來看待。這所有的一切，均意味著對於已經社會化為現代風格的諮商員及治療師來說，欲瞭解地方對於不同文化背景之案主的意義，可能會是個很大的難題。這部份最令人信服的證據之一來自於對美國原住民社群的相關研究。如Lassiter（1987）記述納瓦荷族人（Navajo）由於祖先留下來的土地被礦產公司收買，不得不重新尋找住所，導致廣泛的心理創傷。

　　對美國原住民及其他傳統文化的研究，證實了地方與土地對人們有情感與社會性的強烈意義。然而，這些卻大多為西方心理學及諮商與心理治療諸取向所漠視。不需要深入思考就能瞭解，居住在現代工業化都市社會的人通常極重視地方的重要。人們將大量的精力能量投注在住家與庭園、以及他們與社區居民的關係上。

文化的外顯面向

　　現在我們來探討較能直接觀察的外顯面向。很清楚的，不同文化的「世界觀」有許多底層的哲學構面會透過行為表達出來。其中一項已受到大量注意的外顯面向是非語文行為（non-verbal behaviour）。文化可藉由人們使用非語文線索的方式來區辨，像是觸摸、眼神接觸、姿勢、及接近。通常，不同文化團體成員之間的溝通困難，可藉由對非語文行為的詮釋不一樣來理解。例如，眼神的直接接觸在西方文化中為誠實與開放的表示，但是在其他文化裡可能會被認為是無理與侵犯之意。同樣地，對於何種情境下、可以觸摸何

人，每個文化也都有各自複雜、非見諸文字的規則。

　　重要的文化差異也可以透過觀察語文行為（verbal behaviour）的型態得到。Bernstein曾檢視英國社會勞動階級與中產階級等次文化之間的語言差異後發現，在要求他們講述一個以系列圖片為主的故事時，中產階級的人傾向使用他稱之為「詳述法則」（elaborated code）來解釋他們對該情境的瞭解之假設。相對地，在他的研究中，勞動階級的參與者似乎會使用「限定法則」（restricted code），認為聽故事的人理所當然的應該「知道他們所說的意思」。Landrine（1992）認為，來自「指稱的自我」（referential self）文化的人會以抽象的辭彙來談論自己，如同有各種屬性的物件（例如「我是女性，有孩子的媽媽，年紀中等，身材高挑，而且是圖書館員」），而長年沈浸在「索引的自我」（indexical self）文化的人則會發現如此做非常困難。在要求他們談論自己時，他們很可能會依序述說各種有特定事例與具體情節的故事，以戲劇的形式表達這些屬性。不同文化的人各有其講述故事的模式。西方人傾向於述說安排完善、合乎邏輯、線性的故事。較以口語為基礎的傳統文化團體的人們傾向於講述繞圈子的故事，而且似乎永遠無法抓到「重點」。這些只不過是文化差異的眾多語言面向當中的一部份。此處的重點在於，一個人講話的方式、使用語言的方式，均會傳達大量的文化認同與個人認同等資訊。

　　人類學家格外關注的一項社會生活特徵是親族型態（kinship patterns）。這個主題對於構築文化成員之認同至為重要，並已有一系列的議題環繞著此一主題。家族團體有多大，組成的人有哪些？婚姻如何安排？誰照顧小孩？財產如何從上一代繼承到下一代？從諮商員的觀點來看，某個人對這些問題的答案有助於勾勒出當事人

期望的關係世界，或視爲正常世界的景象。欲突顯親族關係的差異，一個強力的方法是詢問：「您最重要的關係是什麼？」在西方文化，答案常常是與配偶或生活伴侶的關係。在世界其他文化裡，答案則是與父母及小孩的關係。

與親族型態非常相關的話題是性別關係（gender relationships）。性別對於個人認同的影響相當大，一些女性主義理論家（詳見第七章）甚至主張，要瞭解一個人的想法、感受、以及行爲，性別比文化更爲重要。不管如何，性別認同與性別角色在不同的文化裡很明顯是以不同的方式建構。文化對同性戀的壓迫、容忍、或讚頌的程度，會包含在文化對性別的定義中。

情緒的表達（expression of emotion）是**文化適應歷程**（enculturation）的一面，對於諮商來說相當重要。不同文化對於「可接受」（acceptable）且允許在公眾場合表達的情緒有種種不同的認定。觀察文化之「情緒規則」（emotional rules）的方法之一是，檢視一個人可用來描述情緒與感覺的字彙有多少。很清楚的，就人類學家與跨文化心理學家所進行的研究來看，某個文化用以表達情緒或感覺的字彙或面部表情，是很難輕易地貼近到另一個文化的語言中。例如，在修那族（Shona）（譯註：定居於非洲南部的一族，多數在辛巴威（Zimbabwe）境內）的語言中，庫坊吉溪薩（kufungisisa）一詞（粗略譯爲「想得太多」）是廣泛用來解釋心理問題的辭彙，但在英語中卻沒有直接同義的單字。Farooq等人（1995）及許多研究者發現，亞洲文化的人們傾向以抱怨身體不適的方式，而非以心理辭彙的陳述來表達憂鬱及焦慮等症狀。Marcelino（1990）認爲，要領略菲律賓社會的情緒辭彙，唯有先瞭解菲律賓語（Filipino）的關係概念才有可能。這些例子點出多元文化諮商所面臨的主要挑戰之一。諮商的

基礎是建立在試圖解決問題的對話與溝通上，並針對困擾當事人的意義、目標、關係、及情緒。文化差異性會打擊到這些努力的核心。諮商員要知道不同語言社群的當事人真正的感覺，這可以達到何種程度呢？

此處要討論的最後一項可觀察的文化差異是，對治療的態度與治療實務。每個文化都有各自對身心健康、疾病、與治療的看法（見專欄 9.2）。某文化所支持的**治療理論**（the theory of healing）可能建立在科學知識上，如西方工業社會，或可能以超自然的信仰為基礎。在許多文化中，傳統／靈魂與現代／科學等治療取向可能並存。例如，最近的一份調查發現，在馬來西亞，一個擁有仿效西方概念之經濟與教育系統的亞洲國家，有超過半數的案主將他們的疾病歸因於超自然媒介、巫術、及邪魔附身所致，因而尋求傳統治療者（bomoh）（譯註：bomoh在馬來西亞語為巫醫之義），就如同生病看醫生一樣。Prince（1980）曾檢視不同文化的心理治療與諮商實務，發現有許多超出傳統諮商領域的方法，包括冥想、村民聚會、黃教修行、以及社交隔離。對於從小視這些儀式為面臨壓抑、焦慮、或人際衝突時的應對之道的人們而言，要他們接受西方的諮商與心理治療並不容易。

諮商員擁有文化認同模式的價值來自，事實上任何諮商員皆不可能瞭解所有的文化。較有用的是知道哪些才是該詢問的正確問題。若想要建立關於某個文化團體的綜合資料庫—例如為了訓練而進行的集訓或研討會—可能是很危險的舉動，因為任何文化團體必定有各種不同階層的文化經驗。指出特殊團體之諮商需求與議題（例如，見Ponterotto等人（1995）或Pederson等人（1996））的研討會或書籍裡的章節可以做到的，就是使諮商員更敏感，使其注意文

專欄 9.2 中國寺廟裡的諮商

在台灣，面臨轉折點的人可能會選擇造訪寺廟，透過求籤（抽取竹製棒狀物）來尋求神明對當事人命運的忠告。籤客帶著供品給寺廟的神明，告訴神明他（她）的困難，接著拿起並搖動裝有一組籤條的竹筒。當其中有一支籤從竹筒中突出或掉出來時，也就是選出來的籤牌。香客接著要「擲杯」（投擲一種另類的骰子）來確定是否抽到正確的籤。一旦確定，便帶著籤牌到廟內的桌子去尋找符合籤牌上所刻號碼的籤紙。在這張紙上，有著中國古老的短詩，描述一段歷史事件。通常，求籤者會請教解籤人─往往是一位老者─的意見，解籤人的角色是要以他（她）認為對當事人有幫助的解釋來詮釋詩的意義。

例如，有一名年輕人詢問關於他換工作會不會獲得「庇佑」。解籤人向他朗讀籤紙上面的籤詩，然後在進行詮釋前會問他一些問題，包括他在現在的工作崗位上有多久的時間、為什麼要換工作、以及有沒有任何新的工作機會等著他。年輕人答覆，他現在的工作待了一個月左右，他才剛從學校畢業。他不喜歡這份工作是因為工作時間太長、薪水又低。他並未對於未來的生涯進行規劃，也沒有任何該如何著手的概念。聽到這裡，解籤人表示，有關年輕人要換工作一事並沒有獲得庇佑，年輕人應當更加努力而不是要求更多，如果他努力工作、做得夠久的話，終究可以獲得更高的薪水。

這個實例摘錄自Hsu（1976: 211-12），他觀察到「籤」填補了一些重要的治療功能：帶來希望、消除焦慮、強化自尊、以及增強社交性適應行為。Hsu認為，「籤詩」諮商特別適合中國文化的背景，因為順從權威在中國受到重視，以及直接表達情緒在中國文化中會被認為無禮。

化團體的結構、語言、及其傳統。當一名諮商員輔導來自另一文化背景的案主時，與文化經驗有關的資訊會來自案主、閱讀、該文化的其他成員、或曾居住在該文化中。

以上所列的文化認同檢核清單，可用來瞭解案主日常生活中各種文化因素的影響。Falicov（1995）提供另外一種建構這一類文化地圖的方式，不過其焦點是家族結構與生活循環、案主的生活環境（生態脈絡）、以及個人遷徙與文化傳承的經驗。Hofstede（1980）則創造出使一些諮商員覺得有用（例如，Draguns 1996; Lago and Thompson 1996）的文化分類方式。Hofstede的模式指出文化差異的四個主要構面：權力距離（power distance）、規避不確定性（uncertainty avoidance）、個人主義—集體主義（individualism-collectivism）、及陽剛—陰柔（masculinity-femininity）。

權力距離一詞指在文化中權力不均等的程度。西方的工業社會講求民主（相對而言），權力與政府職權原則上是開放給全民。許多傳統文化與當代的威權政體，則建基於權力與特權的不平等。規避不確定性區別了「接受來到的每一天」與具有絕對性規則及價值觀這兩種文化的不同。個人主義—集體主義則突顯了人們以獨立自主的個體存在與對家庭、親屬、或民族有強烈依附感這兩種文化之間的差異。最後，陽剛—陰柔則不僅反映傳統性別角色何者居優勢的差異，也反映出成就與金錢（陽剛）或生活品質與互相依賴（陰柔）何種價值觀較佔優勢的差異。

瞭解文化並無「正確」或「錯誤」的方式之分，而且最好視任何指南或架構為工具，用來做為理解龐大而複雜的文化認同之起頭。有效的多元文化諮商，不僅要能夠以文化的術語來「理解」人，也須能夠將這些理解應用在幫助人們因應其困擾的任務上。

多元文化諮商的實務

　　至目前為止，我們主要探討如何瞭解文化，以及如何理解一個人體驗世界的方式會透過多元的文化影響力。現在，我們將討論轉移到多元文化取向實務面的應用。這門取向有哪些獨特的諮商技術與策略？一些與多元文化諮商有關的技能涉及了具體、實際的議題。例如，d' Ardenne與Mahtani（1989）探討了與案主晤談時使用名字與談話形式的適當性、決定是否使用口譯者、以及協調非口語溝通與時間安排。在這些實際議題背後是較不具體的因素，與諮商員採取的治療策略或「心向」（mind-set）有關。

　　Ramirez（1991）認為，所有跨文化諮商共通的主題是，生活在一個多元文化社會中面臨的挑戰。他認為，輔導各種族群之案主的主要目標應是「文化彈性」（cultural flexibility）的養成。他指出，即使是主流、優勢文化的成員也會有「感覺不同」的經驗，是一種「我們是誰」與「別人對我們的期望」錯誤配對的感受。Ramirez所採用的取向是，諮商員在最初的晤談時會去配合案主的文化與認知風格，接著鼓勵案主實驗不同形式的文化行為。使用這一種取向時，很明顯需要諮商員具備高度的自覺與文化彈性。

　　多元文化諮商另一個重要的策略是，聚焦在個人問題與政治／社會「真實面」的關連上。案主不會被諮商員純然以心理學的術語看待，而是以案主文化內的成員來加以理解。案主的感覺、經驗、及認同被視為由文化的背景所塑造。例如，Holland（1990: 262）對於失落（loss）與剝奪（expropriation）的差異做了明顯的區分：

> 在我的輔導工作裡……我們一再地回到同樣的歷史中：他們和母親分開、與他們並不認識的母親相聚、離開他們心愛的祖母

身邊、發現他們身處全然不同的關係中、遭受性虐待、又再受到照顧等等。一切的情境對於在這個領域工作的臨床人員是相當熟悉的。這是失落，但剝奪卻是帝國主義與新殖民主義所做的事—它偷走一個人的歷史；它偷走了黑人的一切，偷走不屬於白種人至上主義的人們的一切。

上面是Holland在英國輔導勞動階級的女性黑人時的感想。不過，被強權者偷走某些事物的經驗，在男同性戀、女同性戀、不同宗教者、失業者、或遭受性虐待等人們的生活中是個普遍的議題。失落可以藉由治療加以表達並治癒，但剝奪只能透過社會行動來撫平。賦權的主題，在個人的生活中，透過自助團體或政治的參與，便成為多元文化諮商獨特而重要的元素。

Dyche與Zayas（1995）認為，在實務工作中，諮商員不可能在第一次與案主晤談時便能透徹理解其文化背景的細節。此外，他們建議，任何收集這類知識的嘗試都會有造成過於理論化地理解案主文化的可能，因而冒著「以案主的文化來理解，而非以案主本身來理解」的危險（Dyche and Zayas 1995: 389）。Dyche與Zayas認為，對於文化採取不世故而尊敬的好奇態度會比較有幫助，目的是要與每一位案主共同來瞭解他們的文化背景對於他們具有何種意義。Ridley與Lingle（1996）對案主抱持另一種相似的立場，但以「文化同理心」（cultural empathy）一詞來討論。David與Erickson（1990）認為，這一份對於別人之文化世界的好奇心或同理心的特質，必須構築在對於自身文化也有類似態度的基礎上。專欄9.3描述的事件，說明了當諮商員（或該案例中的訓練者）缺乏這種文化好奇心時會發生的情形。

Dyche與Zayas（1995）、Holland（1990）、Ramirez（1991）或

Ridley與Lingle（1996）的論點是，多元文化諮商是由一組原則或信念來驅動的實務工作，而不是以一組不同的技能或技術為基礎。多元文化諮商員可能會在不同形式的諮商中現身，如個人諮商、伴侶諮商、家庭諮商、或團體諮商，或可能運用特定的介入技術，如放鬆訓練、夢境分析、或同理心反映。在每個情形裡，諮商員必須考慮所提供的一切之文化適切性如何。多元文化諮商不太容易融入任何主流的諮商取向，如心理動力、個人中心、認知─行為、或系統取向。有一部份的多元文化諮商員採取上述的取向之一來運作；另有一些則視需要取用這些取向。多元文化諮商是一門整合性的取向，以文化導向的個人認同理論做為挑選諮商觀念與技術的基礎。

　　在有成效的多元文化諮商員身上可以觀察到的特定行為或技能之一是，他們樂於談論文化議題。Thompson與Jenal（1994）曾探討諮商員採行「避談種族」（race-avoidant）的介入方式對諮商歷程的影響。換句話說，當案主提出跟種族及文化有關的訴求時，這些諮商員僅針對跟任何人都有關而與種族無關的面向加以回應，而忽視當中的種族內容。Thompson與Jenal發現，這一類「種族中立」（race-neutralizing）的反應會使案主的流暢度遭到中斷或束縛，這會導致惱怒，或使案主放棄提起任何種族議題，以順從諮商員對該情境的界定。這是一個小規模的研究，需要針對其他團體、案主、及諮商員重複進行，並且針對範圍更廣的文化議題。儘管如此，這項研究的發現似乎頗為精確：如果諮商員不願或不能針對文化議題發聲，則案主便會被消音。

　　成為多元文化諮商員所需的另一項獨特能力是，要能夠從其他文化中擷取治療技術與觀念，這是站在服務案主需求的角度。專欄9.4的小插曲是這一類歷程的實例。Walter（1996）在悲慟諮商

專欄 9.3　主觀文化的概念

　　身為文化的一員，須歷經社會化歷程，以融入一組複雜的「不成文規則」中，這是有關人們在不同的情境中別人預期他會如何去思考、感覺、與行動的規則。就某個層次而言，上述規則能以抽象概念的術語加以分析，像是自我、價值觀等等。然而，在另一個層次上，存在著活生生的真實面，一種隨文化之不同而異的「感覺結構」。站在巴黎的街角和站在莫斯科的街角感覺就是不同。George與Vasso Vassiliou是曾在美國與其母國希臘工作的心理治療師，並且相當注意他們所稱的「主觀文化」（subjective culture）。他們認為，即使透過能說案主所使用語言的治療師，沒有相同的主觀經驗會難以理解案主使用的字彙中潛藏的意義。他們舉了一個例子，是經驗豐富的美國心理劇訓練專家在雅典所舉辦的工作坊：

> 她提議應該有人來表演「一名四十五歲、穿著得體的女士，離過兩次婚，並準備第三度結婚，帶著她二十五歲、過胖、蓬頭垢面的女兒前來尋求諮商。」沒有一個觀眾自願表演這名母親，這位心理劇專家心想，他們只是羞於表現罷了。

　　終於，有一位參與者解釋，他不能表演這樣一個角色，因為他不曾知道有這樣的希臘太太。「這從來都沒聽過」，他斷言，而且為了說服這名迷惑的外來客，他提議要扮演這位太太的哥哥，一個在希臘核心文化中生活五十年的男性，並向她示範在這個假想的例子裡究竟會發生什麼事，只是這位心理劇專家要擔綱演出這位太太的角色。這位外來客不疑有他地接受了他的提議。過了約十分鐘的光景，她被迫「卡」掉這場角色扮演，因為她被接踵而至的蠻橫強硬嚇得不知所措。一個大哥，毫不

留情地嘶吼著他怎麼還沒殺掉這個不守婦道、令家族蒙羞的「畜牲」，並且說「早就該做的」，叫她別碰她的女兒，這名「在她手中不幸、無辜的受害者」。這位顯然被惱火的心理劇專家，轉而面向成員多為女性的團體。「妳們站在他那一邊嗎？」，她說。「希臘人的哥哥都像他這樣嗎？」來自觀眾相當自發的回答是這樣的，「是啊，沒錯，如果有一個像妳這樣的妹妹」（Vassiliou and Vassiliou 1973: 48）。

（bereavement counselling）領域內的研究，對於在理論層次上察覺多元文化的作用，提供一個更一般性的例子。Walter注意到，多數西方的悲傷模式均主張必須先平撫悲慟者失落的情感，才能達到重新建立新依附關係的心境。在悲慟諮商裡，這一道程序藉著對陌生人談話而獲得幫助，這名陌生人即悲慟諮商員。Walter（1996）學習到，在辛巴威（Zimbabwe）修那族（Shona）的文化裡，有著透過繼續承認往生者為家庭或族人一份子的方式，來保存其靈魂的傳統。透過談論死者的事績這個歷程，上述的目的便可達成。認識死者的人們會彼此詳述他們對此人的回憶。在某次喪親的經驗中，Walter（1996）嘗試了這個方法，並發現這個方法可以幫助平撫他個人以及身旁周圍的親友。在其著作中，他提出了將修那族的傳統整合至西方諮商實務的幾種方式。

　　總之，多元文化諮商有多種形式。為了順應各文化背景之案主的需求與經驗，多元文化諮商員必須有創意與適應能力。然而，為多元文化諮商實務建議一套指南仍是可能的，可參考Johnson與Nadirshaw（1993）及Pedersen（1994）的著作。

- 沒有足以套用在所有人、情境、及文化身上的單一「正常」概念。心理健康與疾病的主流觀念必須擴充，將宗教與靈魂等要素納入。對於其他治療法的價值、信念、及傳統，能採取有彈性而尊重的態度是重要的：我們每一個人均須了解，我們自己的觀點必然有某種程度的文化偏差。
- 個人主義不是看待人類行為的唯一途徑，在某些情況下必須借重集體主義。依賴性在所有文化裡也不是一項壞的特質。
- 我們必須承認，種族偏見與歧視在案主的生活中的確是事實，也出現在治療的歷程中。治療師與案主之間權力的不平衡或許反映著他們所屬的文化社群之間權力的不平衡。
- 語言的運用很重要：「中產階級」抽象的心理治療術語可能無法為其他階級文化的人們所瞭解。線性的思考與故事講述也不是放諸四海皆然。
- 將會強化與支持案主的社群結構納入考量很重要：自然的支援系統對個人而言甚為重要。對某些案主而言，傳統的治療方法可能比西方的諮商形式更有效果。
- 為了理解案主目前的經驗，必須考慮其過去的歷史。一個人的感受可能不僅反映著當下發生的事情，也有一部份是反映著發生在較早世代的失落或創傷。
- 諮商員應樂於談論文化與種族的問題以及諮商室裡的差異。
- 和案主一起摸索探討─開放胸懷，向案主學習。

專欄 9.4　對文化敏感的諮商取向在創傷案例中的應用

　　1984年冬天，約12,000名法拉沙人（Falashas）（衣索比亞的猶太人）由於飢餓、對戰爭的恐懼、及渴望移民至以色列（Israel）而離開衣索比亞北部的村落。在他們途經沙漠的長途跋涉中，約有3,000人死亡。終於，以色列政府安排將倖存者空運至安全處所，但是這已經在家庭遭受極大創傷與支離破碎之後。

　　約莫兩年之後，M，一位三十一歲的衣索比亞女性，已婚，有四個小孩，僅能使用衣索比亞的官方語言，被轉介至耶路撒冷的一個精神醫療單位。雖然語言翻譯的協助並不精確，但仍可大略得知她曾經在沙漠中流浪數週，她的小嬰兒在那段時間夭折。她繼續抱著死去的嬰兒數日，直到抵達以色列，因散發強烈的屍體氣味而從她懷裡拿開下葬。過去兩年以來，她不斷因「氣喘發作」而就醫。現在的她，激動、恐懼、沮喪，並且抱怨「腿上有蛇」。她獲得的診斷是急性精神病發作。精神醫療單位後來找到一位熟悉M的文化與語言的病理學家，發現問題在於她覺得自己「不潔淨」，因為她一直未能參加她所信奉的宗教團體為那些接觸人類屍體的人主持的淨化儀式。她的婆婆不許她談論這份悲傷的情緒；後來「腿上有蛇」變成了一句法拉沙諺語，指的是與婆婆的意見相左。M所接受的諮商鼓勵她談論死去的嬰兒，並且為她安排了一次淨化儀式。經過三十個月的療程之後，她過得很好，有個新的嬰兒，然而，她承認仍然為她早夭的孩子感到哀傷。

　　M的案例及其引發的爭議，在Schreiber（1995）的著作中有更詳細的描述。這是一個展現多元文化諮商之長處的案例。儘管需要幫助的人所出現的是生理、身體的症狀，原則上可由醫療與西方傳統的精神病治

療來處理，但案例中的治療師卻能探索這些症狀背後的意義，以適合當事人爲考量，建構出一種整合了本土與西方心理治療的介入方式。

諮商員的文化察覺訓練

在多元文化諮商運動中，對於找出適當的方法來促進與發展文化的察覺、知識、及技能等問題已投注了大量的努力。一開始，這項工作大多單獨集中在種族偏見的問題上，不過近年來的訓練計畫則已檢視更廣泛的多元文化議題。

種族偏見是價值系統中的一部份，也是當代社會結構的組成要素，代表諮商中極重要的一項因素。諮商大部份仍舊是「白人」的天下，黑人諮商員或黑人案主只佔相對少數。諮商員必須注意到自己對於其他族群的刻板印象、態度、及感覺。基於西方工業社會有種族偏見及國家本位的色彩，這些態度至少會包括一些排斥的成份。

案主也可能難以接受與信任諮商員。正如d' Ardenne與Mahtani（1989: 78）寫道：

> 一輩子有文化與種族偏見的案主，將會帶著這些經驗的傷痕來到治療的關係中。由於諮商員主要來自強勢文化，並且會認同白種人的社會，因此，諮商員既會被案主當作問題的一部份，也會被當成解答的一部份。

這種對諮商員的矛盾心理，可能會藉著抗拒或移情作用等反應明顯地表現出來。已有許多訓練課程與工作坊是設計來使諮商員更

加注意自己的偏見，以及更明瞭「弱勢族群」案主的需求。Lago與
Thompson（1989）曾為諮商員設計系統化的種族察覺訓練課程，他
們指出，這樣的課程對參與者而言可能很痛苦，因為可能會導致與
同僚或家族成員的衝突，以及會重新檢驗自己的核心信念與假設。

必須瞭解的是，儘管對抗種族的歧視與偏見相當重要，但是文
化差異的許多面向並不必然涉及種族主義的歧視、殘酷排斥等態
度。LaFramboise與Foster（1992）敘述四種提供文化察覺課程的訓
練模式。第一是「分開課程」（separate course）模式，學員就跨文
化議題選擇參加某特定的課程或工作坊。第二是「集中領域」（area
of concentration）模式，學員們接受安排去輔導特定的弱勢族群成
員。第三是「交互訓練」（interdisciplinary）模式，學員走出課堂，
參與由外面的大學科系或代理機構主辦的課程或工作坊。最後一種
是「整合」（integration）模式，指跨文化的察覺在所有的課程裡都
會觸及，而不僅止於某個課程選項，或在核心課程之外。
LaFramboise與Foster（1992）觀察到，雖然整合模式是個理想，但
囿於資源限制以及缺乏適當的訓練人員，意味著其他模式較常見。

Harway（1979）、以及Frazier與Cohen（1992）曾以女性主義的
觀點，建議一套現有諮商員訓練課程的修訂版本，使這些課程對於
女性的諮商需求能更敏感。她們提出的模式也適合用來提升對於其
他「弱勢族群」案主之需求的察覺力。她們認為訓練課程應能：

- 雇用比例顯著的「弱勢族群」職員；
- 接受比例顯著的「弱勢族群」學員；
- 提供LaFramboise與Foster（1992）所強調的課程與實習經驗；
- 鼓勵研究與弱勢族群諮商相關的主題；

- 提供上述領域的圖書館資源；
- 職員與學員均須參加經驗心得研習，以促進檢視自己的態度與
  刻板印象；
- 鼓勵職員使用能促進文化察覺的語言與教材。

評鑑文化察覺訓練計畫的成效頗為困難。實際執行的課程極
少，而且也欠缺它們對於諮商實務之影響的研究證據。不管如何，
在一項研究中，Wade與Bernstein（1991）提供四名女性諮商員（兩
名黑人，兩名白人）短期的（四小時）文化察覺訓練。另有四位從
未接受這一類訓練的女性諮商員，做為實驗的對照組。這群諮商員
的成效評鑑是檢視她們輔導八十位女性黑人案主的情形，這些案主
均帶著個人與職業的困擾來尋求諮商。結果顯示，受過文化察覺訓
練的諮商員非常受歡迎，案主認為這些諮商員很明顯更為專業、更
吸引人、值得信賴、更有同理心、且更能令人接納。由實驗組負責
的案主報告說，她們更滿意她們接受的諮商，且較不會貿然地放棄
諮商。對這一組女性黑人案主來說，訓練造成的影響較種族相似性
的影響更為顯著；曾接受這一類訓練的黑人諮商員比從未受過訓練
的黑人諮商員有著更高的成功率。Wade與Bernstein（1991）的這項
研究顯示，即使是極為有限的文化察覺訓練也可以導致測量得到的
諮商能力。至於要將這項發現概括化到其他訓練配套與案主團體身
上，則需要進行其他研究來評估。

任何形式的多元文化訓練皆會引發的問題是，訓練的成效如何
得知，即如何知道受訓者已獲得相關的技能與能力？對於多元文化
能力之成效的評鑑，Sue等人（1992）的著作相當有幫助，其中包括
業界廣為採納的多元文化的能力與標準，並導致產生許多標準化的

問卷與有關多元文化之察覺、信念、及技巧的評鑑量表（詳見Pope-Davis and Dings 1995）。此外，Coleman（1996）也提出組合評鑑（portfolio assessment），是評鑑這一類技巧與特質的方法，靈敏度佳且有彈性。

調適目前的服務與代理機構以因應來自不同文化背景之案主的需求

　　諮商員的察覺訓練非常重要，因為持民族中心主義的諮商員在態度上必然會損及與其他文化或社會團體的案主形成良好的諮商關係。儘管如此，察覺訓練策略的成效畢竟有限。沒有任何諮商員能得知所有潛在案主的社會世界之適當知識。不論如何，許多案主偏好諮商員與他們有類似的性傾向、社會階級、或性別，否則他們可能不會相信在代理機構裡能夠找到瞭解其背景或語言的人。為了回應這些疑慮，有些諮商員採行改變組織的策略。即，為了滿足弱勢案主的需求，他們試圖調整代理機構的結構與運作方式。

　　Rogler等人（1987）與Gutierrez（1992）曾敘述一系列諮商與治療機構為因應弱勢案主的需求，也能應用於其他情境的組織策略。其中一種作法聚焦於「取得管道」的問題上。許多因素（經濟、地理、態度）可能會阻礙人們尋求協助。代理機構克服這些障礙的方式包括：以不同的廣告宣導其服務、僱用接待性員工、僱用雙語或雙文化背景的職員、在更多地點設立辦公室、以及提供照顧兒童的設施。調整組織的第二層次是，針對目標案主團體來調整諮商內容。為了反映特定案主所經驗的問題與困擾，服務也要跟著修正。方法之一是提供課程或團體，但對象僅限於特定案主；例如，

針對年老女士的悲傷團體、針對照護者的果斷課程、或針對有飲酒困擾的女性之諮商計畫。Rogler等人（1987）曾敘述民間傳說治療法（cuento）的發明，是特別為弱勢團體（在該例為有心理障礙的西班牙裔孩童）設計的介入方法。這種取向的基礎是認知行為取向對於塑造適當行為的概念，不過是以講述Puerto Rican的民族故事，並進行討論與角色扮演。

　　如果組織實際的結構、哲學觀、或目標，為了容納過去被排拒在外的團體成員而改變，則滿足弱勢案主的需求而調整諮商機構的作法便更進一步了。當這種情形發生時，上述的各種提議便不再是組織運作的邊緣活動了，反而會成為核心活動。Gutierrez（1992: 330）主張，若缺乏這樣的組織發展，「為改變而做的努力大部分會是象徵與邊緣活動」。

創造新的專家機構

　　在諮商與心理治療的世界中，現存的機構一般而言難以回應弱勢案主的需求。許多有社會意識的諮商員採行的方向是，設立吸引特定弱勢案主的專家機構。有各種機構是為了提供諮商給女性、來自不同種族與宗教社群的人、男同性戀者、及女同性戀者等對象。這些服務根據的體認是，大多數人會選擇和他們相似的諮商員。這些機構經常遭遇的困難之一是，其規模過小，因而一再發生財務危機。它們也難以負擔訓練及監督的成本。儘管如此，卻有大量的證據指出，強烈認同某種獨特文化經驗的人們確實會選擇有這些經驗的諮商員與心理治療師。有鑒於此，維持各種諮商服務的供應及鼓勵發展有效的專家機構，可說極為重要。

提倡以多元文化諮商爲主題的研究

對於弱勢族群的研究在專業文獻中，很明顯的不成比例（Ponterotto 1988）。一些研究報告中有證據指出，尋求「優勢文化」（majority culture）機構協助的黑人案主，會比白人案主更快地在中途放棄治療（Sattler 1977; Abramowitz and Murray 1983）。也有證據顯示，在這些情況下，黑人案主獲得較多的重症診斷標籤，而且比白人案主更可能獲得藥物診治而非心理治療，或被轉介到非專業諮商員而不是專業諮商員那兒去（Atkinson 1985）。研究也顯示，案主傾向偏好相同種族的諮商員（Harrison 1975）。在一項研究裡，Sue等人（1991）從美國洛杉磯心理衛生部門核對了1973年到1988年間600,000名案主的檔案。案主與諮商員之間的種族配對與留下來治療的時間長度（也就是說，較少提早放棄）強烈相關。至於不是以英語爲主要語言的案主，種族配對也與較佳的治療結果相關。

其他有關多元文化歷程與方法的研究，在本章前面已描述過（例如，Wade and Bernstein 1991; Thompson and Jenal 1994）。Atkinson與Lowe（1995）、以及Sue與Sundberg（1996）對於其他最新近研究，提供相當有價值的評論。然而，這些研究很明顯大多指向北美地區的案主與諮商員。在整體研究基礎貧弱的這個領域裡，歐洲這方面的研究也顯然不足。

結論

近年來，對於諮商員與案主之文化差異的重要性，已培養出漸增的察覺。在這個領域裡的研究工作有多種描述，包括「跨文化」

（cross-cultural）（Pedersen 1985）、「文化與文化間」（intercultural）（Kareem and Littlewood 1992）、或「超文化」（transcultural）（d' Ardenne and Mahtani 1989）諮商，或集中在「文化差異」（cultural difference）（Sue 1981）或「少數種族」（ethnic minority）（Ramirez 1991）。這些標籤皆有獨特的意義，但所有這些取向都是探索有關文化認同對於諮商歷程之衝擊的相同議題。在本章中，「多元文化」（multicultural）一詞刻意地用來暗示一個更寬廣的觀點，一開始的假設是，文化認同與文化差異的欣賞是所有諮商實務的核心。儘管多元文化諮商還是一個新崛起的取向，但是已經產生了許多重要的教科書（Ponterotto *et al.* 1995; Lago and Thompson 1996; Pedersen *et al.* 1996）與豐富的文獻。

　　每個文化團體都有瞭解與援助人們之情緒與心理問題的方法。輔導案主時，諮商員可借用這些資源，例如傳統治療師、宗教團體、以及社會網路（d' Ardenne and Mahtani 1989; Lee and Armstrong 1995）。整合各地傳統與西方的諮商取向，以創造為特定案主團體量身訂做的協助模式之可能性，使諮商實務與專業之拓展與更新有很好的前途。

　　多元文化諮商在研究文獻中受到的注意少得不成比率。此外，許多諮商機構與私人執業者的案主以優勢文化團體的成員為大宗，致使他們發展多元文化諮商之專業知識的誘因較少。但是隨著當代社會具有多元文化的色彩愈趨濃厚，以及大量無依無靠、離鄉背井的人們與難民團體經歷著極端絕望與失落，使多元文化諮商漸漸成為未來亟須在理論、研究、以及實務方面深耕的重要領域。

本章摘要

- 社會與政治上的變化，全球通訊網路的擴張，以及弱勢族群對主流諮商取向的批判，已經替多元文化發展為獨特的諮商取向設好背景。

- 文化的概念既複雜且具有多項構面，包括一群人對於真實、道德、自我、以及時間所抱持的概念，以及行為與關係的型態。

- 對諮商員來說，能應用一個架構來瞭解文化（包括自己的文化認同）相當重要；期望諮商員能掌握不同文化的細部知識並不切實際。

- 在實務工作中，多元文化諮商對個人的問題與社會背景之間的連結相當敏感；有成效的諮商員會是那些表現出文化同理心、樂於談論文化問題、以及能整合傳統信念系統與治療方法的諮商員。

- 多元文化諮商是一種擷取現有諮商理論之觀念與技術，並且將它們構築為一種富含文化色彩、對文化敏感的實務模式之整合取向；

- 提倡多元文化諮商的方式之一是，為諮商員提供經驗的訓練。一般來說，這些訓練計畫包括檢視種族中心主義，視之為跨文化溝通的關鍵因素。

- 提倡多元文化諮商的另一項策略是，訴求諮商機構裡的職員之種族代表性等議題，並且在必要處設立由特定文化團體經營的諮商機構。

• 多元文化諮商的崛起代表諮商的概念與方法須適應社會的情況與要求。然而，在整個諮商界完全承認文化察覺因素在治療中的必要性之前，仍有很長的一段路要走。為了確認文化對諮商歷程及其結果的影響，研究扮演重要的角色。

討論問題

1　有人認為，諮商的主流取向（心理動力、個人中心、認知─行為）在性質上與西方對人類本性的假設是如此緊密相連，以至於它們並不適用於來自傳統、非西方文化的人們。您同意這項看法嗎？

2　您如何描述自己的文化認同？您的文化認同會如何影響您尋求諮商協助？例如，會使您偏好採用某些概念與技術而捨棄其他嗎？會使您與某些案主相處時較其他案主更輕鬆或更有成效嗎？

3　Pedersen認為，多元文化諮商應視為「第四勢力」（fourth force），他的說法對嗎？

4　回想諮商機構在您的小鎮或城市裡運作的方式。如果可以的話，收集宣傳其服務的廣告傳單。這些機構對多元文化問題的敏感度如何？它們對於多元文化主義的態度對於案主、以及它們在社區被看待的方式有何影響？

5　種族中心主義是個真正的議題嗎？「多元文化」一詞會不會有分散種族中心主義意識型態所造成的暴力、壓迫、以及剝奪之注意力的危險？

關鍵詞彙與概念

collectivist self	集體主義的自我
cultural empathy	文化同理心
cultural flexibility	文化彈性
culture	文化
dualism	二元論
expression of emotion	情緒的表達
fourth force	第四勢力
gender relationships	性別關係
indexical self	索引式的自我
individualist self	個人主義的自我
kinship patterns	親族型態
moral values	道德價值觀
multicultural approach	多元文化取向
multiculturalism	多元文化主義
non-verbal behaviour	非口語行為
racism	種族中心主義
referential self	指稱式的自我
theory of healing	治療的理論
verbal behaviour	口語行為

建議書目

對於拓展多元文化諮商知識有興趣的人們,有兩本論文集可供

參考：Perdersen等人（1996）、以及Ponterotto等人（1995）。這兩本論文集均反映北美地區對多元文化諮商的論爭，對一些讀者來說將是理想的讀物，但對其他人可能有一些偏離了焦點。在Ponterotto等人（1995）所編的論文集中，Allen Ivey所寫的一篇文章捕捉到多元文化諮商運動的許多精神與特殊潛能。探討諮商與文化的評論也可參考Lago與Thompson（1996）的著作，代表歐洲人的觀點。

女性主義的傳統中有若干學者對於多元文化諮商文獻很有貢獻，其中Jordan（1997a）的著作特別值得推薦。

最後，Ridley（1995）所著的一書，《Overcoming Unintentional Racism in Counseling and Therapy: A Practitioner's Guide to Intentional Intervention》對於理論及實務應用提供非常有效的合成。Ridley一直很細膩地探討諮商室的真實面，並且提供了相當豐富、逼真、且相關的案例。從很多方面來看，這是一本探討如何成為一名好諮商員的絕佳書籍。

10 認識理論的多樣化：
品牌名稱與特殊要素

前言

　　在前面的章節裡，我們介紹了當代諮商所使用的一系列理論模式。然而，這些只不過是目前範圍廣闊的理論當中最受歡迎的部份。目前，諮商與心理治療處在理論上正處於極分歧且充滿創意的情況。正如同嶄新理論的誕生一樣，統合、合併、整合這些理論的嘗試也不斷進行著。本章的目標是以理論的多樣化為背景，開始來探討如何與為何有這麼許多系統與模式同時存在。本章的議題會以建立所有諮商取向之間的相似性開始，然後檢視導致分裂或整合的社會因素，最後探索個別諮商員在實務當中使用理論的方式。

諮商取向背後的統整性：「非特定」因素

　　從諮商與心理治療一開始出現成為人群服務專業的主流時，就已經有人指出，各取向之間的相似性比差異性要多出許多。例如，在1940年心理學家Goodwin Watson籌辦了一場研討會，會中知名人物如Saul Rosenzweig、Carl Rogers、及Frederick Allen均同意，諸如支持、案主與治療師有良好的關係、洞察、以及行為改變等等，都是所有成功治療的共通因素（Watson 1940）。Fiedler（1950）在早期的一份研究裡發現，不同學派的治療師對於理想的治療關係是抱持著類似的看法。

　　這個領域裡最有影響力的學者或許是Jerome Frank（1973, 1974），他主張，治療的成效主要不是來自運用不同取向所支持的特殊治療策略（如自由聯想、詮釋、系統性減敏法、拋棄非理性信念、情緒的反映）所致，而是要歸因於一些一般性或非特定因素。

Frank（1974）認為，主要的非特定因素是支援關係的產生、提供一種合理的邏輯使案主能理解其問題、以及案主與治療師兩者在治療儀式中一起參與。Frank（1974: 272）寫道，儘管這些因素在不同的諮商取向中以不同的方式傳遞，但它們全都能起這樣的作用：「透過將困擾案主的內外在力量貼上標籤並放置到適合的概念結構中，以及提供案主成功的經驗，來突顯案主能夠掌控這些力量的意識。」

　　「非特定」（non-specific）假說在業界激發了廣泛的辯論（Parloff 1986; Strupp 1986; Hill 1989），因為它直接挑戰了多數諮商員與治療師的信念，也就是他們相信是自己獨特的技術與介入策略對案主產生正面的影響。部份深入該主題的研究於第十七章與第十六章對於非專業治療師的探討會加以檢視。此一學術運動的結果之一是，產生許多Frank（1974）未提及的非特定因素。關於非特定或「普通」（common）因素的文獻，Grencavage與Norcross（1990）曾加以檢視，他們編出一份在他們檢視的五十篇文章與著作中至少有百分之十提到的所有因素清單（表10.1）。Grencavage與Norcross（1990）指出四種主要的非特定因素，包括案主的特徵、治療師的特質、改變歷程、及治療方法。他們對專業意見的檢視裡發現，獲得最高共識的包括：治療同盟（56％的作者指出）、宣洩的機會（38％）、新行為的獲得與實際演練（32％）、案主有正面的期望（26％）、治療師的特質（24％）、以及提供合理的邏輯（24％）。

表格 10.1　促進治療性改變的非特定或普通因素

案主的特徵

正面的期望、希望、或信心

苦惱或不真誠一致的案主

主動尋求協助的案主

治療師的特質

治療師個人的特質

建立希望與正面的期望

能給予溫暖與正面的關懷

同理心的理解

社會認定的治療者

不批判且能接納別人

改變的歷程

有宣洩或舒發情緒的機會

新行為的獲得與實際演練

提供使人瞭解的邏輯／楷模

培養洞察／察覺

情緒與人際技能的學習

建議

成功與掌控的經驗

說服

安慰劑效應

認同治療師

行為的自我控制

降低緊張

去敏感化

提供資訊／教育

治療方法
儀式／技術的運用
聚焦於「內心世界」
對理論的信奉
創造一個治療的情境
兩人之間的互動
溝通
解釋案主與治療師的角色

資料出處：Grencavage and Norcross（1990）。

　　有三項重要的證據支持著非特定因素假說。第一份研究指出，不同的理論取向使用不同的特殊策略，卻提出類似的成功率（Luborsky *et al.* 1975）。其次是，非專業諮商員未接受特殊技術的充分訓練，但似乎也能與受過高度訓練的專業治療師有同樣的成效（Hattie *et al.* 1984）。第三個證據來自對於案主在諮商中的經驗之研究。當案主被問及，他們發現最有效的是什麼時（如Llewelyn and Hume 1979），他們往往指出非特定因素更甚於特殊技術。

　　在本章的脈絡下，非特定因素的研究有一項重要論點是，不同的治療法之間有很大的共通處。若認為諮商的效果只由這些一般性因素構成，則是一項誤解。一般性因素、特殊技術、以及理論模式之間有著錯綜複雜的互動關係。但是我們可以合理地認定，任何諮商關係的核心，都有一組一般性、共通的歷程。因此，理論與取向的多樣化可以視為共通活動的各種不同版本，而不是視為截然不同的活動。

專欄 10.1　非特定因素實際上場：一名非專業諮商員的
　　　　　　表現

　　在一項詳細設計與控制的研究裡，Strupp與Hadley（1979）發現，
在某些狀況下，非專業諮商員就是可以表現得和受過高度訓練的專業治
療師一樣有效。該研究在美國的一所大學裡實施，一些男性案主被轉介
至專業治療師或對學生福利有興趣的學術人員處。除了Strupp與Hadley
（1979）所發表的主報告之外，研究團隊還完成了透徹的個案研究分析，
比較了同一名治療師認為成功或失敗的案例。在Strupp（1980c）的分析
中，顯示了一位參與該研究且非專業諮商員的成果。H博士是一位四十
歲出頭的統計學教授，他最成功的一名案主，以標準的成果尺度來評
鑑，是現年二十一歲的Sam，輕微憂鬱，中度焦慮，內向，描述自己缺
乏自信。Sam接受了二十次的治療晤談，在結案時與後續的追蹤中皆呈
現顯著的改善。

　　在檢視這些諮商晤談的記錄之後，顯示了H博士在這次的任務中採
取近乎常識的做法。他說很多話，採取主動，並且隨時準備提供忠告與
令對方安心。例如，在第一次晤談結束前，就在Sam談他和父親之間關
係的一些問題時，H博士握住了他的手：「試試和你爸爸共度這次的感
恩節週末……儘管去試……假如你沒有成功，那也不代表失去整個世
界。」雖然H博士很熱絡地鼓勵Sam談論日常生活的主題，如課程、大學
橄欖球隊、或校園政治，但有時他仍會引導他回到較傳統的治療主題
上，像是Sam和女孩子或雙親建立關係的困難、在控制憤怒方面的問
題。然而，Sam經常迴避談論難以面對的議題，當這些情況發生時，H博
士並不會展現任何使Sam集中在治療這件事情上面的策略或技術。H博士

常會邀請Sam喝杯茶。在晤談時幾乎沒有任何沈默。

　　因此，從許多方面來看，H博士的風格不像受過訓練的諮商員。Strupp（1980c: 834）評論說，從研究團隊分析錄音帶的內容來看，「許多交流最後都變得冗長乏味而陰鬱，跟理髮店裡一再聽到的對話沒兩樣。」儘管如此，Sam卻獲得顯著的改善。他從治療中獲得的好處則可歸功於各種不同的非特定因素。Strupp（1980c: 834）為這個案例做了以下的歸納：

（H博士）表現出溫和、接納、及支持的父親般之態度，並延伸到Sam的生活、對學問的追尋、以及對於生涯抉擇的憂慮中。這與Sam和父母的關係產生了對比……治療師與案主之間建立了信賴的親密關係，而Sam顯然樂在其中。當H博士變成Sam的同盟與摯友之後，前者會拒絕Sam偶爾試圖要他成為其憤世嫉俗之態度的夥伴。

　　H博士對這案例的看法是：

我覺得我立刻能瞭解他的問題所在，這些問題其實不大，可以藉由一些同理心和兄長般的關係來解決。大多數的時候我們只是聊天，我會鼓勵他去行動而不是只待在他的小房間裡。他對這些小小的建議蠻有回應的。我想，他只是有點在生活裡遇到低潮期，很孤單，再加上因為和小女朋友分手而有一點沮喪……對我來說，不難把自己拉回18或19歲，去回想當時類似的情境。

（Strupp 1980c: 837-8）

　　在這案例中運作的非特定因素顯然是，案主得以進入一種關係，在此關係中他受到高度的尊重與接納，為文化裡地位崇高的人物所重視，治療師扮演如何處理社交情境的良好模範，以及案主被允許講述他的故事，而治療師則提供一個能理解這些問題並加以解決的架構（他個人的

生活哲學)。

品牌名稱與特殊要素

　　解釋諮商理論多樣化的方式之一是以商業用語來說明。依照「非特定」（non-specific）假說，所有諮商員與治療師提供給案主的是相同的產品。不過，市場上的迫切需求意味著許多壓力的出現導致產品朝多角化的方向前進。對任何已經受過市場經濟洗禮的人而言，很明顯地，在大多數的情況之下，僅製造與販售「汽車」或「洗衣粉」並不是很好的主意。誰會買沒有標上品牌的汽車或洗潔精？販售中的產品之所以有品牌，是用來告知顧客產品的品質與可靠性。為了激發顧客的買氣，許多產品也會吹捧「特殊要素」或「特色」，宣稱其產品優於對手。

　　上述的類比可以用在諮商與心理治療上。非特定假說的證據意味著諮商員與心理治療師，如同汽車製造商一般，全都在販售幾乎相似的產品。但是，為了專業的認同、智慧的傳承、以及外在的正統性，乃出現了許多有「品牌名稱」的治療法。這些最有名的品牌已於前面幾章論述過。心理動力、個人中心、以及認知—行為取向是廣為使用與普遍被人接納與認定的治療法。它們就等於是治療界裡的朋馳（Mercedes）、福特（Ford）、以及豐田（Toyota）。其他較小的「公司」（firms）也試著建立它們自己的品牌，有些已建立其利基市場，專門服務某一群客戶。

　　上述隱喻的要點在於指出市場（治療與處置精神病患）對於諮商理論的演進之影響。治療法的龐大擴張與戰後資本主義經濟的擴

展有關。如今這樣的經濟成長已經趨緩與中止，而健康與福利制度為了要因應老化人口的需要以及對於日益昂貴、複雜的治療方法需求，在花費上必須控制在限度內。在此同時，諮商與心理治療在符合效益的壓力下，促使各知名品牌朝向結合的方向，試圖透過合併或整合，找出使資源更有效利用的方法。

　　主要的取向已於上面的章節討論過。可以看得出來，每個主要的取向都有執業者成立的小團體，致力於發展屬於自己的空間。游走於這些主流取向之間的，則是將於下一章談到的各種整合性架構。然而，還有數量相當多的取向其獨特的概念無法輕易為任何主要取向所吸納整合，而且尚未具有「三巨頭」般的影響力。茲將這些另類的取向簡要地摘要如下。

　　第一章曾經提過，哲學觀念已經瀰漫在諮商與心理治療的理論與實務中。表現此一趨勢最明顯的諮商導向是存在（existential）取向，它擷取了存在主義哲學家如Heidegger、Kierkegaard、與Sartre的思想（詳見Macquarrie 1972）。存在哲學的目的在於瞭解或啟發「存在於世」（being-in-the-world）的經驗。因此，其焦點在於個人存在的方式，亦即與自我（Eigenwelt）、別人（Mitwelt）、及現實世界（Umwelt）之關係的質性結構。存在療法有三個主要的分支。第一個是歐洲治療師如Boss（1957）與Binswanger（1963）等人的研究。第二個分支由美國治療師May（1950）、Bugental（1976）、與Yalom（1980）等人所組成。第三，英國R. D. Laing（1960, 1961）的著作對於存在心理學有重大貢獻。

　　存在取向的特色之一是完全不在乎技術。存在主義諮商員或治療師的課題在於探索經驗中出問題的部份對案主而言具哪些意義。依據存在哲學的某些發現來看，意義的探索可以集中在案主經驗最

　　重要的部份，如抉擇、認同、孤立、愛、時間、死亡、與自由。提供給案主的基本假設是，人們創造並建構他們的世界，因此要為自己的生活負責。

　　存在療法的核心教科書要屬May等人（1958）的著作。然而，這本書較艱澀，介紹存在主義諮商的原則與實務可從Bugental（1976）、Yalom（1980）、及van Deurzen（1988）等較易懂的著作著手。Yalom（1989）也曾出版其輔導案例研究合輯本。

　　Jung的學派取向，也稱分析心理學（analytic psychology），是由C. G. Jung（1875-1961）所創立。Jung是瑞士心理醫師，他是圍繞在Freud的圈子內最早期的成員之一，這位「愛子」曾經被預測將接替Freud成為精神分析運動的領導者。但Jung與Freud在1912年因理論上的歧見而分裂，尤其是Jung對於Freud認為性動機在潛意識裡佔有主導地位的看法並不同意。Jung發展出「集體潛意識」（collective unconscious）的概念，他視之為具有結構性，由所謂的「原型」（archetypes）組成，而原型則指人類經驗中象徵代表性的普同面向，諸如母親、雜耍者、及英雄。Jung學派裡最知名的原型或許是「陰影」（shadow），或陽性基質（animus）（女性內）或陰性基質（anima）（男性內），代表被自我排拒在意識察覺之外的面向。Freud與Jung的另外一項差異在於他們對人類發展的看法。Freud學派對發展的想法大部份限制在童年期的事件，特別是口腔、肛門、及戀母期。另一方面，Jung視人類發展為實現（fulfilment）的終身追尋，他稱之為「個體化」（individuation）。Jung也發展一套瞭解人格差異的系統，其中將人們歸類為各種「類型」（types），由知覺／直覺（sensation/intuition）、外向／內向（extraversion/introversion）、思考／感受（thinking/feeling）等組成。

　　心理動力取向與Jung的「分析」取向之間有許多共通的背景，他們的假設同樣關注潛意識歷程的重要性及研究夢境與幻想的價值。然而，也有顯著的不同，集中在對於潛意識的理解及對於發展與人格的看法上。Jung受宗教與靈性教諭的影響頗深，而Freud則走較世俗、科學的取向。最近幾年來，諮商與心理治療界對於Jung取向產生濃厚的興趣，深入探究Jung學派之概念與方法的新文獻快速增加。Jung學派的觀點在性別議題上的應用已經是個探索得特別成功的領域。儘管Jung學派的分析歷程冗長，而且相較之下更適合心理治療的實務而非諮商（至少就大多數的代理機構對諮商的定義），許多諮商員閱讀過Jung或詮釋其研究的著作（如Kopp 1972, 1974），並且已將「陰影」（shadow）等概念整合到他們對治療法的領略中。Jung學派的人格類型模式也透過Myers-Biggs的類型指標（MBTI），一種評鑑人格類型的問卷，而影響了許多諮商員。Jung最為易讀的著作是他的自傳，《Memories, Dreams, Reflections》（Jung 1963），以及《Man and His Symbols》（Jung 1964）。其他一些很有價值的入門書有Fordham（1986）、Kaufmann（1989）、及Carvalho（1990）等人的著作。

　　Jung學派的分析中，性靈方面的主題已在許多心理治療取向中有更進一步的發展，在性質上可以描述為超個人（transpersonal）。這些取向裡建立得最好的是心理統合論（psychosynthesis），由義大利心理醫師R. Assagioli（1888-1974）創立。超個人的觀點尋求在治療歷程裡涵括超越個人經驗或人際經驗的構面。Sutich（1986）定義超個人治療法是，引導個人找出自己的心靈道路，到達「終極狀態的實現」。超個人諮商與心理治療法之廣大的領域包括來自心理統合論與Jung學派的要素，以及依賴冥想、靈力中樞（Chakras）、夢

境解析、心像、治療、泛神論（Sufism）、佛教、占星學、及死後經驗等觀念與技術（Boorstein 1986）。有關統合論與超個人治療法進一步的資訊可參閱Hardy（1987）、Hardy與Whitmore（1988）、以及Gordon-Brown與Somers（1988）的著作。

溝通分析（transactional analysis）（TA）是另外一種很清楚出自精神分析論的諮商與治療取向。TA的創立者，Eric Berne（1910-70），是加拿大的精神分析師，後來批判古典Freud學派的觀念並建構屬於他自己的理論模式。TA的創新是將Freud學派的「超我—自我—本我」架構改爲三個「自我狀態」（ego states）的模式：父母、成人、及小孩。使用日常生活用語，如同TA理論中的其他部份，是用來去除心理動力概念中令人迷惘的要素，使更容易爲一般人接觸，且更有切身性。自我狀態的概念也意味著比傳統精神分析論使人更能在意識上察覺到這些結構與它們如何運作。TA中另一項強大的創新是，建構出一個能清楚突顯人際運作與個人內心運作之面向的模式。Berne提出結構分析（使用自我狀態模式），做爲理解人們內心歷程的工具。他也發展出各種模式，包括溝通分析（發生在兩人之間的歷程）、遊戲分析（兩名或通常兩名以上的參加者之間一連串的行爲）、以及腳本分析（個人與整個社會之間一生的關係）。

TA也許是目前的諮商與心理治療領域中最完整的理論架構。有些評論家認爲TA概念的豐富性在某些情況下可能會是弱點。使用TA的諮商員與案主可能會很專心地談論問題而非解決問題，不過這是預期中的危險，可經由經驗豐富的業者與監督者加以避免。TA跟任何治療技術上的創新無關，許多使用TA的諮商員可能透過採用其他取向的介入與作業來提供TA；例如完形治療法（James and Jongeward 1971）。TA有一項重大的貢獻是，發展出理論模式來理解

與酒癮（Steiner 1971）和精神分裂症（Schiff *et al.* 1975）有關的問題。

　　雖然接受TA訓練的諮商員與治療師仍屬相對少數，但它已對整個領域產生很大的影響，包括提供給執業者一種可觸及且極富創造力的治療語言。讀者若想學習更多有關TA的資訊，建議參考Steiner（1971）、Berne（1975）、Dusay與Dusay（1989）、以及Clarkson與Gilbert（1990）等著作。

　　完形（Gestalt）治療法是由Fritz與Laura Perls於1950年代創立，並且也是另一個精神分析訓練出身的心理醫師（Fritz Perls）所創立的取向。此一諮商取向之特徵是，大量擷取心理學的完形學派之概念，而完形學派是1930-50年代影響心理學在知覺與認知領域的勢力（Kohler 1929; Koffka 1935）。「Gestalt」是來自德文的字彙，意思之一是「形態」（pattern），而此一心理學模式的關鍵概念是，人們以整體或所有的形態去體驗世界的能力，或更具體地說，人們具有去完成尚未完成的形態之傾向。真正的完形心理學原先對於研究人類的知覺與思考感興趣，並且致力於解釋人們所熟悉的概念之原因，諸如「心向」（mental set）（觀察者將後來發生的現象視為與原先碰到的現象有類似的結構）以及「蔡式效應」（Zeigarnik effect）（人們對於未完成的任務比完全完成的任務會有較佳的記憶）。

　　Fritz Perls瞭解這些概念對於心理治療的意義，完形療法也隨著《Ego, Hunger and Aggression》（Perls 1947）與《Gestalt Therapy》（Perls *et al.* 1951）等書的出版而建立。Perls（1969, 1973）較晚的著作主要是透過他輔導案主的例子來描述其取向，而不是透過正規的理論來陳述，不過Perls也在訓練研討會中廣泛展示他的工作成果。Fritz Perls實際運作的完形治療法有個很重要的特徵，就是極敵視

「過度理性化」（overintellectualization），他稱之爲「狗屁」（bullshit）
的東西。因此，他的取向極嚴格地限制在案主當下的體驗或察覺
上，目的是要移除過去的形態（未竟之事）導致與環境眞正接觸的
障礙。

　　對即時經驗的強調與對理論化的反對，意味著完形治療法被當
作探索當下的察覺並使案主表達潛藏的情緒之實務技術，而不是一
種獨立的理論模式。這樣的看法有些根據，因爲完形一直著重一系
列的技術與練習，例如雙椅諮商、第一人稱的語言、以及探究藝術
題材、夢境、與引導式幻想等方法。完形治療的學者們好像不願意
涉足理論的領域。儘管如此，這門取向仍然有其理論架構，包含了
許多重要的觀念。

　　Fritz Perls的著作並沒有以特別均衡的觀點來呈現完形取向。他
被描述爲「聰明、戲劇性、爭議性、具有奇魅特質的教師」（Parlett
and Page 1990），他輔導案主時的風格比後來的完形執業者所採取的
風格，明顯地更具面質性與反理性（詳見Shepard 1975; Masson
1992）。目前的完形理論與實務入門可參閱Passons（1975）、Van de
Riet *et al.*（1980）、Clarkson（1989）、Yontef與Simkin（1989）以及
Parlett與Page（1990）等著作。

　　心理劇（psychodrama）是心理治療最早期的取向之一，由維
也納的心理醫師J. L. Moreno（1889-1974）於1930年代發展出來。
Moreno在1925年移民到美國。他的太太Zerka Moreno後來成爲該取
向進一步演化的關鍵人物，並持續參與訓練的工作。雖然Moreno確
實接觸過Freud，但他的治療模式卻與心理動力治療法的假設與方法
徹底背離。心理劇強調的是自發性、創造力、與行動。Moreno相
信，人們彼此上演著戲劇，而這種交互性的意義在心理劇中是以電

視（tele）一詞出現。治療的目標在於，透過取自戲劇概念與技術的運用，促使釋放個人與關係中的這一類特質。心理劇團體的參加者演出他們在生活中遭遇問題的情境，並由其他團員演出重要他人的角色。主要的案主被鼓勵在當下演出他（她）的衝突，而不是以談論過去的方式情緒化地將自己抽離衝突。戲劇的張力可以透過角色的對調（例如，主角可能換成演出其母親的角色）或演雙簧（另有一名團員可能也替主角講話，以表達被意識排拒的情緒）的運用來增強。這些戲劇的演出會產生洞察、宣洩、以及最終的反省與學習的鞏固。

　　如同本節討論過的許多其他取向一樣，純粹以心理劇的形式開業的諮商員或治療師也是相對少數。然而，更多治療師已經受到Moreno夫婦所開創的概念與技術之影響。特別是心理劇將治療師從靜態對話的消極環境中解放，引進了經由演戲、行動、姿態、及物體的使用來進行自我表達的可能性。心理劇也將戲劇與藝術的概念與方法帶入治療的世界裡，對於原先充滿科學立場的心理學與精神醫學提供很有價值的反面論點。就像完形、心理統合、以及許多其他的人本治療法一樣，心理劇需要去體驗而不是閱讀後就能算數。儘管如此，實用的理論與實務入門可參閱Greenberg（1974）、Badaines（1988）、Marineau（1989）及Brazier（1991）等著作。另外一種來自藝術與人文的諮商取向是藝術治療法（Dailey 1984; Dailey and Case 1992），案主藉由繪畫與土偶雕塑來表達他們自己。Anderson（1977）對於治療及藝術交界面提供概括而珍貴的探討。

　　構築心理動力理論的基石之一是防衛的概念。Freud自己，以及他的女兒Anna Freud，對於理解人類藉由防衛機制如投射、壓抑、及否定，來排拒不受歡迎的想法、感覺、或衝動之能力做出很

大的貢獻（見第三章）。曾和Freud一同工作的Wilhelm Reich，對於防衛機制的運作格外感興趣，後來下結論認爲，這些歷程可以很有用地視爲實際鑲嵌在人們的體內。Reich主張，因防衛而日益增加的受抑制慾力能量或性能量會造成「肉體甲冑」（body armour）的形成。因此，幫助案主最有效的辦法是，直接在防衛實際表達在身體上的部份下工夫，而不是僅止於談論而已。名爲**生理能量學**（bioenergetics）的取向是以Reich的這些概念及較晚的Alexander Lowen的研究工作爲基礎，後者曾是Reich的案主兼學生。生理能量取向並未建立爲嚴謹的架構或學派，而有些受Reich與Lowen影響的治療師可能會將他們自己歸類爲Reich學派或**生理合成論**（biosynthesis）（Boadella 1988）或**生理動力治療法**（bio-dynamic therapy）（Southwell 1988）的執業者。

　　生理能量諮商與治療的目標在於，使人們的能量能自由自在地流通於體內，進而產生活力、精力、以及歡愉。在實務上，治療師會堅決地認爲案主受到「禁足」（grounded），並且會鼓勵當事人與地面做實際接觸，例如用站的方式。另一項重要的實務原則是注意呼吸，因爲焦慮或害怕的人往往會緩慢或淺淺地呼吸，或甚至屏住呼吸，藉以抑制他們的情緒。第三項技術是藉著觀察肌肉張力、肌膚溫度與顏色，察覺能量的流動。利用這些原則，生理能量治療師將能幫助案主釋放並卸除生理能量的阻擋物。

　　生理能量治療工作的「特殊要素」（special ingredient）是，對於身體進行有系統的注意。不像其他許多取向對待案主如同他們是超脫現實的理性存在體一樣，生理能量取向主要是在非口語、直覺的層次上運作。這種治療模式的風行，無疑受到Reich後來的不幸形象之影響。Reich在1954年前往美國時，他的觀念對於當時高度保守

的精神醫療系統而言，可說是難以控制的古怪。為了應付他們的反對，他的觀點變得更極端，提倡激進的性自由與實驗「生命能量積蓄器」（orgone accumulator）的運用。他曾被囚禁一段時間，死時仍不為人知。我們可以公平的說，目前Reich學派治療法的執業者更明理地運用他的概念。有關這一門取向更詳盡的資訊可參閱Whitfield（1988）的著作。

　　諮商與治療界有個相當不一樣的取向，即家族治療法（family therapy）的領域。這一門取向的根本性質是系統化（詳見第六章）。換言之，治療師並不在個體的層次上介入，而是在家族系統的層次上。治療師的注意力從「困擾」（disturbed）的個體轉移到功能不全的系統。家族成員之間的關係被看成是環環相扣的互動網絡。不瞭解整個系統正在進行的狀況，就不可能瞭解系統中任何一部份正在發生的事情。它的假設是，系統（相對於系統中的個人來說）沒有記憶，因此其目標是要探討當下的互動。例如，家庭可能會因為某個小孩心理不健康且舉止怪異而前來機構求助。在探索整個家族系統的情況之後，可能會很明顯的是，這名「生病」孩子的干擾是要使母親與父親不要在財務問題上彼此爭執，同時給祖母有機會多花時間在其他小孩身上。生病孩子的行為無法改變，除非找出糾正系統某個部份的方式。治療師（或治療小組）的角色不在於形成親密的關係，或與家族的某個人建立同盟，而是要扮演改變整個系統之催化劑的角色。如此一來，系統諮商員或治療師的技巧或假設往往與較傳統的關係取向徹底不同。儘管如此，系統概念已影響了許多諮商員，將藏在案主的問題背後之家族動力納入考慮。系統概念也在婚姻諮商中廣泛應用。

　　要在這裡對於系統取向做具深度與廣度的適切說明並不可能。

家族的組成與運作很顯然極為複雜，系統理論的性質也反映了此種複雜性。希望學習更多這類主題的讀者，推薦參閱Street與Dryden（1988）、以及Barker（1992）的著作。

理論多樣化的根源

　　以上對主要品牌取向的簡短敘述，目的是要對於目前諮商與心理治療領域裡的思潮提供一些概念。還有許多其他的取向不及論述。Adler學派治療法、現實治療法、神經語言程式，以及其他許多取向的支持者，可能會對於他們自己偏好的治療方法提出有力的見解。然而，既然理論如此之多，因此必須在某處劃清分界。但是為什麼會有這麼多取向呢？我們應如何理解這麼多樣化的理論？

　　似乎有許多原因造成了這個領域的分裂以及不同思想學派的迅速崛起。概略來說，這些原因可以分為三大類：對於在理論中要包含哪些概念與想法的選擇（獨特的「特殊要素」），理論所解釋的議題與現象，以及創造理論時的背景。

想法與概念的集結

　　理論的複雜性有個非常基本的根源就是，所有心理學的理論或諮商取向，最終均仰賴對「個人的意象」所做的一組基本假設，即身而為人最根本的性質是什麼。Shotter（1975）認為，心理學界常用的主要有兩種意象，其一是機械體的意象（「瞭解人的最佳方式是將他們視為機械化的物體」），其二是有機體的形象（「瞭解人的最佳方式是將他們視為動物般的生物實體」）。我們可以發現到，這兩種

意象無疑地貫穿著不同的諮商取向，從傳統行為主義機械性的思想到古典精神分析論對身體運作的許多參照。而最近，存在哲學的觀點所推出的個人意象既不是有機體，也不是機械體，而是一種社會性的存在。東方哲學家的影響推出了人類的形象為靈性的存在。這些基本意象在哲學層次上難以妥協，所以諮商理論之間的差異至少可以歸因為背後支撐的個人意象不同。同一理論包括一種以上的意象，可能使情況更加複雜。例如，精神分析論包括機械體的概念（如防衛機制）與有機體／生物體的概念（如慾力、口慾滯留）。個人中心理論包括有機體的概念（如個體評價歷程、自我實現動機），也有存在主義的觀念（如真誠一致、同理心）。有品牌名稱的療法宣稱其特殊要素獨特之處的基礎往往來自這些意象或隱喻。生理能量學派強烈擷取具象化、性方面的個人意象。Jung學派與超個人取向擷取的個人意象是靈性的存在。而系統取向的人類形象則主要是社會性的存在。

理論要解釋的是什麼？

理論迅速增生背後關鍵的原因之一是，理論需要解釋的現象很複雜，導致理論的範圍日益廣泛。表10.2指出各取向所偏重的某些現象與較少著墨的地方。表10.2的清單並未囊括一切，只是為了顯示不同理論的目標與強調的部份是如何不同。

理論的社會背景

另一個造成理論多樣化的原因，要從理論家所處的社會背景來探討。有一個造成多樣化特別強大的因素是「心理健康產業」

（mental health industry）所施加的經濟壓力，尤其是在美國。如果諮商與心理治療的取向被視為市場上彼此競爭的產品，那麼無可避免的，每個治療師或治療團隊將奮力指稱其品牌的治療方法具有獨家特色，比所有其他品牌都更加吸引人。因此，對於創造新取向的執業者而言，累積重要素材與地位優勢之後，就更能吸引案主、學生、以及書商。相對的，諮商與心理治療的學術研究基礎之弱點也造成了這樣的情況，因為對於新治療法尚未能夠進行系統性評論。

理論的建構與焠煉是個花時間並需要多人參與的歷程。研究新想法的可行性與反覆測試經驗與研究證據，是集體的團隊活動。哲學家Kuhn（1962）指出「科學社群」（scientific community）的概念，用來描述藉由書籍、期刊、與研討會組成、共享科學文化而連結的科學家之國際網路。極少有諮商員與心理治療師能夠參與這種思想與理論建構的交流方式。

如果跳脫影響諮商員與治療師最接近的社會背景，可以明白的是，促成諮商與心理治療誕生的現代工業化社會本身即具有分裂性與複雜性。來自不同政治意識形態的觀念，如資本主義、社會主義、自由主義、及女性主義，也對治療理論家產生影響，就像科學與宗教的觀念一樣。因此，期望身處「後現代」（postmodern）世界的治療法由某種完全統一而全面性的理論所組成，事實上不切實際。

理論在實務上的使用

在諮商領域內，理論多樣化的存在有一部份可由上述的社會因素來理解。然而，這樣的分析並不能檢視理論在實務上的使用方

表格 10.2 諮商理論「專業化」的例子

解釋的現象	強調此一現象的理論	忽略此一現象的理論
幼時經驗與成年問題的關連	心理動力，TA	認知—行為，完形
案主與諮商員的關係	心理動力，個人中心	認知—行為，完形
藉身體的姿勢與緊繃等等來表達衝突	完形，生理能量	個人中心，Jung學派，認知—行為
協助案主執行行為上的改變	認知—行為，TA	心理動力，個人中心，超個人
聚焦於案主與家族成員之間的關係	系統，心理劇，TA	個人中心，完形
死亡的經驗	存在，超個人	個人中心，認知—行為

式，及諮商員實際運用理論輔導案主時的態度。將理論放在實務中來觀察的重要性在於，僅只是閱讀書籍與期刊文章裡的想法與概念來理解諮商理論，將有其限制且容易誤導。建立理論是一種主動、微妙、個人、以及人際的歷程。Rycroft（1966）主張，治療的理論與物理化學之類的科學理論有極大的差異。後者能產生可用來預測未來事件的因果陳述，而前者則大多被人們用來對於已發生的事件賦予意義。

　　建立理論的活動在社會生活中進行，而書寫文字又不可避免地

會摘錄實際使用中的想法與概念。諮商員在學習上的充實，有一大部份來自與同事、督導、及導師的交談，而非閱讀書籍與期刊（Morrow-Bradley and Elliott 1986）。將遵循某個特定取向的諮商員與治療師，如個人中心諮商，視爲一個語言社群是可行的。在這樣的語言社群裡，許多談過與做過的事可能會被寫下來，特別是關鍵人物如Carl Rogers的言行，但是口語講述會有從業人員所知道的與堅信的，因此是更豐富、更詳盡、結構更開放的版本。書籍與文獻的記載是取向的某種版本（version），並不是取向的全貌。許多重要的辯論，談的主要是書上記載的理論（線性、合邏輯、系統化的版本）與實務使用的理論之間的差異。

哲學家Polanyi（1958）曾以「內隱的知識」（implicit knowledge）一詞，來指稱某個科學家社群所使用的某種知識。內隱或「默示」（tacit）的知識是非正式且無意識學到的，不會明白地寫下來。這種概念同樣可應用在治療的世界，或許更適合在富有高度人際色彩的工作中。例如，很少會有諮商員只在一本書上讀過某個技術，就將它應用或練習在案主身上。通常需要看到實施後的樣子，或甚至親身去經歷一番，以獲知實際的「感覺」。技術的書面化描述與上述「感覺」之間的差距，就是Polanyi（1958）所謂內隱知識的意思。

Gendlin（1962）更進一步探索理論概念與感覺之間的關連。他的體驗模式，在個人中心取向中發展，指出意義源自「知覺到的感受」（felt sense）之符號化。「知覺到的感受」指人們回應事件時所經驗到的一種身體的、多面向領域的感受。這種知覺到的感受包含事件對當事人所有不同的意義，但這些意義只能透過符號化才能接觸，此處所稱的符號化往往指文字，然而也有訴諸圖象的可能。

當一個符號—例如一個詞或片語—捕捉到包含在感受裡的意義時，就會吻合的感覺，接著，當此一意義的澄清讓其他意義也能浮現時，便會有移動或改變的感覺。這個瞭解體驗的方式對個人中心諮商領域有很大的影響（詳見第五章）。然而，Gendlin（1966）也指出，透過「經驗解析」（experiential explication）的歷程，能提供一種確認理論之用途的架構。他認爲，檢驗某種想法或概念在治療中是否有幫助，決定於它的使用是否使因困擾而知覺到的感受有了移轉。Gendlin提出，理論與概念具有主觀的眞實價值，也具有客觀、經科學驗證過的效度。他的架構也注意到以具有創意而敏感的方式去使用語言的重要性。大多數的諮商理論之技術語言對案主來說意義不大，重要的是諮商員能透過彼此共同建構、案主能理解的「感覺語言」（feeling language）來溝通其想法（Hobson 1985）。

在實務中使用理論的觀念與構念（construct）也決定於理論的結構。Rapaport與Gill（1959）認爲，諮商與心理治療所使用的一切理論模式都有三個層次。第一，有關於可觀察資料的陳述。第二，有理論性的觀點連接不同的觀察。第三，有哲學假設的陳述，或「後設心理學」（metapsychology）的陳述。Rapaport與Gill（1959）曾探討精神分析論的理論結構，並做出結論指出，諸如防衛機制的陳述，如投射或否定，是對於行爲事件做出根本上相當簡單的觀察。另一方面，精神分析的概念如「肛門人格」（anal personality），則「超出給定的資訊」，並且將受到時間與空間分割之事件的關連性做出推論。肛門人格的想法暗示了幼年時期的事件與成年行爲之間有一道關連，這道連結是經由推論而得，而不是經由直接的觀察。不管如何，原則上，若有足夠良好的研究，推論的眞實性可以透過觀察來驗證。最後，諸如「潛意識」（unconscious）與「慾力」

（libido）等概念屬於哲學上的抽象名詞，不能直接觀察但用來做為解釋性的觀念。

　　Rapaport與Gill（1959）對這些議題的討論，在理論的實務應用方面有許多涵義。在使用較低層次、可觀察的構念時，應視為並未從理論的「行李」（baggage）中拿出多少東西。例如，描述案主為「一直處於他童年的自我狀態中」可能是有效地提供資訊給督導的速記工具。不管如何，使用日常生活的尋常話語來傳遞相同的資訊會是直接了當的事情。不一樣的諮商理論往往使用自己獨特的標籤來表達可觀察到的現象，而且諮商員通常會發現使用這些標籤很有用。這麼做時，他們不必然正使用著標籤背後來源的理論模式，只是借個好用的詞彙罷了。

　　相對而言，較高層次的構念與觀念，就不能輕易地抽離其母理論模式的脈絡。詞彙如「慾力」（libido）或「自我實現」（self-actu-alization）無法使用在沒有提供足夠數量的哲學假設來說明它對於身為一個人有何涵義下。結果是，任何試圖在對話、個案研究、或研發計畫中借用「慾力」（libido）與「自我實現」等用語的嘗試，很可能會導致混淆。

　　探討這些理論如何在實務中使用，提供著認識理論多樣化的另一觀點。很清楚的，首先要提及的是，任何單一的諮商理論均相當不可能提供一套完整的觀察、論點、及後設理論之假設來適用於所有情況：我們目前的理論還做不到這一點。第二，我們使用的正式理論概念總是跟知覺到的感受有關，一種對於所發生的事情之未符號化的感覺，或是跟某種非正式的口語講述有關。第三，我們使用的理論決定於對象是誰。在諮商員只有來自同一個語言社群的同事可以討論的情況下，理論的高度純粹性可以維持。然而，對許多諮

商員與治療師而言，他們實際工作的環境須接觸其他文化背景的同事，他們被迫要吸納其他取向的觀念與術語，以建立溝通的基礎。Ryle（1978, 1987），為回應這樣的情況，主張治療師應蓄意地在一起工作，以創造「共通的語言」（common language）。

結論：理論在諮商中的地位

本章的目的在於對目前諮商員與心理治療師運用的多樣化理論有所認識，並希望經由依循某些牢靠的參考點，找出一條路來穿越理論與觀念的迷霧。理論與取向之間明顯的差異可視為強調的不同，而較不是性質的不同。如同Frank（1973, 1974）等人曾經主張，在這麼多可供選擇的理論與模式背後，有一組共通因素是所有治療師會使用的。強調的差異可以從考量理論創造者特別的興趣而獲得解釋。Jung對宗教有興趣，Reich對身體有興趣，Moreno對行動與自主性有興趣。這些差異性在商業壓力下受到強化與維護，以便將「品牌」產品推向市場，以及有些治療師與案主會受到某一理論的「特殊要素」之吸引。在此同時，實務中使用理論的現實性引出了另一層次的複雜性。為了瞭解案主，或與某些同事工作的經驗，可能導致諮商員朝向新的理論領域。

在諮商中理論很重要。諮商員應邀協助可能會崩潰的個人生活。案主可能非常困惑，被情緒淹沒，迷失在絕望中。能夠使用一理論架構來理解在這些情況下會發生的一切是相當有幫助的。以Kurt Lewin的話來說，「沒有什麼比好的理論更實用的了」。諮商員可以透過顯示其理論的一致性、可靠性、完整性來提高理論的實用價值。這麼做時，他們不可避免地要問，如何合併或整合來自其他

模式的概念，才是最好的方法？這個問題將在下一章深入探討。

本章摘要

- 諮商存在著相當多不同的理論。本章的目標是要瞭解，爲什麼有如此多樣化的理論，並檢討理論在諮商中扮演的角色。

- 對於這項論爭有重要貢獻的Jerome Frank主張，治療性的改變歸因於「非特定」（non-specific）或一般性因素（像是治療關係，或有機會表達情感）的運作，而不是因爲特定的治療技術。

- 另外一種瞭解理論多樣化的方式，是將治療法視爲處於市場中。爲了「銷售」諮商「產品」，有必要貼上「品牌名稱」，並宣稱含有獨特的「特殊要素」。

- 另有些較不廣爲使用但有其影響力的取向，如存在、完形、TA（溝通分析）、心理劇、以及超個人等取向，這使人更能體會整個諮商理論遼闊的範圍。

- 就某種程度而言，不同的諮商理論反映出可供選擇的個人意象，或關於人性的基本哲學信念；例如，人類被視爲機械體、有機體、或社會性存在。

- 理論激增的重要因素之一是，它們試圖詮釋的現象之範圍過於廣闊。一般而言，任何一種理論在解釋某些事件與歷程時會比其他理論貼切。

- 在實務上，諮商員對理論的使用應視爲瞭解案主的部份歷程，

在此歷程中諮商員會依賴自己的感覺與個人經驗，以及想法與概念。諮商員使用的一些理論性概念（如「防衛機制」的概念）是設計來幫助他們分類與瞭解諮商晤談時會發生的事情。其他概念（如「潛意識」）則較爲抽象，較可能被用來做爲理解整個治療的一般性架構。

- 最終，諮商員需要理論來幫助他們開始理解某些案主呈現的混亂、困惑、以及危機。理論上的瞭解可以使諮商員「超越已知的資訊」，並發展出觀點來瞭解案主的素材、諮商歷程、以及自己對案主的反應。然而，若把諮商理論當作可輕易做出預測、控制、及解釋，類似科學模式的話，是不會有幫助的。諮商理論必須與諮商員的個人經驗整合，以及應看成是一組具有啓發性的工具，若能妥善利用，也許可以導致對於治療關係的瞭解與深化。

討論問題

1 試列出一份您在談論諮商時慣用的理論辭彙與概念，並區辨哪些您用來做爲「觀察到的現象」之標籤，以及哪些指較抽象的理論假設。對於您在實務中使用理論模式而言，這意味著什麼？

2 非特定或普通因素有多重要？您相信它們比治療師眞正使用的技術有更大的影響嗎？這種觀點對於諮商員輔導案主的方式有何涵義？對於諮商員的培訓有何涵義？

關鍵詞彙與概念

agent of social control	社會控制的代理人
anti-oppressive practice	反壓迫的實務
authority power	權威權力
community psychology	社區心理學
conscientization	反科學化
corruption of friendship	友誼的變質
empowerment	賦權
gatekeeper theory	看門者理論
gay affirmative approach	男同性戀肯定取向
language	語言
liberation psychotherapy	解放心理治療法
personal power	個人權力
politics	政治面
power	權力
religion	宗教
social action therapy	社會行動治療法
social causation hypothesis	社會因果假說
social class	社會階級
social selection hypothesis	社會選擇假說
user-friendly approach	使用者容易使用取向

建議書目

本章是下一章的基礎，接著我們將探討不同理論觀念之間的結合所引發的論爭。因此，第十一章末提供的建議書目也和本章有關。

Heaton（1979）在其著作關於「Theory in Psychotherapy」一章中，詳細分析了諮商員與心理治療師在使用理論時的細節，以及指出理論為什麼重要。從相當不同的觀點出發，Thorne與Dryden（1993）的論文集探索了一些諮商員在已經擁有（過去的專業訓練）其他學科的概念與模式（例如教育、生態、及文學評判）下，致力於發展與應用他們自己的理論性概念之方式。

任何人若對本章使用「品牌名稱」的譬喻覺得不太舒服的話，建議閱讀Kovel（1981）的論文，「The American mental health industry」。它很有可能使您更不舒服。

結合不同的取向：折衷主義與整合主義的議題

前言

　　歷史上，當一門專業的心理治療派別主要環繞著一套特殊、獨立的概念或理論架構來建立時，每一派別皆有自己的培訓機構或專業協會。大部分的諮商教科書會依照各個理論家的順序來撰寫，如Freud、Rogers、Perls、及Ellis，或特別投注在單一的思想學派上。上述特徵給人的印象可能會認為，諮商員一般均屬於這些團體之一，並信奉某個特定的取向。然而，諮商員與治療師的視野正逐漸跨越單一理論的範圍。在1960年代與1970年代有一系列的研究顯示，愈來愈多的從業人員將自己描述為「折衷」（eclectic）或「整合」（integrationist）取向，而不是奉行任何單一模式。例如，Garfield與Kurtz（1974）調查美國855位臨床心理學家，發現有55％界定自己為折衷取向，16％為精神分析／心理動力取向，10％為行為取向，有7％為Rogers學派、人本、及存在等取向（剩餘的12％則分散在其他更多的取向中）。Garfield與Kurtz（1977）繼續訪問在上述研究中的折衷取向臨床心理學家，發現49％在過去曾有一段時間堅持某個單一理論，然而45％則一直將自己視為折衷取向。至於那些曾經一度是某個取向者，主要是從精神分析與Rogers學派轉換到折衷取向。Prochaska與Norcross（1983）在一項對410位美國心理治療師的調查中，報告的數據為折衷30％、心理動力18％、精神分析9％、認知8％、行為6％、存在4％、Rogers學派2％、以及其他取向15％。O'Sullivan與Dryden（1990）發現，英國某一區的臨床心理學家有32％認定自己在訓練上是折衷取向。橫跨在這些調查的趨勢是，折衷取向已成為單一最受歡迎的取向。

　　這些研究衍生的爭議之一是，很難找出有效的方式來得知諮商

員的理論導向。因爲有許許多多、不同、且通常是高度個人化的取向之結合，所以很難設計出問卷能讓諮商員適切地表達自己的取向。Poznanski與McLennan（1995）曾檢視十五份試圖測量諮商員之取向的研究，結論中認爲唯一共通的基礎是，似乎能以兩個關鍵的構面來區辨諮商員：分析一實驗、及客觀一主觀。

　　折衷主義與整合主義的趨勢根源，可在該領域裡早期的著作中發現。例如，在行爲主義開始在1930年代與1940年代產生影響力時，多位學者，諸如Dollard、Miller、及Rosenzweig，便開始探討行爲取向與精神分析取向在概念與方法上的異同點（詳見Marmor and Woods 1980）。在1950年代人本主義彰顯時，與存在取向之間的異同點也有廣泛的激辯。因此，我們可以說沒有「純」理論這種東西。所有的理論家都受到先人的影響。Freud學派的觀念可以視爲將來自哲學、醫學、生物學、及文學等領域的觀念加以有創意地整合。個人中心模式包含的概念有來自精神分析、存在主義與現象哲學、及社會心理學等領域。認知一行爲取向則明顯的由兩種主流心理學理論的合成：行爲主義與認知心理學。

　　所有的治療師可能大多是透過一般性或「非特定」因素的運作而產生療效，這個看法的出現（於第10章討論過），進一步強化了折衷與整合運動。Frank（1973）提出主張，治療與其他形式的行爲改變之效果是透過非常一般性的歷程而達成，諸如提供瞭解生活問題的邏輯思路、希望的灌輸、及有釋放情緒的機會等等，這使我們更容易理解治療方法之間的共通基礎，並能開始思考它們彼此融合的方式。

　　不管如何，即使諮商領域一直存在著「地下的」整合派，但也許可以合理地指出，一直到1960年代，不同的模式與取向才完美地

專欄 11.1　有關整合的對話：跨越理論藩籬的會談

　　瞭解整合活動如何進行的最佳方式之一是，觀察有經驗的諮商員與心理治療師如何處理相同的情況或案主。在這方面，有個相當有趣的實驗由Lazarus與Messer（1988）發表。在這份論文裡，Lazarus（一位折衷／行為論者）輔導一位年輕的女性，她遭遇到多種關係上的困擾，並且在行為上以強迫性洗手與對駕車恐慌的形式出現問題。Lazarus與Messer（一位精神分析師）對此一案例一同討論他們的看法。在他們兩人的辯論裡，令人著迷的是，雖然他們對此案例的一些面向持全然相反的看法，但也彼此同意另一些面向。他們認為，在諮商情境中，執業者會遭遇到其理論導向指示不同做法的「抉擇點」（choice point）。Moira Walker與Michael Jacobs（Jacobs 1995, 1996a; Walker 1995, 1996）有一系列的著作是繞著一位案主詳細的案例資料，接著探討六位取向相當不同的治療師如何分別分析。這一群治療師都能夠跟案主溝通進一步的問題，最後則由案主來評論她認為每一位治療師所寫的報告對她的價值性。本系列著作特別有價值之處在於，每一位治療師對於如何輔導同一位案主，提供其取向之詳盡而完整的示範。最後，Salzman與Norcross（1990）彙編了一本不同理論背景的治療師討論同一批案例的著作。這文獻與書籍，皆反映了諮商員與心理治療師逐漸願意參與跨越理論界線的對話，以及樂於找出共通的語言與彼此能融合的基礎。

　　成為輔導案主的替代方法，以及整體來看，理論的「純粹性」還是受到偏好。如今，情況變得更加複雜與零碎。許多開業者不僅受到自己輔導案主的經驗之影響，也受到顯示不同取向有相等的成效之

研究的影響（Smith *et al.* 1980），進而認為沒有任何一種模式本身是完備的。這些執業者超越他們原先受到單一取向訓練的觀點，並尋求從其他取向獲取技能與觀念。結果，愈來愈多人現在描述自己傾向於折衷取向。這股趨勢配合了折衷主義與整合主義之機構的平行發展，包括在1983年成立心理治療整合協會（Society for the Exploration of Psychotherapy Integration, SEPI），在1982年開始發行《International Journal of Eclectic Psychotherapy》（後來更名為《Journal of Integrative and Eclectic Psychotherapy》），建立整合治療法有系統的訓練（Clarkson 1992），以及發表相關主題的許多重要著作（Norcross 1986; Dryden 1992; Stricker and Gold 1993）。

　　仍有相當數量的執業者對這些運動持反對立場，認為折衷主義與整合主義和混亂與困惑有關，以及必須堅守某種前後一致的取向。發聲反對整合趨勢的有Eysenck（1970: 145），他明確指出，依循整合理論的方向可能會：

> 導致我們什麼都沒有，有的只是理論的大雜燴、絲毫無秩序可言的治療歷程、雜亂無章的治療法、沒有恰當理由的吵雜活動、以及無法檢驗或評鑑。科學與醫學需要的是界定清晰、能產生特定療程、且能應用於特定案主的理論。

　　Eysenck（1970）主張，在他來看，只有行為治療法是符合他追尋的那種在邏輯上具有一致性與能進行科學驗證的取向。對整合主義另有一項批評，但這次是來自精神分析論的Szasz（1974: 41）：

> 宣稱實務具有彈性，採用的理論能為案主的需求量身訂做一套治療法的心理治療師，會以承肩各種角色的方式來進行。對某一位案主，他是個催眠的魔術師；對另一位案主，他是個能表

達同理心的朋友；對第三位案主，他是個施予鎮靜藥劑的外科
醫師；對第四位案主，他是個詮釋的古典分析師等等……。折
衷的心理治療師，往往是個角色扮演者；他穿著各種心理治療
師的斗篷，卻一無所有，而且往往對此感到舒坦。他未擁有各
種治療技術，並苦於Erikson所稱的「專業認同的分散」。結論
是，號稱擁有一切且能針對所有案主的治療師，可能自己什麼
都不是；他不會對任何特定的心理治療方法「專一」。如果他
進行深入的心理治療法，他的案主可能就會發現這一點。

　　理論純一化論者（theoretical purist）主張，不同取向的背後有
著彼此衝突的哲學假設，任何使他們結合的嘗試將可能導致混淆
（Eysenck）或失真（Szasz）。例如，精神分析論認為，一個人的行
為最終決定於受壓抑的童年經驗之潛意識動機。相對地，人本理論
視人們擁有抉擇的能力與自由意志。我們可以指出的是，如果將理
解人類天性的這些不能相容的看法結合到某種諮商取向內，那麼得
到的只會是自相矛盾而已（Patterson 1989）。另一種混淆發生於將觀
念與技術自其脈絡中抽離。例如，行為論認為焦慮是對刺激的一種
受制約之害怕反應，系統脫敏法是在這樣的觀點下發展出來的治療
技術。人本諮商員是以對自我概念的威脅來理解焦慮，他可能會邀
請案主進行表面上與系統脫敏法類似的歷程，但是該歷程的意義卻
可能徹底不同。最後一個混淆的來源是，折衷取向反映著精通各種
不同理論的思想與技術之困難。依據該項主張，若不試圖深入瞭解
某個取向的道理與經驗，將難以成為精通該取向的諮商員。

　　假若對折衷主義的主要反對來自它可能造成困惑與誤解，那麼
次要的反對來自它可能破壞有效的訓練、督導、及支援。假如某個
理論架構能提供足敷討論與反映輔導案主時的複雜實務面之語言，

那麼必然有助於諮商員與使用相同語言的訓練者、督導、與同事一起工作。同樣地，某個學術領域中的人若對於術語的意義都有相同的理解，這必能促進學術研究。這至少對於理論純一化論者而言，是個有力的論點。例如，精神分析論與心理動力論的語言已超過100年之久，對於我們想像得到關於人類心理與文化運作的每一面向均有豐富而廣泛的文獻。該論點指出，只有心理動力取向裡的專家能眞正有效地使用這些資源。對於粗識心理動力論語言的整合論執業者，將較無法找出貫穿這些資源的方式。

　　因此，目前諮商與心理治療領域正在進行「理論單純化或折衷主義孰優」的論爭。在論爭背後更大的問題是，創造出理解人類行爲且普遍爲人接受的架構在原則上是否可能。對於許多受過西方科學與哲學訓練的人而言，這似乎行得通，因爲西方科學與哲學在理解人類行爲方面的進展，來自於評鑑各種競爭性理論的效度或反駁主流理論所做的預測。對於持這些價值觀與信念的觀察家來說，對於人類天性與社會之根本假設的論爭之所以付之闕如，和極權主義與獨裁主義有關。然而，從另一個觀點來看，西方傾向將現實區分爲彼此競爭之二元論也可能同樣危險。

　　表11.1列出理論純一化主義與折衷主義或整合主義的幾點論爭。不過，由於折衷主義和整合主義之間存在著重要的差異，而且也有數種不同的整合主義，這可能使該項議題更加複雜。

折衷主義與整合主義

　　諮商的折衷取向指，諮商員從廣泛的理論或架構中選擇最好或最合適的觀念與技術，來滿足案主的需求。另一方面，整合主義指

表格 11.1 整合主義—分離主義的論爭分析

朝向整合主義或折衷主義的論點或力量	朝向理論純一化的論點或力量
知覺到現存理論的限制	對於理論一致性的承諾
與不同訓練取向的同事一起工作的經驗	獨特「產品」較有市場
個人的求知慾	假設科學將能透過競爭性理論的彼此考驗而進步
相信心理治療法的統一性，例如歷史上曾尋找交集	基礎穩固的取向已有廣泛的文獻與經驗
相信是一般性或非特定因素產生療效	教育與訓練以研究中心為基地—會員資格來自以取向為基礎的協會與團體
研究證據指出所有取向均同樣有效	
理論與實務的差距—諮商員在實務上並不固守他們的取向	
對於取向日易增加的抗拒	
教育與訓練以大學為基地—會員資格來自以學科為基礎的協會與團體	

某種更壯闊的企圖，諮商員把來自不同理論與模式的元素結合成為一個全新的理論或模式。成為一名折衷論者，只需確認或找出各個取向中您喜歡的部份即可。但成為一名整合論者，不僅需要確認出何者有用，也要能把這些片段焊接成一個整體。這兩個辭彙在意義

表格 11.2 折衷主義與整合主義之意義的比較

折衷主義	整合主義
注重技術	注重理論
分散（差異）	收斂（普同）
從許多取向當中選擇	結合許多取向
應用既有的東西	創造某種新的東西
收集	混合
選擇	合成
應用各個部份	統整各個部份
臨床重於理論	理論重於臨床
部份的總和	比部份的總和還要多
講求實際	講求理想

來源：Norcross and Grencavage（1989）。

上的部份差異見表11.2。「折衷」（eclectic）一詞在1960年代較為風行，但隨後便較少使用。

「整合」對許多人而言，意味著需要付出更多腦力。不管如何，近年來有復興折衷主義之概念的嘗試。在實務上，兩種概念均依賴結合的動作，並象徵著諮商員在工作上並不滿足於單一理論取向。

整合的多樣化

到目前為止，諮商的折衷或整合取向之大原則已經討論過，但

實際的例子還沒提到。要如何將不同的理論與技術加以結合？在諮商與心理治療的文獻中，創造一個範圍更廣、包含所有取向的強烈主張，已有許多相差懸殊的論調提出。整合的選擇有多位學者曾經描述過。例如，Mahrer（1989）認為，有六種不同的獨特策略可達到整合的目的：

1　發展實質上全新的理論。這個策略涉及須付出富有雄心與複雜的努力，去創造一種探討人類的新方式，這應能包含與令人滿意地取代所有現有的理論。這種整合的方式等於科學界的革命，如Einstein理論取代了Newton理論對時間、空間、及重力的概念，而且顯然極難達成。不管如何，找出「跨理論」（transtheoretical）的構念或架構是朝這個目標的一條路。

2　進一步發展目前理論當中的一種，使其達到能夠吸納其他競爭性或替代性理論的地步。根據Mahrer的看法（1989），這個策略根本上行不通，因為當前所有的理論均奠基於對個人意象的不同詮釋上。

3　集中在詞彙上 — 即不同取向的用語、片語、及概念之集合 — 並致力於發展諮商與治療的共通語言（如Ryle 1978, 1987）。這個策略使不同訓練出身的諮商員能更有效率地溝通。

4　專注在不同取向彼此同意或共通的領域，即針對治療法特定的領域或要素，而不是整個理論或取向的層次上，去產生整合的概念與技術。由此一方式探索到的共通領域包括治療同盟（Bordin 1979）與改變階段的形成（Prochaska and DiClemente 1982）。

5　在從業人員當中更廣泛地分享特定的技術或「運作程序」。依

這個策略，諮商員與治療師會彼此觀摩工作的情形（例如，聽錄音帶），並獲得輔導案主的新方式，不過，這是在實務的層次，而非理論的層次上。

6　利用研究的發現，使執業者確認出哪些介入技術對特定案主的困擾與議題最有成效。對此一策略表達得最完整的版本或許是Beutler與Clarkin（1990）的著作。Mahrer（1989）將這種整合方式敘述為「困擾—診斷開處方—處置」。Dryden（1984）使用「技術折衷主義」一詞來描述這種作法。

Mahrer（1989）所提供的架構反映了目前折衷主義與整合主義之爭的複雜性。這六個用來整合各個取向的策略可以視為一連續譜，一端密切地注意觀念與理論的建構，另一端代表一種主要為去理論化、務實、及臨床的取向。在連續譜中間的諮商員與治療師，既不是完全的技術人員也不是完全的理論家，他們緊抓著將某一取向或理論轉譯到另一取向或理論的問題。這群諮商員藉著問：「那個概念對我有何意義？」或「這種輔導案主的方式如何融入我看待事物的結構？」之類的問題，試著彼此學習。

本章已檢視了整合主義與理論純一化之爭的一些細節，並聚焦在這個複雜議題的許多面向上。此時我們似乎可以合理地問，究竟持整合觀點的諮商員與治療師和奉行單一模式的從業人員做了哪些不同的事情。答案必然是，大致上來說，他們並沒有做任何明顯不同的事。畢竟，他們依賴相同的治療資源。目前所進行的整合工作似乎有兩大特徵。第一個是重視案主評鑑，這也是技術折衷主義的核心特徵。第二個則是使用跨理論的概念。

專欄 11.2　後現代世界中的整合主義

　　諮商員與心理治療師們在實務中如何使用理論？爲了維護理論的一致性立場或爲了整合來自不同理論模式的概念，他們採取哪些策略？Polkinghorne（1992）曾訪問幾位洛杉磯的治療師，並對於談到治療實務的書籍進行一項分析。他發現，就整體而論，過去的臨床經驗被當作知識的主要來源。儘管理論在「協助建立認知秩序」方面可以做爲有效的模式與比喻之用（158頁），但是從來沒有任何理論可以捕捉到人類經驗的複雜性。這些治療師「對於理論的多樣化處之泰然」（158頁）。其中數位治療師有一種他們的理論知識必然「尚未完成」的感覺。他們也許能夠預期案主對某種介入**可能**產生的反應，但總是會有某種不一樣與非預期的事情可能發生。他們明白他們的理論觀念是個人的構想或「模板」，主要建立在具體的實例上，而不是以科學思想與證據爲基礎的正式系統。用來評鑑理論觀念的價值之主要準則是很**務實**的：它有沒有用？Polkinghorne（1992）認爲，執業者使用理論的方式之特徵與對後現代的觀點相符（Kvale 1992; Lyon 1994）。相信進步、理性、以及科學理論的終極價值等等被認爲是現代性（modernity）的特色。相對下，哲學與社會學學者如Polkinghorne主張，目前漸興的後現代時代和朝向無基礎性（foundationlessness）、不連續性（fragmentariness）、建構主義（constructivism）、及新務實主義（neo-pragmatism）等**趨勢**有關。Polkinghorne在當代心理治療師所採用的「實務心理學」（psychology of practice）中發現到所有這些要素。這裡所要表達的是，諮商與心理治療界正逐漸脫離現代主義者如Freud、Rogers、及Berne的「偉大理論」，朝向更破碎、地域性、或個人式的整合論者，或在知識上朝向折衷取向，這或許反映著更

> 廣泛的社會與文化變遷。

案主評鑑在整合取向中的用途

　　整合取向需要案主評鑑的基本邏輯是，整合論或折衷論執業者已經掌握各種介入工具與技術。選定的介入形式將視案主的特別需求與人格而定。相對而言，單一理論執業者被認為只能以同樣的方式輔導每一位案主。這一類評鑑最鮮明的例子可於多模式治療法（multimodal therapy）中找到（Lazarus 1989a, b; Eskapa 1992）。

　　在多模式取向裡，案主的困擾會落在七個特別的領域中：行為（behaviour）、情感（affect）、感覺（sensation）、心像（imagery）、認知（cognition）、人際關係（interpersonal relationships）、藥物／生物學（drugs/biology）。這門取向的創始者，Lazarus（1989a, b），使用「BASIC-ID」一詞來記憶這些領域。諮商員的任務是，使用評鑑訪談與多模式生活史問卷來確認出案主尋求諮商協助的焦點，接著根據已有的研究發現，選擇相關的介入技術。

　　多模式取向是「技術折衷主義」的好例子（Dryden 1984）。換句話說，它是一個用來選擇治療技術的架構。這種整合觀點主要的優勢在於去理論性，因此避免了理論構念之相容性的無謂之爭。另一方面，嚴格說來，主要的缺點在於須提出特定技術對特定案主有效的有力研究證據。這樣的證據往往不可得，迫使臨床人員需要依靠個人經驗，這多少會受到理論的假設與預設立場之影響。許多其他的折衷或整合論治療師使用嚴格的案主評鑑程序，而未特定地依循多模式治療法（例如，詳見在Dryden 1991中所描述之Norcross的

實務工作）。

「跨理論」概念在整合取向中的用途

在實務上，達成整合的主要策略在於找出一個核心的理論觀念或架構，使能包含部份或所有現有的取向。Barkham（1992）認為，整合論諮商員與治療師試圖要找出更高階的構念，這些構念可以解釋改變機制，且超越任何單一模式的層次。目標是要產生一張認知「地圖」（map），使觀念與技術之間的連結與關係爲人理解。有好幾個諮商與治療取向的例子就是運用了此等更高階或跨理論的構念。

整合的跨理論取向的例子之一，在諮商界廣爲使用，是由Egan（1990）所建構的技能型協助者（skilled helper）模式。Egan選擇的關鍵性整合概念是問題管理（problem management）。Egan認爲，尋求諮商員與其他助人者協助的案主，難以因應他們在生活中遇到的困難，助人者的主要任務便是使他們能找到適合的解決之道。因此強調包含三個階段的問題解決歷程。第一，協助案主描述與探索「現在的場景」（present scenario），也就是目前所面臨的問題情境。第二階段是勾勒出一個當事人「偏好的場景」（preferred scenario），包括未來的目標與目的。第三階段是發展並採取從現在的場景前進到偏好的場景所需要的行動。Egan（1990）針對每個階段都描述了次要的階段，並且指出爲了促進問題解決歷程，案主的任務與協助者的技能。

Egan模式可以視爲一張有用的「地圖」，能用來定位與評鑑其他取向相關要素的用途。例如，同理心的概念從案主中心理論擷取

出來，並且被認為是助人歷程必備的溝通技能，而真誠一致（congruence）的概念則包含在「即時性」（immediacy）的概念中。從心理動力的觀點來看，洞察的目標包含在Egan找出並挑戰案主「盲點」的目標中。許多諮商員與治療師已利用Egan模式作為他們運用來自各種取向的技術與方法之架構；例如，以完形練習做為挑戰盲點的方式，或以果斷訓練做為發展行動策略的方式。在簡短的個案研究裡，Inskipp與Johns（1984）示範了一些將各種想法包含在「技能型協助者模式」的方式。技能型協助者模式的主要優點在於，提供輔導人們時非常實際務實的作法，並且可以應用到多種不同的情境中，範圍從個人諮商到組織諮詢。做為一個整合取向，其限制是它主要以認知─行為取向為基礎。雖然這個模式清楚地包含部份人本與個人中心取向的要素，如尊重、即時性、以及同理心等概念，但取自心理動力取向的部份卻非常少。心理動力取向的關鍵概念，如幼兒期客體關係的重要性、防衛機制的觀念、及潛意識的處理或移情的概念等等，均付諸闕如。

　　另一個採取以核心的統整概念來結合不同取向的整合取向是自我確認（self-confirmation）模式，由Andrews（1991）所提出。這個模式的核心思想是，個體在世界中的行為是為了肯定他（她）的自我概念。自我確認歷程有著由數個階段組成的回饋迴路。個人的自我概念代表他（她）察覺到自己的態度、感覺狀態、在情境中之行為表現的方式、以及其他所有「我是什麼」的構面。這種自我意識產生了獨特的需求與期望。例如，一個視自己為「支配」（dominant）的人，可能會有需求或驅力要在關係中成為強大而掌控的一方，並且期望別人順從其指示。人們會確保行為與行動的型態能與潛在的需求與期望，以及更根本的自我概念維持一致。接著，這些

行爲會被別人察覺並加以反應，這些別人一部份是與當事人有實際關係的人（如朋友、同事），但有一些卻是「內化的別人」（internalized others）（如父母或其他重要他人的心理意象）。當事人進而察覺到這些別人的反應，並且不僅會在認知上詮釋其反應，也會產生感受或情緒上的反應。這些內心的經驗會同化到自我概念內，歷程也會重新再開始。

自我確認模式的核心是，所有屬於個人行動的階段都是爲了防止與自我概念不協調或產生衝突的結果。當一個人的回饋迴路中有一個或一個以上的階段發生扭曲，爲了保護自我概念不受環境中互相矛盾的資訊所影響，生活中的問題就發生了。因此，諮商或心理治療的目標是，使案主瞭解自我確認歷程在生活中如何運作，以及改變回饋迴路中扭曲得最嚴重的那些階段。這個模式提供的架構，可以結合所有其他模式的議題（自我概念、動機、行爲、客體關係等等），使各種治療觀念與策略得以整合。

第三個跨理論取向是認知─分析治療法（cognitive-analytic therapy, CAT），最早由Ryle（1990）提出。這個模式以認知心理學近年來的一些概念爲基礎，探討人們經由一系列心理與行爲上的行動（acts）而進行有意圖之活動的方式。在追求人生的目標時，當人們遭遇陷阱、兩難、小問題時會產生困擾。這個模式的精神分析構面包括Freud防衛機制的概念，視之爲認知「剪輯器」（editing），並且以幼兒時期的親子互動方式之根源來解釋上述的陷阱、兩難、小問題。在實務上，CAT是十六回合的短期治療，並以探索案主的生活史與目前的功能爲起點。這使案主能重新思考自己經驗到的困難，以及使諮商員或治療師能找出改變的目標。

同時思考這三種整合取向 ─ Egan的技能型協助者模式，

Andrews的自我確認模式，以及Ryle的CAT ― 之後，可以檢查出整合時的一些根本困難。雖然這三個模式均成功地整合了過去既有的想法，但就一個恰當而包羅萬象的原則而言，他們達到的卻是不同的結果。毋庸置疑，Egan、Andrews、及Ryle已完成新的治療理論。但這麼一來，他們不可避免地更加深了諮商與治療世界的分裂。例如，值得注意的是，對於Egan模式幾乎未進行任何研究，即使它已被使用了好一段時間，以及在重要的領域裡類似的認知―行為治療法已有很豐富的研究。這些整合取向另一項值得注意的特徵是，它們結合了一些想法，但明顯地排斥了另一些想法；它們是過去理論的「部份」整合。

失落的面向：諮商員發展

尋找方式以結合諮商與治療中種類繁多的概念與技術，也許是過去三十年來治療法文獻爆發性成長的必然結果。我們似乎可以合理地認為，這些學者實際上並未發現全然新鮮而獨到的洞察。在許多彼此競爭的取向之間，必然有廣大的共通基礎。然而，若認為整合論者的努力就一定要創造出諸如Egan、Andrews、及Ryle所提出的新理論，則又不甚恰當。若以這些是諮商員與治療師個人經歷的歷程之方式來瞭解整合主義，收穫或許會更豐富。

多位學者曾經提出，任何諮商員的核心任務之一就是，發展出自己個人的（personal）取向。Smail（1978）與Lomas（1981）尤其堅持理論與技術必須同化到治療師身上。Lomas（1981: 3）寫道，諮商或治療的性質是「人類創造特質的展現」，而非技術程序的操作。在第18章，我們會介紹諮商員之旅程（counsellor's journey）

的概念,用來理解專業認同在諮商員身上的發展。在旅程中,可能會有些時候,特殊領域的理論與技術會與諮商員個人生涯的發展產生共鳴,導致產生特殊的知識與技能,或採用特定的取向。在Dryden與Spurling(1989)所撰的自傳體散文,例示了專業興趣與個人需求之間的互動而創造出獨特專業認同的一些方式。

因此,似乎有必要視折衷主義與整合為,與諮商員發展的歷程緊密相連結的選擇,而不是抽象的理論建構。很顯然,曾經接受過密集訓練、並且能夠運用複雜且高度區隔的概念地圖來理解不同理論與技術之間的異同處、經驗老到的「大師」(master)級治療師,他們的著作對於治療文獻的焦點具有決定性的影響力。這樣的人在諮商世界中並不多。以折衷模式工作的諮商員,往往較缺乏經驗,而且所受的技術訓練也很有限。有大量的諮商員會接受一般技能模式(generic skills model)的訓練,即Culley(1992)所描述那一類。這一類的訓練配套通常由個人中心與認知—行為取向的概念組成,但焦點放在實務技能上,這往往會損及對理論的理解。儘管缺乏研究證據,但有很多諮商員一開始會接受一般技能模式的訓練,後來則會選擇專精於某個純一化、有品牌名稱的取向,以鞏固他們的專業認同感與能力意識。

結論:整合主義的未來

應該很清楚的是,諮商並沒有一門「折衷」或「整合」取向。不過,卻有一股有力的趨勢要找出方法來結合各個學派與取向所發展的寶貴觀念與技術。然而,在此同時,諮商與心理治療界內也另有一股強大的力量,朝向維持單一取向的訓練機構、專業協會、以

專欄　11.3　開發新整合形式的經驗

　　近年來逐漸獲得注意的理論與實務之整合的形式之一是，性靈治療法和諮商與心理治療這兩大領域在觀念與技術上的結合（Sollod 1993）。在一系列的訪談與團體討論中，West（1997）詢問認為自己既是性靈治療者也是心理治療師有關跨越這條界線工作的經驗。大多數談到很難歸類與描述自己的工作。例如，有一人提到「為了討生活，我發現表明自己是心理治療師會比較容易。」另一位表示：「我不稱自己是什麼。」跟界定專業認同有關的兩難是適當的督導議題：

　　我知道我的正常督導已經沒有用了。

　　我在我的案主記錄上寫下了這些嗎？或在團體督導中提起，或向我個人的督導提起嗎？都沒有！

　　心理治療與性靈治療的分割方面感到寂寞，尤其在我的心理治療的督導方面，感到非常痛苦。

　　這份研究的結果讓我們注意到部份諮商員在追尋整合之路所面臨的挑戰。對一名諮商員來說，如果不可能找到文字來描述自己的取向或為自己的取向貼上標籤，那麼，很清楚的，案主將難以在完全被告知而明瞭他們長期將信賴的諮商是什麼的情況下進入諮商關係。此處有倫理上的爭議。此外，即使諮商員個人已瞭解如何整合不同的取向，仍需要找到旁人來分享這些瞭解，接受督導與支持，以及避免孤立。

及出版網路之純一化。唯一可以預期的是，整合與純一化之間的緊張不太可能消失，這是受到歡迎的徵兆，顯示目前這個研究領域富有創意與活力。

　　超越目前折衷主義與整合主義之爭的是更宏觀的歷史觀點。諮商與心理治療之智慧累積的歷史並不深遠。精神分析大約一百歲，人本取向已經建立了四十年，認知模式躍居幕前不到三十年。如果某個取向的創始者與第一代的學生，經常為建立其原創性與獨特性而奮鬥，而後繼的追隨者又覺得和其他取向產生連結會很安全而不具威脅，那麼會進入共同合作的時期。當然，這樣的趨勢已受到理論界的分裂與派別之爭而複雜化與延緩。不過也還好，我們正要開始看到諮商與心理治療界對於目標、概念、以及方法逐漸往取得共識的方向前進。然而，正如團體動力的研究所指出的，只有當彼此的差異受到承認與尊重時，真正的共識才可能存在。最後，朝向整合主義與折衷主義的趨勢，對於諮商員的訓練有重要的實務涵義。有沒有可能訓練諮商員至各種技術均能達到適當水準的境界？諮商員是否開始較能鑑賞在整合不同理論模式時所涉及的理論議題？督導或導師能不能適當地評鑑受訓者在整合概念方面的嘗試？上述議題將在第19章論述。

本章摘要

- 儘管諸如心理動力、個人中心、及認知—行為等理論模式在訓練與研究方面佔有主要地位，但為數漸增的諮商員與心理治療師在態度上描述自己為整合（integrative）或折衷（eclectic）取向，會去選擇與結合來自不同取向的觀念與技術。

- 評論家如Szasz與Eysenck認為，混合的取向可能有造成混淆與膚淺的危險。

- 折衷主義指諮商員從廣泛的理論或模式中，選擇最好或最恰當的觀念與技術，來滿足案主的需求。整合是某種更富雄心的全新冒險，諮商員將取自不同理論與模式的要素放在一起，致力於創造出一種全新的理論或模式。

- 有各種可用來結合觀念與技術的策略─並沒有折衷或整合的單一途徑。

- 折衷取向的特徵在於有系統的使用案主評鑑，找出何種方法對特定的案主將最為適合。

- 一般說來，整合取向如Egan模式或認知分析治療法，須找到「跨越理論」的概念，以做為更高層次的架構，使來自其他模式的觀念與方法得以安置入列。

- 在實務上，大部份的整合也許都發生在諮商員的個人發展與專業發展之脈絡裡。隨著諮商員開展其職業生涯，他們會吸收新觀念與掌握培訓機會以維持其取向的「新鮮」（fresh），最終會產生不同取向的合成物，其中也混合了他們自己的諮商風格。

- 雖然朝向整合的趨勢很清楚會持續下去，但偏離理論純一化的這些運動也確實有訓練、監督、以及研究等領域的問題。

討論問題

1　在折衷與整合的問題上，您站在哪一邊？就您目前的諮商工作

來看，奉行某一種取向或結合不同的取向，哪一種較有幫助？
您能想像未來您的立場可能會改變的情況嗎？

2 John Norcross（在Dryden 1991: 13）說道：「依我看來，統一
所有心理治療法的單一理論既不可得也不討喜。」您同意他的
說法嗎？

關鍵辭彙與概念

cognitive-analytic therapy	認知—分析治療法
eclecticism	折衷主義
generic skills model	一般技能模式
integrationism	整合主義
multimodal therapy	多模式治療法
self-confirmation model	自我確認模式
skilled helper model	技能型協助者模式
transtheoretical concepts	跨理論概念

建議書目

對本章與前一章之內容影響深遠的經典之作，是Jerome Frank
（1973; 新版，Frank and Frank 1991）所著的《Persuasion and
Healing》。本書相當值得一讀，裡面有許多有意義且富啓發價
值的部份有待探討。另一本較新、充實、容易閱讀、並能呈現
當代整合思潮的是Miller等人（1997）的著作。

一份探討諮商之整合與折衷主題的權威性評論，可在Norcross
與Goldfried（1992）所編輯之《Handbook of Psychotherapy
Integration》的一書中發現。這些主題的辯論與發展，於
《Journal of Psychotherapy Integration》以及心理治療整合協會
（Society for the Exploration of Psychotherapy Integration, SEPI）
的研習會上提供著相關資訊。

最後，一本非常實用的書是Dryden（1991）所編的《A
Dialogue with John Norcross: Toward Integration》。Norcross一直
是近年來整合運動中的領導人物。在書中，他接受Windy
Dryden的訪談，Dryden鼓勵他開放地談論整合對他的意義是什
麼，以及他如何應用到輔導案主的工作中。

 諮商的歷程

前言：歷程的概念

　　前面的章節介紹了各種不同的諮商取向，並討論了結合或整合這些取向的一些相關議題。在檢視彼此競爭的諮商理論與模式時，浮現的主題之一是，僅管它們是有相當不同的強調重點，但事實上也有很大一部份共通的基礎。眞正發生在諮商與心理治療實務中的，可能較不須依賴諮商員特定的理論訓練，而是諮商情境（一種特殊型式的助人關係）中更一般性的一組特色。在所有諮商形式中可能存在著共通的核心之想法，或許已充分表達在近年來針對諮商歷程（process）有日益增加的研究與理論文獻上。

　　在文獻中，「歷程」（process）的概念以數種不同的方式加以定義與瞭解，這可能會令人困惑。「歷程」一詞已找出四種主要意義。首先是較廣泛的觀念，任何涉及改變的活動皆可描述爲「歷程」。這種描述指的是一種想法，認爲治療中發生的一切並非靜態，以及有一系列的事件發生著。「歷程」的第二種意義主要用於研究文獻中，指可能促進或抑制案主之治療成效的各種因素。如此使用即比較了「歷程」與「結果」：治療的「歷程」是促進結果的要素。表12.1列出了一部份近年來對歷程因素的研究。從中可以看出，對於可視爲「歷程」者，研究者有充分的想像力足以寬廣地延伸此一清單。

表格 12.1 近年來研究中出現的一些歷程變項

目標共識
案主角色的準備
案主合適性

案主與諮商員之間人格、年齡、族裔、以及性別等方面的搭配

治療師談論種族與文化的意願

治療師的技巧

治療師遵照實務手冊的程度

治療期間聚焦在生活問題與個人的核心關係上

詮釋移情作用的準確度

詮釋移情作用的頻率

案主遵照家庭作業的指示

治療同盟

治療同盟的破裂

案主與治療師的僵局

隱喻的使用

案主的表達與開放度

治療師的自我坦露

案主對治療師的順從

治療的期間

費用結構

主要來源：Orlinsky *et al.*（1994）

「歷程」的第三種意義主要在人本取向中發現。該定義強調歷程是存在與成長必需的人類特質。Rogers（1961: 27）寫下了他對歷程的感覺：

> 生命，它最佳的境界，是一種川流不息、與時俱變、不凝固膠著的歷程。在案主與我自己身上，我發現，當生命是個流動的歷程時，便會最豐富、最令人讚賞。體驗它是美妙的，而也夾雜著一些害怕。我發現，我最佳的狀態是，當我使經驗之流攜帶著我，朝著我隱約察覺到的目標往前邁進時……生命……是個成長的歷程。

這種瞭解歷程的方式，幾乎是個有價值的構面，也由當代的社會建構論敘事取向的治療師表達著。例如，Anderson與Goolishian（1992: 29）描述其治療目標是：「協助浮現的對話歷程，使『新意』能在當中發生」。這種歷程的概念，視之為新意流動的時刻，「不會膠著凝固」，代表許多治療師使用的一種重要觀念。

「歷程」的第四種意義，有時由諮商員與心理治療師所使用，描述案主在治療時試圖瞭解或吸收其生活中的艱難經驗所使用的方式。案主與治療師致力於從原始的失落、創傷、或壓力等情緒上找出意義，可視為類似加工的程序，原始材料被轉換為已完成、可使用的產品。例如，Greenberg等人（1993）採用的情緒處理（emotional processing）模式中，涉及對情緒以及與情緒一同「做些事」（do things）：為情緒命名，表達情緒，回想情緒的意義。

若試圖指出其中任一種定義較其他定義更為實用，可能不會有多大的價值。不僅因歷程所有的意義皆有執業者與理論家使用著，也因為它們均以不同的方式指著潛在的涵義，即諮商跟改變有關，而且就某種程度而言這樣的改變是案主與諮商員兩者的行動與意圖共同努力創造出來的。最後，很明顯，隱含在這眾多定義中的是，要成為一名諮商員，不僅要能以抽象、概念化的方式理解正在發生的事情（例如，知道「潛意識」或「次級改變」的相關面向），也要能處理實務方面的事務（例如，進行詮釋，提供同理的反應，協商治療契約）。

很明顯的，諮商的歷程是個龐大的主題。任何曾經提過的歷程皆可從案主或治療師的觀點加以探索，或由外界超然的觀察者來檢視。此外，發生的事情會以不同程度的察覺與能見度同時出現：總是會有隱藏、秘密的歷程在每位參與者的意識中展開。Elliott（1991）

認為，將諮商中川流不息的諮商歷程拆成不同的單元，並以時間來劃分，將會很有幫助：

- 輪流談話（互動單元），包含某一名談話者對於另一名談話者之談話的反應。這可視為持續一或兩分鐘的微歷程（micro-process）。
- 主題情節，由一系列的輪流談話組成，各圍繞著某個共同的任務或主題。這個歷程單元偶爾被敘述為治療事件（event），時間持續數分鐘。
- 晤談回合（場合單元）。
- 處置（關係單元），治療關係的整個期間。

這些單元代表「觀察」諮商中發生之事的不同方式。分析微歷程就好像透過顯微鏡觀察諮商；檢視全部的治療歷程就好比用望遠鏡看最遙遠的地平線，以建構地圖。

本章將介紹近年來探討諮商歷程特別有影響力的理論與研究內容。此一領域還有極大的潛力留待發掘，有興趣學習更多的讀者建議參閱Greenberg與Pinsof（1986）、Hill（1991）、及Orlinsky等人（1994）的著作，以取得此一主題更廣泛的文獻。諮商歷程對研究的涵義，包括探討如何記錄、測量或觀察歷程中的因素而不會無助益地干擾實際的諮商關係，將於第17章討論。

諮商的歷程：開始與結束

從探討整個治療歷程的模式開始最合理，因為晤談回合中其他

規模較小的歷程、事件、或微歷程，一直都包含在整個諮商歷程所提供的更廣範圍的脈絡中。許多諮商學者試圖要將治療的歷程分成三個概略的階段。例如，Mearns與Thorne（1988）談到了「開始」（beginnings）、「中段」（middles）、及「結束」（ends）。Egan（1994）的「問題管理」（problem management）取向分三個主要階段：幫助案主找出與澄清問題情境、發展建設性改變的計畫、以及達成目標。

諮商的起始與結束階段可以進一步區別出分立的要素或任務。例如，開始階段可能包括期望的協商、諮商合適性的評鑑、治療同盟的形成、合約的擬訂、協助案主說出他們的故事等等。最後階段可能涉及了結束前的交代、轉介、處理失落的議題、確保案主所學能應用到真實的生活情境裡、對於復發的預期與預防、以及追蹤晤談的規劃。上述諮商歷程的每一面向均能成為理論與實務的關鍵議題。

案主的期望（expectations）在文獻中獲得了相當數量的關注。探討諮商之社會與歷史根源的研究（詳見第2章）指出，在其他文化中存在著許多為人接受的助人形式— 例如，性靈與宗教的引導、醫療處理、以及甚至尋求鄰居的忠告 — 都比諮商更具指導性與權威性。此外，非西方文化的人們對於自我所持的信念可能難以跟西方的諮商模式相容（詳見第9章）。因此，諮商員與諮商機構方面往往需要考慮這些因素。

對諮商之期望的研究報告顯示，人們對於不同取向覺得可靠或偏好的程度有相當顯著的差異（Shapiro 1981; Rokke *et al.* 1990; Galassi *et al.* 1992; Pistrang and Barker 1992; Wanigaratne and Barker 1995）。另有證據顯示，案主若接受符合其期望的諮商，則更有可能

改善，特別是短期諮商（Morrison and Shapiro 1987; Hardy *et al.*
1995）。顯然，人們尋求心理協助有不同的來源，因此在進入諮商時
可能已帶著期望，而此等期望會受到過去的處理型式之影響。在跨
文化諮商中，這是主要的議題，因為案主可能在過去已諮詢過在地
的治療者。特殊團體的案主對於其需求有非常明確的期望。例如，
Liddle（1997）發現，許多男同志與女同志案主會花大量的時間與
精力去找尋他們「肯定的」諮商員或治療師。

　　許多潛在的案主對諮商運作的方式可能不清楚的事實，使一部
份的執業者去發展與評估如何提供適當資訊的方法：例如，角色引
導的影片或小冊子。Beutler與Clarkin（1990: 187-96）的著作對這些
技術的使用有絕佳的論述。

　　可以指出的是，尋求諮商前的期望與偏好之重要性經常被諮商
員低估。諮商的場景 — 代理機構與諮商室 — 對諮商員是熟悉的。
諮商員也徹底瞭解諮商晤談的規則。除此之外，大部分的案主會認
為諮商員是高地位的「專家」。基於這些理由，案主可能會受控於諮
商情境，因而難以表達對於應該發生哪些事的假設與希望。往往，
只有在案主不再出現時，這種案主與諮商員之間對於期望與界定的
搭配錯誤才會攤在陽光下。事實上，多達三分之一的諮商契約是以
這種方式告吹。在某些案子裡，案主可能相當滿意，然而，在其他
的例子理，案主因為得不到他們想要的而一去不回。

　　諮商之開始階段的特色是**評鑑**（assessment）的歷程。許多諮
商員或諮商機構明白地區隔評鑑晤談或「接待」晤談和正式的諮商
之別。在一些地方，評鑑是由諮商員以外的某個人進行。評鑑能滿
足各種目的（參見表12.2），包括衡量案主是否將從提供的諮商中獲
益、提供給案主足夠的資訊以做決定、以及告知次數、時間表、以

表格 12.2 諮商前進行正式評鑑的理由

建立和諧關係

進行臨床診斷

評鑑案主的優點與弱點

提供資訊

使案主有被瞭解的感覺

促進對案例的入手構想或規劃

給予希望

蒐集文化上的需求與期望等資訊

解釋治療發揮功效的方式；獲得案主被告知後的同意

讓案主有詢問的機會

讓案主淺嘗治療的味道

激勵案主；防止缺席

安排任何可能需要的進一步評鑑（如醫療上）

選擇適合治療的案主

為案主選擇治療法或治療師

做為案主決定是否接受諮商的基礎

進行實際的安排

提供用於研究或審查的資料

及費用。有一些諮商員使用標準化的心理測驗做為評鑑階段的一部份（Watkins and Campbell 1990; Anastasi 1992）。這些測驗可以用來評鑑各種心理變項，如焦慮、憂鬱、社會支持、及人際功能。其他諮商員在進行真正的評鑑訪談前，會使用開放式問卷供案主填寫

（Aveline 1995; Mace 1995a）。

　　評鑑的性質大量依賴諮商員或諮商機構所使用的理論架構，其實務的連續譜也相當寬廣（Mace 1995b; Palmer and McMahon 1997）。整個來說，心理動力諮商員與心理治療師認為，對當事人進行深度評鑑是必要的，目的是找出心理動力架構的關鍵特色。例如，Hinshelwood（1991）指出，這樣的架構應探索客體關係的三大領域：目前的生活狀況、幼年期的客體關係、以及與評鑑者的移情關係。Hinshelwood也認為，其他可以蒐集到的有用資訊還包括評鑑者對案主的反移情反應、以及案主對於未發掘的部份素材之「嘗試詮釋」（trial interpretation）的因應能力。Coltart（1988）將「心理在乎度」（psychological mindedness）做為能接受長期心理動力治療的重要標準。

　　相對而言，偏重行為的諮商員認為，為了找到實際、可達成的治療目標，評鑑是必要的（Galassi and Perot 1992）。最後，人本或個人中心諮商員傾向不用正式的衡鑑，因為他們並不願意給案主貼上標籤，也不以「專家」的立場自居。有一些偏人本取向的諮商員可能會用「質性」的評鑑方法，邀請案主參與整合在諮商晤談中的學習／評鑑活動。這一類評鑑的例子可能會使用生命線（lifeline）來引導案主察覺在自身的發展中的關鍵點、與重要他人的關係、以及價值觀（Goldman 1992）。

　　Halgin與Caron（1991）提出一組諮商員與心理治療師應拿來自問的關鍵問題，以考慮要不要接受或轉介一名潛在的案主：

• 此人是否需要接受治療？
• 我是否認識此人？

- 我能否勝任治療這名案主？
- 我個人對該案主的反應是什麼？
- 我在情緒上是否能處置該案主？
- 當事人對我覺得舒坦嗎？
- 案主能負擔我的治療費用嗎？

有時候評鑑訪談的結果是將案主轉介到另一個代理機構。這個歷程對案主與評鑑者兩者皆會激起強烈的感覺（Wood and Wood 1990）。

橫跨這些不同的評鑑方式是，諮商員與案主分享其評鑑報告的程度。有一些諮商員與心理治療師可能會提供給案主一份書面報告（如Ryle 1990），或可能一起分析測驗結果的資料（Fischer 1978）。此外，外在因素可能也會影響使用正式衡鑑的程度。例如，在美國，如果諮商員與心理治療師首度診斷某位案主，他們只能向健康保險公司索取費用，然後進行符合診斷分類的治療方式。

幾乎沒有多少研究探討評鑑對案主參與治療的實際影響，從結果或其他變項來看。Frayn（1992）曾檢視對八十五位申請精神分析或長期精神分析的案主所進行的評鑑。約有四分之一的案主中途便放棄治療。與留下來繼續治療的案主比較，那些中途放棄的案主較缺少動機，心理在乎度較低，且較不能容忍挫折。除此之外，在評鑑時，他們的治療師對於提早放棄的案主會體驗到更多的負面情緒。這份研究的結果支持了過去提出的許多評鑑原則，包括諮商員應確定自己能否充分接納案主並能有效輔導的準則之重要性。

可以理解的是，決定要不要評鑑、以及選擇何種評鑑，掀起了相當多的爭議。這些爭議在Mace的著作中（1995b）有透徹的評

論。

　　在諮商的啓始階段，接著評鑑之後，諮商員的主要任務之一是，與案主建立起建設性的工作同盟（working alliance）或治療同盟（therapeutic alliance）。通常認爲這是Bordin（1979）提出的概念，他認爲，和案主接觸的早期階段，諮商員需注意同盟的三大關鍵面向：第一，彼此同意治療的**目標**。第二，案主與諮商員需要互相了解彼此的**任務**。如果想要成功，每個參與者在治療期間實際應**做**些什麼？第三，案主與諮商員之間必須有良好的人際關係或鍵結（bond）。第五章曾提到這個模式在Rogers的「核心條件」之根源。大量的證據顯示，治療同盟是所有治療能夠成功的必要要素（Orlinsky *et al.* 1994），即使是行爲治療法。Saltzman等人（1976）所進行的研究發現，同盟有必要在第三次晤談時便應加以鞏固 ─ 如果那時候不能建立，那麼將很可能就沒有建立的一天。

　　近年來有相當多的研究探討與治療同盟破裂（rupture）有關的歷程（Safran *et al.* 1990）。在另一項相似的研究中，Hill等人（1996）調查諮商員輔導案主時產生僵局（impasse）的經驗。這些研究的發現恰好符合Mearns（1994）的看法，缺乏治療上的進展，或他所謂的「黏滯」（stuckness），往往與諮商員**過或不及的涉入**有關。

　　成功的協商期望、評鑑的完成、以及形成建設性的治療同盟，便能引領進入諮商主要的「工作」（working）階段。需要注意的是，在某些情況下，諮商的進展並不會依循這條平整的道路行進，往往，諮商員與案主會被迫重新探討其關係的「基本面」。不管如何，當諮商進行得還算不錯時，將會有一階段是諮商員須與案主一起努力去產生有成果的學習、洞察、或行爲改變。有數種不同的方式可以理解此處的基本改變歷程。爲了好好探討這個主題，這些改

變的模式會以一個獨立的小節來論述，就在下面。此時我們先回到
結束的問題，以及治療完成後發生的歷程。

　　諮商員在結束（ending）階段所面臨的挑戰是，妥善利用此一
諮商階段爲案主謀取最大的福祉。此一階段的目標包括鞏固與維護
已有的成果、使學習能類化到新的情境中、以及利用結束所勾起的
失落與／或失望經驗，當做案主能以新的洞察去處理在其他情境中
之類似情緒的焦點。在處理結束方面，發展最完整的策略是認知行
爲取向的復發預防（relapse prevention）模式（詳見第4章），以及短
期的心理動力治療法曾嚴謹地探索與依附與失落有關的主題（詳見
第3章）。Ward（1984）曾討論過案主結束諮商前的預備度（readi-
ness）等艱難的問題。DeBerry與Baskin（1989）的研究發現，公立
部門與私人執業的治療師所使用的終止準則顯著不同。在公立診所
中工作的治療師指出，結束治療最常見的原因是治療師的案件負擔
超載或行政管理方面的因素。相對來看，私人診所的治療師幾乎毫
無例外的都說，結案是因爲案主或治療師有一方（或兩者）相信治
療目標已經達成。情況也許是許多諮商員與心理治療師對結案所表
達的深度關切被過度陳述了。有少數的研究曾探討案主對結束的感
覺，其中Fortune等人（1992）發現絕大多數的案主感到自豪與成就
感。

　　然而，在大多數的諮商實務中，結束往往未經規劃或相對而言
令人感到突然。有時候案主會突然就不來了，或因爲他們對治療的
幻想破滅了，或因爲他們已得到所需，或因爲現實的原因像是居
住、照顧小孩、交通或工作。有時候諮商員可能會是發起結束的一
方。諮商員或因獲得另一份工作，或因訓練輪調而搬到別處，或遭
到解雇、懷孕、生病、去世。每一種結束的原因，對於諮商關係與

案主都有獨特的衝擊（Penn 1990）。

　　有一類特別的結束是轉介（referral）給另一位諮商員或代理機構。轉介可在一開始的評鑑之後就進行，或在諮商進行數回合之後才發生。例如，在某些諮商場合下如EAP（詳見第1章），案主只能參與有次數限制（有時候不超過六次）的晤談，一旦超過次數，便須轉給另一位治療師。轉介的經驗對諮商員與案主都不好受（Wood and Wood 1990）。

諮商的中間部份：改變的歷程

　　改變是諮商的中心，諮商的各個取向皆環繞著改變如何與為何發生、以及諮商員為了促進改變能做些什麼等想法而建立。Rogers、Gendlin、與他們的同事所提出的改變七階段模式（第5章），或Prochaska與DiClemente的改變階段模式（第4章），都是改變理論搭配基礎穩固的理論取向的例子。這裡可能無法論及所有的改變理論。不過，我們將試著提供一種跨越特定理論架構的整合方式來瞭解改變歷程。

　　首先要探討一個特別的改變理論，即同化模式（assimilation model），由Stiles等人提出（Stiles *et al.* 1990; Stiles 1991, 1992; Barkham *et al.* 1996）。該模式背後的基本理念是，個體所抱持的世界觀，或一套認知基模，會引導著當事人的行為。新的經驗需要同化到上述的認知基模裡，才能夠加以理解或認識。不能同化到基模的經驗會導致在基模自身中產生改變的歷程，即進行調適。這個理論基本上是從Piaget學派的發展心理學擷取出來的，但與大多數的治療模式相容。因此，它是一種跨越理論或整合性的模式。

　　同化模式最有趣的面向是，它指出了同化發生時的一系列階段
或歷程。在治療中，最明顯的同化歷程之發生與問題經驗（prob-
lematic experiences）有關。案主說出痛苦、或甚至不盡然意識得到
的經驗，而諮商員或治療師的任務則是幫助案主「加以消化」到他
們的世界觀中，使它變得令人感到熟悉，使案主能坦然輕鬆地面對
一開始覺得有問題的想法或感覺。同化歷程的摘要見表12.3。在歷
程的一開始，問題被避開，案主未報告任何強烈的情緒。然而，當
問題逐漸突顯出來時，從浮現出不想要的想法到模糊的察覺，案主
可能產生很強烈的感覺。隨著歷程持續進行到澄清、洞察與舒通，
問題所引起的情緒變得更能控制且較不強烈。

　　同化模式將數種不同理論模式的觀點結合在一起。可能無法意
識到問題的概念反映在「逃避」（warded off）階段。人本或個人中
心取向皆假設，有治療效果的改變，需要接納原始的感覺與舒通後
的感受，這也呼應了模糊察覺的階段。行為上「舒通」（working
through）的重要性也在該模式的後幾個階段中掌握到。很重要且須
注意的是，並不是所有案主在治療中都會從階段0開始一直持續到階
段7。案主進入治療之前可能便已模糊察覺到是什麼困擾著他們，或
甚至能夠陳述問題。同樣地，案主可能在他們能處置問題之前便已
離開治療，這或因為治療的時間不夠長，或因為所獲得的洞察或能
陳述問題對當時的他們便已足夠。此外，案主可能同時有兩個或兩
個以上的問題經驗，但也許只以其中之一為治療的主要焦點。同化
模式如何能應用在個別的案例中，這方面的例子可參考Stiles等人
（1990, 1992）的著作。同化模式對於執業者的吸引力在於，它使執
業者可以感受到「案主的處境」，以及整個來說「他們正朝哪個方向
走」。它也使人得以瞭解當案主停止談論某個話題時是發生了什麼

事：可能因為他（她）已經同化了問題經驗而認為不需要再討論。最後，同化模式對於諮商員反省其促進技能，是個有用的刺激。有些諮商員或許很能夠促使案主將逃避的感覺攤在陽光下，但是在幫助案主獲得洞察方面卻較無成效。

　　另一個探索類似領域的改變模式是Bucci（1993）的多元處理模式（multiple processing model）。她對於資訊處理的口語模式與非口語模式做了根本上的區隔。治療中的案主，在有些階段裡的談話中，會透過表情、語調、或肢體語言，溝通其感受、心像、與情緒。在另一些情況中，他們又能以理性、深思的態度來表達其理解與洞察。諮商員與治療師的挑戰在於，協助案主啟動從上述第一種狀態進行到第二種狀態的旅程，即從Bucci（1995）所稱的次符號（subsymbolic）處理到符號（symbolic）處理。非口語與口語的資訊處理之間的連結是透過參照活動（referential activity）來達成，這是指將抽象、符號性的概念與原始感覺放在一起的方式來使用語言。通常，參照活動是以說故事的形式進行。案主以概括化的感覺開始，圍繞著這些感覺說一個故事，接著回顧故事當中的意義。Bucci在此處提出非常有力的主張，指出在同化模式的第三階段（問題陳述／澄清）很可能會發生的情形。就像同化模式一樣，Bucci的多元處理模式代表一種整合性的改變理論：

> 在認知—行為、建構、存在、以及心理動力等取向中，也許可
> 以看出一個共通的基礎。以不同的方式，所有這些取向全都認
> 清了經驗在非口語範疇中的重要性、語言在連結與影響非口語
> 經驗的力量、以及符號化歷程的調適效果。
>
> （Bucci 1995: 119）

治療性事件的性質

　　前面幾節討論的模式，並不能輕易地與Elliot（1991）所提供的分類相符。同化的歷程可以發生在好幾次的晤談回合中，可以發生在單獨一次的晤談回合中，或想像得到的，甚至在單一治療「事件」的領域裡就得到舒通。這種定義性的問題內含在對歷程的任何討論中：幾乎不太可能明確的說，何時一個歷程會結束，而另一個接著開始。視治療歷程為不可分割、重疊、相互交織，是有一些道理。然而，許多諮商員與治療師發現，以一系列顯著的改變事件（change events）來看待歷程將會很有幫助。這一類事件可以是晤談中特別強烈、有意義、以及能夠回憶的情節。它們是「發生某件事」的時刻。

　　截至目前為止，對改變事件進行最完整的分析，可以在人本取向的Greenberg等人（1993）之研究成果中發現。他們的想法在第5章提過，其假設是，當案主表達某個特定的議題時（如困境或自我苛責的傾向），就治療師這一方而言，會有一系列特定的行動或任務格外有幫助與恰當。另一種理解助人事件的方式是，由Mahrer等人提出，他們試圖以「好時光」（good moments）的方式來瞭解治療的價值（Mahrer *et al.* 1987）。

諮商員做些什麼？以諮商員的行為與意圖來界定歷程

　　欣賞諮商歷程還有一種方式，就是將焦點集中在諮商員的行為上，以及此等行為對案主的影響。很明顯的，如果能夠指認出諮商

表格 12.3 諮商中問題經驗的同化階段

0 **避開**（*warded off*）。案主並未察覺到問題。回應可能極少，反映了成功的逃避。

1 **不想要的想法**（*unwanted thought*）。案主寧願不去回想當時的經驗；話題由治療師或外界的情境提起。情緒涉及強烈但未集中的負面感受；它們與案主的關連可能不清楚。

2 **模糊察覺**（*vague awareness*）。案主察覺到問題經驗，但不能清楚地表述問題。情緒包括激烈的心痛或與問題經驗有關的恐慌。

3 **問題陳述／澄清**（*problem statement/clarification*）。內容包括清晰地陳述問題 — 某件可能發生的事物或正在處理的事物。情緒負面但能控制、不驚慌。

4 **瞭解／洞察**（*understanding/insight*）。問題經驗以某種方式加以明白地陳述與瞭解。情緒可能很混雜，有些不愉快的認清，但也有一些愉快的「啊哈」（aha）之類的驚喜。

5 **應用／舒通**（*application/working through*）。上述的瞭解被用來處理問題。情緒的狀態正面、處理商業事務般的態度、樂觀。

6 **問題解答**（*problem solution*）。案主獲得了對特定問題的解決之道。情緒正面、獲得滿足、因成就而驕傲。

7 **精熟**（*mastery*）。案主自動地概括化解決之道。情緒正面或中性（即，問題不再能令人感到興奮）。

來源：Stiles *et al.*（1990, 1992）。

員這些必然與好結果有關的行動，那麼就應該儘可能訓練與監督諮商員，使這一類反應的頻率最大化，並降低較沒有幫助的互動之頻率。Clara Hill與她的同事們已發展出一份廣受使用的諮商員與案主之反應模式的清單（見表12.4與12.5）。

歷程的隱密構面：幕後發生了什麼事？

　　諮商歷程最迷人的面向之一是，案主及諮商員皆隱瞞著對方大量的資訊。諮商員之所以常使用諸如移情作用、反移情作用、抗拒、誠摯、以及眞誠一致等基本理論概念來理解治療歷程，是根據在大部分的時間裡，諮商關係的參與者雙方都會監視他們所想的、選擇他們想要說的話、以及試圖控制他們在非口語方面的溝通這樣的事實上。假若分析歷程的目的在於更完整地瞭解在治療時眞正發生的情形，以促進療效，則最有效果的策略之一是，注意有哪些是**沒有**被說出來的。Regan與Hill（1992）曾進行一項研究，要求案主與諮商員在每次晤談結束後列出「沒說出來的話」。

　　Rennie（1994a, b）發現，在諮商的案主經驗之研究計畫中，案主選擇各種方式來隱藏他們的想法、感覺、及意圖。例如，在案主覺得諮商員誤解他們或問了無關緊要的問題時，案主可能以什麼都不說的方式來回應諮商員。另一些案主對Rennie（1994b）提到，有時候他們表面上談論著不是那麼重要的話題，但私底下卻想著另外的議題，或衡量他們是否準備好提出有特別事件的故事，或非常痛苦或令人難堪的經驗。

　　這些研究的涵義在於強化一個觀念，即任何諮商的晤談中都有許多「幕後」的事情發生著。因此，爲了要瞭解歷程，便須儘可能找到進入隱藏題材的管道。在訓練或研究情境中，使用人際歷程回想（interpersonal process recall, IPR）的方法頗爲實用，這是一套有系統的方法，邀請雙方聆聽（通常會分開來）諮商晤談的錄音帶，並爲他們在原始互動中的體驗做一註解。若這項作業是在晤談後的24小時內進行，參與者便能直接回想起很多發生過的事情。回憶訪

表格 12.4 治療師的口語反應類別

認可（*approval*）

提供情緒上的支持、認可、安慰、或增強。可能意味著同情，或將案主的問題看得不重要，以緩和焦慮。

資訊（*information*）

以資料、真相、或來源的形式提供資訊。可能與治療歷程、治療師的行為、或治療安排（時間，費用，地點）有關。

直接引導（*direct guidance*）

這些是治療師建議案主的指導或忠告，晤談時或晤談外該做的事情。

封閉式問題（*closed question*）

蒐集資料或特定資訊。案主的反應有限且特定。

開放式問題（*open question*）

試探或要求案主進行澄清或探索。

釋意（*paraphrase*）

映射或歸納案主以口語或非口語方式所傳達出來的訊息。不要「踰越」案主傳達出來的訊息，或在案主的陳述中增加新的觀點或理解，或為案主的行為提供任何的解釋。包括內容的再陳述、情緒的反省、非口語的參照、以及歸納。

詮釋（*interpretation*）

踰越案主明白確認的內容，以提供理由、替代性的意義、或新架構等方式，來解釋案主的情緒、行為、或人格。這可能會在看似獨立的陳述或事件之間建立起關連；詮釋防衛、感受、抗拒、或移情作用；或將目前事件與過去事件予以連結，以指出行為與人格方面的主題、型態或因果關係。

面質（*confrontation*）

指出差異或相互矛盾之處，但不為這些差異提供理由。差異可能是

言談與行為之間，案主曾提過的兩件事情之間，或案主與治療師的
認知之間的差距。

自我坦露（*self-disclosure*）
分享感覺或個人的經驗。

來源：Hill（1989）。

談進行得越晚，當事人記得的就越少。在每天進行的諮商當中，倫
理與現實上的限制不太可能使用IPR。在這樣的情況下，案主隱藏
的歷程只會達到他們選擇在晤談中揭露與探索的程度而已。然而，
對諮商員來說，檢視他們在諮商中的內心經驗是可行的，他們可以
在晤談後在筆記上寫下他們的感覺與案主的言行，並與督導一起探
索這個主題。

歷程的綜合分析：結合不同的面向

　　本章已經討論了諮商歷程各種不同的面向。目前給人的印象很
有可能是，歷程這整個主題是如此複雜與難以捉摸，以致於幾乎不
值得認真去思考。對諮商員來說，危險在於可能會迷失在歷程中，
隨著愈來愈多層意義的發掘，致使最單純的治療活動在它自身重要
性的負荷下也感到艱鉅。儘管如此，或許大多數的諮商員會被要求
進行一次或一次以上的「歷程分析」，當作訓練的一部份。經驗老到
與合格的諮商員可能察覺到他們需要瞭解更多有關他們輔導案主的
歷程，這也許是在受到監督的背景下，或須寫下有關運用新技術後
或輔導某位不尋常案主的歷程，以供日後發表。這一節的目標是要
敘述一些原則，藉此，執業者自己能有系統地分析諮商的歷程。這
些原則取自綜合歷程分析（comprehensive process analysis, CPA）的

表格 12.5 案主的口語反應類別

簡單的反應

簡短、有限的語句，可能表示同意、知道、或贊同治療師所說的，也可能表示不同意或不贊同，或以特定的資料或事實簡短地回答治療師的問題。

請求

試圖獲得資訊或忠告，或把解答問題的責任加諸治療師身上。

敘述

用說故事或敘事的風格談論與問題有關的歷史、大事或事件。這樣的人較有興趣的是描述曾經發生過的事情，而非表達情緒反應、理解、或去解決問題。

體驗

指情感上豐富地探索有關自我或問題方面的感覺、行為、或回應，但並不求對因果關係的理解。

案主－治療師關係的探索

指跟治療師或治療情境有關的情緒、反應、態度、或行為。

洞察

意指案主瞭解或能夠對自己或別人的行為或人格中看清某一主題、型態、或因果關係。經常會有「啊哈」的反應。

計畫的討論

指行動導向的計畫、決定、未來目標、以及計畫可能的結果。案主表現出一種想要解決問題的態度。

沈默

指治療師與案主之間的談話停住四、五秒，或案主簡短反應之後立即暫停。

其他

指案主的陳述與問題無關，例如恭維或評論天氣。

來源：Hill（1986）。

方法，由Elliott（1984）所提出。

　　在歷程的綜合分析中，第一步是記錄諮商的晤談，利用錄音帶或錄影帶都可以。儘管有些諮商員在晤談結束後能夠製作非常完整而精細的歷程筆記，但毫無疑問的，即使是最完美的筆記也會挑選並「消弭」（smooth）所發生的複雜眞相，而且任何時候都可以從記錄帶中找出內容來探討總是較佳的選擇。歷程分析的下一步通常是將記錄帶的內容或記錄帶中的關鍵部份膽寫下來，這樣便更能夠詳細地注意特殊的字、句、及順序，並且在文字中吸引人或重要的片段上加註。近年來的發明使得記錄帶的資料具有傳輸到個人電腦的能力，如此一來可使註解能儲存與維持在原記錄的旁邊，及減少抄寫的需求。但截自本書完稿的時間爲止，這項科技剛在起步，還不可能證實對於將歷程的資訊與分析傳給更多人確實是個有效的方式。

　　進行歷程分析的第三項作業是瀏覽晤談的記錄帶或記錄文件，找出值得進行更完整詮釋與分析的重要事件。目前有許多辨認事件的準則。例如，Elliott（1984）通常會在晤談結束時要求案主列舉並描述自己覺得幫助最大（most helpful）或妨礙最大（most hindering）的事件。Mahrer等人（1987）選擇治療師認爲代表著「好時光」（good moments）的事件。Angus與Rennie（1988, 1989）由於對於隱喻在治療中的角色感興趣，使他們把注意力投注在治療師或案主運用到小說或震撼性隱喻的事件上。Elliott等人（1990）由於希望探索

「洞察」在認知—行為與心理動力諮商裡的意義，也因此把焦點放在取自這兩種治療模式的洞察事件（insight events）上。這些都是研究報告的例子。但令人震撼的是，在閱讀諮商員與治療師發表的個案研究、或傾聽諮商員在接受督導下講述其案例時，對案例的討論往往全然依賴著關鍵時刻或事件的意義與重要性。

　　一旦發現某個事件無論就理論或實務的理由來看都很重要時，儘可能收集發生在事件中的隱密（covert）歷程之資訊會很有幫助，此時或許可以使用IPR。雖然在原則上，可能都會邀請案主與諮商員去回憶他們的想法與感覺，但尋求案主合作這一類的事情卻牽涉到敏感的倫理議題。如果「邀請者」是案主實際的諮商員，那麼會有形成一種毫無幫助的「雙重關係」（dual relationship）（詳見第14章）之危險，案主將在研究的參與者與諮商治療的接受者這兩個角色之間不知所措。

　　一旦某個事件由「沒說出來」的附加物所「填滿」，那麼也許可以進行分析該事件的構成意義與歷程。這需要仔細的思考下列問題：

• 實際發生了哪些事？在該事件本身的期間裡，諮商員與案主互動的次序為何？
• 哪些微歷程（如諮商員的反應與隱藏的反應）是構成該事件的要素或「礎石」？
• 該事件在晤談回合、改變歷程的階段、或整個治療中的意義性為何？換句話說，是什麼導致了該事件，該事件的結果又是什麼？

　　一旦找出了這些關鍵歷程的問題之答案，把已經發現到的各個面向結合在一起，可能會有助於運用現有的理論架構。換言之，分析歷程以區辨觀察（observation）與詮釋（interpretation）的差別，一般來說會很有用。第一步是敘述發生過的事，儘可能不放過任何細節。雖然任何敘述或觀察在某種程度上都會受到觀察者本身的理論假設或概念化語言的影響與引導，但努力「除去」這些假設並觀察其中的內容仍然很有價值。

　　在實務上，有兩種技術對於組織歷程分析所產生的素材方面會很有幫助。第一種是只將事件期間發生的事寫下摘要 — 事件的詳細「故事」— 然後再分開進行事件的分析與詮釋。第二種方法是將一頁分成數欄，其中逐字稿或敘述說明放在左邊的欄位，而評論或反應的類別（也許使用Hill的分類表）放在右邊的欄位。利用這種方法可以有效的為行別標號碼，如此一來任何後續的分析或詮釋可以回頭參考在謄稿中哪些特定的時間點說了哪些話。

　　依循這些路線進行的歷程分析範例，可以在Elliott（1983）、以及Elliott與Shapiro（1992）的著作中發現。重要而須注意的是，這些出版的著作比一般學生或開業者能夠完成的歷程分析要更富雄心與費時。儘管如此，同樣的原則仍能應用於小規模的歷程分析。大多數進行這一類歷程調查的人指出，這對他們個人非常有幫助，不僅對於諮商的歷程，也對於在歷程中自己的角色產生了新的洞察與理解（Grafanaki 1996; Rennie 1996）。

結論：理解歷程

　　諮商歷程指治療晤談時所實際發生的事情之流動（flow）。對

於任一方而言，大部分的流動可能超越任何意識的控制，因為它發生得太快，或因為它具有如此多元的面向而錯綜複雜。但這就是諮商員必須工作的環境。除非您是一位舊式風格的家族治療師，否則要案主等一等，使您離開房間去諮詢其他同事下一步該怎麼做，或播放影帶倒回去檢查曾說過或做過什麼，不會有任何好處。瞭解歷程的價值在於能使諮商員對可能會發生的情況更加敏銳，它能幫助他們看清（see）。Ivey（1995）曾描述諮商為一種有意圖（intentional）的活動。生活中，我們大多數都不知情地學會了對別人有益的一些做法。要成為一名好的諮商員，有必要將此一技能在需要時加以延伸，知道何時要多用點同理心，以及何時該進入互相合作的問題解決模式。歷程的理論與模式以及綜合歷程分析的實施，是用來減緩與停止歷程之流動的工具，使能有足夠時間去體會意圖性活動的不同作法與案主的關聯。

本章摘要

- 歷程是討論諮商當中對於實際發生的事情之體驗時所廣為使用的概念。

- 雖然歷程有許多不同的意思，但它們所指的全是諮商晤談中有關改變、移動、以及活動的意義。

- 將整個歷程拆成三個概略的階段是有幫助的：開始、中段、結束。

- 在諮商的初期，部份關鍵的要素包括對期望的協商、對案主的評鑑、以及治療關係的形成。

- 在諮商的結束階段，關鍵的歷程包括處理失落感、學習成果的維護、以及轉介。

- 諮商的中段是產生大部分學習與發生改變的階段。

- 改變歷程有兩個有用的模式分別為同化模式及多元處理理論。

- 對於顯然有益或妨礙的**事件**進行分析，做為進入諮商歷程的窗口，通常會很有價值。

- 有些研究人員試圖以諮商員所表現的一套行為或所持的一組意圖，來理解諮商中的改變歷程。這種方法用在訓練諮商員方面格外有用。

- 大多數發生在案主與諮商員身上與他們之間的歷程是私密而隱藏的；探索諮商晤談中沒有說出來的部份往往很有用。

- 對於在諮商的背景中，有興趣探索歷程的執業者或學生／受訓員，可能會發現綜合歷程分析法是一套很有用的指引。

- 研究與了解歷程的目標在於協助諮商員在意圖方面更為主動，知道自己做的是什麼，以及能採取對於案主最有益的做法。

討論問題

1 試回顧您身為一名案主的經驗，或在較不正式的情境中受到別人幫助的經驗，您能從中找到特別有益或妨礙的事件嗎？是哪些特徵使它們成為有益或妨礙的事件？

2 依您的看法，對案主的系統化評鑑是否必須或有用？評鑑在哪

些方面可能會影響案主尋求諮商的動機？

3　試回想諮商的結束對案主可能會有哪些不同的意義；例如，限
　　制為十二回合且口碑一直很好的諮商晤談。案主對結束會有何
　　感受？在最後一回合快要完畢時，他們的行為可能會有何改
　　變？諮商員將會有哪些行為與感受？有哪些是不會說出來的？
　　討論沒說出來的話會有何幫助？

4　同化模式可應用到所有形式的諮商至何種程度？此一模式跟洞
　　察導向、探索性的取向，諸如心理動力與個人中心取向，是不
　　是最有關聯？

5　案主的期望如何影響他們在諮商中的舉止？諮商員應該做些什
　　麼來協商案主的期望？

關鍵辭彙與概念

assessment	評鑑
assimilation model	同化模式
beginnings	開始階段
change event	改變事件
comprehensive process analysis	綜合歷程分析
emotional processing model	情緒處理模式
ends	結束階段
expectations	期望
impasse	僵局
interpersonal process recall	人際歷程回憶

interpretation	詮釋
middles	中段
multiple processing model	多元處理模式
observation	觀察
preference	偏好
process	歷程
referral	轉介
relapse prevention	復發預防
response modes	反應模式
therapeutic alliance	治療同盟
working alliance	工作同盟

建議書目

再也沒有比Carl Rogers在1950年代與1960年代對諮商的歷程所談到的更完善的了。大多數的人都閱讀過《On Becoming a Person》（Rogers 1961）一書中的「心理治療的歷程觀」（A process conception of psychotherapy）。更多人閱讀過《Client-centered Therapy》（Rogers 1951）。

除了Rogers以外，讀者可以探索兩本有關評鑑非常實用的書：Mace（1995b）、及Palmer與McMahon（1997）。雖然有一些有於治療同盟的部份，不過這一類的文獻多數枯燥而偏技術。Bordin（1979）的重量級論文仍然值得一讀，Clarkson（1995）對於了解治療關係與形成同盟的各種不同方式提供了完整的檢

視。

有兩本書以研究為基礎，不僅引人入勝且易於閱讀。第一本書是Clara Hill（1989）的《Therapist Techniques and Client Outcomes》。這本書披露了輔導八位憂鬱症案主的短期治療之歷程分析。不想整本書都看的讀者，將發現讀過其中一、二個案例，便能給予許多思考的素材。其中有一些技術性的資訊是有關給案主與治療師來回答的測驗，但也有許多以訪談治療師與案主為根據的敘事文。有趣的是，Hill之所以進行這項研究並寫下這本書，是因為她並不相信所謂的「非特定」（non-specific）因素（詳見第10章）的看法，希望證明特定的治療介入對治療的成功非常重要。

作者鄭重推薦的第二本著作是Toukmanian與Rennie（1992）的作品。這本書有許多的趣味，不過在閱讀本書時， 以Rennie探討案主隱藏的經驗開始，或許是個較好的起點，然後是Elliott與Shapiro的文章，內有披露綜合歷程分析的好實例。

 諮商的政治議題

前言

　　一個貫穿本章所有主題的關鍵問題是，諮商關係中權力（power）的性質。諮商員與心理治療師一般而言在社會上享有特權、地位、與受到尊敬。大多數的時候，諮商是發生在諮商員所界定與掌控的空間中：治療師清楚「遊戲規則」。在這同時，照定義來看，案主是需要幫助的人，容易受到傷害。當案主是遭受壓迫或「弱勢族群」（minority）的成員時，更增加了易受傷害的脆弱性。因此，諮商情境的特徵是有可能產生頗大的權力差距。不過，對許多執業者與諮商機構來說，對案主賦權（empowerment）是諮商的核心目標。這種明顯的緊張如何能消除？諮商員與案主的權力不均如何能為後者謀福祉？諮商室中權力的動態情形會如何？

　　回溯歷史，諮商取向的第一波—心理動力、個人中心、與認知—行為—幾乎不太在乎諮商中的權力議題。第二波—系統、女性主義、多元文化、以及敘事—提升了諮商對於社會角色的瞭解。諮商中逐漸增加的倫理與道德方面的議題（第14章），反映了諮商本身與外部的法律制度兩者均致力於管制諮商的一些潛在的壓迫面向。諮商中權力的問題，以及諮商是**社會作為**與**政治作為**等概念，也就可以跟本書其他章節所強調的主題與議題一樣獲得瞭解。

　　本章先檢視社會權力的性質。其次則探討壓迫與控制在諮商中可能出現的方式，焦點特別放在社會階級、性傾向、以及宗教傾向等領域。本章將以回顧諮商員與心理治療師如何對抗壓迫與鎮壓來做總結。本章的整體目標是瞭解諮商中的政治行為（politics）。

社會權力與人際權力的性質

　　要瞭解人際權力與社會權力的性質並不是那麼簡單。權力的概念有許多意義，而不同的學者也以不同的方式使用這些意義。然而，將焦點集中於權力的三個基本面向，視之為社會生活的現象，或許會有所幫助：

- 權力差距是普遍的；
- 權力是社會所建構的；
- 權力是個人因素與結構因素的結合。

　　在注意上述權力的要素時，很重要而須明白的是，這個主題已經有相當多的社會科學文獻。有興趣更完整探索這項議題的讀者建議參考Dowding（1996）。

　　權力差距是人類社會組織普遍的特徵，有各種領域的研究發現支持著這項看法。許多生態學的研究也指出動物族群也有地位階級或「啄食的秩序」（pecking order）。由於其龐大的複雜性，較不易觀察人類社會互動中的層級結構。儘管如此，社會心理學的研究有大量的證據支持著權力差距是人類社會生活普遍的特徵。

　　然而，雖然從觀察中可以合理地認為，在動物世界中，有許多階級地位只決定於基因或生物機制（例如體型與力量），但是人類族群的權力卻很顯然是人類社會以複雜的方式建構出來的。在某個情境中，一個人能運用的權力可能決定於其性別、社會階級、種族、年齡、角色，或這些特色的組和。特定的社會屬性對個體賦權的程度，要看其所屬社會團體的歷史。例如，歐洲與北美洲對黑人的壓

迫（去權化，disempowerment）只能理解爲數個世紀以來種族主義的結果，而種族主義又只能由西方社會的宗教信仰與經濟結構來解釋。同樣地，對男同性戀、老人、或身體殘障者的壓迫，也要從他們各自的歷史去探討。

　　壓迫是社會與歷史建構而來的現象，其涵義之一是，權力差距並不只是個人的態度問題，而是深箝在社會與制度的實際結構與實務中。權力差距不是只「在你的腦子裡」，它們「無處不在」。這樣的事實對於僅以心理學爲基礎的諮商取向一直是個問題。心理學對權力與壓迫的觀點是試圖以態度、知覺、與個體的心理病理學等因素來解釋種族偏見、性別歧視、以及老齡歧視。相對下，在現實生活中尋求諮商的人，種族偏見、性別歧視、及老齡歧視等經驗卻是日常生活的實際要素。這些是事實，而且人際權力對身體有實際的涵義，遭受壓迫可能涉及暴力、恐懼、與飢餓，或這些事物的威脅。

　　由歷史與社會建構的權力與控制是權威（authority）權力的根源。一個人有權以某種方式行動是因爲他（她）在社會系統中擁有權威（authority）。日常生活中大部分的人際權力即屬於此類。相對的，在諮商與心理治療中，權力與控制的議題是經由提出個人（personal）權力的概念來探討。個人權力的觀念在Carl Rogers晚年的一些著作中有最清晰的敘述。他認爲個人權力是權威權力的相反。第一，在個人的關係中，例如諮商或心理治療，治療師會放棄以社會結構與權威爲基礎的影響力與控制：

　　　　案主中心取向的權力分享，是治療師有意放棄或逃避對案主的全面控制或爲案主做決定。這是爲了促進案主擁有自己……這

是在政治的層面上以案主爲中心。

（Rogers 1978: 14）

第二，個人的權力涉及發展一套特別的價值觀，以及與別人產生關連的風格：「這些新的個人信任自己的經驗，並且極不信任一切外在的權威」（Rogers 1978: 274）。換句話說，個人權力的來源是自己的內心，而非來自外在的角色與地位。個人權力依靠眞實、眞誠、及同理的能力。Rogers與許多其他的諮商員認爲他們自己是「寧靜的革命者」（quiet revolutionaries），並且視他們的工作爲徹底改革與解放束縛。他們認爲自己提供案主發展「擁有自我」（self-ownership）的機會，由案主做他們自己的決定，以及主張他們自己個人的權力與聲音。最終，這種權力的形式是以愛爲基礎，而不是恐懼。

無疑的，個人權力的概念之中有著深刻的眞實性。然而，也有深刻的矛盾。在他寫出《On Personal Power》一書時，Carl Rogers七十五歲，也許是當時世界上最知名的心理學家。在他的職業生涯中，他已接受了美國學術界所能給予的一切榮耀。他的書賣出數百萬本，而且每次他公開現身，總是獲得無比的尊敬與崇拜。所有人都認爲，Rogers的確有強大的個人魅力，並且對於所有認識他的人之生活有正面助益的影響，但他也是個擁有龐大權威權力的人。這種權威權力的來源可以清楚地在社會系統中找到。他是一個大型專業團體的領袖，已獲得成功科學家的地位，聲望與名譽因出版業而更加提升與市場化。但這些因素卻未包括在對於他身爲一個人的力量之解讀中。從許多方面來看，Rogers處於反映這些因素的理想位置上，但他卻未承認他許多權威與影響力的社會基礎。對他而言，

理解社會以及個體的人際權力之動態變化是如此困難，此一事實正好突顯了問題之所在。

諮商中權力的制度化

Rogers試圖將諮商（或至少是個人中心取向的諮商）描繪為一種顛覆活動，賦予案主具有為自己生活負責的能力，這是吸引許多諮商員的價值觀。然而，可以指出的是，許多社會控制的機制普遍存在於各種形式的諮商實務中，其影響遠非能協助案主解脫束縛與擁有個人權力。這些機制包括：

- 諮商的語言與觀念；
- 作為社會控制的媒介；
- 對空間、領域、時間的控制；
- 取得服務的差別待遇；
- 友誼的變質。

在第14章，將針對諮商情境中可能發生、特殊類型的壓迫或剝削事件之實例加以討論，例如在性或經濟方面對案主的剝削利用，或肢體暴力。這一類事件可視為以此處所討論的更一般化的**權力動力**（power dynamics）為基礎。雖然道德規範與實務準則通常能有效降低虐待案主的特例，但是，這些更一般化的議題某種程度上超越專業道德規範的範圍，並且，更正確地來看，是在二十世紀晚期發展的諮商之內在性質。

諮商的語言與概念

Gergen（1990）認為，諮商員與心理治療師是以「心理缺陷的專業化語言」來談論他們的案主。他指出，廣為使用的治療概念，如「衝動性人格」（impulsive personality）、「低自尊」（low self-esteem）或「懼曠症」（agoraphobia），彷彿是「對心理疾病的邀請」，因為它們蘊涵的意義等於認定案主有「問題」。因此，治療的語言，是用來：

> 為案主上自卑的一課。它們間接告知案主，自己是無知的、不敏感的、或情緒上缺乏理解真實情形的能力。相對的，治療師處於通曉一切且睿智的地位，是案主渴望模仿的模範。由於扮演優越者的角色，治療師未能顯露其弱點，使得情況陷入更令人惋惜的地步。你幾乎看不到治療師的解釋可能基於脆弱的基礎；也幾乎看不到治療師個人的疑懼、怪僻、以及弱點。因此，案主面對的是電影神話中人類無法達到的英雄形象……每一種形式的現代治療法都有「運作完整」（fully functioning）或「良好」（good）的個人形象；就像時裝展示一樣，這樣的形象是治療結果的指引楷模。
>
> （Gergen 1990: 210）

Gergen此處的論點是，描述某種人「有問題」以及另一種人「沒有問題」的語言，不但沒有幫助，而且只會將兩者之間真正的關係反映出來。表達在諮商語言中的不平等會一直留在帳上，並且為諮商實務扮演「指引楷模」的角色。

Kirkwood（1990）認為，權力的不均衡受到案主（client）一詞的使用而強化。雖然寫的是有關社會工作的內容，並使用「需求」一詞而非「問題」，他的文字仍然捕捉到將某人稱為「案主」之政治

與社會涵義當中的重要要素。

> 確認出需求的意思是⋯⋯提出兩種極端；有需求的人（需要加
> 以確認與滿足），以及進行確認與滿足該需求的人。前者明顯
> 被動，後者主動；前者是被知道的人，後者是知道的人；前者
> 能，後者不能；前者接受幫助，後者提供幫助；前者受，後者
> 施⋯⋯「案主」就是這位遭隔離者的名字，這位收受者，無用
> 的需求袋⋯⋯案主是被動物體的角色於是顯現出來⋯⋯案主受
> 到這位提供者，這位專家的帝國主義般價值觀與行動之控制。
> （Kirkwood 1990: 160-1）

對Kirkwood而言，成為案主性質上即成為「被動的物體」，要
受到專家長期的凝視，成為不完整的人，或稱為有問題的「需求
袋」。還可以找到許多其他表達心理學理論用來做為壓迫性的「缺陷
的語言」（language of deficit）之例子。例如，Stock（1988）與
Tiefer（1988）認為，主流的性治療法（sex therapy）的語言基本上
「以男為尊」（phallocentric），描述男人是主動的，女人為被動的。
本章的後面部份，會有例子表達在諮商與心理治療的文獻裡，如何
以去權化的方式描述勞動階級、男同性戀、以及有宗教信仰者。

諮商的語言是地位高級的專業團體可以用來控制其服務對象的
權力工具之一。此處，很重要而須認清的是，諮商與心理治療的語
言指的不只是教科書中的技術辭彙與概念，也包括在每天發生的諮
商晤談中，諮商員對案主的談話（雖然以某種稍為不同的方式）。幾
個對心理治療實務的研究顯示，治療中的交談如何受到治療師以微
妙的方式加以塑造與引導。

諮商員擔任社會控制的代理人

諮商員在案主身上運用權力的方式之一是，扮演社會控制的媒介。理想上，在大多數的情況中，諮商員應盡可能致力於以「案主為中心」，視自己只單純地代表案主。然而，在一些諮商情境中，諮商員所採用的方式，或諮商員對案主的態度，是受到外界的要求來定義與控制。這一類的例子包括：

- 對象是由法院轉介來的藥物或酒精上癮者，目標明顯是要消除他們的癮頭；
- 輔導性侵害的被告；
- 大學裡的學生諮商，諮商員有壓力要使繼續接受輔導的人數最大化；
- 工作組織中的諮商，組織的期望是承認自己承受壓力的員工應離職。

這些都是諮商員可能為了討好支薪者的期望而朝特定的方向去影響案主的例子。在這些情況裡，壓力可能很明顯而清楚。然而，在另一些情況下，諮商員可能會發現自己所承受的是較不明顯、內隱的社會壓力。在本章後續的部份，將討論一些有關輔導勞動階級、男同性戀、女同性戀、以及宗信教仰者的議題。諮商的理論或諮商員所受的培訓往往會用來強化社會普遍的態度，即不接納上述那些族群的成員。當諮商員無法掌握住這些案主體驗到的壓迫時，本質上便是在執行強化排斥的社會規範之任務。

諮商員擔任社會控制之代理人最明顯的例子，可從諮商與精神

病學的關係中看見。精神醫師有權監禁、強制治療被診斷為會危害自己或別人的人們。從醫學的觀點來看，這種決定對於疾病與危機是有幫助的做法。從社會學的觀點，則可能被認為是控制的手段之一。把可能造成麻煩的人們關起來，或強迫他們接受藥物，是為了控制他們的行為。將案主轉介給精神醫師的諮商員，在某些極端的例子裡，是利用強大的公權力（法律，警方）將人囚禁的制度代理人。

　　Szasz（1974）認為，諮商員與心理治療師在社會控制的機構（對他來說，可能包括醫療系統與社會服務）中所牽涉的事務可能使得有意義的治療變得不可能。Szasz主張，只有在案主絕對自願參與，並付費給治療師等條件下，真正的治療才有可能。這採取的是極端的立場，而且並未處理私人診所的治療師即使在缺乏機構控制的情況下，也相當有能力將社會規範與價值觀加諸案主身上的爭議（例如有關同性戀方面）。如果能認清在每一次的諮商晤談中多少都會有某種社會控制的要素，並接受這些是事實，進而找出方法來確保不會破壞諮商歷程的效果，則似乎會較有幫助。例如，由Reimer與Treacher所提出的「使用者使用容易」（user-friendly）原則（接下來會探討），便是達成此一目標的一種方式。

對空間、領域、時間的控制

　　在諮商的政治中，最重要卻最少被提及的面向之一，與典型的諮商晤談之實務面有關：在何處、何時發生，以及持續多久。諮商往往在諮商員的領域裡進行，也就是他們的辦公室。諮商員或接待者會在接待區與案主見面，然後帶領他們進入諮商室。通常約定每

隔二或三週進行五十分鐘或一小時的晤談。這些都是對諮商員或諮商機構方便的因素,但卻不必然是使用者所希望的,如果有選擇的話。例如,電話諮商或電子郵件諮商(詳見第16章)吸引了許多人,因為他們可以在自己選定的時間連絡諮商員或諮商機構,並且在他們覺得已經足夠時結束諮商服務。案主將接受的晤談次數往往也受到機構的控制。在某些機構中,晤談次數有六至八回的限制,不論案主的偏好或需求為何。另有一些諮商機構,會很清楚的在評鑑時告知案主,只有簽訂為期一年或更久的長期治療合約,他們才會被接受。

取得服務的差別待遇

即使諮商機構或私人診所中的諮商員能嚴謹地以賦權或非壓迫性的態度進行諮商,但是若案主都只是社會上相對享有特權的成員,這項因素也被視為助長權力上不平等的原因。很清楚的,諮商服務的使用與各種社會權力與社會地位的指標有高度的相關性。與學習障礙或肢體障礙者、老人、或被歸類為嚴重心理疾病者有關的諮商,目前僅有相當貧乏的文獻或訓練機會。儘管針對女性(詳見第7章)、少數種族成員(詳見第9章)、男同性戀、女同性戀、及信教者(見下)提供的諮商服務在近幾年已有改善,但大部分主流的諮商服務仍是由白種、中產階級、異性戀、身體沒有殘障的諮商員來擔任,他們吸引的是具有類似特質的案主。在一項針對諮商服務之使用的研究裡,Crouan(1994)追蹤一群使用過英國大城市貧窮地區之志工諮商機構的九十七位案主之種族、地理、性別、以及經濟狀況。她發現,儘管機構的地點在城市中的貧窮地區,儘管原訂

的目標在於滿足弱勢族群的需求，但是絕大多數的案主卻仍然是富裕的白人女性。此外，尋求諮商機構協助的黑人與華裔案主較可能在最初的幾次晤談後便放棄諮商。

友誼的變質

由Masson（1984, 1988, 1992）所進行的研究，已揭露了許多心理治療專業的知名諮商員在實務上進行壓迫與傷害的例子。Masson（1988）從這些證據下結論說，「心理治療根本的想法（idea）是錯誤的」，並進一步堅持：

> 心理治療的結構就是，無論一個人原先多和藹可親，一旦成爲治療師，他（她）所從事的行動必然致力於消除求助者的尊嚴、自主性、以及自由。
>
> （Masson 1988: 24）

Masson強調，治療（也暗示著包括諮商）的問題在於，提供給案主的是看似友誼的關係，他（她）在這樣的關係中受到鼓勵去吐露最隱私的秘密與情感，但事實上這卻是虛偽的友誼。Masson指出，治療師與案主的關係是專業的關係，奠基於權力上的不平等。他認爲，在這樣的情況下試圖維持準友誼的關係，最終對治療師與案主雙方而言將是錯誤與具毀滅性。他主張，「我們需要的是更多親切的朋友，以及更少的專家」（Masson 1988: 30）。

不幸地，Masson引人矚目的著作，以及他那好辯的風格與或許偶爾誇大的主張，卻使得其原先資訊的單純性變得艱澀難解（例如，見Owen 1995）。Kitzinger與Perkins（1993）提供了一份對於諮商與心理治療的友誼變質論（corruption of theory）更直接的說明。

雖然她們以女同性戀的觀點出發，為女同性戀讀者而寫，然而應用到整個諮商時，她們的論述同樣有意義：

> 在我們向治療師尋求虛假的友誼時，我們是冒著破壞我們接納真誠女同性戀友誼之容量的危險。治療提供給我們「說出一切」的條款。隨著治療的制度化，我們不再認為有必要處理彼此的煩惱：它們已託付給治療的私密領域。這剝奪了我們社群整體的經驗領域，剝奪了我們支持彼此的力量與能力，剝奪了我們對於自身煩惱的脈絡與意義之理解。治療使痛苦不再公開，切割了我們之間的聯繫，以非公開的治療師—案主關係取代了社群中的友誼。
>
> （Kitzinger and Perkins 1993: 88）

從這個觀點來看，治療會蒙蔽人們對其困擾之性質的認識，以及蒙蔽了該做的事情。治療將現實世界裡人與人之間以及社會當中的「衝突」加以個體化、病理學化、及心理學化。

至此已透過四個關鍵因素來探討諮商的政治面：語言、時間與空間的控制、服務的取得、以及蒙蔽。綜合起來，這些論述對於諮商與諮商員的道德操守做了嚴重而強烈的質疑。檢視了與三大案主團體（勞動階級、男同性戀與女同性戀、以及高度信教者）有關的理論與實務之後可知，對於諮商中不平等與差別待遇的關注已不再是一片空白。

諮商與經濟弱勢者

Bromley（1983）與Garfield（1986）檢視美國的調查研究後發現，諮商與心理治療的服務，以中高收入階層的人們使用得最多，這不僅因為其他人不尋求治療，也因為當他們真的尋求治療時，較

會遭到拒絕或被施以藥物治療了事。此外，較低階層的案主也較可能提早放棄諮商。為什麼這樣的情況會發生呢？

在美國與英國進行的調查中，有大量的證據指出社會階級與心理健康之間有強烈的關聯性，其中較低社會階級的人們較可能被視為精神問題而遭到強制送醫，並且在社區研究的報告中有較嚴重的症狀（Cochrane 1983）。對社會階級與心理健康有興趣的社會學家曾提出兩個解釋這些差異的模式。第一是社會因果假說（social causation hypothesis），將工作階層者高度的心理問題視為導因於貧窮、不良的住所、以及其他環境性因素。雖然社會因果假說從常識來看似乎合理，但有相當多的證據顯然不支持。有些研究（例如，Goldberg與Morrison 1963）已發現，儘管精神患者的社會階級分布偏於較低階層，但這群案主的父母之社會階級分布卻與一般人口的社會階級分布類似。這樣的結果導致了社會選擇或漂移假說（social selection or drift hypothesis）的發展，推測較低階級團體中之所以有許多心理障礙者的原因是這一群人因疾病而缺乏維持社會階級與他們出生家庭之收入水準的能力。在此一模式中，向下「漂移」（drift）至少有一部份可以從遺傳因素來理解。

有許多努力致力於檢驗這些彼此競爭的假說，但都無法得出非常明確的答案（進一步的評述與討論請見Cochrane（1983）、以及Lorion與Felner（1986））。這些研究對諮商的重要性在於，它們會直接影響到諮商目標與諮商員看待較低階層案主的態度。從社會選擇假說的觀點來看，諮商或心理治療對於較低階層案主的實用性可能相當有限，因為案主缺乏個人資源以及缺乏案主失敗經驗的歷史。相對下，從社會因果假說的觀點，諮商有許多可以提供給案主，包括提昇其處理現況問題的能力與發揮潛能。

　　社會階級與心理疾病之關連性的論爭，適切地突顯了此一研究與實務領域底下的政治意識型態。多數的諮商員與心理治療師屬於中產階級，並曾接受過數年的專業教育與訓練。他們的世界觀、個人價值觀、以及使用語言的方式皆與勞動階級的案主不同。儘管諮商與心理治療機構使用案主評鑑與診斷來篩選治療的申請者，但證據卻顯示，勞動階級的案主較可能被轉介到別處或施予藥物治療，而非接受針對個人的心理治療（Bromley 1983）。

　　看門者（gatekeeper）理論或許最能清晰地解釋不同社會階級者受到不同的診斷與治療。諮商與心理治療的專業提供者本身是中產階級，因此會發現，輔導相似背景的案主會較契合。中產階級與受過教育的案主在尋求諮商協助時可能較清晰而肯定，或可能較瞭解諮商的益處。最後，求助諮商員或治療師的費用與機會成本，包括未能工作的時間、交通費與託人照顧小孩的費用（即使諮商本身免費），可能超出低受入者的財力負擔。

　　這些都是使勞動階級的案主對諮商怯步的原因。至於勞動階級的案主對於諮商歷程的態度與期望，也獲得了一些關注。例如，一般認為精神分析較受高等知識分子與藝術型案主的接納，而出身較低階層或教育程度不高的人們偏好性質上較直接、結構性強、以及能提供建議的諮商。然而，幾乎沒有證據支持上面的說法（Bromley 1983）。

　　或許社會階級與諮商有關的最重要面向在於，勞動階級的案主幾乎總是會碰見中產階級的諮商員。在這樣的專業團體中，諮商員幾乎全都是中產階級。即使諮商員出身的家庭屬於勞動階級，通常在成為諮商員之前已受過較高的教育或在專業領域受過訓，例如護理、教會、教育、或社工。這可能令諮商員難以理解勞動階級案主

的需求與渴望（例如，需要經濟上的安全感而非個人潛能的實現）。

很少有學者試圖發展出與輔導較低階層團體成員有關的議題之理論見解，Pilgrim（1992）將此一情況歸因於諮商員與心理治療師普遍逃避政治性的議題。然而，Arsenian與Arsenian（1948）認為，對治療師而言，掌握「艱困」（tough）與「輕鬆」（easy）文化的差別是必要的。在「艱困」的社會環境裡，人們沒有多少選項來滿足他們的需求，可以選擇的選項不一定能導致想要的結果，以及行動與達成目標之間的關聯性並不容易確認。生活在這樣的文化中會造成挫折感與低自尊。經由艱困文化之社會化作用的洗禮後，人們對未來缺乏正面的期望，以及無法信任自己的行動會有實效，這些可能使他們難以尋求諮商的協助。Meltzer（1978）認為，心理治療中的社會階級差異應歸因於語言因素。Bernstein（1972）所進行的研究發現，勞動階級的文化在溝通方面是透過「受限制」（restricted）的法則來進行，這些法則大部分受限於描述具體、當下的事件，而沒有反思性、抽象的想法。此一諮商的語意理論意味著，勞動階級的語言無法輕易地進入「洞察」（insight）或探索性的治療法，以及來自這個團體的案主可能較適合行為治療法或家族治療法（Bromley 1983）。

以非常謹慎的態度來看待這些對於勞動階級之人格與溝通風格的分析是必要的。被詮釋為缺點的勞動階級文化，同樣可視為資產。例如，在「輕鬆」（easy）文化下成長的中產階級者，可能變得自戀與自我專注。同樣地，中產階級的人們進行抽象的心智活動而非描述其具體經驗的能力，被許多諮商員視為療效的障礙。較正確的作法也許是，將這些概念視為諮商員與案主之間搭配錯誤之潛在領域的指標。以此觀之，很重要而須注意的是，Lener（1972）在她

的研究「Therapy in the Ghetto」中發現，案主的改善與治療師的「民主態度」之間有很大的關聯。在該研究中，有成效的治療師是能夠跨越階級界限並能接納其案主的治療師。

Holland（1979）從對於倫敦貧窮地區的一家諮商中心之研究中，得到許多有關諮商方法在該環境下之應用的重要結論。Holland提到，許多案主偏好見諮商員一次或二次，然後有一段時間會去尋求其他額外的協助，而不偏好連續接受長期的諮商協助。有些案主可能不會對正式的諮商契約認真，但若提供非正式的機會，則他們會對諮商員滔滔不絕地談論自己與他們的困擾。這兩項觀察的共通因素是，保持案主對諮商關係的控制感顯然很重要。勞動階級的案主可能已經被許多福利機構與政府部門視為「個案」（cases）並為他們做了許多決定，也因此對於自己被放在專業「助人者」（helper）的手上時自然會產生焦慮。

很明顯的，對於與勞動階級生活的貧窮、無家可歸、工作無保障、無力感、及其他面向有關的心理治療議題，並沒有連貫的理論與研究，而完整的實務架構也同樣付諸闕如。諮商員與心理治療師似乎傾向於認定勞動階級的人們需要的是實際的協助，如社會工作、法律建議、或債務諮詢等服務。依循Maslow的看法，治療是針對那些保障與安全的需求已滿足的人們。不論以道德或實務的觀點來看，都很難辯護他的說法。在Holland（1979, 1990）與其他人的著作中，已給對於社會階級敏感的諮商模式播下種子，現在正是它們茁壯的時機。

輔導女同性戀、男同性戀、雙性戀者的政治議題

在過去一世紀以來，諮商是在對同性戀高度恐懼的社會環境中
發展。許多工業化社會仍強制立法限制或譴責同性戀行為，因此儘
管約有百分之十的人口是同性戀者，男同性戀與女同性戀的關係仍
普遍受到歧視。雖然男同性戀與女同性戀案主在諮商中跟異性戀者
一樣有各種一般性關係、自尊、及壓力等問題，但是仍有一些獨特
的議題。其中包括與「出櫃」（coming out）歷程有關的困境與焦
慮，以及接納對男同性戀或女同性戀的認同。對一個異性戀諮商員
而言，察覺自己潛在的同性戀恐懼症，以及男於同性戀與女同性戀
之次文化的語言和規範等方面，可能會有一些額外的問題。

許多女同性戀與男同性戀的諮商機構提供電話諮商或面對面諮
商以及自助支援網絡。這股趨勢部份受到心理健康專業對同性戀者
之敵意的影響。一直到1974年，美國精神醫協會（American
Psychiatric Association）才停止將同性戀歸類為一種精神疾患
（Bayer 1987）。對此變化的反對聲浪包括精神分析與心理治療師，
以及採「醫學模式」的精神醫師。理情治療法的創始人Albert
Ellis，在1950年代也同意同性戀是可以透過有效的心理治療解決之
神經型疾病（Bayer 1987）。主流諮商在研究、訓練、以及實務等方
面，大多忽略非異性戀案主的需求。例如，在一項對於1978至1989
年間發表於六種最流行與最具聲望的諮商心理學期刊上之文獻的檢
視中，Buhrke等人（1992）發現，在合計6661份文獻與研究報告
裡，僅有四十三份（0.65%）把焦點集中在女同性戀與男同性戀的
議題上。絕大多數的文章是對於文獻進行理論上的探討或評論，而
不是諮商歷程或結果的實證研究。在那十二年間，超過三分之一的

專欄 13.1 以無家可歸爲諮商議題

　　無家可歸的經驗，以及這種經驗的涵義和諮商的關係，Bentley（1994, 1997）曾敏感地探索過。在一系列與倫敦無家可歸者所進行的訪談中，Bentley（1997）發現有重複出現的主題。這一群無家可歸者覺得自己是出局者，隱形而不被注意，是「大街上的古怪秀」。維持生存是個不變的掙扎。每天要擔心財物被偷的威脅，獲得食物方面的困難，找到平靜、安全的睡覺場所，都是關鍵的問題。他們同時也有強烈的無助感與絕望感。Bentley（1994）認爲，這些都是使無家可歸者難以持續接受諮商的原因。她一再敘述Ben的故事，這是個過去有酗酒與暴力問題的流浪漢，現在則獲得安置。他接受諮商的理由是「不這樣的話，就不會有任何人跟我一個接一個禮拜地說話了。」Bentley（1994: 134）寫道：

> 他不斷説出類似下面的話，「我打賭妳一定很討厭我吧！」或「妳不用聽這些東西。妳要我現在出去嗎？」而且會無情地取笑自己來掩飾他的脆弱……在我們第四次晤談時，他看起來高亢而有活力。他宣佈他已經「戒掉了」，他不再喝酒……並且不再覺得有掌控其人生的壓力。他宣稱，我再也用不著見妳了。

　　然而，此時諮商員表示她還是願意再見到他，則對他產生很深刻的影響，使他瞭解到有人重視著他。經過數週之後，他重新回去接受諮商。

　　Bentley（1994, 1997）認爲，輔導無家可歸者的成效，需要案主已找到可以棲身的處所，或已經跟旅館員工或社工員建立了「治療前」（pre-therapeutic）的關係。

文章曾出現在《Journal of Counselling and Development》的「特殊議題」中（Dworkin and Gutierrez 1989）。很明顯的，即使是正式的研究文章也能以反同性戀的態度發表。就在1991年，美國心理學會認爲有必要出版在研究中「避免異性戀者偏見」的指南（Herek *et al.* 1991）。

　　輔導同性戀男子、同性戀女子、以及雙性戀者的諮商員，對於案主的問題，已發展出一種「肯定」（affirmative）的立場（Hall and Fradkin 1992; Davies 1996）。這種作法的關鍵要素是強化同性戀行爲與關係的正當性與可接受性。爲了達到這樣的目標，往往須挑戰案主經由社會化而內化的同性戀恐懼症之態度。提供有關同性戀的正確資訊通常也是歷程的一部份，而諮商員能敏感地與案主預演如何告訴別人自己出櫃的決定也是。許多輔導男同性戀及女同性戀案主的諮商員會採用發展取向，視「出櫃」的經驗是發展的一組任務。Coleman（1982）所建構的出櫃模式在諮商中受到廣泛的使用。Coleman假設出櫃歷程中有五個發展階段：出櫃前、出櫃、探索、首要關係、以及整合。其他在輔導男同性戀與女同性戀案主中時常出現的議題包括家人衝突、性問題、對於老化的態度、以及處理AIDS/HIV（Harrison 1987; Coleman 1988）。Davies與Neal（1996）以及Hitchings（1997）妥善地記錄了近年來在這些領域中的發展。與1960年代甚至1970年代的情況相比，當時大部分已公開的理論與研究均將該團體的成員加以病理化，現在則已有許多文獻著眼於促進諮商員能有創意地輔導同性戀案主。

　　自從同性戀被視爲應當治療之疾病的年代以來，諮商與心理治療在與性傾向有關的領域已有長足的進展。無論如何，與問題同樣存在的進步可在Liddle（1995, 1996, 1997）所進行的一系列研究中

看出。在這些於美國進行的研究是對一群諮商學員披露對案主的描述，其中並將案主敘述為異性戀或女同性戀者，她發現，學員對案主的喜愛度也同樣會投給女同性戀者（Liddle 1995）。在一項對於接受過諮商與心理治療之女同性戀與男同性戀案主的大規模調查中，她發現大多數回答問卷的人指出自己大抵上滿意他們曾接受過的治療，即使諮商員是異性戀者（Liddle 1996），以及女同性戀與男同性戀案主比異性戀案主較可能留在治療中較久。這些結果顯示，諮商界可能已克服了上述對於同性戀的偏見，使男同性戀與女同性戀求助者對於治療師有更多的信任。

由Liddle（1995, 1996, 1997）收集的資料之其他面向，指出重要的問題依然存在。當Liddle（1995）研究中的諮商學員樣本分成男性與女性兩組，則女性學員顯然較喜歡與欣賞女同性戀案主（比異性戀案主），而男性學員的結果卻相反：他們較不可能接受女同性戀案主。在Liddle（1996）的研究中，即使男同性戀與女同性戀案主的治療經驗整體而言是正面的，但仍有顯著的少數表示，他們的治療師向他們施壓，要他們宣告放棄同性戀傾向，或甚至當案主提示其性傾向時，便結束治療。Liddle（1997）觀察到，男同性戀與女同性戀的案主中，63％會在正式尋求治療前先篩選具有肯定同性戀態度的治療師，以及大多數都偏好與他們有類似性傾向的治療師。

由Liddle（1995, 1996, 1997）所主導的研究顯示，尋求治療的男同性戀與女同性戀案主很明白他們應謹慎選擇治療師。在異性戀傾向的諮商員與心理治療師當中，特別是男性治療師，仍然有相當多反同性戀的思想與行為。誠如Kitzinger與Perkins所確認的，在某些激進的女性主義社群中，確實對於心理治療存在著懷疑。此外，

專欄 13.2　同性戀女子與同性戀男子在治療中的經驗

美國心理學會（American Psychological Association, APA）應會員的提案，在許多社會運動中支持同性戀男子、雙性戀的男女、以及同性戀女子的權利。例如，APA在數個法庭上提出法律證據，大意是說明同性戀並非疾病之一（Herek *et al.* 1991）。1984年，APA設立了特別工作小組，調查心理治療界對同性戀女子及同性戀男子的偏見。工作小組調查了多位心理學家關於有偏見或敏感的實務的特殊例子。在調查中，作答者被要求描述他們親身經驗到的、或曾由案主告訴他們的事件，可以用來當作排斥同性戀之態度的例子，或有根據的、敏感的、或肯定同性戀者的治療師行為的範例。這份調查顯示，治療師對於同性戀持有各式各樣不同的態度（Garnets *et al.* 1991）。例如，一名治療師寫道：

> 我相信，同性戀是一種真正的人格疾患，而不僅是不同的生活方式而已。每一個我曾認識的人或接觸過的案主，心理上幾乎都是有問題的。我想他們只是單純的自戀型人格疾患—看DSM-III的敘述—那便是他們的模樣與行為—全都一樣。
>
> （Garnets *et al.* 1991: 966）

這份調查的其他回應轉述了案主提及的經歷：

> 一位女同志告訴我，她的第一位治療師鼓勵她與男人約會，並且要她放棄將女人當成親密伴侶的想法及感覺。

> 一名與性別認同搏鬥的同性戀女子，遭到她的治療師質疑：「既然妳有子宮，難道妳不認為應該使用它嗎？」

> 一對男同志其中一方對另一位伴侶的性慾不彰而來尋求協助……被告知這問題代表了其中一位可能不是真正的同性戀，而建議的介入是中斷兩人的關係。

> 也有一些是對於同事的歧視行為所進行的觀察：

> 一位同事告訴我，她「禁不住」對「坦承同性戀」的男性案主表露出一臉訝異與厭惡的樣子。

> 一位被發現是同性戀的臨床心理學的男學生，被要求接受某位教授的接受厭惡治療，當作繼續留在系上的條件。

> 儘管這項調查也舉出許多良好實務的例子，但這些卻是固著在腦中的壓迫及權力誤用的實例。這些回應與觀察是來自一個有高度訓練與良好管理的專業團體。在這個被選擇的團體之外，諮商與心理治療界還有多少偏見存在？

這個領域裡傾向於認為男同性戀者與女同性戀者擁有類似的經驗與需求，這有待質疑，也顯示這個領域仍有一段很長的路要走。

諮商與宗教信仰

宗教通常代表某個種族團體獨特的社會認同之核心要素。此外，有些種族團體分裂成許多互不相容的宗教次團體或教派，以及也有世界性的宗教使許多不同的種族與族群結合在一起。整體而言，諮商與諮商員並不太熱衷於明白表示自己對宗教的關注。第2章曾經提到，諮商有許多價值觀與實務來自猶太基督教的傳統。這些

影響已經受到科學、人本主義、以及諮商理論所提供的非宗教性架構的掩蓋。閱讀主流的諮商與心理治療文獻而絲毫看不到任何宗教或靈性的色彩是可能的。對許多治療師而言，這就好像靈性領域已遭遺棄。部份治療師甚至宣稱，提出靈性或神秘經驗的案主是瀕臨精神崩潰的症狀。逐漸地，這股反宗教的想法正在轉換。儘管一項在1960年代與1970年代所進行的調查中發現，諮商員與心理治療師的宗教歸屬性與參與宗教活動比一般大眾的程度低（Henry *et al.* 1971; Bergin 1980），但近年來的調查卻發現，他們對於宗教與靈性方面的價值觀與信仰有愈來愈高的興趣，以及在程度上與一般大眾相同（Bergin and Jensen 1990; Shafranske and Malony 1990）。

　　多位學者與從業人員曾經提出現有的諮商技術或取向應如何應用，以滿足特殊宗教團體之案主的需求等問題；例如，摩門教徒（Koltko 1990）與基督教基本教義論者（Young 1988; Moyers 1990）。這些取向聚焦於完整地理解這些案主的信仰與生活方式，以促進對案主症狀的瞭解。

　　另有一些學者曾經探討過在輔導具有特殊宗教信仰的案主時，修改現有的諮商原則之可能性（Stern 1985）。另有一些策略試圖整合宗教與諮商的觀念，以發展出全新且更有效的取向，這一類方向的例子之一是基督教諮商運動。Johnson與Ridley（1992）對於整合基督教信仰與諮商實務，找出了四種對案主的益處。

1　在現存的諮商技術與取向中，容納基督教的信仰與價值觀。此一策略的例子可在Propst等人（1992）的著作中發現，其中，宗教的認知—行為治療法提供給將自己歸類為基督徒的憂鬱案主。這一類治療法的介入方式是由認知治療法（Beck *et al.*

1979）與理情治療法（Ellis 1962）所發展的標準技術組成，但加入了以宗教論述來對抗非理性想法及以宗教意象來促進正面的改變。在對照組中的案主接受了相同的認知—行為治療，但未提供宗教上的意象或論述。儘管這兩組的案主均報告從治療中明顯獲益，但接受宗教治療的小組顯示出程度稍高的進展。從Propst等人（1992）的研究中所獲得的另一項額外發現是，即使由非宗教治療師來使用宗教的方法，也同樣能達成目標。另一個容納策略的例子，可以在牧師諮商的心理動力取向中發現，案主所說的故事或敘事是依照宗教的故事或教義予以詮釋（Foskett and Lyall 1988; Foskett and Jacobs 1989）。

2 活化希望。Yalom（1980, 1986）主張，希望能使案主尋求並留在諮商中，以及促進對於治療介入的順從。基督教的信仰與實務，例如禱告，可以成為對未來寄予希望的強大來源。

3 聖經真理的使用。基督諮商員與案主相信，聖經能提供行動的指引以及問題的解答。

4 神聖代理者的介入。有些基督諮商取向尋求透過對於神聖代理者的接納，例如上帝、耶穌、或聖靈，來促進內心的治療。

整合基督教與諮商取向的作法，可以視為能提供「心理健康或福祉的資源，這是無神論者無法提供的」（Jeske 1984）。假若非宗教性諮商的成效能視為決定於諮商員與案主的資源，那麼宗教性諮商尚有第三類資源：一股外在的、超自然的力量。從理論的角度來看，這種觀念很難融入主流的諮商取向。它並未包括在心理動力、個人中心、或認知—行為等理論中所蘊涵的「人類形象」內。這個缺口可以透過以基督教觀點重新詮釋熟悉的諮商觀念來克服。例

如，Malony（1983: 275）曾經寫道，「當同理心的瞭解、治療上的真誠一致、接納、寬容、以及無條件正面關懷存在於治療期間內時，上帝就會在那裡出現」。從心理學的立場出發，也可能解釋宗教的教義。例如，由戒酒無名會（Alcoholics Anonymous）所使用的「十二步驟」改變程序，便主張酒癮者的行為是受到更高力量的控制。根據Mack的說法（1981），這種「認知再造」（cognitive reframing）的效果，是提供難以控制飲酒行為者一種不依靠個人意志或社會懲罰的「掌管自我」之工具。

到目前為止的討論，均聚焦在諮商的基督教取向。值得注意的是，似乎並沒有任何有系統的著作試著以回教、印度教、或塞克教的觀點來探討諮商。令人訝異的是，儘管對諮商員與心理治療師的調查中發現，來自猶太背景的執業者為數眾多（Henry *et al.* 1971; Bergin and Jensen 1990; Shafranske and Malony 1990），但有關猶太教諮商的著作卻少之又少。然而，對於佛教和西方心理治療與諮商之間的關係則有相當程度的興趣（Suzuki *et al.* 1970），但大部分還是將取自佛教的觀念與技術，整合到提供給非佛教徒案主的治療中，而非試圖發展出提供給佛教徒案主的服務。

宗教與諮商之關係的另一構面是，有許多執業者與理論家堅持，若不慎重地思考人類經驗中靈性的面向，則諮商本身無法完備。Bergin（1980）曾對靈性與宗教信仰做一有用的區隔，前者指個人對於超自然意義的探索，後者指參與有組織的宗教機構。承認靈性構面的存在，在當代的諮商與治療中，已成為極重要的課題。例如，多元文化運動（第9章）促使許多諮商員認真地考慮其他文化人民之宗教信仰與實務對心理面的重要性。

過去十年來諮商領域與宗教領域有重修舊好的徵兆。然而，若

以為所有案主所陳述的宗教、靈性、或神秘之信仰或經驗均已獲得其諮商員妥善的理解或接受，則過於樂觀。這些事物仍予人「超出」諮商領域的感覺。例如，已存在各種欲建構一套「核心」測驗來評鑑諮商與心理治療之結果的嘗試（第17章），但卻未曾有任何嘗試將測量靈性之運作的量表包含在內。極少的諮商培訓課程觸及宗教或靈性的議題。在這些領域中，正如諮商在其他領域的應用一般，可以發現到許多具啟發性且有擺脫窠臼的實務範例，但一些信奉宗教的案主在尋求某些諮商員協助時，仍有遭遇不順遂經驗的可能。

其他弱勢與遭邊緣化的團體

　　由於篇幅受限的緣故，此處不太可能深入討論關於其他受壓迫與遭邊緣化的社會團體與諮商所扮演的角色之關聯。或許在這些團體當中，最重要的是老人與有學習障礙或肢體障礙的人們。愈來愈多人瞭解到，這些族群事實上可以從諮商中獲得協助。探討諮商與老年人的參考資料有Knight（1986）、以及Hanley與Gilhooley（1986）。Waitman與Conboy-Hill（1992）、以及Segal（1996）的著作是關於諮商與殘障的想法與洞察之絕佳參考文獻。這些領域的議題與上述貧窮、男同性戀與女同性戀、以及宗教信仰者的相關議題類似。首先，諮商員與心理治療師一般均迴避這一類團體的案主，也傾向以標籤來分類。其次，輔導這些團體案主的諮商經驗與理論累積緩慢，卻殘留著偏差的態度，或負面的反移情，因而迫切需要更多的意識察覺、訓練、以及研究。

諮商中反壓迫實務的一些原則

　　上面有關男同性戀、女同性戀、勞動階級、或宗教信仰者等經驗的討論，說明了某些團體在諮商中遭到排擠的情況。諮商取向是一套反映著創始人之世界觀的價值觀與假設，而幾乎所有的創始人都是白人、擁有安穩的專業科學職位的異性戀男子（Katz 1985）。然而，上面討論過的例子也顯示有一股開始承認諮商中不平等問題的運動，以及面對這些問題的意願。有許多的策略可以採行，使實務中能達成反壓迫的目標。這些策略包括：

- 針對壓迫性實務提出批判；
- 強調賦權與掙脫束縛為諮商的目標；
- 創造一種「使用者容易使用」的諮商取向。

發展對主流、服務「多數族群」之理論與實務的批判

　　開展改變的第一步通常不是直接行動，而是創造一個架構，用以理解發生些什麼，以及事情會如何不同。致力於開放服務給弱勢團體成員的諮商員與治療師，已參與了許多試圖改變其專業組織之主流看法的活動。這些活動包括對於理論的詮釋發表評論、對特定案主團體的需求與問題進行研究、在研討會與專業期刊上安排辯論、以及迫使機構改變歧視的規定與程序。說明同性戀不是疾病的努力（Bayer 1987）、Sue（1981）對於跨文化諮商所發表的經典之作、以及女性主義對Freud學派理論的攻擊（Howell 1981），均是這

一類活動的實例。

　　這個變革階段對於參與者可能造成危險，因為支持不受歡迎的理念，可能使他們的聲望與職業生涯陷入險境。甚至可能連承認問題的存在都難以達成。若要對案主的生活產生實效，則評論之後必須要有適當的行動。然而，在引進新的方法與服務時，能否提出一套具有說服力的邏輯，對於在該領域必須辯護或甚至捍衛其理想者而言，具有不可估計的價值。

以賦權與解放為諮商目標

　　在個人中心（第4章）、女性主義（第7章）、及多元文化（第9章）等諮商取向中，賦權的概念是相當重要的要素。無論如何，有一些諮商員與心理治療師將賦權的目標視為其模式的核心。賦權最重要的提倡者之一是Ivey（1995），他稱自己的取向稱為解放心理治療法（liberation psychotherapy）。Ivey主張，諮商員並不是在「治療」案主，而應是有意圖地與「案主同事」（client colleague）一起致力於對於他們所居住的社會環境發展出共同的瞭解。治療的目標在於幫助案主同事在社會與歷史的脈絡下認清自己的議題。歷程中的一個關鍵階段是為抵抗命名（naming their resistance），將受到壓迫的經驗以及他們對抗壓迫的方式文字化。實際上，Ivey的取向和第8章提到的White與Epston（1990）的敘事建構論之觀點有許多相似處。

　　另一個賦權模式是Holland（1990）提出的社會行動治療法（social action therapy）。這種取向與Ivey的想法相符，但在許多方面則更為仔細而思慮周密。這個模式的關鍵面向之一是，它是以社群為基礎。該模式主要並不是能由單一執業者獨立與單一當事人使用

的模式，而是需要在社群或社區計畫的脈絡下，需要一些人在不同的階段扮演不同的角色。

社會行動治療法的主要觀念摘錄在圖13.1。受到**社會壓迫**的人們往往被標示為案主，並置入各種治療的形式中，例如行為治療法或心理藥物療法，本質上這些方法可視為由社會控制的種種形式構成，其特徵為「功能論」（functionalist）。Holland（1990）主張，協助這些人前進到接受他們個人的自我階段是必要的，也即他們確實是有價值的人，以及他們生活中發生的事情也具有某些意義。這些可以透過個人諮商或心理治療達成。Holland（1990: 256）認為，詮釋性的心理動力諮商在這個階段裡格外有效，不過必須視之為「行動的工具，而不是就此結束」。然而，因為個人諮商的弱點在於它並不是探索「社會—政治」議題的良好領域，所以Holland也提供機會給案主參與能發掘共享的、集體的歷史之團體，進而在社會與文化的脈絡下理解他們個人的經驗。這個階段擷取了激進人本主義的觀念，鼓勵人們彼此接觸並釋放他們的能量與渴望。最後則是激進結構主義階段。Holland（1990: 266）認為，「如果要經由改變來完成重要的事情，則對社會制度提出要求與改變社會與社群結構是必要的」。專案計畫的成員一起行動以導致政治面的改變，以取得使其生活不同的資源。

對於這些解放諮商的各種版本，另有一些註解須加以說明。Ivey（1995）、Holland（1990）、以及其他有政治意識的治療師，如Kirkwood（1990），很明顯地受了政治與教育行動論者Paulo Freire（1972）之著作的影響，他建構了人稱反科學化（conscientization）的取向。賦權是一個需要整合各學科之觀點的主題。在社群心理學（community psychology）的領域裡有相似的發展（Rappaport 1987;

Orford 1992; Zimmerman 1995），尤其是以預防為核心；也許現在是諮商員與社群心理學家對話的時機。最後，相較於大多數被認為只支持有限度賦權概念的諮商員，這些激進的諮商員與心理治療師在其領域更注重賦權議題，已發覺有必要在其社群內從事直接的政治行動。

發展「使用者容易使用」的諮商取向

從本章所檢視的證據，可知真正能對所有案主賦權的諮商並不容易。許多弱勢團體遭到諮商當前組織的方式排除在外，甚至不是那麼明顯受到社會態度與社會結構壓迫的人，可能也因諮商員顯然能界定諮商歷程的性質與界限而有受到脅迫的感覺。Masson（1988）的著作與其他對諮商與心理治療的批判，激發了追尋實務能反映「尊重」之價值觀與大多數諮商員支持的「個人本位」（person-centredness）（最廣義的意思）之治療模式。Reimers與Treacher是這股認真對待治療消費者運動的先驅。儘管他們自己的實務是以家族治療法為基礎，他們的建議仍能應用到任何諮商取向上。Reimers與Treacher（1995）為所有尋求採取「使用者容易使用」風格的諮商員或諮商機構擬定了一套良好實務的原則，下面列出其中的關鍵想法。他們建議，「使用者容易使用」的諮商取向應：

1 以諮商員必須接受倫理是治療的主要議題而非次要議題之核心假設上。應認清心理治療的本質是參與者之間的人性相會，人類的角色優先，治療師與使用者的角色次要；並能明瞭諮商員與使用者之間重要的權力差距是困擾的主要來源。無法突顯此

圖13.1 社會行動治療法模式

來源：Holland（1992）。

　　等權力差距，等於開啓了傷害性實務的大門。

2　假設使用者與治療師之間能建立治療同盟，對於治療的成效與
　　使用者對治療的滿意度這兩者通常都很重要。

3　認清治療師通常未能理解使用者經驗到的壓力與創傷，尤其在
　　他們第一次接觸代理機構時。

4　認清不能總是以一成不變的方式對待使用者。階級、性別、性
　　傾向、權力、年齡、障礙、族裔、宗教、以及社會文化背景均
　　是達到成功治療時需顧慮到的較明顯差異。

5 假設治療的整合模式能提供給使用者最好的福祉，因爲較可能提供適合他們的治療方式。

6 堅持治療師必須抱持自我省察的態度。如果他們有困擾的話，他們必須樂於接受運用類似他們的模式之治療師所安排的治療晤談。

7 允許研究對理論與實務之發展的貢獻扮演關鍵要角。這是個倫理議題，因爲無法發展支持其療效之研究資料的治療師，在面對批評時顯然將不堪一擊。使用者的治療經驗與他們對治療的滿意度，必然會是評鑑任何諮商或心理治療模式之價值的關鍵部份。

8 強調訓練與專業發展在影響諮商員態度方面的重要性。正如同治療需要爲使用者著想（user-friendly），治療訓練也須爲學員著想（trainee-friendly）。

9 明白治療在助人方面受到一些重要的限制。有些人需要其諮商員或治療師在獲得對其福祉很重要的物質資源方面扮演支援性角色。

10 不是單純地以使用者爲中心。有時諮商員應挑戰使用者的態度與行爲也有其必要。

　　這些原則對於當代諮商界大多數的實務來說都是個挑戰。很少有諮商員或諮商機構選擇發展完全吻合此一架構的模式。

結論

　　做爲一名諮商的案主涉及了談論個人的憂慮、恐懼、脆弱點，

以及秘密。這使諮商員處於擁有權力的位置。向諮商員說的許多話，正是那些在日常生活中**沒有**跟其他人分享的想法與願望，因為這麼做的話，可能會導致尷尬、羞恥、或排斥。這就好像尋求諮商協助的人將自己開放給諮商員，允許諮商員以不會允許別人的方式從情緒面或心理面接觸他（她）。這是使諮商員對案主擁有大量權力與影響力的歷程。對於控制一個人的思想與信念而言，還有什麼比鉅細靡遺地分享這些想法並允許它們被某人以有力的觀點加以詮釋或重新建構更有效呢？案主常說他們必須能信任諮商員，確信諮商員不會濫用他們的權力。

諮商晤談的結構強化了諮商員的權力。那些對諮商員而言似乎適當的邊界或安全的框架—時間限制、一間辦公室、專業訓練、晤談後或諮商結案後不再連絡—也是促進社會權力角色形成的要素之一。諮商員是被授予權威權力的人，因此在社會中能處理特定的議題。但究竟諮商為什麼存在？為什麼社會機構（如大學與健康照顧系統）的資源會贊助諮商？或許，有一部份的原因是要使用這些服務的人能夠身心健康。但是另一部份的原因則是做為社會控制的一種手段。

在諮商中，要求諮商員擁有個人權力（依Rogers（1978）所指的意義），以及存在著壓迫案主的危險（對案主施加無形的壓力使遵循某一套規範或價值觀），這兩者間總是存在著脆弱的平衡。除非諮商員對案主的生活產生強大的衝擊力，否則尋求諮商員協助的論點是什麼？

本章摘要

- 諮商員在案主的生活中是有權力的人物；許多諮商員表示，他們試圖以一起工作的方式來對案主賦權。權力的動態情形，即諮商關係的政治構面，因此是個重要的課題。

- 雖然有些學者如Carl Rogers曾強調諮商員的個人權力，但權力差距的主要來源仍然來自制度並奠基於權威與控制。

- 諮商員以許多方式操控著諮商中發生的歷程：擁有與使用某種專業語言與標籤系統；掌握空間與時間；管制著諮商服務的取得。

- 部份諮商評論家認為，經由在家族與社群的脈絡之外討論私密與個人的議題，以及將內容開放給有關當局知悉，諮商乃支援著機構與國家對人民的控制。

- 檢視輔導三大團體（經濟弱勢族群；男、女同性戀者與雙性戀者；宗教信仰者）的諮商理論與實務顯示，這些族群的成員均致力於使諮商界能以嚴肅的態度對待其經驗與價值觀。

- Ivey、Holland等人發展與提出了掙脫束縛、察覺政治面的實務模式。

- Reimers與Treacher倡導使用者容易使用的諮商取向，這提供了探討諮商實務中之權力與控制等議題的架構。

討論問題

1　諮商與心理治療的評論家認為，心理治療對於個人問題有一種過度個體化的反應，忽視了最終造成這些問題的社會根源與條件（Smail 1991; Pilgrim 1992）。您同意嗎？試舉出任何一種您所熟悉的諮商形式（學生諮商、婚姻諮商、生涯諮商等等）。這種諮商實務忽略背後的社會因素至何種程度？如果更重視社會因素，該諮商會不會更有成效？

2　試討論各種理論取向輔導弱勢族群、邊緣化族群的優缺點。哪一種理論取向或整合取向，您覺得最適合（或最不適合）應用在這些對象身上？

3　試回想您目前工作的諮商機構（或您以前以案主身份接受過諮商的機構）。當您身在其中，有些什麼樣的感覺？您是否擁有權力感及操控感，或是否有受制於人的感受？有哪些實際因素（例如告示、傳單、佈置、擺設、裝飾）與人員的行為給予您受到賦權的感覺，或被壓迫的感覺？您認為不同文化團體的成員對該機構有可能會產生不一樣的感覺嗎？

4　從心理動力論的角度出發，Strupp（1972: 275）寫道：「心理治療（事實上也是所有的人類關係）最根本的一個問題是誰在掌控？（who is in control？）。雖然Freud以非常獨特的術語表達他的理論，他仍發展出一套微妙的技術使案主看起來似乎控制著治療師，但事實上則為後者創造出龐大的權力。也就是睿智地運用這種權力，使他獨特地成為現代的心理治療師，並且建立其專業技術地位。不論使用何種技術，治療師的人際權力

在所有類型的心理治療中多多少少都會審慎地開展。換句話
說，如果症狀、信念、人際策略、或任何的一切要產生變化，
必定要施予外界力量的措施。」您同意這樣的說法嗎？最終，
諮商是不是屬於「須施予外界力量才能導致改變的事情？」

關鍵辭彙與概念

agent of social control	社會控制的代理人
anti-oppressive practice	反壓迫的實務
authority power	權威權力
community psychology	社區心理學
conscientization	反科學化
corruption of friendship	友誼的變質
empowerment	賦權
gatekeeper theory	看門者理論
gay affirmative approach	同性戀肯定取向
language	語言
liberation psychotherapy	解放心理治療法
personal power	個人權力
politics	政治面
power	權力
religion	宗教
social action therapy	社會行動治療法
social causation hypothesis	社會因果假說
social class	社會階級

| social selection hypothesis | 社會選擇假說 |
| user-friendly approach | 使用者容易使用取向 |

建議書目

Jeffrey Masson組織了諮商與心理治療中有關濫用權力的議題，他的著作《Against Therapy: Emotional Tyranny and the Myth of Psychological Healing》（1988）保有相當重要的內容。在Spinelli（1994）的著作中可以發現對Masson之思想的回應。

另一本極力推薦的著作是《Changing Our Minds: Lesbian Feminism and Psychology》，作者是Kitzinger與Perkins（1993）。這不是一本只針對女同性戀女性主義小眾讀者的著作。Kitzinger與Perkins提出了治療與社群之關係的根本議題，這與每一位涉及任何層次諮商的人均切身相關。

14 諮商實務的道德、價值觀、及倫理議題

前言

　　諮商實務包括影響深遠的道德與倫理構面。很明顯的，諮商與心理治療興盛的社會團體有一項特色是，人們難以明瞭什麼是生活的「正確」方式。在逐漸脫離宗教控制的社會裡，人們對於傳統與權威有許多質疑與抗拒，加上各種道德與宗教規範共存的社會裡，人們面對著必須做出過去世代並不熟悉的道德抉擇等議題。第2章提到，人們對於心理治療的需求大部份是因為，現代社會的道德控制絕大多數來自內心而不是外部的力量。因為我們所處的社群並沒有單一、包容性強的道德規章，人們的內心必須持有決定對錯的規範，也要有處罰的手段—例如罪惡感—如果踰越他們內心的規範。

　　許多，或許甚至是大部份尋求諮商的人，是因為道德抉擇而掙扎著。我應該完成學業還是放棄大學？我該不該繼續留在使我不快樂的婚姻裡？我應該把小孩生下來，還是安排墮胎？我該不該站出來承認自己是同性戀？我該不該了結自己？這些問題與許多其他的諮商議題令人困擾，因為它們牽涉到最根本、關乎對錯的道德抉擇。

　　大多數的諮商取向有一根本原則是，諮商員對案主必須採取接納而非批判的風格或態度。一般而言，大多數的諮商員會同意諮商的目標在於協助人們確定何者對自己是對的，而不是強迫提供解決之道。儘管如此，諮商卻同時也是影響力的歷程。最後，從諮商獲益的案主會去回顧導致改變並影響其生活的諮商歷程。諮商員面臨的兩難是，如何使自己擁有個人權力與影響力，卻又不會把自己的道德價值觀與選擇強加在案主身上。因此，優秀的諮商員須充分瞭解道德與倫理議題出現在工作中的種種面貌。

　　在大多數的社會裡，道德與倫理的思想之主要來源是有組織的宗教。根據歷史記載，心理治療與宗教一直有著強烈的關連（於第2章中討論過）。然而，儘管基督教的是非觀念對於諮商領域一直有其影響力，但很顯然的，至少有些帶著宗教思維而尋求諮商協助的人，是因為他們反對傳統宗教思維的要素，或試圖尋覓超越這些傳統的某些事物。無關宗教的道德哲學對於諮商與心理治療也有一定的影響，特別是存在主義，以及政治與社會運動，如女性主義。最後，對於非西方思想的興趣也日漸增加，特別是對於佛教。

　　諮商員需要瞭解案主面臨的道德困境，以及他們持有的道德或倫理假設。不管如何，當諮商專業受社會委任以輔導脆弱、貧窮、以及知識貧乏的人們時，他們也有義務以合乎道德倫理的方式對待其案主。因此，有兩大倫理與道德的領域與諮商特別有關。其一在諮商的實際歷程中。案主可能需要協助來解決生活危機或困境中的倫理議題。諮商員也必須清楚自己的道德立場，及這些道德立場與案主的價值系統之互動。其二是以合乎倫理及負責任的態度對待當事人。

　　對諮商與心理治療界而言，似乎花了一段很長的時間才正視治療實務中的倫理與道德構面。探討心理治療的倫理議題最完整的著作，也許是Rosenbaum所編輯（1982）的著作，他寫下彙編該書時的經驗：

　　　許多專家就是不曾思考過與心理治療實務有關且範圍更大的議
　　　題。當我邀請被認為是心理學與精神醫學界的主要人物前來參
　　　與我的計畫時，更支持了這項觀點。他們的反應大多焦慮與困
　　　惑。這些令人尊敬的人們，儘管清楚自己認為何者為對與何者
　　　為錯，仍然很難訂下能使其他專家從他們的經驗中獲益的規

章。

（Rosenbaum 1982: ix）

　　從專欄14.1所報告的觀察，以及在文獻資料的其他地方，可以
發現諮商與心理治療界對倫理議題欠缺注意。例如，Masson（1991:
161）引用了知名精神分析師Masud Khan的話，「我從來不與其他
分析師的案主上床，只和我自己的案主上床。」Khan與過去的一位
案主同居，並持續與她的先生在分析時見面，他顯然未曾考慮過其
行為的倫理意涵。一直到了消費者運動以及女性運動於1980年代在
專業協會中獲得進展後，諮商與心理治療以及其他領域，才開始瞭
解有發展倫理標準與程序的需求。在美國，案主在法庭上尋求賠償
的趨勢，則為這些發展增添急迫性。

諮商中的價值觀

　　諮商的倫理道德議題與價值觀的問題緊密結合。人本心理學創
始者如Maslow與Rogers的重要貢獻之一就是，強調價值觀的重要
性。價值觀可界定為偏好某特定的最終狀態或行為模式之持久信
念。Rokeach（1973）區辨了「工具性」（instrumental）與「終端性」
（terminal）價值觀的差異。後者用以描述最終狀態，如智慧、安
全、和平、或自由。工具性價值觀相當於達成目標的手段，例如透
過能力、誠實、或抱負而獲得成功。Rokeach（1973）認為，多數人
會偏好某種價值觀，例如「平等」（equality），因此要揭開導引個體
行為的個人價值系統，最好的方法是詢問對方的價值觀偏好。例
如，一個人可能重視平等更甚於自由，而其他人可能會有不同的優
先順序。因此，價值觀的研究相當複雜。然而，有數份研究顯示，

專欄 14.1　訓練背景下的濫權

　　諮商與心理治療濫權的可能情形，有時候不只單純是某人對另一人的治療疏失，而是發生在互動的社會壓力與組織壓力之複雜網絡中。McLean（1986），一位人類學家，研究了1970年代與1980年代的訓練工作坊，包括知名的家族治療師在一群觀眾面前給一家人進行的「現場」治療。該家庭獲得的好處是，從一位公認的專家身上獲得了治療。此外，許多治療師與學員也能直接觀察到「大師級治療師」如何將其理念在實務中發揮。倫理問題被這個家族所簽署的一份告知同意書，以及加以錄影並僅呈現給觀眾看二、三分鐘等事實所掩蓋。McLean（1986: 180）描述了發生在一家工作坊請來了兩位國際知名的家族系統治療師的情況：

　　第一天早上，其中一位治療師治療一個家庭。下午，由第二位治療師治療另外一家。第二天，他們互換家庭，雖然有時候兩位治療師似乎都和這兩個家庭在一起……在受到參與的鼓勵之後，毫無疑問的，兩家人認為他們能夠獲得來自這個領域最知名的專家之家族治療服務是很難得的機會。他們被要求簽署一份「告知同意書」，允許治療晤談的記錄未來能用於專業與訓練的目的。然而，他們並未被告知，為了一切實際的目的，他們的治療晤談「現場」有好幾百人觀察著……在每個晤談回合暫停的休息時刻裡，治療師離開房間與觀眾討論「案主」，此時這一家人仍在晤談室裡，不清楚他們當時正受到一大群購買門票的觀眾「研究著」。當有好幾位觀眾湧入其中一間休息室、討論著上午的「案主」時，其中一家幾乎發現這個秘密，直到這群人發現家族中有某些成員也在場。第二天，其中一位治療師，審視其中一家的情況後，觀察到母親在該家族中享有強大的控制地位。他絲毫不介意地公佈，如果兒子能免於精神分裂，母親也一定會「發狂」，父親最終的命運也一樣。接著，他成功地爆發母親激動的情緒，繼續這

一家子的治療。這位憤怒的女性對於此一輕蔑的態度，出現我們可以
理解的反應。她號啕大哭，堅決要求治療師給她一個公道，為自己的
行為提出解釋。他自得地答道：「我是一位治療師；我沒有必要解釋
我自己」，旋即與另一位在場的治療師走出去，這更是加劇她的憤
怒。他們的出場受到所有觀眾的支持，熱烈的喝采就是證明。

　　McLean討論了導致這一家人的治療成為「商品」之社會與經濟因
素。她總結，這一類的工作坊對案主與治療師而言都是不人道的。可能
要附加的一點是，觀眾也同樣參與了這場不人道的公開展示。沒有人反
對，沒有人遏止。也許，參與這次工作坊的數百位治療師，大多數相信
這一切發生的事情是正確的。

　　諮商員的價值觀會影響案主的價值觀。大部份研究顯示的趨勢是，
案主的價值觀會去接近諮商員的價值觀（Kelley 1989）。這項發現引
發了諮商實務的一些問題。諮商員是否將其價值觀加諸在案主身
上？諮商是否應作為某種特定價值觀的社會化工具？

　　在第2章裡，我們討論了諮商與心理治療在助人與尋求意義性
方面的宗教形式之文化根源。Bergin（1980）主張，心理學所提倡
的科學信念與態度會讓人聯想對宗教價值觀的抗拒。依據他的觀
點，由於一般大眾當中，許多人持有牢不可破的宗教觀點，於是心
理治療會被視為不相關或甚至有害。Bergin（1980）針對他稱為
「有神論」（theistic）與「臨床—人本論」（clinical-humanistic）之價
值系統的差異，進行一項系統化的分析（見表14.1）。Bergin所做的
對比強調出歧異性，他的構想也受到Walls（1980）、Ellis（1980）
以及Brammer等人（1989）的批評。儘管如此，他的研究使我們瞭

表格 14.1　宗教與心理治療價值系統的比較

宗教／有神論	臨床—人本論
神是至高無上的；美德是謙卑、服從神的旨意	人是至高無上的；擁有自主性與抗拒權威是美德
與神的關係決定了自我的價值	與別人的關係決定了自我的價值
嚴格的道德律；統一的倫理觀	可調整的道德律；依情境解釋的倫理觀
服務與奉獻是個人成長的重心	自我滿足是個人成長的重心
原諒造成苦惱的人，成就自我的復原	接納與表達責難的感覺便已充足
意義與目的來自靈性頓悟	意義與目的來自理性與思維

資料出處：Bergin（1980）。

解對於何謂「對」或「好」可以有非常不同的觀點。諮商員，在奉行科學—人本論價值觀的機構中接受訓練，或許會與案主的價值觀疏離。諮商情境的權力不平衡，使案主不可能擁有自己價值觀，除非決定不再現身。價值觀差距的問題在多元文化諮商（第9章）中特別有關，或當案主是男同性戀或女同性戀者時（第13章）。很明顯的，許多來自這些團體的案主會刻意尋找和他們有類似背景與價值觀的諮商員。

　　最近在美國進行的一項調查中，Kelley（1995）發現，相較於整個人口，諮商員在仁慈（關懷別人的福祉）、自我導向、自主性以及自我表達等價值觀方面較高，在權力（定義為追求社會地位與駕

御別人的欲望）與傳統（接納與尊重習俗）等價值觀方面則非常低。這些諮商員幾乎有百分之90顯現出有某種程度的宗教或靈性導向。最後，他們對於別人的信念與性傾向有高度的開闊心胸與容忍度，意味著諮商員相當能區辨自己與案主的價值觀。諮商員在回答這份問卷上，有高度的共識。這可能意味存在著明顯的「臨床—人本論」之價值系統，如Bergin（1980）所提出的，或可能在回答問卷時他們在政治正確性（political correctness）的引導下而選擇一套「正確的」答案。不管如何，Kelley（1995）所發現的臨床—人本價值觀型態包含強烈的宗教構面，即使對許多諮商員而言，該構面由靈性價值觀來表達，而非由傳統的宗教觀念。指出諮商員並非權力導向與質疑傳統的這項發現，強化了第2章的說法，即諮商代表一套道德價值觀，且多少偏離了西方資本主義社會的主流價值觀，也讓我們相信，諮商與心理治療的效果之一很可能是將案主加以社會化，以擁抱這套價值觀。

倫理與道德推理

　　為了回應工作中出現的道德與倫理問題，諮商員可以參考各種層次的道德智慧或知識。Kitchener（1984）已找出諮商員使用的四種非連續層次的道德推理：個人直覺；專業組織所發展的倫理指南；倫理原則；以及道德行為的一般化理論。

個人直覺

　　一般而言，人們能判斷在某個情境中做哪些事情是對的。對於

這一類個人的道德或倫理反應，最佳的理解方式是直覺，由於它隱於內而非顯於外，以及被視為當然而非有系統地形成。大多數的時候，特別是在實際的諮商晤談期間，諮商員依賴他們「覺得正確」的道德判斷，而非任何外在的規章。然而，僅僅依賴這一類的直覺會有一些限制與危險。第一道難題是，這種直覺反應至少有一部份是靠經驗累積，剛出道的諮商員可能需要其他處理道德議題的工具；例如，參考監督或專業倫理規範。即使是有經驗的諮商員，依賴直覺可能總是會有一種不夠完整的感覺，特別是不尋常或突發的情況。當案主的個人道德信念或抉擇在諮商員的個人經驗之外時，另一道難題便出現了；例如，基督教諮商員輔導回教案主時。最後，必須清楚瞭解的是，個人的直覺可能導致不合乎倫理或道德的行動，以及更有慾望色彩的行為。例如，私人執業的諮商員可能會說服自己說，如果案主再多提高一點費用將能從另十次的治療晤談中獲益。

　　儘管個人直覺的道德推理有其限制，但它的存在對諮商員卻絕對重要。評鑑諮商員訓練之候選人的訓練者或導師，會關切他們挑選的人選是否值得信賴、是否已培養堅定的道德立場、以及是否能夠謹守界線。諮商是一種外界難以監控其倫理行為的行業，因此相當仰賴個人的道德操守。

專業組織所發展的倫理指南

　　大部份國家的諮商已逐漸受到專業組織的管理。專業組織的功能之一，例如英國諮商協會或英國心理學會，就是要確保實務的倫理水準，而為了要達到這項目標，兩者皆為執業者訂立倫理指南，

其中包括針對偏差倫理行為的投訴程序。在美國，美國精神醫學學會、美國心理學會、美國婚姻及家族治療協會、以及美國諮商與發展協會（AACD）均出版倫理指南。除此之外，美國的一些州議會也編訂倫理規範，正如其他許多專業團體與機構。目前的實務是，所有受過訓練並能勝任的諮商員，必須向案主出示他們在過程中的倫理指南。英國諮商協會（BAC）出版的諮商員倫理與實務規範（Code of Ethics and Practice for Counsellors）涵蓋了諮商的性質、責任、能力、諮商工作的管理、保密、及廣告，共有二十八節。BAC也出版了訓練人員與諮商員的督導之倫理規範。AACD的倫理標準（Ethical Standards）中也涵蓋訓練與監督，共有九十九節。

儘管這些規章毫無疑問將有助於記錄諮商中許多倫理困境的共識，但它們往往含糊不清。例如，表14.2列出取自BAC與AACD倫理規範有關保密的主要陳述。

必須注意的是，這些倫理規範不僅是為了保護案主免受諮商員的不當對待而發展，也是為了保護諮商專業不受政府干預，及強化它對於特殊專業技術的控制。倫理委員會與實務準則，在對外界說明諮商室受到管制、以及可以依賴諮商員提供專業服務方面，提供了非常實用的功能。

表格 14.2 兩份倫理規範的保密規章

英國諮商協會（*1984*）

1　諮商員應以保密的態度來看待關於案主的個人資料，不論是直接獲得、或間接由推論獲知。這一類資料包括姓名、地址、詳細自傳、以及其他可能會導致案主被認出的生活與環境細節的描述。

2 「以保密的態度來看待」指不洩漏上述任何資料給任何旁人，
　或透過任何公開媒介洩漏，除了諮商員的上級（屬於在代理機
　構或組織中工作的情況）或支援與監督諮商員的人。

3 儘管有以上的條款，若諮商員認為案主可能危及別人的安全，
　諮商員應告知案主他們可能會打破保密原則，並採取適當的行
　動向個人或有關當局示警。

4 特定案主的資訊僅用於發表在適宜的期刊或研討會中，但事先
　須經案主許可，且當案主要求時，應予以匿名維護。

5 諮商員們與專業同事在討論案主時，應具有正當目的而不是為
　了閒談。

美國諮商與發展協會（*1988*）

1 本協會會員應為記錄的儲存與處置作好準備，並遵循既有的記
　錄保留與處置政策。由此衍生的諮商關係與資訊必須保密，與
　會員身為專業者的義務一致。在團體諮商的情境中，諮商員必
　須建立與所有團體參與者之揭露內容有關的保密規範。

2 若有某個人已是另一位諮商員的案主，則本協會會員不得在未
　事先知會並取得該諮商員同意下，逕自與該案主建立諮商關
　係。若會員後來發現自己的案主又有其他的諮商關係，則應取
　得該諮商員的同意或將諮商關係終結，除非案主選擇終結另一
　邊的諮商關係。

3 當案主的狀況顯示對當事人或旁人有明顯且迫切的危險時，本
　協會會員必須採取合宜的行動或通知有關當局。可能的話，必
　須諮詢其他專家的意見。必須在審慎的考慮之後，才能為當事
　人的行為肩負起責任，並且應儘快與當事人溝通此一責任的解

除。

4 諮商關係的記錄，包括訪談筆錄、測驗數據、通信、帶狀記錄、電子資料、以及其他文件必須視爲用於諮商的專業資訊，不應視爲諮商員受聘的中心或機構之記錄的一部份，除非政府的法規另有規定。此外，必須在案主表達同意後，方能向別人出示諮商中的素材。

5 鑑於電腦具有強大的資料儲存與處理能力，本協會會員必須確保存留在電腦上的資料：(a) 對於所提供的服務而言，是有限、適當、且必須的資料；(b) 在確定對於提供服務不再具有任何價值之後，應銷毀之；(c) 應以最佳的保秘方法，限制機構職員的存取。

6 諮商關係的資料若用於諮商員訓練或研究等目的，則應加以適當掩飾，使案主的身份無暴露之虞。

倫理原則

當個人直覺或倫理準則均無法爲某個道德或倫理議題提供解答時，諮商員便需要參考更具一般性的哲學或倫理原則。這些觀念或更一般性的道德訓諭，是個人守則與專業準則的根源。Kitchener（1984）找出五項貫穿大多數有關倫理議題之思想的道德原則，分別是：自主、無害、良善、公平、以及忠誠。

在我們（指作者）的文化裡，最基本的道德原則之一是個人的自主性（autonomy）。人們有行動的自由與選擇的自由等權利，但自由的追求必須在不侵擾別人的自由之範圍內。個體自主的概念在許

多壓迫與控制很平常的社會中，是個顯然未曾實現的理想。儘管如此，在諮商與心理治療漸趨穩固的社會裡，個人的自由與權利往往由法律加以保障。自主的概念對諮商而言是如此重要，以至於許多諮商員主張，除非案主做了自由參與的決定，否則諮商不得進行。自主概念對諮商的另一涵義是告知同意的概念，即除非案主清楚涉及哪些事情，並同意進行，否則開始諮商或開始進行某特定的諮商介入，都是不合乎倫理的。

雖然將案主視為具有自由思考與行動的能力為道德考量所偏好，但卻有許多諮商情境在這方面有問題。從理論的觀點來看，持精神分析或激進行為主義立場的諮商員可能會質疑個體自主的可能性，認為個人的行為在許多時候受到強大的外在或內心力量之控制。持女性主義或家族治療看法的諮商員可能會主張，在大多數的情形下，自主性可能不是個理想，因為在許多時候案主需朝向與別人更有關連性或相互依賴的方向移動。

案主做選擇與行動的自由也受到各種現實環境的限制。例如，幾乎沒有人認為兒童在有關諮商協助的提供上有被告知同意的能力，而且年齡的決定也很困難的。即使對成年的案主，可能也難以解釋諮商的內容，因為這是一種第一手經驗的學習活動。此外，至少對某些諮商員而言，當案主「精神病發」、有自殺傾向或可能危害別人時，可能無法顧及案主的自主性。在這些情況下，諮商員可能會選擇代替案主做決定。

總括來說，選擇與行動自由的原則是多數諮商實務中的重要課題。然而，個人自主並不是簡單的概念，實務指南很明顯還未能含括所有的情況。

無害（*non-maleficence*）指所有助人者或治療者必須「不能害

到任何人」。**良善**（*beneficence*）指促進人們的福祉。這兩種概念均在實務的規範中出現，即諮商員必須確保自己已接受使能力達一定程度的訓練，並且必須經由監督、諮詢、與培訓來維持其能力，以及他們的工作必須僅限定在其能力範圍之內。

「無害」原則適用的領域之一是治療技術可能造成的風險與傷害。若技術最後會導致好的結果，那麼諮商晤談中使案主經歷非常不舒服的焦慮或遺棄等感受，一般而言是可以接受的。但「不適感」應達到何種程度才會使介入不合乎倫理？有些諮商取向倡導鼓勵案主冒險實驗新的行為。自主原則可能會主張，如果案主簽了告知同意書，那麼對於結果便須負責。然而，事實上要同意諮商歷程的每一個步驟是很困難的。諮商員或治療師可能不是那麼清楚某個技術的潛在危險，原因是缺乏對於實務各個面向的研究，開業者也不常受研究報告的影響。此外，研究調查的焦點往往放在什麼是有用的，而不是放在什麼是沒有用的，並且幾乎不會去注意會造成嚴重錯誤的介入程序。

與良善有關的道德困境，時常藉助於**功利**（*utilitarian*）觀念來解決。哲學家John Stuart Mill解釋倫理行為著眼於「導致對最多數人有最大的福祉」。例如，轉介一名高度社交焦慮的案主到團體諮商是否有違倫理，總括來說，這可能決定於是否可以預測這一類型的治療所帶來的益處大於代價與風險。功利觀念跟某種治療介入對某個特殊案例是否可行所涉及的不確定性無關，其應用可能會與當事人為自己做決定的自主權利起衝突，或可能產生父權主義的色彩。

公平（*justice*）原則主要與資源與服務的公平分配有關。該原則認為人皆平等，除非有特別而能令人接受的理由，否則不得有差別待遇。在諮商界裡，公平原則與諮商服務的取得問題特別有關。

如果諮商機構有冗長的等候名單，那麼提供某些案主長期性諮商而任由其他人未得到協助便離開是否有違倫理？如果代理機構提出一套評鑑訪談的制度來找出最需要接受協助的案主，這當中的基準是否公平而無歧視？若有諮商機構不接受弱勢族群的案主，這是否公平？Kitchener（1984: 50）提到公平性對諮商的特殊重要性時寫道：

> 心理學家對於「公平」的支持應遠超乎常人。既然我們均同意應促進每一個人的價值與尊嚴，因此就有必要關切所有的個體是否受到公平的對待。

這裡的重點是，對於「諮商員－案主」關係至為重要的信任與尊重等條件，會輕易地受到不公平行為的破壞。

忠誠（*fidelity*）原則與忠實、可靠、可依賴、以及善意的行動有關。欺騙、訛詐、以及剝削都會危害到忠誠原則。諮商的保密規定也反映著忠誠原則的重要性。諮商中與忠誠極相關的地方是合約的維繫。諮商員一旦接納了案主前來諮商，不論是否訂定正式的合約，就應與案主並肩合作及盡自己最大的努力。如果諮商員因疾病、更換職業、或其他因素未能履行合約，就可能破壞忠誠原則。

此處有關自主、無害、良善、公平、以及忠誠等道德原則的討論突顯了一項事實，即雖然這些道德觀念可能總是有相關性，但在特殊情況下也同樣可能會彼此衝突。Beauchamp與Childress（1979）認為，根據法律用語，這一類原則應視為乍看理由充分（prima facie）的約束。換句話說，除非它們與其他某項原則衝突或須斟酌的情況，否則必須遵守。但，當它們產生衝突或須斟酌的情況發生時，又該怎麼辦？

一般化道德理論

Kitchener（1984）檢視了在道德哲學領域可用來解決複雜倫理困境的一些一般化理論。跟良善有關的理論觀點，即功利主義，在這方面很有用處。功利取向應用在倫理決策時，會去思考事件中每一位參與者付出的代價與獲得的益處；例如包括案主、案主的家人、其他相關人、及諮商員。另一個核心的哲學取向來自Kant的研究，他主張倫理的決策應能**普遍化**（*universalizable*）。換句話說，如果在這個情況下破壞保密原則是對的，那麼未來在所有類似的情況下這麼做也必須是對的。

應用Kant的普遍化原則來解決諮商倫理議題的實際方法由Stadler（1986）提出。她主張，任何倫理抉擇都應當禁得起「普遍性」（universality）、「公開性」（publicity）以及「公正性」（justice）的考驗。做決定的人應當思考下列問題：

1 我會不會在類似的情況下向任何人推薦這樣的行動？（普遍性）

2 我會不會告訴其他諮商員我想做的事？我會不會願意將採取的行動及其理由發表在地方小報的頭版，或在晚間新聞上播報？（公開性）

3 我會不會在相同的情況下以不同的方式對待案主？如果此人是有名的政治領袖，我會不會以不同的方式對待他（她）？（公正性）

在道德哲學中發展的另一種觀點是，要找到可據以行動的任何

抽象道德標準或原則是不可能的。例如，有關墮胎的論爭，有些人支持未出生嬰兒的權利在道德上有優先性，然而其他人則堅稱女性有選擇的權利。哲學家如MacIntyre（1981）主張，這一類的論爭永遠無法向抽象原則求助而獲得解決。MacIntyre（1981）認為，探討道德議題的社會與歷史脈絡會比訴諸抽象原則更有幫助。道德觀如「權利」或「自主」只有在與它們運作所處的文化傳統產生關連時才具有意義。MacIntyre認為，傳統可被視為一種持續進行的論爭或對話，存在於人們發展在當時對他們而言是可以理解的道德立場之環境裡，只有在社會與文化環境改變時，才能看到這些立場的溶解與改變。在任何文化傳統裡，某些美德（virtues）代表特定社群的價值觀。例如，在許多諮商領域裡，真誠被視為主要的美德。相對地，在學術社群裡，關鍵的美德是思慮嚴謹或理性。

從「美德」的觀點來看道德決策，重要的事情是保持談話的通暢，而不是假設對於某個道德問題終究會有永遠實用、不變的解答。有關諮商採取美德觀點的涵義，Meara等人（1996）有更詳細的探索。

在道德哲學的領域裡，抽象、概括化的道德系統（如功利主義或Kant的倫理觀）與較近代以傳統為基礎的道德詢問取向之間的緊張關係，反映在男性與女性之道德決策模式差異的論爭。Chodorow與其他女性主義學者認為，男性希望能以抽象原則為依據來做出道德決策，而女性的道德決策則主要取決於該決定對於女性生活中的關係網絡所產生的影響而定（詳見第7章）。不同的道德思想系統之影響也可以在多元文化主義的論爭中出現。某程度而言，西方的道德與法律系統可說是圍繞著功利主義或與其他道德規則有關的觀念而建立，能以抽象的理論概念來理解，然而大多數非西方文化的道

德觀是，道德上的美德是投資在人們的品質上。由此可以看出，如
何理解道德議題的論爭，事實上也就是諮商與心理治療領域中許多
其他論爭與議題的根源。

表格 14.3　1976-1986年間，美國不良實務的成本分析

投訴原因	佔全部保險支出的百分比
性接觸	44.8
治療失誤	13.9
造成案主／他人的死亡	10.9
有瑕疵的診斷	7.9
因評鑑造成的損失	3.2
違反保密原則	2.8
疏於警告或保護	2.7
肢體傷害	2.4
費用爭端	2.2
人身攻擊	1.8

資料出處：Pope（1986）。

應用道德原則與倫理規範：從理論到實務

　　我們會很自然的認為諮商員必然正直、有美德，且依照一套無
瑕疵的倫理規範來行事，然而事實絕非如此。有相當多的證據指
出，諮商員與心理治療師在倫理方面存在著許多不良實務。Austin
等人（1990）報告，由美國心理學會與保險公司訂定的專業保險，
在1985年在訴訟案中支付了一千七百二十萬美元。表14.3指出，這

些訴訟中有一半以上來自有違倫理的行為，例如對案主的性虐待與違反保密原則，而不是技術能力的不足。Austin等人（1990）所蒐集的統計數據，反映在Masson（1988, 1990, 1992）的著作中對虐待案例的生動描述。

諮商實務之倫理基礎的問題並非只是理論層次的問題，而且是許多諮商員、案主、以及諮商機構切身相關的一件事。諮商員日常實務中面對的主要倫理議題，接下來將加以檢視。

諮商員是誰的代理人？

諮商實務中常出現的主要倫理問題之一是，諮商員的責任。諮商員代表何人而工作？諮商員只是案主的代理人，僅代表案主？或有其他人有正當的理由要求諮商員負責？傳統上，許多諮商員試圖提倡以案主為中心的風氣。儘管如此，許多情況若採絕對的案主中心可能不符道德與倫理的要求。例如，HIV檢體呈陽性反應的案主可能危害到伴侶或家人。由公司付費的工作場所諮商員可能承受著某類案主須達成特定成效的壓力。輔導青少年的諮商員可能承受著案主家長會不時建議或想窺探諮商內容的壓力。代理（agency）議題常出現在關係諮商或婚姻諮商中。有些從業人員或研究人員（如Hurvitz 1967）主張，與配偶中的一方進行治療有可能會導致另一半的疏離感與抗拒，最終會分居或離婚。即使同時輔導兩位配偶，孩子的利益也會成為主要的考量。

對案主的忠誠與第三者對諮商員的要求之間的衝突，也會發生在諸如員工諮商或僱員協助計畫等諮商情境裡（Wise 1988）。在這些情況下，諮商員可能由某個組織付費或雇用，因此事實上組織認

為諮商員主要應向它負責而不是案主（Bond 1992）。諮商員可能同時承受著明顯與不明顯的壓力使其洩漏案主的資料，或確保諮商能達成預先便決定的成效（例如要「促使」一位惹麻煩的案主能提早退休）。Sugarman（1992）提出在工作場所進行諮商時維持倫理標準的一些建議：

- 瞭解組織希望諮商服務達成的目標；
- 找出諮商服務可能以案主為代價來換取組織利益的任何論點；
- 找出組織超越權限而控制案主行為的任何論點；
- 與組織當局詳談「保密原則」的意義，以及哪些是保密原則將會或將不會被維護的情況；
- 瞭解諮商所分配到的資源是否足以確保利得多於傷害；
- 擬訂一份關於在組織中提供諮商的政策書面聲明。

與工作場所諮商之責任性議題有關的深入討論可參考Carroll（1996）以及Shea與Bond（1997）。

在諮商中，另一個與責任與代理性有關的主要困境之領域是案主曾經或正遭受到性虐待（Daniluk and Haverkamp 1993）。在許多國家裡，諮商員依法要陳報兒童性虐待的案例給有關當局。如果案主告訴諮商員自己在兒時曾遭受過性虐待，或自己的小孩正遭受到性虐待，諮商員便必須決定何時與如何向有關當局陳報，但這些決定並不容易。任何這一類的行動對於案主與諮商員的關係顯然會有深遠的涵義，對於諮商員與諮商機構進行輔導的方式也一樣。例如，在諮商開始時就須告知案主在這些情況下必須違反保密原則。Levine與Doueck（1995）對於「依法須陳報」一節對於美國的諮商

實務之影響進行了一項透徹的調查，並在他們的著作中詳細剖析這一類的議題。他們發現，有許多不同的策略是諮商員在陳報的時機點為了保住治療關係所試圖採取的，包括匿名陳報、將責任轉移給督導、保護兒童機構或法律、以及鼓勵案主自己陳報。Kennel與Agresti（1995）發現女性治療師較男性治療師更不願陳報。

有一些與責任有關且最痛苦、最難決定的困境來自案主揚言對某人不利，諮商員依法有警告與保護之責。這當中的困難可參考有名的「Tarasoff」案例（專欄 14.2）。

與諮商員「警告之責」有關的議題也在愛滋病的諮商中出現，主要是該不該向案主的伴侶透露對方HIV的狀況。McGuire等人（1995）的研究指出，在此一領域工作的諮商員，事實上很可能會去警告案主的伴侶，在某些例子裡甚至會強制拘留不願合作的案主。在這方面，Costa與Altekruse（1994）為諮商員編輯了一份珍貴的保護職責指南。

大多數的諮商理論都有一項內隱的假設，即在整個諮商歷程中，治療師僅擔任案主的代理人。採納此一觀點會過度簡化情況。諮商員的重要任務之一是瞭解這些其他的關係與系統，並且願意探索之，以及有時悍衛適當的界線。儘管如此，在某些情況下諮商員對更廣大的社會福祉負有責任，只能違反只為單一案主負責。

該逼迫或引導案主至何種程度？說服、建議、以及挑戰的使用

諮商與心理治療中最根本的壓力之一來自治療師之角色的定義與認知。在案主中心／個人中心以及心理動力取向的傳統裡，認為

治療師的角色在於反映與有耐性，使案主獲得自己的理解與洞察。另一種傳統以完形治療法、「身體」（body）治療法、以及認知一行為取向為代表，偏好治療師採取更積極的風格，利用介入的方法來加速改變的步調或尋求突破。重要的是，不要過度膨脹這些立場的分裂：案主中心的諮商員也會挑戰案主，完形治療師也會進行同理心的傾聽。不管如何，有許多人認為在治療中利用面質與操弄等手段（Lakin 1988）會引發數種倫理議題。

此處的主要倫理議題是告知同意的原則。自主性的倫理價值觀意味著案主對於治療有選擇的自由。選擇的概念又意味著個人對於資訊會以理性的態度加以回應。相對下，面質技術的目標在於突破案主所建立的合理化與智識化之防衛城牆。告知案主即將發生的事情，可能會抵消掉介入的效果。此外，有些技術如矛盾法，需要提供給案主矛盾的資訊；例如，要求失眠症的案主整個晚上每隔一小時察看鬧鐘上的時間。

這些技術也引發了關於「良善」方面的問題。幾乎沒有證據支持高度面質性的方法具有效果。事實上，在對會心團體所進行的一次嚴謹研究中，Lieberman等人（1973）發現，由高度挑戰與重視宣洩的領導者所進行的團體比其他的團體有更多受傷害的人。Lakin（1988: 13）認為，有時候面質可能被用來滿足治療師的需求而不是案主的需求：「積極而帶攻擊性的訪談可能是為了證明個人自負的能力。」

一個極端的例子，超過可接受的極限而成為明顯具虐待性的高度主動的治療法，由Masson（1988）描述John Rosen所發展的「直接精神分析法」之歷史中看出，其中包括使用肢體暴力、言語羞辱、欺騙、以及監禁。Lakin（1988）也描述過一個類似的例子，跟

專欄 14.2　「警告與保護之責」：Tarasoff案例引發的倫理困境

　　在1969年八月，Prosenjit Poddar是加州柏克來大學健康服務部門的自願門診案主，接受心理學家Lawrence Moore的治療。Poddar曾告知治療師他想殺害女友Tatiana Tarasoff，當她從巴西旅遊回來之後。在諮詢了兩位精神醫師同事的意見之後，Moore醫師建議校方，應將Poddar留在醫院一段時間加以觀察。這項決定為精神醫學主任所拒絕。Poddar後來搬進Tatiana哥哥的公寓，就在她與父母住所的附近。Moore醫師寫信給警察局長，請他限制Poddar的行動，並口頭請求校警單位在他現身時將他拘留。他們這麼做了。Poddar向校警保證沒有害人之意，他們釋放了他。接著，Poddar謀殺了Tatiana Tarasoff。受害者及其家屬完全未獲得任何警告。精神醫學主任請求警方交還Moore醫師所寫的信件，並指示銷毀信件與案主記錄。接著Tatiana的雙親控告加州大學，理由是他們當初應該預警她們的女兒身處險境。辯方律師陳述，在警方涉入之後，Poddar便中斷與院方的一切聯繫，並且不再是他們的案主。地方法庭駁回控告案，但上訴高等法庭後的判決則有利於她的雙親。

　　本案例顯然為諮商員與心理治療師帶來了一些啟示。當其他人的安全有危險時，諮商員必須中斷案主與治療師之間的機密性。諮商員必須採取任何可能的行動以「警告與保護」受案主威脅到安全的人。美國有許多州制定了相關的法律（Fulero 1988; Austin *et al.* 1990），指出諮商員應能準確與可靠地評鑑案主潛在的危險性，以及諮商機構必須制定特定的政策與程序來處理這一類案件。

　　Tarasoff案件顯示了諮商中倫理道德決策的複雜性，以及倫理道德的

考量會如何影響諮商歷程本身。案主Prosenjit Poddar的權利，即尊重其自主性與對其隱私的保密性，跟保護生命的基本義務產生衝突。他想殺害女友的訊息之所與治療師分享，是因為他們有著強烈的治療關係，但此一關係卻受到制止暴力的意圖所破壞。治療師自己則面臨了專業同事們矛盾的忠告與指導。這樣的情況迫使他與警方連絡，這是他未曾受過有效訓練的行動。

許多案主在諮商晤談中，會表達對別人的憤怒與憎恨。就某些理論的觀點而言，這一類情節可以詮釋為「宣洩」（cathartic），而且是有益的。另一方面，如同Tarasoff案件及其他許多類似的案件（參考Austin *et al.*（1990）對於1975年至1986年間，在美國法庭審理的十七件類似案件的詳細描述）所顯示，有些時候這一類案主的意圖會付諸實行。

Tarasoff案件及接著關於「保護與警告之責」的討論，是與代理問題有關、屬於更寬廣的倫理議題。諮商員只是案主的代理人，或對於其他與案件切身相關的人也應負有責任呢？

感受治療中心（Centre for Feeling Therapy）有關，治療師涉及從事肢體暴力與語言暴力，及鼓勵治療中的夫妻發展婚外情。這兩派的主要人物均被案主控告，並受到禁止執業處分。雖然這些案例中對案主的虐待與殘酷程度可能會被認為極不道德，但值得一提的是，Masson（1988）與Lakin（1988）雙雙指出，這些治療方法的創始者均極具資格並接受過高度訓練，他們都廣泛發表過著作，而且其開創性的成效曾受到其專業領導人的讚賞。

這些面質與挑戰的例子顯示了非常直接與明顯的意圖想控制案主，想修正他們的信念與行為。關於幼時遭性虐待的錯誤記憶

（false memories）之議題也涉及形式較微妙的控制。大多數的治療師都很熟悉諮商時案主突然憶起過去發生過的事情—例如，遭受虐待或羞辱的回憶—屬於隱藏多年的回憶。由於發生於遙遠的過去，很可能已不存在獨立或客觀的證據能證明是否真正發生過。有許多論爭往往便是針對這些回憶是否真實、錯誤、或編造。希望否定兒童性虐待具有普遍性或在特定案例中為指控辯護的一些人認為，部份諮商員與治療師過於渴望案主遭遇過性虐待，因而將兒童時期的感覺與意象詮釋為遭受虐待的指標。此處我們無法逐一檢視探討兒童時期之回憶真假的大量文獻。有興趣的讀者可參考Spence（1994）以及Enns等人的著作（1995）。重點是，此處有強大的道德議題。如果治療師確實植入錯誤的記憶，那麼最後可能成為對於案主個人及其家庭造成極大傷害的教唆者。另一方面，如果治療師迴避做出有關虐待的結論，或不提起任何虐待情事，對於案主可能也同樣造成傷害。諮商技術及其道德後果之間的關連在這一類案例中非常明顯。諮商員在詮釋案主過去的經驗時應該多積極？諮商員是否應等待有大量佐證支持時，再提出詮釋？在何種情況下，才能允許臨床直覺與「預感」？

雙重關係

　　諮商與心理治療中的「雙重關係」發生在治療師與案主還有另一種顯著不同的關係。雙重關係的例子包括：雙方是鄰居、朋友、或商業夥伴；治療師接受案主以另一種付費形式（如照顧小孩）；或治療師是案主的房東。Pope（1991）提出雙重關係與有效治療產生衝突的四種主要方式。

第一，他們會妥協治療關係的專業性質。諮商中使案主情緒上感到安全的環境，一部份須藉由可靠的專業分界來創造。雙重關係的存在使這些分界不夠明確。第二，雙重關係導致利益的衝突。對案主來說諮商員不再只是單純地為案主設想。第三，諮商員無法再以公平的立足點與案主形成商業或其他非治療的關係，原因是案主已洩漏其個人資料，以及可能產生諸如依賴等移情作用。第四，如果諮商員在終結諮商後發展雙重關係會被接受的話，那麼不道德的從業人員便可能利用其專業角色來設計出滿足其需求的關係。探討雙重關係的研究（Pope 1991）顯示，約三分之一的治療師曾在某些時刻與目前或從前的案主發展非「性」、非「治療」的關係。有這類行為的男性治療師在人數上也似乎較女性治療師為多。

雙重關係在教育環境裡的諮商可能是個特別嚴重的問題。Bond（1992）指出，許多在學校與大學裡的諮商員也應聘為教師或助教，所以有必要劃清這些角色之間的分界。Doyle（1997）討論了正在進行戒癮的諮商員輔導有相同問題的案主時引發的雙重關係困境。例如，諮商員與案主可能在匿名戒酒會的「十二步驟」聚會中碰頭。

對案主的性剝削

對美國心理學家與心理治療師進行的數份調查發現，治療師與案主的性接觸並不稀奇，儘管美國所有的專業協會均明文禁止。Holroyd與Brodsky（1977）在一項對1000名心理學家的調查中發現，8.1%的男性與1.0%的女性治療師曾與案主有性行為關係。這些樣本當中約有4%的人相信，與案主進行情愛上的接觸在某些情況下可能對案主有治療上的效果。Pope等人（1979）進行了一項調查

1000名心理治療師的匿名問卷之類似研究，發現有7%報告曾與案主做過愛。最後，Pope等人（1986）在另一項針對美國從業人員的大規模調查中顯示，9.4%的男性與2.5%的女性治療師坦承曾與案主有過性接觸。這些數據的意義有各種不同的解釋。此處引用之調查估計值應視爲治療師對案主性虐待的普及率之最低估計，因爲存在著許多因素使填答者隱瞞或少報他們涉入的程度。

　　Bates與Brodsky（1989）曾詳述對案主性剝削的例子（詳見專欄 14.3）。此案與其他曾深入研究的案例，支持著有關這類事件的總結如下：

1　有成效的治療可能包括了案主非常依賴諮商員、並開放給諮商員從事性剝削或操弄的時期。

2　在諮商關係的隱私、秘密環境中，諮商員很有可能從事幾乎不可能被發現的不倫行爲。

3　諮商聚焦在案主的人格與內心生活上，可以輕易地造成案主怪罪自己處理這類事情的不當。

4　曾受到專家性虐待的案主，再次矯治時會遭遇極大的困難。

　　這些結論可使我們理解對案主的性虐待如何發生，以及爲何少人陳報的原因。案主在這一類虐待中所受的傷害已有數份研究詳細記錄。例如，在Durre（1980: 242）的研究中，她觀察到：

> 有許多意圖自殺、嚴重憂鬱（有些持續數月）、由精神醫院收容、接受電擊治療、以及與丈夫分開或離婚的例子……女士們遭到開除或必須離開工作，因爲壓力以及她們的憂鬱、哭泣、生氣、以及焦慮造成沒有效率的工作習慣。

　　對於案主與治療師之間性活動的普遍性，理解的方式之一是，視為發生在治療中因高度的親密與自我坦露所導致的不可避免之結果。這種看法的例子可在Edelwich與Brodsky（1991）的研究中發現，他們認為和案主的性行為是治療師應接受訓練去因應的專業議題。他們鼓勵從業人員視自己對案主的強烈情感為正常現象：「任何援助別人需求的人，對於在專業界線之外流竄的情感必然都有過不安的經驗。這些不安的經驗都源自正常、普遍的人類情感」（Edelwich and Brodsky, 1991: xiii）。難題不僅來自諮商員擁有的這些感覺，也因為他們未能妥善加以處理。Edelwich與Brodsky找出了一些用來認識在自己與案主身上之誘惑的指導方針，並提出合乎倫理地處理性吸引力的策略：

- 承認自己的感覺；
- 將自己個人的情感跟對案主的輔導分開；
- 避免過度認同—案主的麻煩並不是您的麻煩；
- 別對案主提起您的困擾；
- 跟別人（如同事或督導）談談發生的事；
- 提供案主自我表達的空間時應設訂界限；
- 不要排拒；
- 表達與性無關的關懷；
- 避免提供「雙重資訊」（話中有話）。

　　他們也指出，大多數不當的性舉動都是從其他方面的「越界」開始，例如觸摸案主、與對方在社交場合見面、或諮商員不當地向案主自我坦露，他們也建議這些顯然較不重要的界線也要以非常審

慎的態度對待。

另一個探討性的不端行為之觀點可從「Jung學派一女性主義」的立場來發展。幾乎所有「治療師一案主」的性行為均發生在男治療師與女案主之間,使女性難以將加害者提交由男性主控的司法單位處理。在《Sex in the Forbidden Zone》一書中,Rutter(1989)同意許多由Edelwich與Brodsky(1991)所提出的實務守則,但相當不同意他們對於潛在原因的分析。Rutter主張,男性專家(不只是治療師與諮商員,也包括神職人員、教師、醫生、與經理人)與受制於權威地位下的女性所發生的性行為,原因來自身為男性與女性之意義的文化迷思。根據Rutter的說法,許多男性壓抑與否認其情感上的痛苦與脆弱,但卻幻想著他們能透過與體貼而接納的女性結合而變得更完整。因此,與女案主做愛的經驗,是不自覺的尋求療傷與完整的一部份。當然,這只能作為解決男人困境的暫時手段,很快地,這種親密的性關係會顯得錯誤,而女性也會受到排斥。

對治療師性行為動力的詮釋,與Holtzman(1984)訪談曾與治療師涉入性行為的女性案主之研究發現一致。這些女性有數人提到照顧治療師,知道要滿足他的情緒需求。Searles(1975)描述這種歷程使案主不自覺地扮演治療師的治療師。根據Rutter(1989)的說法,女性將她們一生自尊所受的打擊帶入這樣的情境中,她們被告知自己不夠好,特別是父親說的。與某位欣賞她們的能力與特質、試圖協助她們獲得成就感、且充滿權力的男性,置身於某種工作關係的經驗,對女性而言,是種潛在的療傷機會。因此,性剝削導致對這份親密感與希望的背叛,是個非常深刻的傷害。Chesler(1972)曾訪談過十位曾與治療師有過性關係的女性。所有人都描述沒有安全感,低度的自愛,以及將發生的事情怪罪自己。Pope與

Bouhoutsos（1986）認為，遭受治療師性剝削風險特別高的女性是，小時候自亂倫或性虐待中倖存的女性。此一觀點受到Mann（1989）的支持。

Rutter（1989）的論點似乎是，男性有強烈的傾向將高度信賴與親密的關係加以性愛化。他更進一步提到，男性同事在面對性的不端行為時普遍保持沈默，顯然是潛在迷思瀰漫的跡象：

> 儘管絕大多數受人信任與敬重的男性以合乎倫理的方式表現其行為，意味著他們絕不會與受他們照顧的女性案主產生性接觸，但是不管如何他們還是抱持著有一天可能會成真的期望……從事禁區性愛的男人踏著前人的腳步以替身的象徵參與其中。以某種部落的意義來看，就好像觸犯禁區的男人是部落中其他男人的替身一樣。
>
> （Rutter 1989: 62）

對Rutter而言，治療師與案主的性接觸不僅是個專業議題，需要在訓練領域內加以控制與處理，也源自於西方文化中根本的性別關係議題。因此，我們可以從中得知，所有男女之間的治療接觸都可能出現這樣的事。

對案主的性虐待議題已經以相當篇幅檢視過，顯示諮商中的倫理問題不只是偶發的極端事件，如Tarasoff謀殺案，突然出現使從業人員陷於錯綜複雜的道德要求與現實困境中。道德議題、倫理議題、以及價值觀議題存在於每一間諮商室裡與每一回合的晤談中。無論諮商員做什麼，或不做什麼，都是價值觀的一種表達。

專欄　14.3　專業亂倫一案

　　Carolyn Bates是一位接受心理治療的案主，遭受她的治療師性虐待達數個月之久。她的故事寫在與另一位心理學家Barbara Brodsky合著的《Sex in the Therapy Hour》（治療時刻的性）一書中（Bates and Brodsky 1989）。她們對於心理治療轉變爲性虐待之不倫與具破壞性的情境提供獨特的見解。

　　Carolyn Bates是位害羞、過重的少女，父親在她十五歲時久病去世。她藉著投入某個教會團體來「躲避」喪親與失落的情緒。離家上大學之後，她遇見Steve，一名越戰退伍軍人，後來成爲她的男友與第一位性伴侶。她漸漸依賴他來「避開幾乎會侵蝕我自己的抑鬱情緒」。在此同時，她因爲違反教會誡律從事婚前性行爲而感到深沈的罪惡感。她不再上教堂。情緒壓力更因與母親關係惡化而加重：

> 在我與Steve的脆弱關係進展到第一年之後，我對於那些新浮現、變化無常的情緒之控制開始崩潰。幻滅、憤怒、挫折滿溢內心，更嚴重的是四處瀰漫的絕望感。我對於Steve不斷暗示結束關係的反應佔著如此不協調的比例，後來我才發現，它們與未曾中斷、父親的死別帶來的悲傷有關。
>
> （Bates and Brodsky 1989: 18）

　　這種情況過了兩個年頭，大學成績也滑落，Carolyn Bates經友人推薦，接受一位心理學家，X博士的治療。

　　在治療開始的前五個月，Carolyn感到一種「希望與安全感」，並漸漸放開心胸，探索對於父親之死的情緒以及她與Steve的關係。在當時，她與治療師的關係相當親近：

我大部份對父親的信任與愛無疑都投向X博士,我認為他既聰明又無條件地關懷我。當時我不明白這種感情的移轉正在發生,但是我確實將他視為父親的替身。所以我仍舊非常依賴他,努力參與治療,渴望他的接納與認可,相信他是我唯一獲得肯定的來源。

(Bates and Brodsky 1989: 24)

然而,隨著時間的過去,X博士開始在治療晤談時把焦點放在更多有關性的議題上,鼓勵Carolyn談她自己的性行為,並解釋他自己對於偶發性交的正面態度。他提供了一個解釋,即Carolyn也許是在壓抑她自己對於他的性感覺。後來,她將之敘述為「治療關係的性愛化」。他開始在晤談結束時擁抱她,接著親吻她以示告別。在一次晤談中,他暗示,她對他不感興趣意味著同性戀的傾向。

在治療的第九個月,X博士引入了放鬆練習,要Carolyn躺在辦公室的地板上,並在其中的一次晤談中,他強暴了她。她記述:「恐懼」、「解離」、以及「羞愧」。性交在後來的十二個月中持續發生了八至十次,總是在晤談開始時進行。在治療期間,X博士開始談更多有關他自己的困擾。終於,進入治療大約兩年之後,Carolyn Bates能夠克服她的依賴與麻木而離去。

在後來的數個月裡是「沮喪與困惑凌駕希望」的時期:「我帶著一個見不得光的秘密—我相信自己的治療是不成功的……對於曾經發生的一切怪罪自己」(Bates and Brodsky 1989: 41)。晚上的惡夢,使她產生自殺的念頭。當Carolyn接受另一位諮商員的治療時,終於開始面對過去發生的事情,並且也對X博士提起訴訟。儘管有X博士的其他六位女性案主出庭作證,證明她們也是性剝削的受害者,該案在民事法庭幾乎耗費五年之久,直到達成庭外和解方休。法院出庭時涉及細微的交叉質詢,使

她更是羞愧與痛苦。在國家授證委員會（State Licensing Board）考慮是否要撤銷X博士的專業資格之前，出庭仍會引發許多其他的痛苦經驗。在對於這位從業人員進行有限的矯正歷程中，也伴隨著媒體的關注。整個事件結束後，X博士重新申請、也獲准核發開業執照。

維持倫理標準的策略

近年來，專業組織逐漸注意如何維持與鞏固倫理標準的問題。這些努力或多或少，特別是在美國與其他國家，是鑒於媒體對於不端行為的報導已降低了大眾的信心，以及政府機構執行法律上的懲處也會降低專業自主權。所有的專業組織均要求其合格會員遵守正式的倫理規範，所有的組織對於違反這些規範的會員也有一套懲處程序。然而，漸漸地，諮商規範在強制執行的部份已由法院接管。另一方面，部份諮商員與心理治療師開始發展一個研究領域，稱治療法律學（therapeutic jurisprudence），主要聚焦在研究法律對治療產生的影響（Wexsler 1990）。治療專業與法律的關係似乎愈來愈重要（Jenkins 1997）。然而，有些諮商員主張，法律考量的侵入在某些情況下會干擾到建設性的治療關係之創造（詳見專欄 14.4）。

倫理規範最多只能作為行動的大方向，因為總是存在著「灰色地帶」，而且不同的倫理規範也可能產生衝突，因此，諮商員必須瞭解正式規範背後更寬闊的倫理、道德、以及價值觀等考量。大多數的諮商課程特別著重倫理議題的認識，可參考Van Hoose與Kottler（1985）、Corey等人（1988）、以及Bond（1993）的教科書。這個領域也有數量漸增的倫理議題研究（Miller and Thelen 1987; Lakin

專欄 14.4　諮商員是否應保專業損害賠償險？

　　專業損害賠償險是使諮商與法律的關係變得具體的一種形式。許多諮商員支付保險金，爲遭受控告而須耗費的民事訴訟費用未雨綢繆。某些國家的諮商員，例如美國，會由專業協會要求投保類似的保險。在其他國家，例如英國，諮商員的損害賠償險目前還是自行決定的。Mearns（1993）強烈反對損害賠償險。他指出，保險公司堅持，若案主提出告訴，諮商員應該否認應負的責任。Mearns（1993: 163）預測：「這種不正直的行爲很可能疏離案主，更壞的是，使案主過去體驗過的虐待更加難解與複雜。」此外，他認爲，損害賠償險的構想來自法律與醫學等專業，從業人員被公認是當事人之問題的專家（expert），但在諮商中，從業人員扮演促進者（facilitator）的角色。因此，保險可能威脅到諮商關係中責任的原來面貌。儘管Mearns支持諮商中倫理規範與常規存在的價值，他認爲制度管制（institutional reguration）這個方向可能「走得太遠」；損害賠償險便是其中的代表。

　　即使在專業險具強制性的美國，部份從業人員也與Mearns有相同的憂慮。Wilbert與Fulero（1988）在俄亥俄州進行一項對心理學家（臨床與諮商）的調查，邀請他們填寫一份關於他們對於執業不當訴訟的看法，以及會如何影響他們的工作。許多治療師報告，不當實務的法律訴訟會鼓勵他們改進執業中的某些部份，例如使用告知同意程序與發送資訊冊子、記下較完善的記錄、評鑑自殺意圖的證據、以及使用更多的監督。然而，另一方面他們覺得執業不當訴訟的威脅削弱了他們的業務。有些人說，他們會排除那些看起來可能提起告訴的案主，或限制他們的業務在某個特定的臨床領域。約三分之一的人同意以下的陳述，「我執業時常常顧及在法律上須能保護我自己，而非何者是臨床上的好實務。」

1988）。該領域的另一項發展是，針對諸如多元文化諮商與女性主義諮商的從業人員來設計其倫理規範。

　　在諮商實務中，處理倫理議題的主要技術之一已在這一章較上面的部份提及，也就是告知同意（informed consent）的使用。有成效的告知同意能預防或減輕一些爭議所引起的難題，例如將機密資訊洩漏給第三方、費用與終止的協議、雙重關係的風險、以及對治療的情緒要求或實際要求。完整的告知同意是現實中難以達成的理想。對某些案主而言，進入諮商關係相當困難，另有些人可能會被第一次與諮商員的晤談中所接收到的大量資訊所驚嚇。有些案主可能因爲太難過或受到的創傷太大而無法消化告知同意的資訊。有些案主可能不瞭解告知同意代表什麼意思。許多諮商員與諮商機構會提供案主一份小冊子，略述與解釋治療方法的原則、實際的安排、以及投訴的程序。Marzillier（1993）認爲告知同意應該視爲一種歷程或對話，應出現在不只一次的晤談中，並且在治療的中期應加以回顧檢討。Handelsman與Galvin（1988）主張，治療師與治療機構應給案主一份他們應該詢問治療師的問題清單，並找些時間來討論這些問題。

　　有一些諮商員對於發展協助曾受不當實務之侵害的案主之方式貢獻良多。其貢獻主要集中在曾遭治療師性剝削之案主的需求，並且包括保障服務、設立自助團體、以及爲受害者提供治療（Pope and Bouhoutsos 1986）。有些嚴肅的建議認爲，預防治療師對案主性虐待的最好方法就是，讓所有的女性案主由女治療師來輔導（Chesler 1972）。比較實際可行的方式是，確保所有的案主已被告知其權利，以及當他們有所抱怨時，其意見將受到尊重並能迅速探取相關行動。

調查諮商員與心理治療師不當實務的一些證據顯示，誤入歧途的治療師很可能涉入多種不端行為（Gabbard 1989）。要控告諮商員與心理治療師在專業上的不當並不容易，要進一步迫使他們放棄開業更是困難。因此，對於心理治療界而言，較有幫助的做法是，建立復原的途徑，使受傷害與傷害人的諮商員能突破其問題，進而能以安全與促進的態度重新執業。Strean（1993）提供了一些他輔導性剝削治療師（男性與女性）的有趣實例。這種介入輔導的方式對於發掘不當行為背後的根源也能產生珍貴的洞察。

對許多人而言，重新接納曾剝削過案主的諮商員與心理治療師可能不太容易。這是諮商的性質使然，特別是長期的諮商，因為從業人員從案主身上將體驗到強烈的情感：愛情，慾望，生氣，憤怒，失望。利用這些情感的誘惑一直是諮商員須面對的挑戰。因此不令人訝異的，若無法建設性地運用這些情感，反而從中操縱與剝削，必然會使案主憤怒，以及使同事毫不留情的排斥。

結論

本章討論諮商的道德、倫理、以及價值觀等構面，這些須置於本書其他各章的脈絡下來看。在諮商專業的最初數年，道德與倫理議題大多受到忽視。如今，探討倫理觀念與困境的文獻非常多，但與諮商的日常實務隔了一段距離。第2章探討諮商的歷史，其論點指出在脫離了宗教控制、科學化的現代世界裡，心理治療是為了填補宗教影響力日益式微後所形成的空虛而演化的。當前的確需要將道德觀的思維整合進心理治療中，即MacIntyre（1981）或Meara等人（1996）所稱的「美德」（virtues）之復興。

合乎倫理的諮商會是較有成效的諮商。例如，由Woods與McNamara（1980）所進行的一項研究發現，若人們確信自己所說的個人資料是在保密的情況下受到聆聽，那麼他們將會更誠實，更能暢所欲言。諮商實務有許多領域值得從倫理的觀點進行更深入的檢視。例如，Newnes（1995）從表面看來無害的筆錄實務中找出一些顯著的倫理困境。諮商員使用何種理論、正在進行何種研究、諮商員接受何種督導與訓練的方式，都是重要的道德與倫理問題需要加以探討。諮商的道德與倫理不只是決定邀請案主出來約會是否違反倫理的事情。很多時候，這種問題的答案很明顯。更重要的是，同時也正在諮商專業中浮現，所有的諮商根本上都關切著各種不同的道德觀之間的對話（Christopher 1996）。

本章摘要

- 諮商員常須處理案主在生活中所面臨的道德困境，以及有時候也須面對與自己的實務有關的倫理議題。因此，有關倫理與道德的決策知識，對從業人員來說相當重要。

- 獲得相當多注意的一個問題是，諮商員團體是不是抱持某一套特定的價值觀，以及案主是否因此而受到影響。

- 諮商員可以使用的道德推理有四種：個人直覺；專業組織所建立的倫理指南；倫理原則；道德行動的一般化理論。

- 對諮商員而言，擁有與察覺自己對於是非的一套看法相當重要。

- 專業協會試圖維護倫理行為的規範。然而，偶爾會發生規範出

現模稜兩可的情形或規範無法涵蓋的狀況。

- 構築倫理規範的是一套核心的道德原則,包括:自主(autonomy)、無害(non-maleficence)、良善(beneficence)、公正(justice)、以及忠誠(fidelity)。

- 近年來道德推理的另一種模式為「美德」(virtues)取向,該取向對於道德抉擇的論爭強調社會及文化脈絡的重要性,並主張抽象原則永遠必須站在社群的傳統角度上來詮釋。

- 在諮商實務中應用道德規範,突顯出四個主要的困難處:諮商員對誰負責;指導或積極說服與挑戰案主的正當性;雙重角色的存在;對案主的虐待與剝削。

- 確保日常諮商實務遵循倫理指南有許多困難。愈來愈多的諮商機構建立告知同意程序、製作諮商資訊冊子、建立投訴程序,以及為諮商員進行以倫理為導向的訓練與監督。

討論問題

1 試思考英國諮商協會與美國諮商與發展協會對於保密原則的聲明(表14.2)。這些聲明主要的差異是什麼?您在這些指南中找到哪些模稜兩可的地方—您能否想像出哪些情境是其中之一或兩者都無法提供明確的行動建議?在改善這些規範方面,您有哪些建議?

2 在Windy Dryden(1977)所編的《治療師的困境》(Therapist's Dilemmas)一書中,許多知名的諮商員與心理治療師應邀敘

述他們曾經歷過的專業困境。與John Davis、Brian Thorne、Peter Lomas、Paul Brown、Dougal Mackay、以及Fay Fransella 的訪談，觸及了範圍甚廣的倫理與價值觀議題。試依循本章討論的倫理原則與議題，探索其中一則以上的訪談內容。

3　您能想像，在哪些情境下，您的價值觀會與案主的價值觀產生衝突？在這些情況下，您可能會如何做？

關鍵辭彙與概念

autonomy	自主
beneficence	良善
confidentiality	保密性
dual relationships	雙重關係
duty to warn and protect	警告與保護之責
ethical guidelines	倫理指南
ethical principles	倫理原則
false memories	錯誤的記憶
fidelity	忠誠
informed consent	告知同意
intuition	直覺
justice	公平
non-maleficence	無害
sexual contact	性接觸
therapeutic jurisprudence	治療法律學

utilitarian	功利取向
values	價值觀
virtues	美德

建議書目

最廣受閱讀、詳細探索道德與倫理議題的著作是Bond
（1993）、以及Corey、Corey與Callanan（1993）。目前針對道德
哲學及其與諮商和心理治療之關係的論爭，可以參閱Meara等
人（1996）的評論文章，這些文章發表在《諮商心理學家》
（The Counseling Psychologist）期刊的一個特殊園地，其中也
有來自同一領域的其他知名學者對於其觀點的評述。

與倫理有關的部份論爭是，不同的團體（諮商員，案主）採取
不同的倫理規範是否適當。例如，本書前面幾章探討了女性主
義取向（第7章）與多元文化取向（第9章）的倫理規範。讀者
們可能會希望參考這些章節所引用的資料來源，以探索與比較
本章討論的主流倫理原則與別處所發展的更特定之倫理規範。

15 組織的脈絡

前言

諮商組織的類型

諮商組織的性質

組織文化

制度的防衛機制

平行歷程

代理機構的發展史

角色衝突

志工諮商員的角色

組織的壓力與耗竭

經費來源的穩定性

結論

本章摘要

討論問題

關鍵辭彙與概念

建議書目

前言

　　前面章節所探討的理論模式，傾向於單純地視諮商為助人者與案主即時的晤談所發生之歷程。這些模式的焦點在於諮商室裡發生的事情，並未考慮或至少以任何系統性的方式來考慮諮商發生時的背景脈絡。當諮商員與案主相見時，並非僅是兩個人，而是兩個社會世界的交會。兩套的期望、假設、價值觀、規範、態度、以及談話的方式必須相互調適。更有甚者，通常是要求案主進入諮商員的世界裡，即前往諮商員的諮詢室或辦公室。諮商發生時的實體環境與情感環境，形成了諮商歷程的背景，而這些環境的品質大部份決定於組織的因素。

　　諮商組織對於案主及其員工會產生強大的影響力。代理機構的類型及其組織與管理的方式，可能會對諮商的許多面向產生衝擊，包括：

- 提供案主的晤談次數、時間長度、以及頻率；
- 採行的諮商取向；
- 監督與培訓諮商員的適切性；
- 諮商員的士氣與幹勁；
- 諮商員的性別、年齡、與種族；
- 晤談室的佈置；
- 案主對諮商員的看法；
- 機密資訊的安全性；
- 案主對諮商的費用支出。

諮商組織的類型

　　大多數諮商與心理治療的文獻，由於受美國經驗的影響，是以私人執業的方式爲背景，這些私人診所的特色可能是組織最簡單或最小的形式，沒有組織層級、委員會、或其他結構。在私人執業的情況下，案主與治療師直接進行接觸，並親自支付每回或每期的晤談費用。有些診所有多位從業人員組成合資公司。私人執業之類的諮商組織，是諮商員最能凸顯獨立自主之專業人員形象的典範。私人診所的財務結構是爲負擔得起的人提供服務，因此，需要收取服務費用。

　　儘管私人執業對許多諮商員而言是個理想，因爲這使治療師的自由度最大，但相較於目前所提供的諮商與心理治療服務還是只佔一小部份。大多數的諮商是經由大型組織或「代理機構」提供。諮商代理機構在傳統上的一個重要類別便是志工代理機構，當中雇用至少一開始不支薪或低薪資的志工，並以實現重大的社會任務爲職志。在英國，對業界有深遠影響的志工諮商機構之一是「相繫」（Relate）（前身爲英國婚姻輔導中心，National Marriage Guidance Council），成立於1947年，以因應婚姻生活的危機（Tyndall 1985）。類似的「稚線」（Childline）於1986年以電話諮商機構的形式成立，用以因應大眾關切之日漸普遍的兒童性虐待事件。相繫（Relate）與稚線（Childline）都是大型的志工機構，有著可觀的預算和階層式的組織結構，包括核心管理階層、決策階層、募款部門、以及地區分部。很多其他的志工機構就小多了。例如，許多城市都有地方性的男同性戀與女同性戀的諮商網絡、女性治療中心、強暴危機中心、以及喪親諮商機構。這些小型的志工機構，有一部份服務志工

可能只有10幾人或更少。

　　國家級的大型志工機構與地方性的小型機構，規模上的差別對於組織結構與功能都有涵義。例如，大型組織不可免地需要發展出正式的程序，而小型機構可以經由每一位參與者當面開會進行決策。另一方面，大型機構往往較有能力進行良好的人員篩選、訓練、以及監督。志工代理機構中都有一些常見的組織問題，不論其規模大小，其中包括：整合核心專業志工小組與眾多基層志工的努力；對志工的訓練維持一最低的水準；輔導志工爭取支薪的專業職位；向案主收費但不會損及服務的取得管道；以及致力於向大眾募集慈善捐款。在過去的十年內，這些壓力與困境日益劇烈，原因是政府中止了法定服務領域如社會工作與心理健康的資源，並愈來愈期望將照顧的負擔由志工部門來滿足。Lewis等人（1992）紀錄了英國相繫／婚姻輔導（Relate／Marriage Guidance）之演化期間組織的運作與壓力。

　　有一大部份的諮商也透過任職於法定代理機構的人提供，如緩刑服務（Probation Service）、社會服務、以及（英）全國健康服務（National Health Service, NHS）。在法定部門裡，有許多不同的組織形式，從視其部份角色為諮商的緩刑官或社工，到由衛生當局建立的心理治療單位（Aveline 1990）。近年來，由納稅人資助的諮商有一個一直膨脹的領域，即在一般性的實務中，將諮商員視為健康照顧團隊的成員來使用。

　　在法定機構環境中工作的諮商員會遭遇一般性的組織議題。最基本的議題之一是，組織的哲學觀可能與某個諮商取向的價值觀衝突。例如，在一些NHS的機構裡，強勢的醫學／生物模式可能難以接納諮商員去探討關係與情緒。或者，在一些社會服務的場合裡，

強調的可能是爲案主活絡資源，而不是輔導案主。有一些例子是，
法律對法院代理人，如緩刑官、社工、以及護士的要求，可能無法
提供給案主諮商認爲相當重要的自願性、隱私權。這些機構裡的其
他同事也可能產生敵意與妒羨，認爲諮商也是其角色的一部份。許
多這些議題來自跨專業工作的挑戰，特別是諮商員需要與各種專業
團體的成員共事時，他們也有其各自的角色、規範、以及「地盤」。
在不是純諮商組織的環境中提供諮商時，例如醫院、社會服務部門
或學校，可能浮現的問題與困境包括：

- 受到代理機構而非案主的壓力，以產生機構所期望的績效；
- 維護保密的邊界；
- 解釋服務費用的合理性；
- 在孤立中進行業務；
- 教育同事有關諮商的目的與價值觀；
- 解釋監督費用的合理性；
- 避免被案主的數量所淹沒；
- 避免因「失敗」案例造成對聲望的威脅；
- 須處理無法與每一位案主花一小時晤談的同事之妒羨心；
- 須創造一個恰當的辦公空間與接待系統。

最後一種諮商情境是大型組織提供給員工的諮商。例如，許多
警隊、保險公司、以及其他商業與服務組織已認定諮商是照顧其
「人力資源」，也就是員工的寶貴手段。所謂的員工協助計畫
（employee assistance programmes, EAP），就是在主要業務並非照顧
或協助人們的組織脈絡下提供的諮商。組織的價值觀與哲學觀跟諮
商員的價值觀與哲學觀之間的緊張關係甚至超過法定的健康與社會

服務機構，因此上面強調的許多議題同樣適用。員工諮商可以在「公司內」進行，由組織聘請諮商員來提供，或在「公司外」進行，依照訂立的合約由外界的諮商機構提供諮商給組織的員工。無論哪一種情況，諮商服務都是由雇主付費，而不是案主。這可能導致案主對保密性的懷疑，而諮商員也須承受要滿足組織而非案主之需求的壓力。在教育環境裡的諮商，例如學校、學院、以及大學，許多組織特徵與員工諮商的情形類似。

從以上對不同類型的諮商組織之組織議題的簡短討論可知，很明顯的，組織生活的許多面向與諮商員有潛在的關聯性。組織研究或組織行為是根基完善的研究、學術、與教學領域。此外，有關組織之當代思想的詳細論述可以參閱Handy（1990）、Hosking與Morley（1991）、Robbins（1991）、以及其他許多文獻。組織理論中與諮商有關的一些特殊議題將探討如下。

諮商組織的性質

組織研究領域中最珍貴的概念之一是開放系統（open system）的想法（Katz and Kahn 1978）。依據此一觀點，組織是由許多重疊與相互連結的部份所組成的系統。系統中任何要件或要素的變化，都會影響系統內其他部份。此外，系統存在於環境中，所以會受到外界因素的影響。組織系統的目的在於創造附加價值，即「原始材料」（raw materials）經輸入、處理成「在製品」（throughput），然後再琢磨成「產出」（output）的形式離開系統。因此，一家典型的諮商機構可視為由案主、諮商員、督導、管理人員、接待員、以及籌資者組成的系統。代理機構的生產力由處理的案主人數來代表，外

在環境可能包括贊助機構、專業團體、以及一般大眾。系統觀提供
的架構可用來初步瞭解系統中其他部份對於「案主－諮商員」關係
之潛在影響。例如，成功的宣傳與推廣工作可以增加申請諮商的案
主人數。接著，一長串等候名單，可能被迫限制提供給案主的晤談
次數。有些諮商員可能發覺這種政策無法接受，因而求去。這個非
常簡短與簡化（但非虛構）的例子，可以使我們瞭解組織系統如何
運作。其他例子將繼續在本章中探索。

　　對人群服務組織的分析中，Hasenfeld（1992）提出了兩項與諮
商機構高度相關的觀察。他認為，對這些組織性質的評鑑，必須考
慮到它們是從事含有「道德」（moral）與「性別」（gendered）色彩
的工作。諮商組織的存在，最終是因為假設某一群人應獲得協助與
資源。一個沮喪或正在吸食毒品的人，有權使用治療師的時間。設
立諮商機構來提供諮商給這一類案主，代表的是價值觀。然而，也
有人可能不會認同這樣的價值觀，認為在道德的面向上這些問題不
應分享公共資源。因而，諮商代理機構可能需要致力於建立起他們
如慈善團體在一般大眾眼中的正當性（legitimacy）（McLeod
1994a）。

　　從歷史上來看，照顧人們的工作一直是由女性來擔任。在諮商
與其他人群服務組織裡，女性站在傳遞服務的第一線，而男性有極
大的比例則扮演管理的角色。這種型態在志工諮商機構中甚至更為
明顯，男性諮商員的數量較少。一般而言，女性職業的地位與薪水
都較男性的職業低，這樣的趨勢在諮商的領域裡也看得見。從諮商
的性別色彩引發的另一項議題是，女性主義的價值觀對於諮商組織
的影響。Taylor（1983: 445）曾提出，由女性主導的組織較可能抱
持的價值觀是「平等主義而非階級，合作而非競爭，滋潤而非粗魯

的個人主義，和平而非衝突」，這一套價值觀與整體諮商的價值觀相符。當諮商機構試圖發展層級結構，或在持不同信念的組織下運作時，可能會導致誤會、緊張、或困難。

諮商組織必須面對的另一項議題是，應採專業主義或自願原則。諮商原為志願性的工作，有著長久與受人敬重的傳統。在兼職的基礎上，接受諮商員訓練與實習的人們，是出於對這份工作發自內心的喜歡，以及幫助不幸者的利他動機。諮商也有成為職業的傳統，是由支薪的專家來進行。這兩種傳統衝突的情境中便會引發困難，例如部份擔任訓練與管理的職員支薪，但諮商員卻不支薪的一些志工機構，或尋求從自願狀態轉型為專業狀態的代理機構。

組織文化

正如不同的國家有不同的文化，組織與工作團體也是如此。走過巴黎市中心的經驗非常不同於走過倫敦市中心的經驗。它們有不同的語言，對於實體空間與接觸有不同的規則，道路駕駛的方向不同，對於建築物與閒暇時間的利用也有不同的價值觀與感受式等等。這是兩個不同的國家文化。社會人類學家Clifford Geertz（1973）認為，任何文化都有的基本特質是：「豐厚」（thick）。Geertz意指每一種文化都有許多層，許多面，因此要描述或理解文化絕不簡單。社會人類學家研究文化所利用的方法，稱為「民族誌」（ethnography），這反映了他們對於文化複雜性的認識。民族誌的研究需要融入某個文化團體的生活中，運用參與觀察法與訪談，並持續一段很長的時間。

有待研究與觀察的組織文化面向，包括組織中角色的種類與關

係、使用的語言、組織的隱喻與幽默、人際互動的規範與規則、以及支持著行為與決策的基本價值觀與哲學觀。所有這些因素是以複雜的方式彼此互動，進而創造出組織系統。在諮商機構中，組織文化的概念可以用來理解常常存在於，與正式程序與僵硬規定有關的官僚制度以及諮商員在監督或一同受訓時的非正式與有人情味的關係之間的緊張狀況。官僚制度背後的理性決策，和某些諮商取向支持以情感來引導行動的立場，也可能相互對立。

組織對成員有哪些期望，也是透過文化來溝通。例如，Crandall與Allen（1981）在一項研究中發現，不同的藥物濫用治療機構對案主的改變也會有相當不同的要求。有些機構會強烈要求案主的行為在根本上產生改變。另一些機構對案主的治療要求則不高。「卓越的文化」（culture of excellence）之提倡會透過組織文化的不同面向來表達，例如獎勵與讚美、是否有訓練機會、以及支持與資源的供應（Hackman and Walton 1986）。

組織的文化也反映在組織中所使用的語言上。例如，在正式、階級性的組織裡，人們以頭銜或姓氏彼此稱呼；在非正式、「層級扁平化」的組織裡，人們較可能以名字彼此稱呼。機構或單位可能會有共同的隱喻來表達組織文化的梗概：機構可能是一個「家庭」，一個「團隊」，一艘「下沈的船」。人們通常會清楚地意識到這些語言的運用。然而，有些組織學者主張，團體或組織的文化大部份是在潛意識的層次上運作。這些學者借用Freud的思想，即人們最強大的動機是深藏著，僅在行為、幻想、以及夢境中間接浮現。組織的成員可能會對其他人、或組織中的團體、或他們的案主抱持著非常豐富的幻想。根據這個理論，組織的文化最根本的要素屬於潛意識，只有透過幻想、玩笑、以及其他無意識的歷程才會顯現。

機構的防衛機制

　　以潛意識歷程來探討組織生活，最具有影響力的分析之一是 Menzies（1959）對醫院護士的研究。護理工作的性質使護士與案主會有深層的接觸，包括生理與性方面的身體功能隱私、痛苦、焦慮、以及死亡。Menzies認為，這一類接觸對護士產生情緒上的威脅，因此，她們以集體為基礎，發展出組織的防衛機制來處理對工作的情緒反應。這些集體防衛包括「物化」（objectifying）病患、否認病患的人性面（例如「十四號床上的盲腸」）、以及將她們的脆弱投射到其他同事身上。例如，Menzies發現，較資深的護士往往視新進護士為不負責與不可靠，從而投射她們潛意識裡對自身能力的憂慮。

　　這兩道歷程—物化病患與責怪新進同事，而不是承認自己脆弱的情感—可在許多諮商機構中發現，並且大致類似。諮商中強調對案主的接納、尊重、以及同理心等基本價值觀，是為了因應忙著照顧人們的專家疏忽了案主是人而不是心理疾病分類如「抑鬱型」的代表。責怪同事的歷程也可以在諮商機構中發現，特別是在有各種跨專業合作的場合。

平行歷程

　　Menzies（1959）的關鍵概念是，某個員工團體可能共同發展出一套防衛機制，以應付和案主相處時情緒上的挑戰。這項基本觀念經由平行歷程（parallel process）的概念得到延伸並應用在諮商與心理治療機構中。Crandall與Allen（1981）提出，諮商議題與組織

議題之間往往會有重要的平行對映。換句話說，諮商員與案主之間所發生的事，會受到諮商員與代理機構之間所發生的事之影響，反之亦然。例如，在一所大量爲配偶服務的婚姻諮商機構中，諮商員常會碰見的配對是，一個理性、木訥，另一個則情緒敏感、感情豐富、但不理性。這種理性與情感的分離也可能是機構固有的特性，例如諮商員覺得機構的行政管理者是沒有感情與不夠敏感的官僚，而管理者則認爲諮商員欠缺組織能力又不願做決定。平行歷程也可能反方向發生，從代理機構到案主。例如，在一家管理風格具有威權與指導色彩的機構裡，會指派諮商員去做該做的事，諮商員可能會發現他們輔導案主時會變得更富結構性與指導性。甚至機構裡的諮商室所選擇的裝潢也會影響諮商歷程。地板設有地毯的諮商室與放置筆直管狀椅的諮商室，在表達情感方面所傳達的訊息也會不同（詳見Rowan 1992b）。

代理機構的發展史

組織功能的另一個重要面向，與組織的年齡及其發展階段有關。Chester（1985）曾提出，有許多諮商機構一開始抱持著強烈的使命感與奉獻意識來運作。設立機構的原因在於創始者熱切地相信，存在某個特定的問題而必須爲強大的社會需求做些事情。Chester（1985）稱之爲機構發展的社會運動（social movement）階段。然而，隨著時間的推移，最初的興奮與使命感受到提供服務給案主的要求而淡化。接著，機構便進入了專業服務機構的階段，這是專業技術與能力重於奉獻意識與熱情的時期。機構的工作變得固定而有規律。這樣的轉型可能痛苦而艱難，當對立的員工團體各自

擁護「社會運動－專業化分離」這兩種極端立場時，機構便會處於「膠著」時期（Hirschhorn 1978）。

當機構一開始由一位具有領袖特質、能鼓舞人心的領導者所創立時，另一種類型的組織危機便可以觀察得到。這些人在機構生命的任務期要較後來的鞏固期更有影響力，因為他們一旦完成初始任務後便可能會離去。但是，由於他們對其他員工的影響實在太強烈了，以至於他們的離去可能會危及服務的基本生存。這種現象在治療社群中已獲得注意（Manning 1989），並對於創始人扮演「英雄創新者」（hero-innovator）的益處有所保留。

諮商崛起的時間，未長到足以使機構發展到超越鞏固／專業化的階段。然而，在宗教的領域裡，有些宗教社群與組織已存在數百年之久。對宗教團體之生命幅度（lifespan）的研究指出了與諮商機構早期的歷程相似之處，先是高程度的使命感與奉獻意識，接著進入鞏固與維繫時期。經歷這個階段後的則是衰退階段，團體的成員會減少，組織可能停止運作－直到新的領袖出現，激發新的方向。Fitz與Cada（1975）認為，宗教團體的生命週期遵循著五個明顯的階段：創立、拓展、穩固、分裂、以及轉型。整個歷程可能要花上數個世紀來完成。

角色衝突

「角色」（role）的概念指團體對於佔據特定位置的人所期望的行為。當旁人對此人的期望出現矛盾時，角色衝突便會發生。諮商主要的指導原則之一便是，避免與案主有任何角色衝突的情形發生。例如，對諮商員或治療師而言，同時身為案主的朋友、同事、

或親戚往往被認爲是不好的實務，因爲從這些關係所引發的期望與行爲會阻礙諮商關係的發展。這是在鄉村地區建立諮商機構會有困難的原因之一，因爲每位居民均彼此認識，使純角色所需要的匿名性無法確保。避免角色衝突也是許多諮商員想要開私人診所的原因之一。只有在私人執業下，諮商員才能單獨地爲案主負責。爲某家代理機構效力的諮商員要向機構負責，因此會被認爲是機構的代表。由第三者（例如案主的雇主）付費的諮商，諮商員不可避免地會扮演與其他人或機構主有關的角色。在監督時，若督導同時是諮商員的主管或指導者，則角色衝突的問題也會浮現。

爲什麼諮商員會如此負面地看待角色衝突？畢竟，在某些情況下，讓案主去體會自己對諮商員有各種角色期望的涵義，可能是很寶貴的學習經驗。關鍵因素之一涉及諮商員完全爲案主著想的容納能力。任何諮商員以外的角色均帶著諮商員可能利用這份關係至少部份地滿足其需求的危險。探心理動力取向的諮商員特別強調維持嚴謹的「諮商員—案主」界限，因爲當有其他關係夾雜時，會使得移情作用更難以理解。持人本或個人中心取向的諮商員對於發展與案主的其他關係較有彈性（例如，參考Thorne 1985, 1987）。角色衝突的問題常在諮商機構中出現。在任何複雜或單純的諮商組織中工作，不可能不同時扮演數種不同的角色：例如諮商員、同事、募款人、同儕監督團體的成員、朋友。有時候諮商機構的訓練（詳見第19章）會要求諮商員接受同一個組織內的成員之個人治療。因此，當這些議題出現時，機構必須有某種監測與處理的方法，通常是聘用外界的顧問。角色衝突可能也會引發許多倫理議題，這方面的討論見第14章「雙重關係」的章節。

志工諮商員的角色

　　在諮商組織中使用不支薪的志工諮商員已引發相當多的議題。正職的僱員有薪水獎勵他們的辛勞，並且可能會有升遷與生涯發展的希望可以激勵他們，但志工則只能在工作身上追求個人的滿足與酬賞。因此，支薪與不支薪的諮商員，看法與態度可能相當不同，導致要他們並肩作戰會有困難。Feild與Gatewood（1976）曾找出許多專業人員與志工一起工作時可能發生的適應問題：

1　能給予志工諮商員的鼓勵或生涯發展機會可能極少。他們可能被指派去從事無法使其技能充分發揮的簡單任務，或不能參與能使他們培養新技能的課程。
2　由於他們每週只參與一些時數，志工在機構內的權力與影響力可能不大，這可能使他們因為無法影響政策與實務而感到挫折。
3　專業人員可能擔心志工的加入將威脅到他們的生計。
4　志工可能不具備在組織內工作的豐富經驗，因此要他們遵守管理上的程序與符合期望可能會有困難。
5　當諮商機構使用的志工是以他們與案主族群的相似性（例如性別、年齡、種族、特殊生活經驗）為篩選基礎時，這些員工可能會產生過度認同案主的傾向，產生與案主聯手或不遵守機構政策的衝突。

　　Feild與Gatewood（1976）認為，使用志工的諮商機構能透過適當的監督與訓練，來克服上述許多困難。

組織的壓力與耗竭

　　如同所有的組織一樣，在諮商機構中工作也會影響員工的健康與福祉。針對許多不同類型的組織之研究顯示，工作過量、未經規劃的改變、以及不良的工作環境會造成壓力和情緒與生理健康的不適。在人群服務組織中，可以確認出一種特殊的壓力型態，被歸類為耗竭（burnout）（Freudenberger 1974; Farber 1983b; Maslach and Jackson 1984）。耗竭現象發生在工作者對於他們能協助別人的程度抱持著高昂與不實際的抱負而進入人群服務業（例如社會工作、護理、警務、或諮商）。通常可以提供的協助或介入之效果相當有限。通常他們會想要以理想的方式處理更多案主，結果使他們在高標準與現實的不可能之間掙扎，過了一段時間之後，便無法維持運作這種高水準所需要的努力與活力。這便是耗竭的狀態。

　　Maslach與Jackson（1984）確認了耗竭症狀的三大特徵。經歷耗竭的人報告有情緒枯竭、持續疲累、以及低動機等現象。他們也會出現去人性化的一面，漸漸不視案主是有個別問題的「人」，而是「案例」或疾病診斷類別的代表。最後，耗竭與缺乏個人成就感或無力感有關。針對不同的人群服務人員的研究顯示，預防耗竭與同事的支持、切合實際的工作量、澄清工作角色與要求、工作規劃的多樣化與創意、以及案主與管理階層的讚賞與正面回饋等相關（Maslach and Jackson 1984）。

　　有人曾針對諮商員與治療師的耗竭進行過一些研究。Farber與Heifetz（1982）訪談了六十位心理治療師，探討他們對於工作相關壓力的經驗。這些治療師指出，壓力的主要來源是「缺乏治療上的成功」。耗竭的另一些因素包括工作過度、輔導案主時產生的個人議

題與孤立。多數的受訪者表示他們一天只能輔導四至六名案主才不至於耗竭，不過男性治療師指出他們在受耗竭影響之前能看更多的數量。這份研究裡的治療師也覺得，當他們在家中又有壓力時特別容易發生耗竭。Hellman與Morrison（1987）對心理治療師實施一份350項的壓力問卷，發現輔導困擾較嚴重的案主可能會對專業有較強烈的懷疑與產生個人倦怠。在機構裡工作的治療師報告其壓力大多來自組織因素，私人執業的治療師則發現處理棘手的案主較具壓力。Jupp與Shaul（1991）曾調查澳洲八十三所大學諮商員的壓力經驗，發現資深的諮商員較資淺的諮商員有更多耗竭的現象。在上述所有的例子裡，有效的社交支援網絡與較低程度的壓力及耗竭有關。

有一些諮商員經歷的另一種職業壓力是代償創傷（vicarious traumatization）（Neumann and Gamble 1995; Pearlman and McIan 1995）。當諮商員輔導遭逢極度創傷的案主時，便可能會發生；例如，性虐待或肢體虐待的倖存者、遭受折磨的難民、災難受害者、或納粹大屠殺的生還者。在這些領域裡工作的諮商員會發現他們體驗到案主所描繪的情景畫面，以及其他創傷後壓力疾患的症狀，像是喪失對世界的信任。這個領域是諮商員的輔導工作明顯影響其個人生活。對提供案主服務的代理機構而言，即時發現代償創傷的發生，給予員工適當的支持是非常重要的。

諮商工作中，發生耗竭的可能性相當高。諮商員日復一日地與沮喪的案主相處，而且他們的問題並不能在治療介入後隨即就能解決。治療文獻中有許多例子是治療師因輔導特殊的案主而使他們個人資源涉入極深（例如Hobson 1985）。也在一些研究中注意到，工作環境中較可能接觸到高度心理困擾案主的心理醫師有較高的自殺

率（Farber 1983a）。許多諮商機構有冗長的等候名單，並且承受外界對於經費不斷上揚所施加的壓力。至於給予治療師有關工作成效的回饋有時也頗為貧乏。因此組織執行相關程序以預防耗竭，便有刻不容緩的重要性。在組織方面，有各種預防壓力與耗竭的策略。執行經常性與有成效的監督是必需的。藉由擴展對於培訓、監督、寫作、以及研究的興趣，使諮商員有更多生涯發展的機會，也同樣有幫助。同儕的支持，不論來自機構內部（Scully 1983）或透過訓練工作坊與研討會，也有助於預防耗竭。Cherniss與Krantz（1983）認為，耗竭來自喪失對工作的承諾感與道德意圖。意義的缺乏可透過由一群有共同的一套信念與價值觀之同事組成的「意識型態社群」（ideological communities）來強化。Boy與Pine（1980）也同樣強調與堅定、肯付出關懷的同事連繫的益處。

　　我們很難估計諮商員與治療師罹患耗竭的比率。數目不明與受過訓練的諮商員，不是離開這一行，就是受到教職與管理職位的吸引，而非站在治療的第一線（Warnath and Shelton 1976）。儘管Farber與Heifetz（1981）主張大多數從業人員將治療工作視為個人肯定與自我實現的獨特機會，然而諮商員的耗竭問題很顯然需要進一步研究，甚至在政府縮減相關經費，社會服務機構工作量增加與工作不穩定的時候更應如此。

經費的穩定性

　　諮商機構獲得經費的來源與特性，對於它對待案主的方式有深遠的影響。在私人的業務中，對案主收費來維持收入的壓力會間接引導至較長期的治療而非短期治療，以及在潛意識裡不樂意輕易放

走有利可圖的案主（Kottler 1988）。私人執業的諮商員可能需要培養行銷與企業規劃等領域的知識與技能（Woody 1989）。在志工或非營利組織中，一些不一樣的議題則會浮現。

Gronbjerg（1992）觀察到，大多數的志工組織依賴三種主要的收入來源：向案主收費，個人、基金與公司的捐款，以及與政府機構訂立的契約。維持穩定經費的課題頗為複雜，管理者必須符合上述三種不同團體的標準與要求。代理機構可能不太能控制經費的來源，當捐款者或政府機構減少或無法繼續實現承諾時，機構可能陷入週期性的危機。此外，來自中央政府或地方政府部門的補助金或合約，通常附有嚴格的截止期限、正式的報告程序、以及其他附加的控制形式。這些特色均導致需要大量的行政工作，以及需要有嫻熟於此等領域業務的員工。

在一項針對芝加哥六家志工機構的研究中，Gronbjerg（1992）找出了三種處理經費問題且截然不同的策略。第一種是「案主驅動」（client-driven）策略，提供的服務是以案主的需求來發展。這種策略只有在機構主要的財務來源是案主費用與可靠的私人捐助時才可行。第二種策略是持續尋求補助金的增加（以對抗刪減的可能）、找出行銷某些服務的方式、以及為相同的計畫案尋找不同的財務來源，目標是使財務的彈性與緩衝性增至最大。在緊急情況下，現金流量的問題可以透過借款、延後清償帳單、以及延後支付薪水等方式來處理。志工機構的第三種財務策略可描述為「擴張主義」（expansionist）。這種策略涉及政治活動，試圖與慈善基金會的員工建立關係，以及和其他非營利組織形成網絡與聯合提案。Gronbjerg（1992）認為，雖然最後一種策略在確保財務與資源方面可能很有效果，但卻也冒著與案主需求脫軌的危險。另一方面，純粹的「案主

驅動」策略則極易因變化無常的資金來源而受到傷害。

結論

　　諮商的理論與研究主要均聚焦於案主與諮商員之間發生的即時歷程。本章探討在諮商機構的「巨觀」（macro）環境下對諮商晤談的「微觀」（micro）歷程可能產生衝擊的一些方式。本章討論的許多議題可能與其他人群服務業同樣有關，像是社會服務、醫院、中途之家、以及警務、消防、急救服務。然而，與這些助人形式不同的是，諮商提供給人們的是一種特殊的關係，特色是高度的同理心、眞誠、與接納。「平行歷程」的概念意味著，提供給案主的關係將反映在組織中人與人之間的關係。因此，諮商員顯然有特殊的責任確保組織生活能示範希望案主傚效的假設、價值觀、與角色。對組織的因素保持敏感並加以察覺也同樣重要，因近年來諮商已拓展至許多新領域的工作中。許多現存的諮商機構是非常新近才成立的，許多諮商員也發現自己是穩住標竿的第一代。這些機構與諮商員持續的健康將有賴於建立與執行適當的組織規範與實務。

　　在諮商的歷史中，有許多諮商員離開組織並開啓私人執業的例子。就許多面向而言，諮商員並不是官僚程序的良好追隨者。然而，社會弱勢團體的需求（詳見第13章）絕不可能由私人診所來獲得滿足。若諮商是應這些需求而生，那麼就必須進行更深入的研究與實驗，以創造出一方面能尊重諮商的特性，另方面又能存活在嚴酷的政治與經濟氛圍下合適的組織結構。

本章摘要

- 進行諮商的地方之組織脈絡，會使提供給案主的服務產生差異；例如諮商晤談的次數、諮商員的訓練與管理、甚至包括諮商室的格局與擺設等等。

- 諮商代理機構有許多不同的類型，不同之處包括規模大小、私人執業／志工機構、獨立或依附在更大的組織之下，如商業公司或大學。

- 諮商組織是個社會系統，其成效決定於系統內部的要素（如主管、督導、諮商員）之間達成均衡，以及系統本身與外在環境（如資助團體、當地社區、專業協會）之間達成均衡。

- 代理機構的組織文化對於達成案主與諮商員的正面期望，以及能夠表達其感受和感到安全等方面，是個重要的因素。

- 瞭解組織動力的一個有效方法是，運用心理動力的觀念，例如投射、極端區分、否認、以及平行歷程。諮商員暴露在可能具有威脅性的情緒與經驗中，因此有成效的諮商組織之特徵是，開放地處理這些情緒，或築起破壞性的防衛形式。

- 代理機構的發展史是個重要的因素—有些代理機構變得官僚化，並失去對其任務與目的之承諾。

- 諮商機構其他困難的來源尚包括，雙重關係或角色衝突的存在，以及工作壓力。

- 上述許多因素強烈地受到經費穩定性的影響。諮商機構常須致力於捍衛它們在外界團體眼中的正當性。

討論問題

1 試回想您目前工作的諮商環境，或另一處您所熟悉的諮商環境。在安排諮商的方式方面，有哪些限制了提供給案主之協助的效果？有哪些組織上的改變可用來克服這些問題？

2 諮商機構有沒有最理想的規模？試探討非常龐大與非常小型的代理機構之優缺點。

3 諮商組織背後的理論取向（例如心理動力、個人中心、認知─行為、整合／折衷）可能有哪些方式會影響其管理與經營的方式？理論取向是否會影響代理機構的擺設、使用的椅子、或牆上圖畫的種類？

關鍵辭彙與概念

burnout	耗竭
employee assistance programmes	員工支援計畫
funding legitimacy	經費籌措正當性
open system	開放系統
organizational cultures	組織文化
organizational defence mechanisms	組織的防衛機制
parallel process	平行歷程
professionalization	專業化
role conflict	角色衝突
service agency stage	服務代理階段

social movement stage	社會運動階段
vicarious traumatization	代償創傷
volunteers	志工

建議書目

目前探討諮商組織的著作尚屬不足，絕大多數仍須參考其他有關「人群服務」（human service）機構的理論與研究，並將這些題材應用到諮商上。Isabel Menzies Lyth的著作是極有洞見的珍貴文獻，目前已重新發表為兩冊，分別是《Containing Anxiety in Institutions》（1988）與《The Dynamics of the Social》（1989）。近年來同樣應用心理動力取向的論文可參考Obholzer與Roberts（1994）。此領域另一位重要的學者是Hasenfeld（1992），強調人群服務業運作上的政治與經濟面向，而不是潛意識面向。

對諮商員而言，本章檢視的許多議題揭開了他們的壓力與困難；Dryden（1995）的著作中包括了諮商員說明他們所承受的各種苦難，以及必須處理的工作壓力。Philipson（1993）則提供諮商組織中性別議題的深入分析。

最後，《British Journal of Guidance and Counselling》（McLeod and Machin, 1998）匯集了脈絡性與組織性因素如何衝擊諮商歷程的許多研究。

16 進行諮商的各種模式

前言

　　「進行方式」（modes of delivery）指諮商所能採取的各種面貌與形式。前頭介紹的主要理論模式與整合取向大部份以一對一的諮商實務爲基礎，即諮商員與案主兩人。這一類型的諮商可視爲表現出藝術作品的一種「純粹」（pure）形式，其原則與風格可輕易地辨識，並且也有完善的書面記錄。然而，諮商還是有一些其他的形式。在本章中，將會討論一些可供選擇的進行方式，包括一對一諮商的變形、團體諮商、電話諮商、伴侶諮商、以及閱讀治療法。這些取向對於主要訓練是一對一晤談的諮商員而言，都是相當迷人的挑戰，也使諮商的益處能夠對社會造成更廣泛的影響。

短期諮商

　　常態下，諮商被認爲是發生在一位受過訓練的專業諮商員與案主之間，以有限的晤談次數來進行的事情。這種型態的主要變形是限制晤談的次數，以及使用受過訓練不多的志工而非專業人員。

　　相當多的研究證據顯示，絕大多數的諮商與心理治療採取有限的晤談次數，以及案主從較早的晤談中似乎獲益較多（Howard *et al.* 1986曾檢視該主題的文獻）。這些發現，連同理論與實務上的其他考量，使業界對於發展短期治療產生了興趣，也就是提供限定的晤談次數給案主。心理動力取向的短期治療在第3章討論過，但限制時間的原則也同樣應用在認知—行爲取向衍生的諮商，及個人中心取向的諮商（Dryden and Feltham 1992）。輔導案主時採取有限的時間而非毫無限制的決定，Budman與Gurman（1988）視之爲反映了諮商

表格 16.1　長期諮商與短期諮商背後價值觀的比較

長期治療師	短期治療師
尋求基本性格的改變	務實的，不相信所謂「療癒」（cure）的概念
視表現出來的問題表達著潛在的病理	強調案主的長處與資源
希望案主產生重大改變時，自己在場	接受許多改變將發生在治療結束後，並且是治療師觀察不到的
有耐心，願意等候改變	不接受某些取向「不限時間」的作法
潛意識中認定維持住長期的案主能使財務寬裕	財務議題時常被治療師所效力的組織之性質所消音
認為治療幾乎總是無害且有益	認為治療有時會有益，有時會有害
接受治療是案主生活中最重要的部份	活在現實世界裡比接受治療更加重要

來源：Budman與Gurman（1988）。

員或治療師價值觀的轉變（詳見表16.1）。另有學者也討論此一議題，包括Fuhriman（1992）以及Tryon（1995）。

　　近年來，一些研究人員與從業人員探討要使諮商有效，晤談次數最少需要多少次的問題。短期諮商引人之處在於，它的應用可以避免冗長的等候名單。此外，能夠迅速獲得改善的說法可能也鼓勵著案主，並給他們希望。探討短期治療的研究包括檢視「2 + 1」模式的成效。在這種取向下，間隔一週提供案主兩次晤談，接著是約

三個月後的追蹤晤談（Barkham and Shapiro 1989, 1990a, b; Dryden and Barkham 1990）。研究的目的之一是找出案主最有可能從這種取向中獲益的類型。針對提供諮商給因工作壓力與關係困難而轉介的白領工作者，最初的成效顯示在六個月的後續追蹤中，約有六成的案主表現出長足的進展（Barkham and Shapiro 1990a）。

　　Rosenbaum（1994）進行一項為期更短的諮商研究，探討僅提供案主一次晤談的諮商效果。在晤談的一開始會告訴案主：

> 我們發現，我們的許多客戶在此可以從一次的晤談諮商中獲益。當然，如果您需要更多的治療，我們將會提供。但是我希望能使您瞭解，我很願意在今天與您一起努力，協助您迅速解決問題，就算只是這麼一次晤談，只要你今天就準備好好努力。您願意這麼做嗎？
>
> （Rosenbaum 1994: 252）

　　在晤談結束時（可以延長至90-120分鐘），會詢問案主是否需要更多的晤談：58%的案主選擇了這種單一晤談。在一年的後續追蹤連絡時，當中88%的案主報告他們的問題有所改善，或非常有成效。Rosenbaum（1994）的取向之重要特色在於，藉著給予案主晤談次數的選擇而賦予案主權力，並且一開始的介紹語句也傳達了正面的期望與希望，以及為更深入探索案主的問題拉好佈景。

　　另一種短期諮商的變化形式是「前載」（front-load）晤談，第一週可能有三次晤談，第二週一次，接著是一個月後的最終晤談（Zhu and Pierce 1995）。「2＋1」模式採取這種策略。Turner等人（1996）報告了一個成功的實驗，在針對學生的諮商服務中，他們維持同樣的晤談次數，但將每一次晤談的時間縮短為三十分鐘。他們發現案主從這些時間較短的晤談中所獲得的收穫似乎一樣多。

　　有時間限制的諮商實務對於諮商員有著特別的要求，並且需要仔細的訓練與監督。採取短期諮商取向的諮商員與諮商機構，必須能對案主做有效而敏銳的篩選，以及將需要較長時期治療的案主適切地轉介。從短期治療的各種理論與研究可以看出，短期諮商的某些核心原則正在明顯地浮現，包括案主的初始衡鑑、諮商員的積極態度、以階段的形式來組織諮商、促使案主積極參與與合作、以及提供新的觀點與經驗給案主（Dryden and Feltham 1992; Steenberger 1992; Elton-Wilson 1996）。

非專業諮商員

　　Karlsruher（1974）、以及Durlak（1979）檢視評鑑非專業助人者的治療效果之研究成果後指出，非專業諮商員、志工人員、或外行諮商員採用一對一的輔導方式，在近幾年來產生非常多的論爭。Durlak（1979）報告，在一項對四十二份研究的檢視中，研究證據指出外行或非專業諮商員往往比受過高度訓練的專家級人員更有成效。並不意外的，這項結論引起業界相當強烈的反應（Durlak 1981; Nietzel and Fisher 1981）。然而，更多證據的累積卻支持著Durlak（1979）最初的立場。對兩項較新近的研究文獻的檢視後，Hattie等人（1984）總結，非專業人員比起受過訓練的治療師更有成效，而Berman與Norton（1985）使用方法論更嚴格的準則來審核此等研究，結論指出專業與非專業治療師的成效並無整體上的差異。

　　儘管這些研究的整體趨勢並不支持大多數人的預期，即多年的專業訓練應能導致正面的益處，但是在詮釋這些結果時必須小心謹慎。這些研究涵蓋的案主團體相當分歧，包括精神異常病患、社群

中的精神分裂症患者、面臨危機者、有學習問題的學生、以及有行為困難的孩童。非專業的助人者包括成人志工、孩子的父母、以及大學生。治療模式包括一對一諮商與團體諮商、行為方法、以及電話諮商。因此，雖然非專家的一般效果已顯現出來，但宣稱使用志工對某個特定的案主團體之成效已經確認無疑，則仍然缺乏充分的研究。此外，考慮有成效的非專業諮商人員之相關因素時，一些有趣的現象出現了。較有經驗且受過較多訓練的非專業人員，會有較佳的成效（Hattie *et al.* 1984）。非專業人員在較長時期的諮商（超過十二週）中會做得較好，相較下，專業人員在短期治療中（一至四週）則較有成效（Berman and Norton 1985）。

為何非專業人員，例如志工諮商員，會有這麼好的成效？針對這個議題的討論產生了一些假設性的原因：

- 案主覺得他們較眞誠；
- 較不會給案主貼上病理標籤；
- 他們限制自己只採用直接、安全的介入方式；
- 案主會將成功與進步歸功自己，而不是治療師的專業技術；
- 能將困難的案主轉介給專業人員；
- 有限的案件承載量；
- 高度的助人動機；
- 較可能與案主有相同的文化背景；
- 能給案主較多的時間。

這一份清單，摘錄自Durlak（1979）與Wills（1982）的著作，指出非專業身分與相較下缺乏經驗的優勢，適足以平衡專業權威、

經驗、與深度訓練的優勢。專業人員是有一些缺點，例如因過度工作而導致耗竭的危險、與案主會發展出距離感與疏離感。解釋非專業諮商員之成效的可能原因之一是，他們是挑選自社群中具有天賦且未受過訓練的人。在一項獨特的研究中，Towbin（1978）在地方小報登了一則個人啟事的廣告，尋求專業的「知己」（confidants）。入場開始，「人們信賴你嗎？」Towbin訪問了十七位回應的人。這些人坦誠有自信，小時候曾感受到深刻的愛。至於被問到有關與那些信賴他們的人之間的關係時，他們認為自己值得信任，並能完全融入情境中。

　　比較專業與非專業諮商員最細膩的研究或許是由Strupp與Hadley（1979）在范德彼大學（Vanderbilt University）所進行者。在該研究中，前來諮商的男大學生透過一份標準化的人格問卷加以評鑑。評鑑為憂鬱、孤立、以及社交焦慮者，被隨機分配給資深治療師或沒有接受過諮商訓練的大學教授，他們是以「溫暖、可信賴、以及對學生有愛心與興趣」為準則來挑選（Strupp and Hadley 1979: 1126）。對照組是那些被要求來等候治療的一般案主。諮商（每週兩次，一共二十五個小時）效果的評鑑，乃使用標準問卷與在開始、結束、以及一年後加以評比。此外，晤談均有錄影或錄音。

　　兩邊的治療組都比對照組改善較多，但由資深治療師接見的案主以及由未受過訓練的大學教授輔導的案主，兩者的成效並沒有差異。非專業諮商員證實與專業諮商員一樣有幫助。然而，兩者的助人風格上卻有明顯的差異。非專業人員較可能會提供建議，討論議題而不是討論感受與衝突，以及缺乏可供探索的相關素材（Gomes-Schwartz and Schwartz 1978）。

　　在詳細檢視該研究中一位大學教授所進行的諮商後，Strupp

（1980c）說明這位眞誠關懷學生的統計學教授提供了高度的鼓勵與接納，並對於案主們改善現況的能力表達了誠摯的信心。對一位預備嘗試新行爲的案主之輔導，證明了該教授是個非常有成效的治療師。但是對一位較嚴重的年輕案主，其內心深植的困擾來自與父親的關係，由於該教授無法理解與挑戰案主高度的抗拒與負面的移情作用而宣告失敗。從這份研究得到的整體結論是，志工、非專業諮商員可以透過「善意的人類關係所具有的治療效果」（Strupp and Hadley 1979: 1135）達到相當大的成就，但較無法應付特殊案例中發生的困境與難題。

需要進一步研究的重要領域是，專業諮商員與志工諮商員之間的關係。例如，在Strupp與Hadley（1979）的研究裡，擔任諮商員的大學教授全部由專業治療師挑選出來，而且他們有將案主轉介給大學諮商服務部門的選擇。很顯然，專業人員涉入志工諮商的比重很大，包括對志工實施訓練以及督導等，也接下困難度超越志工諮商員能力所及而轉介來的案主。不幸的，有關志工諮商員獨特的訓練與監督之需求或技能與察覺之發展，我們所知甚少。另一個值得探討的領域，與志工諮商所需的理論基礎有關。只有一些時間上課或研究文獻的非專業人員往往缺乏一致的理論取向，即使他們或許有很好的諮商技巧。重要的是，應用在爲了志工而設計的理論模式，如Egan（1990）的技能型協助者模式，性質上並非探索性，而是相當廣泛的整合性，並且以行動爲導向（Culley 1992）。

電話諮商

若以每一年接觸案主的數字來看的話，電話諮商機構如（英國）

撒馬利亞慈善諮詢中心（Samaritans）、稚線（Childline）、夜線
（Nightline）以及同志總機（Gay Switchboard）所做的諮商比其他任
何諮商機構都還要多。例如，單是稚線一家每天就接聽一千通以上
的電話。儘管電話諮商在滿足大眾情感需求方面有著勢不可擋的重
要性，但投入此一領域的理論與研究相較之下仍然微乎其微。經由
電話提供諮商協助的工作引發了許多根本上的爭議。例如諮商技術
與取向應做哪些修正？電話諮商需不需要不一樣的訓練與支援？使
用者從電話諮商身上，以何種方式、獲得了哪些益處？哪些問題電
話諮商可以奏效，哪些需要與諮商員進行面對面的晤談？

　　電話諮商的情況使我們很難去評鑑來電者可能獲得的益處。在
一項詢問來電者的研究中，在交談結束後詢問或後續的追蹤詢問，
以評鑑他們對於該服務的滿意度，很穩定地發現有三分之二或更多
的案主報告出高度的滿意度（Stein and Lambert 1984）。來電者認
為，諮商員有幫助的行為包括理解、關懷、傾聽、提供回饋、顯現
正面的態度、接納、持續聚焦在問題上、以及提供建議（Slaikeu
and Willis 1978; Young 1989）。這些與面對面的諮商中諮商員有成效
的介入方式類似。

　　然而，比起面對面諮商，電話諮商確實還有一項重要的歷程構
面。Lester（1974）指出，電話諮商是一種能增加來電者感受到正面
的移情作用之情境。見不到面的助人者很容易會被當成一個「理想」
（ideal），並且可以被想像成來電者需要或想要的任何人或事。
Grumet（1979）指出，能增進親密度的電話晤談之要件包括：視覺
上的私密性（就某個意義來看，發話者的唇與傾聽者的耳不過一吋
長的距離）、以及對於情境的高度掌控。Rosenbaum（1974）曾寫
道，「電話的鈴聲象徵性地代表嬰兒的哭聲，而只要一哭就會得到

立即的反應，換句話說，我的聲音本身等同於母親立即的反應」。

　　在電話諮商中找到正面的移情作用的成效之一是，使來電者似乎能容忍諮商員的失誤。Delfin（1978）曾記錄案主對於電話諮商員不同類型的陳述之反應，發現案主對諮商員的回應似乎有正面的反應，而諮商員的這些回應在受過訓練的觀察者看來可能顯得陳腔濫調或不正確。

　　Zhu等人（1996）敘述設立在加州的一家幫助人們戒煙的電話諮商中心。他們觀察到，透過電話而不是傳統一對一或團體的方式來提供這一類型的服務能帶來一些好處。電話接觸使諮商員專注在案主個人的需求上，這在許多團體諮商可能很難辦到。其次，他們提到，如其他諮商員也提到，電話的匿名特性使案主非常誠實，因而能夠加速諮商的歷程。第三，他們提到電話的形式有助於諮商員能添加使用標準的諮商手冊，視案主的需求而定。手冊的存在是確保諮商員能力與服務品質的有效方式。第四，他們覺得電話使諮商員更加能夠採取主動：

> 電話使主動諮商（proactive counselling）的進行變得可能。一旦隱君子打電話來求助，一切後續的接觸便可由諮商員採取主動。諮商員為每一通電話約定時間，接著在約定的時間回電話，似乎能培養責任感與支援性。主動取向也降低了耗損率，因為諮商員並不會因案主未能貫徹預定的計畫而受到太大的影響。
>
> （Zhu *et al.* 1996: 94）

　　這項主動性要素顯然是輔導隱君子的一個主要優勢，因為維持想要改變的動機對於戒菸諮商的成敗有高度的優先性。

　　大多數的電話諮商機構是由兼職的志工來服務，他們僅受過有

限的訓練與監督，其中有愈來愈多商業取向的電話求助熱線，例如加州癮君子求助熱線（California Smoker's Helpline）或員工支援計畫（EAP）的雇主主辦的熱線。很顯然，從已檢視過的研究證據來看，在電話諮商中，個人的特質與諮商員的在場比技術性技能更重要。大多數的案主與一位諮商員只會有一次的接觸，所以諸如行動規劃、克服對改變的抗拒、以及培養治療同盟等等其他諮商形式的複雜面向都不存在。另一方面，電話諮商員需要能快速工作，保持彈性與直覺性佳，並且要能夠處理沈默。應付惡作劇電話與性騷擾電話的技巧，在面對面的諮商中較少用到。電話諮商員需要融入正處於危機的人們之世界，也因此須面對他們強烈的情緒。他們可能成為自殺案件遠端的參與者。電話諮商員不僅可能涉入他們不曾受過訓而感痛苦的輔導工作，他們也較不可能獲得諮商成效的回饋。的確，他們可能永遠無法得知來電者是否真的自殺，或真的逃離了暴虐的家庭環境。因此在電話諮商機構中，人員的流動與耗竭以及提供適當的支援與監督，是重要的主題，需要更深入的研究。從來電者或案主的觀點來看，電話諮商之於面對面的治療法有兩大好處：使用與控制。拿起電話直接與諮商員交談，比約在下個禮拜的某個時刻拜訪諮商員要簡單許多。將電話諮商的服務提供給不願忍受其他助人形式之申請程序、或其困難尚未惡化的人，便具有預防的功能。此外，大多數的人對於尋求心理諮商的協助會舉棋不定。電話使案主具有掌控權，能夠照著自己的意思來連絡與終止。

　　很明顯的，上述只是電話諮商相關議題的簡介。這似乎是一種使用者非常欣賞的諮商方式，因為具有靈活性、自主性、與取得性。建議想知道更多電話諮商的讀者，可參閱Rosenfield（1997）卓越的著作。

網際網路上的諮商

最近才興起的諮商方式是透過電子郵件來進行諮商。諮商員與支援團體在網路上打著服務的廣告，出現在各式各樣不同類型的首頁中，而任何國家的案主都可能在世界上的任何地點接觸到諮商，在白天或夜晚的任何時間。儘管這一類服務有令人眩目的潛力，Sampson等人（1997）以及Robson與Robson（1998）探討過一些明顯的問題。透過電子郵件是否能建立具有治療效果的關係？機密性能否受到保護？在缺乏居住地點、年齡等背景資訊下，諮商員能否有效運作？如何防止不合格的諮商員提供服務與剝削案主？

許多困難似乎已有電子郵件業者加以解決。例如，Bloom（1998）敘述了可以維持倫理標準的方式。Murphy與Mitchell（1998）指出，情緒的表達與治療關係的建立可以藉由一些書寫的規則來實現，例如規律地在括號中記錄寫作人的情緒狀態。King等人（1998）則描述家族治療法如何能藉著電子郵件聯絡散居各地的家人來協助其進展。Murphy與Mitchell（1998）則強調電子郵件諮商的部份優點。

- 整個諮商接觸有永久性的記錄。這對案主而言相當有用，對諮商員與諮商督導或許也很有幫助。
- 打字是將「困擾外部化」的有效工具（詳見第8章）。
- 寫作能幫助人們回顧其經驗。
- 減少權力的不平衡。網際網路是一種極公平的媒介。
- 案主能表達「當下」的情緒，當他們身陷憂鬱或恐慌發作時，可以在電子郵件上寫下資訊，而不必等到下一次的諮商晤談再

談。

　　直到最近，網路科技才實現了電子郵件諮商。就許多面向而言，這一類諮商模式似乎與電話諮商有一樣大的潛力，或更甚於電話諮商，因此還很難預估它未來會如何演化與發展。

閱讀與寫作治療法

　　閱讀與寫作是電子郵件諮商的重要元素。然而，以其他溝通形式為基礎的諮商卻已行之多年，例如閱讀治療法與寫作治療法。閱讀治療法的概念是閱讀書籍具有治療效果。一般而言，閱讀治療法使用的書籍有兩類。第一類書籍是設計來使人們瞭解與解決其生活中發生之特定困難的自助手冊。自助手冊通常會包括練習與行動建議，因此常被認為是行為導向。其他常用在閱讀治療法當中的書籍有教科書，通常探討心理學的主題，實質上討論觀念與經驗，並未明顯地偏重行為的改變。這些書籍最初可能是為了專業讀者而寫的，但逐漸為一般大眾所參閱，或達到熱賣的地步。第二種閱讀治療叢書的例子有Scott Peck（1978）所著之《較少人走的路》（The Road Less Travelled）、以及Alice Miller（1987）的《資優兒童的戲劇》（The Drama of Gifted Child）。

　　自助手冊與書籍的使用引發了一些理論上的爭議（Craighead *et al.* 1984）。諮商中大多數的理論與研究均強調治療關係的重要性，而在閱讀治療法中卻沒有這種直接的關係。自助手冊也假設同樣的技術對於所有體驗到某特定問題的人會同樣有效，而不是為不同的案主量身訂做特別的介入方式。最後，自助叢書中的建議相較下必

須有低風險的副作用。

Starker（1988）曾對美國心理學家進行一項問卷調查，詢問有關他們在治療中使用自助叢書的情形。約69%的治療師表示，他們的部份案主靠這類書籍「真的有幫助」。超過一半的從業人員至少偶爾會推薦自助叢書作為治療方法的補充。心理動力治療師較其他取向的治療師不愛使用閱讀治療法。最通常的書籍是有關養育子女、自信、個人成長、關係、性、以及壓力。

另有研究觀察閱讀治療法的成效。在一項研究中，Ogles等人（1991）提供處理失落感的自助叢書給六十四位剛經歷離婚或關係破裂的人們。其憂鬱及精神症狀在閱讀書籍的前與後都加以評鑑。臨床上顯示有相當的助益。同時也發現，一開始對於書本高度期望會有助益的讀者後來會有收穫更多的表現，這可能意味獲得治療師推薦的書籍或自助手冊或許格外珍貴。有些計畫使用案主可以撥的電話熱線或定期致電鼓勵案主使用手冊，使自助手冊與電話諮商結合（Orleans *et al.* 1991; Ossip-Klein *et al.* 1991）。儘管多數的自助手冊是從認知—行為觀點出發而寫，令人讚賞的裸足心理學（Barefoot Psychology）書籍（Southgate and Randall 1978）顯示，即使應用Klein學派與Reich學派的觀念，在自我協助的模式下也是可能的。

在一份自助手冊的評鑑研究中，Craighead等人（1984）在結論中指出，儘管整體而言自助手冊對一些人可能有效，但多數的案主希望或需要與一位助人者有額外的接觸。他們也注意到自助手冊對酗酒、焦慮控制、生涯輔導、以及學習技巧等問題有特別正面的成效。閱讀治療在其他方面的成效，例如肥胖、戒煙、性方面的問題、以及自信，因已進行過的研究在方法論上的缺失而難以評鑑。Scogin等人（1990）最近對文獻的檢視也大多肯定這些結論，並提

出閱讀治療法對於年紀較大、教育程度較高的案主似乎更為有效。

　　研究的結果似乎肯定了閱讀治療法可以是促進案主洞察與改變的有效方式，特別是在結合了面對面諮商或電話接觸之後。Cohen（1994）對於為案主準備治療讀物所具有的意義提供了一些精彩的洞察，Fuhriman等人（1989）也曾檢視探討閱讀治療法之使用的文獻。

　　透過寫作來探索感覺與經驗也可以很有幫助。有些治療師鼓勵案主針對特定主題進行寫作（如Maultsby 1971; McKinney 1976）。其他治療師建議不間斷地寫日記或日誌，並使用Progoff（1975）或Rainer（1980）研發的結構或技術。Lukinsky（1990）曾檢視不同的日誌寫作技巧。其他以寫作為主的諮商介入模式包括書信往來、寫詩、以及自傳寫作（Greening 1977）。寫信在敘事治療法中扮演著很重要的角色（詳見第8章）。Lange（1994, 1996）曾提供書信寫作在解除創傷與悲痛方面非常有力的實際範例。寫作的基本治療效果，在一系列由Pennebaker及其同事所進行的研究中令人信服地展現（Pennebaker 1993），該研究中，經歷失落或創傷的人們被要求在四至五日內，各找出二十分鐘除了寫作以外什麼都不做。即使是這樣少量的介入，也對於身心的健康產生顯著的益處。

團體諮商與心理治療

　　團體諮商與心理治療本身是個相當龐大的理論、研究、以及實務領域，建議有興趣學習更多相關主題的讀者參考這個領域的一些主要教科書（Whitaker 1985; Corey 1990; Forsyth 1990）。接下來的討論，目的是找出這種諮商協助方式的一些情形與引發的議題，而

不是全盤探討這個特別的領域。

　　團體諮商有幾個平行發生的歷史根源。團體輔導的早期形式有Moreno首創的心理劇，Lewin運用「學習團體」（T-groups）的介入方式，以及Bion的精神分析團體。這些創新在1940年代晚期與1950年代早期一同形成有強大傳統的團體諮商，是助人專業的各種派別之一。以團體為基礎的取向應用在諮商、心理治療、社會工作、以及組織發展中。諮商界的三種主流理論—心理動力論、人本論、以及認知—行為論—在團體輔導中均有各自獨特的理論與實務做法。

　　第一個有系統的心理動力團體理論是由Bion、Foulkes、以及Jacques創立，一開始是在第二次世界大戰期間在柏明罕市（Birmingham）的北地醫院（Northfield Hospital）輔導心理出現障礙與受創的士兵，以及後來在倫敦的塔維斯塔克研究機構（Tavistock Institute）裡進行。心理動力團體工作的關鍵概念聚焦於視團體為一整體（group-as-a-whole）。Bion（1961）主張，正如同個別案主在精神分析論裡表現出對於現實的抗拒，團體也會有這種情況。他創造「基本假設」（basic assumption）一詞來敘述團體中防衛與逃避的集體型態。「基本假設」的核心是一項共享、無意識的信念，團體表現得「彷彿」某些想像的事情是真實的一般。例如，一個團體可以表現得彷彿領導者無所不知與無所不能（依賴），彷彿在團體中唯一的選擇就是與別人發生衝突（非戰即逃），或彷彿團體的主要目的就是兩人之間會有友誼的形成或性接觸（配對）。團體領導者的角色類似個體諮商之精神分析中的分析師，說話不多，扮演空白布幕，使成員可以對著他投射他們的幻想。

　　從這一類團體諮商中獲得的益處，在於團體成員從參與中獲得有關權威、界限、性、以及攻擊等在團體文化中浮現之議題的個人

洞察。Whitman與Stock（1958）提出「團體的焦點衝突」（group focal conflict）概念，作為理解團體歷程與個人學習之關連的途徑。例如，假設團體情緒化地爭吵著成員在聚會外見面是否可以接受的問題，則此一議題將可能使個別的成員想起在自己的生活中類似的議題，有人或許會產生有關背叛的強烈情緒，另有人則氣憤父母的控制等等。

　　心理動力的團體諮商歷程很花時間，而且可以在團體的生命中看到各個階段。Bennis與Shepard（1956）建構出一個有兩個一般化階段的架構。第一個階段和控制與權威等議題有關，第二階段則和親密感與依賴的議題有關。在第一個階段裡，團體成員在團體中的行為舉止是依循從前面對權威時學到的方式：有些可能是從眾者，有些則是叛逆者。在整個團體尋求如何解除這些緊張的歷程中，有機會使個體獲得洞察與產生治療性改變。若以經營諮商團體的角度來看，有關團體動力的觀念對實務的涵義，在Agazarian與Peters（1981）、以及Whitaker（1985）的著作中有完整的探索，至於目前該取向之理論與應用等議題，可參閱Pines（1983）、以及Roberts與Pines（1991）的著作。

　　團體諮商的人本取向特別將注意力投注在成長與會心的概念上。該取向的主要目標是團體成員的個人發展或自我實現，傳統上，有兩套不同的做法由業者使用著。有些團體促進者（facilitator）在團體中會使用高度結構化的練習與作業，以促進探索與成長。這項傳統源自心理劇、學習團體、或敏感度訓練團體。另一項傳統提供非常少量的結構性，促進者致力於創造一個特色是尊重、同理、以及真誠一致的團體環境。第二種傳統與Rogers的實務和個人中心取向有關。大多數採人本取向的團體工作，其中心目標是創造一個

「文化島嶼」（cultural island），人們可以在一個有更大自由度的環境裡，實驗不同的行為，分享經驗，並獲得別人的回饋。

團體諮商的第三種取向源自認知─行為取向，主要是使用團體來促進案主的行為改變。這一類團體工作的例子有社交技巧團體（Trower *et al.* 1978）、信心訓練、以及集中於特定的問題行為之短期團體，例如酗酒、飲食、或犯罪等問題。社交技巧訓練團體表現出該取向的許多關鍵特徵，其中包括強迫建議的要素，即團體領導者提供教導與示範適當的技巧。團體成員透過練習、模擬、以及角色扮演來實際演練技巧，而且通常會指派家庭作業，以鼓勵將技巧活用在一般的生活情境中。重點在於行動與行為改變，而非洞察與會心。

這些團體諮商取向有著不同的目標，連續構面的一端是洞察與個人發展，另一端則是行為上的變化。團體的形式也反映著案主的需求與代理機構或組織的需求。Agazarian與Peters（1981）根據案主的需求，將諮商團體區分為三個挑戰的層次。然而，組織因素也會影響諮商團體的實務。例如，心理動力、Tavistock導向的團體、以及Rogers的會心團體，往往需要見好幾個小時的面，才能使團體的動力發展起來。如果機構僅能負擔與分配職員時間的十或二十個小時來舉辦團體，那麼很可能選擇較側重行為經驗的取向。Smith（1980）曾討論不同的團體諮商取向之優缺點。

大多數的諮商員一開始是接受個體諮商的訓練，這應用到團體諮商上可能是個極大的挑戰。團體中發生的互動要比單一案主與諮商員之間的互動複雜。團體促進者必須監控自己與成員之間、以及成員與成員之間的關係。促進者必須瞭解整個團體系統發生的事情。促進者從團體中吸收的情感要求或移情作用，有時可能比個體

諮商還強烈。例如，Bennis與Shepard（1956）稱團體生活中的「低氣壓事件」（barometric event）爲全體成員一起抗拒領導者的權威等時刻。團體工作有獨特的管理議題；例如，團體的設計與形成、成員的篩選、結合團體諮商與個體諮商、當團體已上路時新成員的加入介紹與成員半途離開時團體的歷程處理（Whitaker 1985）。團體也會有獨特的倫理議題，主要是施加在個人身上的從衆壓力，以及維護保密性的困難（Lakin 1988）。最後，帶團體時會有一個協同領導人或協同促進者是常見的實務，這是爲了因應任務的部份複雜性。因此，有成效的團體領導人需具備獨特的知識基礎與符合各種要求。很可惜，幾乎沒有正式的訓練課程針對訓練人們成爲團體促進者。大多數輔導團體的從業人員，都是經由先成爲團體成員與扮演助理或學徒的協同促進者角色來磨練能力。

團體提供了一些協助未能參與個體諮商之案主的方式。團體提供的環境使案主得以表現出更寬廣的人際行爲，這些在一對一的諮商關係中無法直接觀察到。在個體諮商中，一位男性案主可能會告訴男性諮商員他與女性溝通的困難。在團體中，這些問題會表達在他與團體內的女性成員之關係中。Oatley（1980, 1984）稱這樣的歷程爲「角色－主題」（role-themes）的表達（acting out）。因此，團體諮商呈現給諮商員的，是案主不同的特質資訊，以及處理立即性與探討當下的機會。此外，在團體中，案主有機會可以透過澄清、質疑、以及支持來彼此幫助。這是很有益處的，不僅因爲有較多的協助可用，也因爲能對別人有所幫助的案主會強化其自尊。團體的情境類似戲劇，成員之間的互動是表達個人議題與集體議題的管道（McLeod 1984）。在這齣戲裡，不是全部的參與者都同時站在舞台的中央。有些人會變成觀衆，但能觀察到別人如何處理事物，這本

身便是強大的學習來源。

　　近年來對團體諮商與心理治療的研究，最多產的路線發展自Yalom（1975）對於團體中有治療效果之因素的確認與定義。震驚於團體內發生之事物的複雜性，Yalom著手檢視文獻，希望將團體中有益於人們的因素或歷程等概念綜合在一起。他發現了十二個因素：

- 團體凝聚力；
- 希望的灌注；
- 普同性；
- 渲洩；
- 利他；
- 引導；
- 自我坦露；
- 回饋；
- 自我瞭解；
- 認同；
- 家族重演；
- 存在意識。

　　這些存在於團體中的因素可以透過Yalom等人所發展的問卷或Q-sort（一種結構化的訪談）技術來評鑑。Bloch等人（1981）在每一次團體集會結束時會要求成員簡短地寫下他們發現有幫助的事物，也發展出類似的工具。「治療因素」的研究特別吸引了許多團體促進者的注意，因為它是以案主認為是否有助益的看法為基礎，

以及因爲它提供了團體應如何進行的珍貴指標。

　　Yalom（1975）與Bloch等人（1981）的研究聚焦於團體中有益的事物，另一方面，探討可能有傷害力的團體歷程也同樣實用。在一項以史丹佛大學的學生爲對象而舉辦的二十個會心團體之大規模研究中，Lieberman等人（1973）發現，約有10%參與會心團體的人，最後可能會被歸類爲「受害者」（casualties）。對這些人來說，會心團體造成的傷害比好處多。這項證據在文獻中激發出許多生動的辯論，有些批判者宣稱史丹佛研究的許多部份可能誇大了受害人數的估計。儘管如此，仍可公平的說，Lieberman等人（1973）的研究確實使大眾注意到團體取向有令人擔憂的潛在面向。當團體成員受到壓力要求自我坦露，或不理會他們的抗拒或防衛而強迫參與某項練習時，便會引發這一類情況。此外，團體成員的反應可能具有破壞性而非建設性；例如，當某團體成員分享他身爲男同性戀對於「出櫃」（coming out）的恐懼時，卻引起其他人對同性戀的恐懼反應。這隨後引起的沮喪可能隱而不顯，或很難察覺到。這些是團體領導者在選擇團體成員的組成時要留意的因素，也往往因此需要爲特定成員安排團體集會以外的援助（如個體諮商）。這對於團體促進者本身的監督而言，也具有某些涵義。

自助團體

　　數量龐大的團體諮商在自助團體中發生。自助團體是由具有類似問題的人們，在沒有專業領導者的協助下共同聚會而組成的團體。自助團體吸引人之處在於兩個主要因素。第一，自助團體可以在缺乏專業資源協助的情況下成形，因而能超越保健與福利機構的

預算限制。第二，參與自助團體的人們會很珍惜有酗酒問題、曾在
交通意外中失去孩子、身為久病老人的照顧者等人們互相傾訴的經
驗，因為對方「能深刻體會自己的感覺」。

為各種案主團體而設計的自助團體之成效有完整的記錄。在酗
酒的領域裡，戒酒無名會（Alcoholics Anonymous）整體而言甚至很
明顯比專業領域的專家提供的個體或團體諮商更為有效（Emrick
1981）。

可能導致自助團體發生困難的議題之一是，團體文化的建立不
當或無從建立。例如，團體可能因為一、兩個有其他需求而非尋求
改變的人而大受影響，或有懼曠症、體重超重、或酗酒者等問題的
人們私下搞小團體而破壞了大團體。另一項難題可能在於團體未能
發展出充分明確的界線與規範，因而置身團體內並非分享感受的安
全處所，反而是危險的地方。Antze（1976）提出，最有成效的自助
團體是那些發展並應用一套明確規則的團體，或稱為「意識型態」
（ideology）團體。例如，女性的意識喚醒團體，可以參考詳述女性
主義助人取向的哲學觀與實務之大量文獻。戒酒無名會使用明確界
定的「十二步驟」的規則手冊。

專業諮商員可能會在自助團體的起步階段涉入，或在這種組織
中扮演促進的角色，或指引團體該在何處見面與如何進行等事宜。
例如，學生諮商員可能會鼓勵畢業數年後才入學的學生或海外留學
生形成自助團體。醫院裡的諮商員可能會輔導苦於工作壓力的護理
人員、或癌症病患組成的自助團體。「專家」與團體之間的關係需
要加以敏銳處理，諮商員應樂於扮演外來諮詢者的角色，而不是鳩
佔鵲巢、反客為主（Robinson 1980）。在Powell（1994）的論文集
裡，為希望知道更多有關自助團體之應用的當前趨勢與發展的讀者

提供極其珍貴的資源。

伴侶諮商

　　許多人以伴侶的身分一起尋求諮商，因爲他們認爲他們的問題源自倆人的關係，而不是個人的議題。特別致力於伴侶關係或個人關係議題的諮商機構已在許多國家建立。這些機構當中，有許多像英國婚姻輔導中心（British National Marriage Guidance Council）（Relate）一樣，最初因人們畏懼婚姻生活的神聖性而創立，早期主要是「拯救婚姻」的組織。然而，近幾年來，婚姻與家庭生活轉型的事實，已影響這些機構修正其宗旨爲大體上以更廣泛的關係諮商爲主。

　　伴侶諮商的領域由兩個主要的取向主導著：心理動力論與行爲論。這兩種取向的實務對照可參考Paolino與McCrady（1978）、以及Scarf（1987）的著作。心理動力取向致力於協助夫妻洞察其婚姻抉擇的潛意識根源，以及其目前關係中運作的投射與否認。心理動力伴侶諮商的基本假設之一是，每一位伴侶，帶著原生家庭對於如何扮演配偶、如何扮演父母的一套影響甚深之想法而進入關係中。每一位伴侶也將早期童年經驗所造成的人際關係需求帶進關係裡。例如，小時候在關鍵年齡失去母親的人，可能渴望獲得別人的接納，但卻害怕信任別人。小時候遭受性虐待的人可能會透過性關係來表達對親密感的需求。諮商員的工作，正如同個體諮商一樣，是幫助伴侶得以洞察其行爲的潛意識根源，並學習將受到壓抑的情感表達出來。

　　輔導婚姻或伴侶的心理動力諮商員也將自己對於關係的一套觀

念帶進任務中。在戀母情結的動力中由小孩、父親、母親之間所形成的三角關係型態，可用來思考與瞭解目前夫妻的難題，例如先生、妻子、以及岳母，或先生、妻子、以及第一個小孩之間的三角關係。伴侶諮商的另一種三角習題由先生、太太、以及其中之一的外遇對象所組成。許多諮商員發現客體關係理論（第3章）在解開伴侶諮商中發生的妒羨、依附、失落、以及敵對的歷程時非常有用。

婚姻「抉擇」（choice）與婚姻「適配」（fit）的觀念，有助於瞭解夫妻之間情感鍵結的基礎。根據心理動力理論，夫妻會選擇彼此，至少有一部份是因爲其中一方的潛意識需求可由另一方來滿足。因此，例如，容易生氣的男人可能會找性情沈穩的伴侶。然而，這種類型的婚姻互補在夫妻其中一方或雙方想索回當初割讓給對方的潛意識領域時，可能會愈來愈不舒服。當這類變化發生時，有些夫妻有能力協調他們的關係基礎。有些無法做到，經過一段時間後，當積蓄的壓力太過龐大時就會爆發出來，使最初的關係型態因暴力、分手、或從事婚外情而撕裂。常常有夫妻因爲這類危機而尋求協助。

心理動力觀點爲伴侶諮商帶來了複雜微妙的人格發展模式。許多尋求伴侶諮商的伴侶們所投射的衝突與歧見背後，都是發展方面的根本議題。一位在十六歲結婚的女士，在女兒十六歲時開始嘗試新的伴侶與夜間俱樂部。二十五歲左右的大男生受到轉型爲孩子的父母而受到驚嚇；他的太太則已做好懷孕的準備。正如在教育麗塔（Educating Rita）影片中的場景，女人在學習或工作的世界裡失去實現夢想的機會，往往是婚姻衝突常見的來源。

伴侶諮商的心理動力技術要求與個體諮商同樣細心的傾聽與探索。部份的伴侶諮商員建議諮商由一對諮商員提供，分別是男性與

女性諮商員，以促進不同類型的移情作用，但是這只有在資源豐富的諮商中心才可行。整體而言，諮商員必須更積極介入，使夫婦把焦點放在治療的課題上，而不是在諮商室裡爭執。有關伴侶諮商的心理動力取向之理論與實務，進一步的資訊可參閱Skynner與Cleese（1983）、以及Clulow與Mattinson（1989）的著作。

　　伴侶諮商的的認知—行為取向則相當不一樣。沒有太多理論包袱，不太探索過去，非常強調找出行為改變的途徑。該取向的中心假設為，置身親密關係的人們彼此扮演著對方正增強的來源。在兩人初次見面，經過一段追求期時，與這份關係有關的通常會產生高度正增強或酬賞。之後，隨著這對伴侶開始一起生活、一起工作、或扶養小孩，酬賞接觸的機會減少，而關係的成本，也就是承諾與壓力，卻日漸增加。如此一來，「酬賞—成本比率」（reward-cost ratio）下降，滿意感逐漸流失。在這同時，夫妻可能會遭遇溝通、問題解決、以及性關係等方面的困難。

　　這些問題的解決之道，依認知—行為模式，在於應用行為原理來啟動改變，諸如夫妻訂立協議。在性治療方面，伴侶諮商的認知—行為取向特別成功。其他理論觀點對於伴侶諮商的影響有限。有些諮商員發現，以家族系統的模式來思考伴侶的處境相當有價值。Greenberg與Johnson（1988）發展以情緒為焦點的伴侶治療法，採經驗取向。

　　伴侶諮商中最重要的議題與論爭之一是，決定與伴侶個別諮商，或將兩人視為一體來看待。很多時刻這樣的選擇是由案主來決定，尤其當只有一方願意見諮商員時。然而，即使在這些情況之下，還是存在著應不應該將不在場的另一方捲入與應捲入多少等議題（Bennun 1985）。

　　這裡對於伴侶諮商的討論，只不過介紹貫穿該領域之理論與實務的中心主題。建議有興趣發掘更多有關伴侶諮商資訊的讀者，可參考Dryden（1985a）、Scarf（1987）、Freeman（1990）、以及Hooper與Dryden（1991）的著作。

結　論

　　本章檢視提供諮商協助的各種模式，也指出各種運用形式。這是諮商員與諮商代理機構在資源的運用上可發揮創意的範疇。本章所介紹的諮商取向，似乎有其潛力吸引那些不樂於尋求傳統一對一諮商或心理治療的人們。然而，本章提到的每一種取向，對諮商員的要求是不同的技能、方法、與訓練。此外，電話諮商、電子郵件諮商、以及閱讀寫作等形式的諮商，尚有缺乏理論與研究之潛在議題。

本章摘要

- 本書前面的章節均假設諮商是以面對面、一對一的形式進行。本章則探索諮商其他的進行方式與貢獻。

- 時間的限制可用來增加諮商的效果與取得性。有些諮商員曾發現，甚至只須一次晤談，對某些案主也可以有所幫助。

- 充分的證據顯示，在適當的環境下，非專業的志工諮商員可以和受過高度訓練後的專業治療師一樣有成效。

- 利用電話或電子郵件的遠距離諮商已廣泛應用，並且具有案主

更能操控使用時機與掌握諮商時間的優點。

• 閱讀治療法（閱讀自助叢書）與寫作（例如寫日誌）對於面對面的諮商而言，是很有價值的輔助工具。

• 團體諮商、伴侶諮商、或家族治療法是否比傳統的個體諮商更有幫助，仍然存在著許多問題。

• 有些人指出，自助團體或網絡比專業治療師能提供更多的安全感與肯定，也使他們有機會扮演助人者的角色。

• 諮商員必須清楚諮商有哪些進行的方式，並作好調適的準備，使諮商服務的提供能呼應那些不喜歡一對一定期晤談的案主。

討論問題

1 試舉出任何一家面對面諮商的代理機構。該機構所提供的服務如何能經由本章討論的其他諮商進行方式來強化？

2 諮商協助的不同模式（例如團體諮商、閱讀治療法、電話諮商、個體面對面諮商）對案主是否會產生不同的成效？案主的學習歷程不論使用何種介入方式都會一樣，還是每一種形式有其獨特的改變要素？

3 試討論傳統個體諮商之外的替代選擇，是致力於處理「助人者—受助者」關係中的權力議題之嘗試至何種程度。這些選擇對於賦予案主權力有多成功？

4 假設您被要求舉辦一次訓練課程，目的是使和熟悉傳統個體諮商的諮商員也能進行電話諮商、團體諮商、或伴侶諮商。您會

在課程中加些什麼？

5 試回想你曾讀過某本自助書籍的經驗，最好是一段時間前看過的。為什麼您會決定使用這本書？您是和別人一起討論，或只是自己一個人鑽研？這本書對您造成了哪些影響，不論就短期或更持續性的性質來看？您覺得這本書的哪些部份對你最有幫助，或最沒有幫助？

6 進行諮商的其他方式有沒有出現新的倫理困境？這些困境可能有哪些，又能如何處理？

7 縱貫諮商文獻的一個重要主題是，許多有經驗的諮商員瞭解男性與女性使用諮商的方式不同。有何種特別的進行方式較吸引或適合男性或女性？

8 您每天寫日記嗎？您從中獲得了哪些治療上的好處？在團體內討論，或與其他您認識的人討論，試勾勒出寫日記如何產生幫助的清單，也試著指出它作為諮商的一種形式之限制。

關鍵辭彙與概念

2 + 1 model	2 + 1 模式
bibliotherapy	閱讀治療法
brief therapy	短期治療法
couples counselling	伴侶諮商
curative or therapeutic factors	療效因素
group counselling	團體諮商
group focal conflict	團體的焦點衝突

group-as-a-whole	視團體爲一整體
Internet	網際網路
journal writing	日誌寫作
non-professional counsellors	非專業諮商員
role-themes	角色－主題
self-help groups	自助團體
self-help manuals	自助手冊
social skills groups	社交技巧團體
telephone counselling	電話諮商
time-limited counselling	短期諮商

建議書目

本章探討了相當多樣的主題，建議有興趣學習更多的讀者可以參考章節中提到的資料來源。值得一提的是，對於任何諮商的進行方式之優劣點，目前似乎還沒有一個統一的比較架構。

 **研究的角色**

前言

　　探討諮商與心理治療的研究已進行得相當多，特別是過去的三十年來。這一類研究文獻的存在可能意味著一項矛盾：諮商關係具私密性不能公開，但研究歷程卻涉及外界將會取得這些資訊。然而，正因為諮商具有私密性的構面，才使得研究如此重要。最終，好的研究應能使每位諮商員與案主對於所體驗到的事件與歷程有更好的瞭解，以及使從業人員更能彼此學習到更多。研究也能激發從業人員保持批判與質疑的態度，並幫助他們改善提供給案主的服務品質。最後，研究是一項國際性的活動，研究期刊所擁有的讀者是世界性的。參與國際學者所組成的社群能幫助諮商員對自己的工作上有更宏觀的視野。因此，研究在諮商界扮演的角色，是複雜而多面。

　　激勵學者從事諮商研究的因素有：

* 驗證理論的效度；
* 評鑑不同取向或技術的效用；
* 向贊助或付費的機構（如政府部門、保險公司、私人公司）證實諮商或心理治療得到的效益高於成本；
* 促使從業人員能去監視自己的工作情形；
* 使從業人員能夠解決「正在業界中議論的問題」；
* 拿到碩士或博士學位；
* 使同事得知特別有趣的案例或新方法；
* 建立諮商成為大學裡教授課程的學術可信度；
* 加強諮商員相較於其他專業團體的專業地位。

　　由以上可以看出許多進行研究的理由。有些研究調查受到從業人員的實際考量所驅使。另一些研究則出自一群興趣相投的人一起鑽研一套思想或理論。又有些研究是應外界的需求而起。通常，研究的開始會有超過一個以上的原因。

　　在整個社會科學的領域裡，究竟構成有效度的研究為何，一直是論爭不休的話題。這場激辯產生了大量的文獻，一部份是量化研究方法支持者與偏好質化研究方法者之間的辯論。量化（quantitative）研究涉及詳細測量各個變項，研究人員要採取超然、客觀的角色。相對而言，質化（qualitative）研究致力於描述與詮釋事物對人們的意義，要達成這個目標，研究人員必須與研究受訪者、資訊提供者、或協同參與者培養關係。量化與質化取向之間的差異列於表17.1。這兩種研究取向對於諮商與心理治療之領域的研究都有許多貢獻，兩者也能有效地結合（例如，參考Hill 1989; Stiles *et al.* 1990; Stiles 1991）。儘管如此，量化與質化方法之間的分歧，對整個領域而言仍值得注意，並且依然是衝突與緊張的來源（Neimeyer and Resnikoff 1982）。在專業與制度上對諮商影響最強烈的兩大學科分別是心理學與精神醫學。這兩門學科均與「硬性」（hard）、量化的研究有關。另一方面，質化研究對人們所持的哲學觀及其傳統的價值觀則非常接近於大多數諮商與心理治療從業人員的價值觀（McLeod 1996b）。

　　諮商與心理治療之研究的廣度與範圍是無邊無際的。在新近的一份檢視裡，Beutler與Crago（1991）在八個不同的國家找到四十一份獨立的研究計畫。就本章的篇幅而言，要有意義地探討該領域的所有面向並不可能。因此，這裡將特別聚焦在三種最重要的研究調

表格 17.1　質化與量化研究方法的對照

質化	量化
意義的描述與詮釋	各個變項的測量與分析
研究人員與受訪者之間關係的品質頗為重要	務使關係中性、客觀
研究人員必須能自我察覺與反思	研究人員不涉及任何價值觀
使用訪談、參與觀察、日誌	使用測驗、評估量表、問卷
由研究人員來解釋資料	資料交付統計分析
盛行於社會學、社會人類學、神學、與藝術	盛行於心理學與精神醫學
許多觀念類似精神分析與人本治療法	許多觀念類似行為與認知治療法

查：成效研究、歷程研究、以及案例研究。對於探索其他面向有興趣的讀者，建議參考Bergin與Garfield（1994）的著作，其中包括探討各式主題之研究發現的權威性評論。對於當前研究的評論也能在《Annual Review of Psychology》（Gelso and Fassinger 1990; Goldfried *et al.* 1990）當中找到。想瞭解更多有關研究設計的讀者應參考Barker等人（1994）、McLeod（1994b）、或Parry與Watts（1995）的著作，各著作均詳細檢查涉及規劃與執行不同類型之研究調查的議題。更深入的方法論方面之議題討論，可於Aveline與Shapiro（1995）、以及Bergin與Garfield（1994）的著作中發現。

成效與評鑑研究

　　成效與評鑑研究主要致力於確認特定的諮商或心理治療介入方式使案主獲益的程度爲何。諮商與心理治療最初的系統化研究，便完全集中在這一項議題上。在1930年代與1940年代期間，數份研究探討精神分析的效果。這些研究的成效發現，整體而言，約三分之二的案主獲得改善，三分之一在治療後維持不變或惡化。

　　這些發現對精神分析而言似乎是高度的鼓舞，也間接惠及了其他「談話治療」（talking cure）的形式。然而，1952年，Eysenck發表了一份對這些早期研究的破壞性批判。Eysenck指出，未接受治療但追蹤一段時間的神經質患者也約有60%的改善比例。他主張，如果心理治療產生的成效與完全未接受治療相同，那麼便不能認爲有效。Eysenck認爲存在著「自發性緩解」（spontaneous remission）的現象，也即心理問題隨著時間會漸漸不那麼嚴重，這應歸功於社群內的協助或當事人人已學會如何處理造成崩潰的情境。

　　心理治療界對Eysenck的批判有強烈的反應，但他的抨擊主要的影響還是敦促了研究人員設計出更恰當的研究。尤其是，成效研究應包括未接受治療者的控制組，已獲得了普遍的接受，如此，諮商或心理治療的影響便可與自發性緩解所帶來的改善程度加以比較。創造這一類控制組的常用方法是使用案主的「等候名單」（waiting list）組，這些人已申請治療，但是等了一段時間尚未進行第一次晤談，在開始申請時與等待的這段時間後他們會受到評鑑，以顯示沒有專業協助介入時的變化。Sloane等人（1975）的研究是成效研究方面很好的例子，它比較了心理動力治療法與行爲治療法的效果。這份研究是在一所大學的精神醫療門診中心進行，治療的

　　申請者經篩選後，排除太過異常而難以獲益或需要其他協助形式的人。九十四位案主隨機分配到行為治療組、心理動力治療組、或等候名單組。等候名單組的人承諾在四個月後進行治療，並定期以電話連絡。案主依費率對照表（sliding scale）支付治療費用，平均並在四個月內接受十四回的晤談。在開始治療前，每位案主均接受訪談與一系列的測驗。此外，案主並找出三種標的症狀，並為每一種症狀評定目前的強度。調適程度的評比也由訪談者與案主的親友加以進行。在治療結束時、一年、以及兩年的後續追蹤，將重複上述這些測量。每五回會為歷程錄音測量治療師的特質，如同理心、真誠一致、以及接納。治療師與案主的口語型態也從這些記錄帶中分析。

　　Sloane等人（1975）的研究成效指出，整體而論，超過80%的案主在治療結束時獲得改善或復原，在後續的追蹤也保持這樣的成績。兩個治療組均較等候名單組有更多的改善。「治療師—案主」關係的品質與成效緊密相連，兩種方式的治療均如此。整體而言，相較於心理動力治療師，對於行為治療師的評比是更為真誠一致、有同理心、能接納別人。研究成效並沒有「症狀替代」（symptom substitution）的證據。

　　其他有許多研究沿著類似Sloane等人的路線而進行，大部份探討不同取向之成效，也獲致類似的結論。為了確定各個取向的明顯替代性在跨越整個研究文獻中是否獲得確認，已進行數項對文獻的回顧與檢視（Luborsky *et al.* 1975）。在這些文獻檢視中最完整而有系統的，是由Smith等人（1980）所進行的「後設分析」（meta-analysis）。後設分析涉及先算出各獨立研究報告出採某取向造成的案主改變量，加以加總平均後推估每個特定取向（如精神分析、案

主中心治療法、或行為治療法）能產生多少益處。在他們的報告中，Smith等人（1980）總結，他們找不到證據支持任何一種諮商或心理治療取向比其他更有成效。雖然這個結論被一些堅持行為方法優於其他方法的學者所駁斥（例如，Rachman與Eysenck），但諮商界卻普遍同意，不同的取向同樣有效，接受諮商治療也比沒有治療能有顯著的助益。

　　成效研究的發展之故事，或許意味著我們對於諮商與心理治療之成效所能知道的已所剩無多。事實絕非如此。在諸如Sloane等人（1975）的研究中，重要而明顯的面向之一是，它們難以組織，執行又很耗費，因而往往在「菁英份子」（elite）的治療機構中執行，如大學的精神醫學中心或諮商部門，而且這些研究中的治療師往往經驗豐富且受過高度訓練。因此，有必要在資源並不是那麼完善、案主出現更寬廣的各種問題、或諮商較不精細的機構中進行成效研究。這一類的研究極少進行，即使已完成的也未使用控制組或後續追蹤大量的案主。

　　成效研究的另一道缺口是許多研究缺乏特定性。Paul（1967: 111）提出，研究應該要能夠確認「在哪一種情況下，採何種治療方法，由誰來進行，對有特定問題的個體最有成效。」截至目前為止，研究證據在回答這些問題方面仍不夠精確。

　　目前為止所提到的成效與評鑑研究，全都是評鑑一群案主接受諮商或心理治療後的變化。已有人注意到，這些研究很複雜、昂貴、並且安排不易。相對的，有好幾位學者提倡，諮商員有系統地監控與評鑑自己本身的工作相當值得一試。Barlow等人（1984）期盼諮商員與治療師能扮演科學從業人員的角色，定期地使用研究來協助他們回顧輔導案主的工作。他們指出，像心理測驗或問卷之類

的研究工具可以提供寶貴的資訊給臨床治療師，進而應用在治療工作上。採用科學從業人員取向通常要在開始進行諮商之前，先收集案主的問題行為之水準等基本資訊，接著在整個諮商歷程中持續監控此等問題行為的水準，然後是後續的追蹤。這種研究的重要要素之一是，澄清治療的目標，這使它較受到行動導向的行為取向與認知行為取向的歡迎，相對於洞察導向的心理動力與人本取向。

在成效與評鑑研究中可使用的各種評鑑工具，以下是部份的例子：

- 利用記事簿或日誌監控問題行為（如進食、吸菸、偏執或強迫性想法的發生）；
- 心情或感受的自我評分（例如採用評鑑緊張、痛苦、憂傷、或焦慮等評估量表）；
- 一般性心理調適問卷（如一般性健康問卷（General Health Questionnaire）（GHQ）、明尼蘇達多向人格量表（Minnesotta Multiphasic Personality Inventory）（MMPI））；
- 特定變項問卷（貝克憂鬱量表（Beck Depression Inventory）（BDI）、史畢柏格的「狀態—特質」焦慮量表（Spielberger State-Trait Anxiety Inventory））；
- 由案主界定的變項（如個人問卷（Personal Questionnaire）（Phillips 1986）、標的症狀的案主評估（Sloane *et al.* 1975））；
- 案主滿意度問卷（Berger 1983）；
- 案主的直接觀察（計算諮商晤談中講話結巴或出現負面的自我陳述之頻率、觀察在角色扮演時的社交技巧表現、測量出現失眠時的睡眠時間）；

• 案主、治療師、或案主的友人與家人在治療後對成效的評分。

目前已運用的測量工具與技術非常廣泛，反映著各種目標、各種案主團體、以及各種理論的原理。這些技術進一步的資訊可參閱Nelson（1981）、Lambert等人（1983）、以及Bowling（1991）的著作。

最後一種評鑑研究是有關諮商機構或組織之服務品質的評鑑。在這一類研究中，除了調查諮商對每一位案主的效果之外，還探討許多其他因素。Maxwell（1984）提出評鑑諮商服務的六項準則：切身性／適當性、公平性、可取得性、可接受性、有效性、以及效率。可接受性的問題須探討顧客對諮商服務的認知與判斷。效率的問題須探討「成本效果分析」（從顧客的角度）與「成本效益分析」（從諮商組織的角度）（McGrath and Lowson 1986; Mangen 1988）。Parry（1992）對於評鑑諮商服務的不同方法與取向，做了透徹的檢視。她總結說，對於許多可能需要治療協助、但卻因為諮商機構無效率或不可取得性而排斥諮商的潛在案主之利益而言，「未受到監控的諮商實務責無旁貸」（Parry 1992: 14）。

歷程研究

成效研究主要探討案主在諮商前與諮商後的差異，並未觀察晤談時真正發生的事情，另一類的歷程研究則填補了此一空隙。在歷程研究裡，研究人員試圖辨認或測量與導致改變有關的治療要素。根據評論家如Luborsky等人（1975）與Smith等人（1980）所做的結論，即整體而言，諮商與心理治療是有成效的，於是許多研究人員

聚焦更多精力在歷程的問題上。既然已確定心理治療是「有用的」，他們因此尋求瞭解心理治療如何產生效用。

從案主中心觀點來看歷程的研究

　　由Rogers等人（Rogers 1942, 1951, 1961）發展出來的案主中心取向，特色是一致地強調案主的改變歷程與「案主—諮商員」的關係歷程。Rogers與俄亥俄大學的同事（1940-5）是第一批將治療晤談記錄下來的研究人員，也是第一批以有系統的方式研究諮商歷程的人。在案主中心的架構下，最早的研究是透過分析諮商晤談時的謄稿，探索案主在治療中的不同時點談論自我的方式，以及諮商員之陳述句的「指導性」（directiveness）（Snyder 1945; Seeman 1949）。這段期間的其他研究集中於案主在諮商中的經驗：例如藉由探索案主所寫的日記（Lipkin 1948; Rogers 1951）。

　　在芝加哥大學裡進行的一項重要研究中，Rogers與Dymond（1954）等人探討案主在治療期間與治療後，自我概念之變化的不同面向。Rogers學派的關鍵概念，自我接納，是透過稱為Q分類法的技術加以評鑑，其中案主以一組自我陳述句來描述「我現在如何看我自己？」與「理想上我想要成為什麼？」（即以真實自我與理想自我間的差距來測量自我接納的程度）。上述研究對於有二十一位案主的團體，進行治療前的訪談，並定期在治療期間、治療後進行後續追蹤，以及實施Q分類法與其他一系列測驗。結果顯示，自我知覺的改變與良好療效關係密切。這段研究時期的主要成就之一是，顯示屬於現象學、尊重案主經驗的研究也能夠進行，同時也能兼顧嚴謹性與量化。第一次，治療歷程的重要面向之一，即自我接納的改

變，得以測量與追蹤。Rogers與Dymond（1954）的報告對於失敗耗損案例的系統性分析，也同樣值得注意。

在Rogers停留在芝加哥的末期，他將案主中心治療法研究與實務整合為兩份重要的論文，一篇探討同理心、真誠一致、無條件正面關懷為治療關係的「必要與充分」條件（Rogers 1957），另一篇探討治療中的改變歷程（Rogers 1961: Chapter 7）。這些論文在第五章有較詳細的說明。在他們下一個重要的研究裡，Rogers與同事以一群強制就醫的精神分裂患者為研究對象，來檢驗上述那些想法（Rogers et al. 1967）。當時並發展出評估量表，以從晤談的觀察記錄中測量治療師的無條件正面關懷、真誠一致、同理心等水準，以及體驗的水準。Barrett-Lennard也發展出一份問卷，即關係量表（Relationship Inventory），用以評鑑案主、諮商員、或外部觀察者知覺到的這些「核心條件」。雖然精神分裂患者一案的研究成效曖昧不明，這大部份是因為這些案主難以產生顯著的改變，但是關係量表與這項計畫期間所發展的各種評估量表仍然是歷程研究的標準工具（Greenberg and Pinsof 1986）。

在Rogers搬往加州主持威斯康辛研究案之後，以他為主的研究團隊便告解體。但Rogers提出的假說，即讓案主知覺到適當程度的接納、同理心、以及真誠一致等「核心條件」，是使案主的人格發生正面改變的必要與充分條件，則已獲致大量更深入的研究。儘管適切地驗證Rogers的理論模式有實際的重大困難，但是從這些研究成果看來（Patterson 1984; Watson 1984; Cramer 1992），Rogers大致上是正確的。目前，案主中心對歷程最活躍的研究是探討案主與諮商員之「體驗的深度」（depth of experiencing）。

基於一些理由，Rogers與其同事所進行的歷程研究對這個領域

有重大的貢獻。第一，說明了諮商關係的現象與歷程並非神秘離奇的事物，而是能開放給外界來進行恰當而有效的審視與研究。第二，代表或許仍然是諮商與心理治療界使用研究來檢驗理論假說，進而發展新的觀念與模式之最成功的嘗試。第三，提供了整合研究與實務的例子，因爲所有參與研究的人既是治療師，同時也是研究人員。最後，Rogers與他的同事證明，使案主表達出自己的聲音並探索案主在治療中的經驗與知覺，不但可能而且很有益。

從心理動力觀點來看歷程的研究

心理動力理論對於治療的歷程含有大量的想法。例如，心理動力取向的工作歷程包括自由聯想、詮釋、移情作用、反移情作用、夢境與幻想的分析、以及抗拒的情節等等實務。能協助從業人員更充分瞭解這些因素之運作模式的研究，對於實務工作的意義重大。然而，與精神分析論之基本哲學假設一致的研究卻出現一些方法論方面的獨特問題。從精神分析論的觀點來看，案主之陳述語句的意義，或案主與諮商員之間的互動，只能根據當時的背景脈絡來瞭解，並且只能由嫻熟於心理動力方法的人來詮釋。因此，依靠晤談時記錄帶的片段來進行歷程研究、或像其他歷程研究一樣由研究助理使用標準化的評估量表，將是不夠的。心理動力取向的歷程研究都由專家、受過訓練的從業人員來進行，並以所有案例的研究爲根據。

心理動力取向之歷程研究的最佳例子之一是，Luborsky等人（1986）所發展的核心衝突關係主題技術（core conflictual relational theme; CCRT），用來探索移情作用。在應用這項技術時，一群專家

先閱讀整個晤談的謄稿，接著聚焦在謄稿上出現的情節，也就是案主提到關係的部份，並為每個情節提出含有三項要素的陳述語句：案主對別人的希望或意圖、別人的反應、以及案主自己對此的反應。合在一起看，這些要素可以勾勒出案主在生活中所體驗到的衝突關係或移情型態。各個專家核對彼此的想法，直到達成共識。

　　CCRT法已被用來研究有關治療中移情歷程的一些假說。例如，Luborsky等人（1986）將案主在治療外對別人以及在治療中對治療師所表現出來的移情主題做了對照。結果提供了有力的證據，支持著Freud學派的假設，即案主對治療師產生的移情作用，反映著在日常生活中與別人建立關係的風格。Crits-Christoph等人（1988）同樣使用CCRT技術，指出詮釋的正確性與案主從治療中獲益有正向的相關性，其中對詮釋的評鑑乃比較CCRT公式與治療師對關係議題的詮釋。類似的研究，包括專家從晤談的謄稿中去找心理動力的主題，則有Malan（1976）、Silberschatz等人（1986）、以及Kachele（1992）進行過。

「事件典範」

　　近幾年來，案主中心架構下的歷程研究風潮消退，這主要是有幾項因素造成美國境內減低對個人中心取向的興趣。目前，探索治療歷程的研究人員較可能研究「事件典範」（events paradigm）（Rice and Greenberg 1984a）。這種研究路線在於從治療晤談中找出導致改變的事件，以及辨認出治療師或諮商員促使這類事件發生的行動或策略。這相當不同於案主中心對歷程的觀點，案主中心較不重視不連續的事件，較重視一般性的條件或治療環境的創造。

　　事件研究的關鍵人物之一是Robert Elliott，他任職於俄亥俄州
的托利多大學（University of Toledo in Ohio），曾將人際歷程回想法
（interpersonal process recall；IPR）（詳見第12章）加以修改供研究之
用（Kagan *et al.* 1963; Kagan 1984）。這種作法是將治療晤談的錄影
帶或錄音帶播放給治療師或案主觀看，以期刺激回想晤談時的經
驗，並收集對晤談中的事件之評估或看法等資訊。早期使用這種方
法的研究是探討歷程的要素，如案主的哪些知覺會有幫助與治療師
之意圖的構面（Elliott 1986）。然而，後來的研究則集中在辨認與分
析實際的事件，目的在於描述「重大改變事件之特殊類型的性質與
顯示」（Elliott 1986: 507）。Mahrer等人（1987）發展出另一種研究
重大事件的方法。在這些研究中，Mahrer等人聆聽晤談時的錄音
帶，以找出「好時光」（good moments），也就是案主展現行動、有
進步、歷程有改善或變化時。同時也探索這些好時光在整個治療晤
談的分配，以及治療師似乎能促進好時光的行為。在另一系列的事
件研究中，Rice與Greenberg觀察治療師在不同環境下為了促進變化
而必須進行的課題。

　　這些探討諮商歷程中之關鍵事件的研究，都是近年來新興的風
潮，因此要評論將來的發展仍嫌太早。然而，值得注意的是，不像
Rogers學派的研究有理論的根據，事件研究在性質上大多毫無理論
根據，而且至少到目前為止仍僅致力於描述改變事件與歷程，而不
是致力於發展出一個理論架構來瞭解事件與歷程。

案主體驗到的歷程

　　諮商與心理治療的研究中，最根本的議題之一是，「誰」在觀

察發生的事情。Rogers與Dymond（1954）指出，對歷程與成效所獲致的不同結論，決定於採取的是案主、治療師、或外部觀察者的觀點。大部份的研究不是採治療師，就是採外部觀察者的觀點，因為若牽涉到案主，往往會干擾到治療或造成困擾。大多數涉及收集案主資訊的研究會使用標準化的問卷或評估量表。在這些研究中，案主的經驗被治療師強加的類別與構面過濾掉。極少對案主的諮商經驗之研究是由案主界定的（McLeod 1990）。

Maluccio（1979）曾與接受過諮商的案主進行詳細的訪談。這份研究顯示，請人們談論過去發生的整個諮商經驗有其困難。Maluccio訪談的受訪者產生了大量難以詮釋的複雜題材。Maluccio發現，整體而論，案主將諮商體驗為通過不連續的階段。這項研究的另一項重要發現是，案主常將心理與情緒狀態的變化歸因於外在事件如謀得工作或搬家，而非與治療師牽扯的任何事情。這樣的發現指出了案主與治療師之間體驗諮商的重大差異。案主體驗到的諮商是由許多其他關係所圍繞的生活當中的一個面；諮商員並未直接涉入這些其他關係，因此受限於實際晤談時的經驗。因此，這兩種經驗有相當不同的地平線。

Maluccio（1979）、Timms與Blampied（1985）等研究人員曾探討案主的經驗，期間可能長達數個月之久。很顯然，在治療期間有許多事情會發生，這一類研究也無法分秒不捨地顧及案主經驗到的所有細節。在一系列研究中，Rennie（1990）將焦點放在案主對於單一晤談的經驗。Rennie使用一種人際歷程回想技術（Kagan 1984），使案主重新思考或再次體驗到晤談時想到或感覺到的事物。在晤談結束後，案主隨即在治療師在場的情形下回顧錄影或錄音帶的內容，並隨時在案主憶起某個時刻他有哪些經驗時暫停帶子。接

著，治療師將案主的經驗進行主題的歸類。

　　Rennie等人（Angus and Rennie 1988, 1989; Rennie 1990, 1992）
的案主經驗研究，爲諮商員原先無法得知的諮商歷程開創了一片研
究空間，並且獲得了一些令人震撼的成果。Rennie得到的結論之一
是，案主在不同的層次上回應著諮商員。他們可能告訴諮商員生活
中的某些事件，但隱藏在敘事背後的，可能思量著是否要冒險去談
論某些原先是秘密的資訊。他們可能會同意諮商員所做的某個詮釋
或介入，儘管認爲不正確或不恰當。

　　案主經驗的探索，如Maluccio（1979）與Rennie（1990）所首
創的研究，仍然處於早期的階段，毫無疑問的，其中尚有相當重要
的洞見有待發掘。這些案主經驗的研究根源於量化研究的傳統，研
究人員需要與案主進行敏感、有倫理意識的接觸，也需要吃力地將
訪談稿中的主題進行分類與詮釋。這一類研究的目標在於產生「紮
根理論」（grounded theory）（Glaser and Strauss 1967; Glaser 1978;
Rennie *et al.* 1988），即有實際經驗爲依據、而非研究人員臆測的通
則與模式。

案例研究

　　最後一個要介紹的研究取向是案例研究（case study）。傳統
上，案例研究是心理動力取向之研究與理論建構的主要媒介。例
如，許多Freud所發表的案例，廣泛地受到其他治療師與理論家的辯
論與重新詮釋，並且代表著精神分析知識與訓練的部份基石。受過
訓練且經驗豐富的心理動力取向諮商員或治療師，不太可能未曾詳
讀過朵拉（Dora）（Freud 1901）、鼠人（the Rat Man）（Freud

1909）、或薛柏（Schreber）（Freud 1910）等案例。

　　然而，從研究的觀點來看，Freud與他的同事進行案例研究的方法論引發了許多議題。Freud每天看數名案主，傍晚將他的診療寫成筆記。這些筆記的一部份，經處理後成為發表在研討會中或書籍與期刊上的報告。在上述這個程序的每個階段裡，不可能檢查Freud做成結論的效度，或檢查他對證據的蒐集或篩選方面的任何偏誤。因此，Freud理論的評論家，如Eysenck，可以指出Freud扭曲證據來配合他的理論。正因為以上述的方式進行案例研究，使精神分析師對於此等指控幾乎無法辯白。

　　很顯然，對於案例研究的這項爭議之兩難是，一方面，對於特定案例進行詳細的檢察對理論與實務的發展非常珍貴，但是另一方面，找出一種嚴謹與不偏差的方式來觀察與分析特定案例卻很困難。建構系統化的案例研究方法，一直是人格領域的研究人員多年來持續關切的主題（Murray 1938; DeWaele and Harre 1976; Rabin *et al.* 1981, 1990）。在諮商與心理治療的研究領域裡，案例研究有三種不同的取向，反映了行為論、精神分析論、以及整合論等想法的影響力。

　　行為論的案例研究有時稱為「單一樣本」研究（N = 1），並且與本章上面提過的科學從業人員模式有關。這些研究聚焦於追蹤有限的一些關鍵變項之變化，預期這些關鍵變項會因諮商而發生改變：例如，花在研讀的時間量、或憂鬱量表的分數。這種研究的主要目標是，顯示特定類型的介入方式對於特定分類下的案主所產生的效果，並且通常不考慮較寬廣的歷程議題。Barlow等人（1984）、Barlow與Hersen（1986）、以及Morley（1989）的著作對於這一類案例研究的程序有很好的解說。

　　精神分析或心理動力取向的系統化案例研究，在目標與方法方面有明顯的差異。這一類研究的目的在於複製治療師或諮商員的能力，以獲得對於案例的潛意識之動力架構，但研究中會使用一組研究人員，以避免只依賴治療師本身的判斷力可能產生的偏差或扭曲。這一類型研究的例子在前一節探討心理動力取向的歷程研究中提過。

　　較為整合取向的案例研究曾由Hill（1989）主導，他進行了一系列接受短期治療的八位女性憂鬱症案主的案例研究，目的在於找出由非特定因素與治療師技術所達成之效果的相對貢獻度。這項研究獨到之處在於，從每個案例中蒐集到的資訊非常詳盡完整（詳見表17.2）。近年來發表的一些其他的案例研究，則選自大規模廣泛調查的特別案例。例如，Strupp（1980a, b, c, d）提報取自Strupp與Hadley（1979）之案例研究的四組比較配對（一個成功、一個失敗）。Barkham（1989）、Barkham與Shapiro（1990b）、以及Stiles等人（1992）採用類似的方式，選擇有代表性的案例來進行透徹的剖析。這些整合取向的案例研究之特徵在於：結合質性與量化的資料、除了對於個別案例進行深入分析之外，也使用團體資料來比較、以及採取跨理論的觀點（詳見Good and Watts 1989）。

　　在探討了歷程與成效之研究所使用的一些方法與技術之後，現在我們可以討論該領域背後的一些議題與論爭。

表格 17.2 深入的案例研究法

治療前，結案時，以及後續追蹤

明尼蘇達多向人格量表

（Minnesotta Multiphasic Personality Inventory）

赫普金症狀檢核表（Hopkins Symptom Checklist）（SCL-90-R）

田納西自我概念量表（Tennessee Self-Concept Scale）

標的抱怨

漢彌爾敦憂鬱與焦慮量表

（Hamilton Depression and Anxiety Scales）

訪談

每回晤談後

研究人員評估：

　　諮商員的口語反應模式

　　諮商員積極的程度

　　案主在晤談中的反應

　　案主體驗的程度

案主與治療師須完成：

　　晤談後的問卷或訪談

　　工作同盟量表（Working Alliance Inventory）

　　晤談評鑑量表（Session Evaluation Questionnaire）

案主與治療師分別觀看晤談的記錄帶以喚醒感覺，並評估諮商員的
每句陳述語句有幫助的程度。

註：資訊來自Hill（1989）的案例研究。

諮商研究的倫理困境

　　諮商的目的在於協助人們，或使他們有幫助自己的力量，而諮商的歷程往往需要揭開私密性的資訊、痛苦的回憶、與情緒的經驗，以及做出影響別人的決定。諮商員要特別小心，確保這帶有風險的歷程不會傷害到案主。很輕易可以瞭解，對諮商的研究會墊高造成傷害的可能性。研究可能導致案主的資訊被公開、痛苦的感覺受到再次刺激、或與治療師的信賴關係受損。

　　大部份的諮商研究都包含倫理上的危險。例如，在有「等候名單」（waiting list）案主控制組的成效研究裡，要決定對某些人立刻提供協助，卻要對其他人暫緩協助。在新的介入方法之研究中，案主可能置於充滿危險的治療法之下。如果有研究人員連絡案主請求他（她）參與研究，表示案主的資料已經傳達到諮商員或代理機構以外的地方。如果諮商員請求案主參與一項研究，案主雖不願意，但可能怕得罪情感上所依賴的人而順從。在訪談過去的案主談論他們對治療的經驗之研究中，訪談本身可能會喚起案主尋求進一步諮商的需求。基於這些理由，在政府機構中進行諮商與心理治療的研究，例如醫院或社會服務部門，或因經費而順應於慈善基金會的要求，正常情況而言必須由倫理委員會加以評鑑，並應詳細記錄處理倫理議題時採取的作法與程序。不管如何，在設計任何研究時都應該將倫理的考量牢記在心，為諮商員與治療師舉辦的研究訓練也應當強調倫理因素的察覺。

反作用的問題

　　與倫理有關、但也明顯有別的議題，便是諮商研究的反作用問題。反作用（reactivity）指研究歷程干預或改變了諮商中進行的事情。例如，在Hill（1989）的一項研究中，案主應邀參與許多涉及自我探索與學習的活動（像是觀看治療晤談時的錄影帶），但這些活動並不是實際治療的一部份。Hill（1989: 330）承認，「研究可能影響了諮商對這八位案主的成效……〔研究活動〕本身或許含有治療的效果。」在薛費爾德的心理治療研究專案（Sheffield Psychotherapy Research Project）（Firth *et al.* 1986）中，曾比較短期「探索性」（exploratory）或「處方般」（prescriptive）治療法的效果，所有問卷與其他資料的收集均由秘書或獨立於治療師的訪談人員實施。然而，雖然他們知道這件事，許多案主在問卷上所寫下的意見，就彷彿他們期望他們的諮商員會看見一樣。有些人也承認，當他們對於諮商員有敵意時，會故意破壞研究，胡亂填寫問卷。

　　反作用的另一構面是研究對於諮商員產生的影響。許多諮商員對於向同事顯露他們的諮商工作可能冒著受到評論與批判的危險而感到焦慮。在許多歷程研究中，治療晤談的謄稿可能會由一些專家加以閱讀與評鑑。研究顯示，諮商員與治療師之間在成效的水準上可能有廣泛的差距，所以這些恐懼實際上是有根據的。

　　在一些調查中，研究設計會要求諮商員或治療師進行標準化的治療方式，遵照治療手冊上的指示，或提供案主次數有限制的晤談。有時候這些限制會與諮商員在關於如何進行、或案主可能需要多少次晤談的專業判斷發生衝突。

研究對於從業人員的切身性

　　雖然已進行了許許多多的研究，但研究對於從業人員的切身性或實用性卻廣泛受到質疑。在美國的一項針對心理治療師的研究指出，即使在279位受訪治療師當中有88%擁有博士學位（意思是他們曾接受過嚴格的研究訓練，也曾進行過研究），卻有24%說他們從不閱讀有關研究的文獻或書籍，而45%說，他們閱讀過的研究文獻，沒有一份對於他們輔導案主的工作有任何顯著的貢獻（Morrow-Bradley and Elliott 1986）。在訓練計畫較不以學術導向的國家中，或在獨立機構而不是在大學系所接受訓練的治療師，相當可能報告出研究之實用性更低的數據。

　　多數的諮商與心理治療研究被認為缺乏切身性，這被稱為「研究人員與從業人員的鴻溝」（researcher-practitioner gap），主因是研究人員與臨床人員之角色的不同以及專業興趣與價值觀的差異。諮商員與治療師一般認為研究未充分說明使用的治療方法，而且是探討一群案主而非個別案主，以及在評鑑不同的治療團體之間的差異時是依據統計上的顯著水準，而非實務或臨床上的準則（Cohen et al. 1986; Morrow-Bradley and Elliott 1986）。此外，許多開業者可能無法觸及研究圖書館或設施等資源。

　　在研究人員與從業人員的鴻溝背後，甚至能偵測到更根本的議題，與諮商知識的性質有關。在本章開始時曾經提到，諮商與心理治療的研究大大地受到主流心理學與精神醫學的量化方法與假設之影響，即使質性研究的許多觀念與假設可能與諮商員更投契。這樣的情況將不會解除，須直到諮商更明顯的成為跨學科取向，而不是繼續將自己界定為心理學的次學門。另一個重要議題是有關研究與

理論及實務的整合。例如，從1941年開始直到約1965年間，案主中心的諮商與心理治療法集中在一群人身上，由Rogers所領導，他們全都積極地輔導案主、教學生、進行研究、以及發展理論。這些活動的整合使他們的研究具有高度的統整性與影響力。近幾年來，專業角色較爲支離分裂，因此創造出這種研究環境的機會將更低。

理論與研究之間的關係

過去二十年來，諮商與心理治療的研究文獻有個明顯的趨勢是，研究人員逐漸失去對理論議題的興趣。在1967年與1968年，發表在《Journal of Consulting and Clinical Psychology》上的治療研究文章有69%秉持著某個理論基礎，但在1987至1988年，該比例已降至31%（Omer and Dar 1992）。這種情況有幾項解釋。可能是整合取向的盛行，使已建立的理論模式在研究人員的眼中不再那麼堅持。另一種說法是，因爲在這一段期間歐美刪減了福利與健康方面的預算，所以暫時性地使成本效益等實務議題比抽象的理論構築更重要。

治療研究中人類的意象

回到第2章中探討過的一些主題與議題上，我們可以指出，大多數諮商與心理治療的研究都援用了醫學／生物學對人類的看法。諮商或心理治療被認爲是在案主身上進行的一種「處置」（treatment），就如同施打藥物在病患身上一樣。諮商歷程的各種面向，如同理心或詮釋，可視爲藥物的成份，歷程研究便在於找出不同成份

的最佳配法。Howard等人（1986）曾探討過「藥劑與成效的關係」（dose-effect relationship），即晤談次數（藥劑）與案主進展之間的關係。Stiles與Shapiro（1989）曾批判他們稱爲研究中「藥物隱喻的濫用」。他們主張，諮商與心理治療需要案主這一方主動、有意願的參與才能奏效，而不是宛如對某種藥物的注射就能產生被動與自動化的反應。治療的成份，如同理心的反映，不是僵化固定的，而是由人與人之間協商後的意義性所構成。這些是心理治療不適合採藥物模式的重要面向。Stiles與Shapiro（1989）進一步觀察到，即便接受了藥物的隱喻，它運用在心理治療的研究也比不上運用在藥物學的研究精緻。在眞正的藥物研究中，不會假設「愈多就會愈好」（more is better）：有些藥物採小劑量或配合特定的參數下最有效。類似的效果或許也能用於諮商與心理治療。例如，諮商員這一方來一點自我坦露可能會有助益，但多了則反而妨礙。

　　這一類由Stiles與Shapiro（1989）提出的議題，在諮商與心理治療研究領域中已引起共鳴，許多人覺得有必要建構新的研究，踏著不同的隱喻與對人類意象有不同的的看法。

本章摘要

- 過去30年來，研究一直致力於澄清有助益的諮商關係之主要成份，以及協助諮商成爲一門專業。

- 成效研究探討諮商的效果。爲了克服評鑑諮商的益處時所引發的倫理與實務議題，已發展出多種不同的策略。

- 歷程研究聚焦於探討諮商中促進良好成效的因素。

- 歷程研究有數種不同的研究取向：案主中心、心理動力、重大改變事件分析、以及案主經驗之研究。這些方法使人們對諮商中發生的事情有了新的瞭解。

- 從早期Freud的作品之後，案例研究對諮商員而言便代表著重要的證據來源。近年來，案例研究方法論的發展意味著，進行嚴謹、系統化的案例研究是可能的。

- 諮商的目的在於幫助案主，因此研究不能以損及案主—諮商員關係的方式而侵犯到諮商的歷程。諮商研究人員必須謹守嚴格的倫理守則，此等守則強調在研究的所有階段裡，都必須取得案主經告知後的同意。

- 諮商研究的潛在問題之一是反作用（reactivity）—即研究對於實際的諮商產生影響的程度。有些時候，研究會有增進諮商成效的影響。

- 儘管諮商研究的量與質漸增，但諮商員顯然並不太閱讀研究文獻，且不認為他們的實務會受到研究發現的影響。研究與實務之間的缺口（research-practice gap）頗值得關注。

- 諮商研究的其他問題包括：研究人員對理論主題採取某種程度的遺棄，以及在研究中使用源自精神病學與醫學的人類模式與研究技術。

討論問題

1 試想像一處諮商機構（例如，大學裡的諮商服務部門、員工諮

商單位、相繫（Relate）的一家分支機構）要求您主持進行案主從諮商中獲得多少益處的研究。您會怎麼做？該研究需要多少經費？研究需要多少時間？哪些倫理議題需要考慮？這些倫理議題在您的研究裡該如何處理？

2 您希望看到哪些研究受到重視而進行？試列出三個您特別感興趣的研究問題。試想您會如何從質性觀點與量化觀點來探討這些問題。

3 諮商研究對於您擔任諮商員的工作有何切身性，或對於您未來的諮商專業可能會有多大的切身性？您認爲研究可能以哪些方式正面地影響您的諮商實務，或可能以哪些方式造成困惑與不良實務？

4 試閱讀研究期刊上發表的一篇研究文章。這篇研究文章有哪些優點與缺點？作者做成的結論是不是完全根據證據來論證，或者您對於這些資料有其他合理的解釋是作者未曾想到的？該研究對於啓發或引導諮商實務具有多少價值？

關鍵辭彙與概念

case study	案例研究
core conflictual relationship theme	衝突關係的核心主題
cost-effectiveness	成本與效益
ethical issues in research	研究中的倫理議題
events paradigm	事件典範
grounded theory	紮根理論

meta-analysis	後設分析
N = 1 studies	單一樣本研究
outcome and evaluation studies	成效與評鑑研究
process studies	歷程研究
Q-sort	Q分類法
qualitative methods	質性方法
quantitative methods	量化方法
reactivity	反作用
research-practice gap	研究與實務的差距
scientist-practitioner	科學從業人員
spontaneous remission	自發性緩解

建議書目

Bergin與Garfield（1994）的著作，是一切諮商與心理治療之研究的權威指南。這是一本龐大而嚇人的手冊，世界上可能沒有人能逐頁詳加閱讀。然而，這本書回報給讀者的是豐富的取樣。我自己的書《Doing Counselling Research》（McLeod 1994b）是本章主題的擴充版。Toukmanian與Rennie（1992）的著作曾在第12章推薦過，在此要再次推薦，裡面有歷程研究之質性取向的有趣範例。Dryden（1996c）的著作將焦點放在研究可應用到實務上的各種方式。

在《Counselling》中有特殊的章節（volume 5, number 1, 1994）轉載了Palmer等人（1996）的文章，其中敘述了實務諮商員嘗

試進行與他們所屬的諮商機構有切身關聯性之研究的種種方式。

最後，諮商界中有數種研究期刊。內容優良的研究文章最常在《Journal of Counselling Psychology》上發表。期刊上發表的研究多為量化取向，但質性取向的比例也日漸增加。

有成效的諮商員：
其技巧與特質

前言

在前面的章節我們探討了有關理論與實務的相關問題。由於成事在「人」，任何理論或研究上的發現，最終還是要靠諮商員加以實踐才足以助人。本章的目的在於了解何謂有成效的諮商員，以及他們所具備的技能與特質是哪些。目前已經有相當多的文獻探討著諮商技巧的效果。例如Ivey、Carkhuff與Egan（參閱Larson 1984）試圖找出所謂的核心技巧，並且探討是否可以經由訓練使諮商員擁有這些技巧。例如，Ivey把整個諮商歷程切割成微觀的技巧（第十九章）。但是要注意的是，技巧只是整個諮商或心理治療活動中的一部份。所謂的「技巧」是指相當簡單、短暫、可觀察到的一種互動行為，有如裝配線上的各項動作。在分析技巧時，我們會把所有的互動行為切割成最小的單位，使我們可以一小塊一小塊的學習與練習。這就是Ivey所採取的微觀技巧模式。

我們可以發現這種模式窒礙難行。第一，有些技巧發生在諮商員的內心歷程，並無法觀察；例如，一個好的諮商員會察覺到案主在旁時自己的感覺，或預測到啟動一項介入計畫後案主的家庭系統會產生何種結果。事實上，沒有一種諮商活動可以單靠觀察來了解。第二，在諮商的互動情境中，我們很難將諮商活動做簡單的切割，我們還是要考慮情境的脈絡。事實上，我們無法將有成效的諮商技巧切割成很簡單的行為反應。第三，個人的專業特質，也是有成效的諮商之主要因素。真誠與否、察覺當下、回應案主等等至少都是個人重要的基本技能。

由於以上的幾個原因，我們似乎該採取其他的方式來探討有成效的諮商技巧。我們將採用「能耐」（competence ）取向來探討有

成效的諮商技巧，也就是說一個擁有能耐的諮商員在諮商情境中所表現出來的技巧與特質為何？最近也開始有一些研究在探索，所謂有成效的諮商或心理治療所必須具備的能耐為何。例如：Crouch（1992）找出四大類的技能發展：諮商員的察覺、個人的研究工作、對理論的瞭解、及輔導案主的技巧。Larson（1992）也將諮商員的能耐切割成：微觀技巧、歷程、處理棘手案主的行為、文化與價值觀的察覺力。Betutler（1986）檢視了一些文獻，將影響諮商效果的治療師因素整理出來：人格、良好的情緒狀態、態度與價值觀、關係態度（同理心、溫暖、真誠）、社會影響力屬性（專業性、可信任、吸引力、可靠性、說服力）、期望、專業背景、介入風格、對於技術程序與理論的純熟度。我們可以發現，有關治療效果的因素也是眾說紛紜。在本章，我們將探討以下的六大構面：

1　人際技巧：有能耐的諮商員能夠表現出適當的行為：傾聽、溝通、同理心、陪伴、察覺非語言溝通、對語言內容敏感、對情緒反應有回應、回話技巧、時間的掌握、及採用適當的語言。

2　個人的信念與態度：能夠接納別人、相信改變的可能性、能夠察覺到道德的抉擇。對案主與自己的價值觀有足夠的敏感度。

3　概念化能力：能夠了解與評鑑案主的問題、能夠預測行動未來的後果、能夠以更寬廣的概念架構去理解當下的歷程、以及記住案主的相關資訊。也包括認知上的彈性與解決問題的技巧。

4　個人的「健全性」：沒有個人未滿足的私慾或非理性信念、自信心、對案主負面情緒的忍受度、個人界線的維持等等。其中也包括沒有社交性偏見、種族優越感、與威權主義的色彩。

5　技巧的純熟度：知道如何適時地提供給案主適當的回應。能夠

專欄 18.1 所有的諮商員都同樣有效嗎？

　　大部分探討諮商或心理治療之效果的研究，都是針對諮商員的整體，即獲知一平均水準。很少研究會去分析個別治療師的治療效果。有時這是因為每個諮商員所接的案主數目有限，因此成效的差異有可能來自案子的難易度。另外的政治性問題或倫理障礙是：有誰會願意參與這樣的研究？儘管如此，還是有一些研究大膽地探索這個議題。

　　McLellan等人（1988）分析四個在成癮治療計畫中的治療師之治療效果，結果發現不同的治療師各有不同的效果。一個治療師的案主藥物使用狀況與違法的狀況減少，並且失業的時間也減少。儘管每個治療師都接受相同的訓練與督導，但還是有一個治療師的案主藥物濫用的狀況依舊，犯罪的行為也沒有減少。在分析他們的治療紀錄後，McLellan（1988）發現，當治療師的動機高、更在乎案主、會去注意案主未來的問題等情況時，他們的治療效果也較好。

　　Blatt（1996）也進行類似的研究，並以憂鬱症的案主為標的。他分析了28位治療師的治療效果。那些症狀有明顯改善的案主被歸類為治療有效的案主，而那些狀況更惡化者則歸類為治療無效。當治療師的案主大多是有效的案主時，他就被認為是有效的治療師。有效與無效的治療師之主要差異在於，有效的治療師會以心理學（而非生物學）的角度來看待案主的憂鬱，然後會更同理案主並且表達更多的關懷。同時也發現有效的治療師大多是女性。

　　要注意的是，這些研究的治療師都經過嚴格的訓練並且受到完整的督導。同時也不要忘了，在一般生活中並沒有辦法像這些研究計畫一樣將治療師的品質做良好的控制。所以，在一般性的治療情境中，治療效

果的變異性會更大。McLellan（1988）與Blatt（1996）的研究並無嚴重的差異：大多數這一類的研究也都有類似的結果。由此，使我們更清楚治療師的品質會有差異。當你要選擇治療師時，也要深思熟慮一番。

評鑑介入的效果、了解技巧背後的原理、以及活用技巧。

6　了解與處理社會系統的能力：包括能夠察覺案主的家庭與工作關係、諮商代理機構對於案主的影響、可使用的支援網路。另外還要對一些議題包持敏感：性別、性傾向、年齡等。

人際技巧

所有的諮商取向都強調與案主建立某種關係，例如建立投契關係（rapport）。在這個主題上，技巧是訓練的焦點之一，例如Ivey強調諮商員需要學習傾聽與回應技巧。在能耐分析中，治療同盟模式（therapeutic alliance model）（Bordin 1979）分析了三種基本要素：建立治療師與案主之間的情感連結、建立共同的工作目標、以及彼此了解達成上述目標要完成的任務。

治療同盟模式提供一個分析架構，使我們清楚有成效的諮商員所需具備的人際能耐。也有其他理論探索人際面向。Rogers（1957）建立了核心條件（同理心、眞誠一致、接納），來催化治療關係（第五章）。Hobson（1985）認爲應從共同的情緒語言來建立治療師與案主之間的情感連結。Rice（1974）則發現治療師的語氣之重要性。

人與人之間的關係受到一些因素的影響，諸如社會階層、年

齡、種族、性別。事實上，我們很難說這些因素會如何影響治療關係，但是治療師還是需要謹記在心，注意這些人口統計變項對於治療關係的影響。

個人的信念與態度

Halmos（1965）談到「諮商員的信仰」，其中隱含著有效的諮商員可能有類似的信念與世界觀。這假設著他們之所以治療效果較佳，是因爲他們以特殊的方式來看待案主的問題，能夠發覺案主潛在的發展問題與解決困境的方法。

Comb（1986）整理了一些與治療成效有關的態度與信念。在一系列14項的研究中，不只探討諮商員，還包括其他助人專業如傳教士與老師，Combs與Soper（1963）及Combs（1986）發現，採取個人中心取向之世界觀的諮商員有較佳的治療成效。

Comb（1986）的研究以個人中心取向爲依歸，所以其研究有一明顯的限制是，所測量的是以個人中心的態度爲主。情形有可能是，有成效的諮商員持著更寬廣的一組信念。但Comb（1986）的研究對於一些想轉入諮商領域的其他專業人員（如護士、社工等）有反思的幫助：他所提的一些態度可能與上述這些其他專業的實務衝突。

個人的態度與信念不只是對世界的看法，還包括自我察覺的能力。案主可能有相當不同的信念與態度，所以他們看事物的方式可能與諮商員相當不同。此時，治療師必須清楚自己的信念與哲學觀，也應使案主知道你是如何接納他的想法。在督導中，也會針對個人的價值觀進行澄清，以更清楚個人內心的信念系統。

概念化能力

「瞭解」（understanding）是諮商的一大重心。很多案主是因為絞盡腦汁還是無法理解週遭發生的事物或無法下決定，所以來找諮商員希望能夠點出一條明路。許多案主會期望諮商員可以告訴他們整個問題的脈絡，並且可以提供一些建議。但是，當諮商員告知一切還是要靠自己去了解問題與下決定時，他們往往會感到失望。事實上，諮商員必須要有一些能力去了解案主的困境，以協助案主了解自己的問題與困境。

非常少研究探索諮商員的認知或概念化能力。Beutler（1986）回顧了相關文獻後發現，諮商員的學業成績（大學成績與諮商訓練課程成績）與概念化能力無關。對於這個結果無須太過訝異，因為能夠大學畢業並且拿到諮商員資格的人，基本上心智能力並不差。這項結論也說明了高學業成就並不代表諮商成效也高。Whiteley（1967）分析了一些受過訓的諮商員之認知彈性（cognitive flexibility），結果發現認知彈性與諮商能力明顯相關。Shaw與Dobson（1988）發現，臨床記憶力（能夠記住案主相關資訊的能力）是諮商員主要的認知能力。雖然我們都知道記憶力是相當重要的因素，但是沒有研究探索記憶力與諮商成效的關係。Martin（1989）發現，較有經驗的諮商員會以一個認知上較複雜的構念系統來看待案主。目前很少研究探討何謂有成效的諮商員，所以這樣的主題還是有相當大的發展空間。Klemp與McClelland（1986）試圖在不同的機構中找出有成效的經理人，並想找出共通的有效因素。結果之一是，對於問題的概念化能力。

個人的健全性

　　相對於探索個人認知能力的研究不多，有相當多的研究探討個人的人格特質與心理健康對於諮商成效的影響。這些研究特別探討那些有效的諮商員之人格特質。這方面的研究大部分是爲了探討對於技術導向的批判有幾分眞實性。McConnaughy（1987: 304）闡述其中的精神：

> 治療師本身的人格特質比他的諮商技巧重要。治療師本身也是人，所以對於技巧與理論的選擇也是一種主觀的判斷：治療策略往往展現著個人的人格特質。治療師本身的特質在治療機構中是影響力的主要工具。由此我們可以推論出，當治療師越能接納與重視自己，他們就越能協助案主去瞭解與欣賞自己。

　　有相當多研究探索人格特質對於諮商效果的影響。但整個人格研究領域本身還有一些問題，包括用問卷測量到的人格特質與眞實行爲的相關性往往很低（Mischel（1968）對這個議題有深入的探討）。不管如何，似乎有值得信賴的証據顯示，好的諮商員必須有穩定的情緒與自我坦露的能力。應注意的是，有一些經常被討論的人格變項與諮商效果無關，包括內向或外向、支配或順從。有些研究認爲諮商效果在於治療師與案主之間的契合程度（雙方人格特質的契合）。Beutler（1986）檢視了相關研究，但發現無一致的結論。諮商的許多訓練課程會協助諮商員自我成長與更爲開放。另有一些証據指出，個人若能先經過心理治療的洗禮，將有助於往後擔任諮商員與治療師，即往後輔導案主時能更可靠與適當地「運用自己」（Baldwin 1987）。

　　諮商員接受治療的經驗可以使他們察覺到案主在治療中的角

色，以及哪些因素可以協助案主產生治療效果。但是，在上述的實務中還是有一些問題。第一，諮商見習生是被要求接受治療而非自願參與的。第二，當諮商見習生越涉入自身的治療，會減少他輔導案主時所需要付出的情感投入。第三，在一些訓練機構裡，個人的治療師往往是機構中的成員，這麼一來不僅治療師須陳報見習生的進展與成效，見習生隨後很可能成為治療師的同事。目前要求諮商員先接受治療的風氣未如過去般盛行，並且會有一些外在的壓力減少這種經驗的效果。有過這種經驗會促進個人的諮商能力，但是若執行不當，反而會有反效果。Buckley（1981）進行的調查發現，90%的受訪者認為這種經驗有助於他們的諮商能力；但Norcross（1988b）卻發現21%的人反映這種歷程使他們受到創傷。Peebles（1980）發現，接受治療的經驗會增加個人的同理心、真誠一致、與對別人的接納度；但Garfield與Bergin（1971）卻發現，沒有接受過治療的人反而比接受過治療的人更有成效。

在美國，四分之三以上的治療師曾經接受過治療（Norcross *et al.* 1988a），也因此這些人對於專業的投入更為堅定。雖然接受治療是不錯的經驗，但是對於非專業諮商員而言，由於案主的數量與他們所受的訓練都很有限，基於資源與情緒投入的考量，可能做不到此。

技巧的純熟度

過去幾年來對於諮商能力的探討大多將重點放在諮商技巧的純熟度上。有某些證據指出，許多宣稱採用不同治療取向的治療師，輔導案主時的介入技巧很類似（Lieberman *et al.* 1973），而宣稱採取

相同治療取向的治療師之實務卻有很大的差異。進行不同治療取向的比較研究是一項困難的工作。若研究中有一半行為取向的治療師無法與另一半精神分析取向做清楚的劃分，那我們要比較這兩種取向會相當困難！因此，研究計畫逐漸採取建構細膩的治療手冊，指示研究中的治療師依循這些準則程序。如此則評鑑治療師的能耐時，也就以治療師的做法有多貼近治療手冊而定。

若治療師不想依循手冊進行治療時，也就無法準確地評鑑治療師的能力。此外，好的治療師有一項特徵是，他們能夠創意調整技巧以符合不同案主的狀況。無論如何，值得一提的是，在使用指導手冊的諮商員的研究中，案主結果不彰與使用技術出現持續性的失誤有關。因此，技巧純熟度的重要性，在不具備時比具備時更會顯現出來。

有人可能會如此主張，即治療師若擁有廣泛的技巧，將有利於治療效果。系統化折衷論創始人Lazarus（1989a）認為，治療師必須學會各種不同的治療技巧。對於這樣的觀點，似乎有必要進一步驗證，但Mahrer（1989, Mahrer *et al.* 1987）曾進行一系列的研究發現，兩者之間並無一定的關係。Mahrer將治療技巧進行分類，然後分析幾位大師（Carl Rogers與Irving Polster）的治療技巧，結果發現他們經常只是採用少數的幾項治療技巧。上述研究也說明了學有專精可能會比廣泛學習還要好。不過Mahrer本人並不認同這樣的結論，他還是鼓勵治療師必須多方學習。

了解與處理社會系統的能力

大部分的諮商取向都有一個共通的缺點，就是對於諮商歷程採

取太過個人主義的觀點。它們往往只注意到治療師與案主在治療室當中的互動。但是我們都知道外部的環境也是一個重要的影響因素，例如家人、朋友、以及治療師的督導。治療師與案主都活在社會系統中，因此任何的運作都會與此一系統有關。所以，另一個重要的能力就是能夠察覺社會系統的影響。前面提到的「耗竭」（burnout）也是隸屬於這個議題，若諮商員有一個良好的支持系統，也就較不會遭遇這樣的問題。在英國，相關的諮商機構都會要求每個諮商員都要有督導，並且擁有足夠的支持系統。

　　在機構中的諮商員，他們會察覺到組織施加的壓力。在第十五章，我們已經討論過這方面的問題。一個有成效的諮商員，必須在實務工作與組織的壓力之間取得一個適當的平衡。

諮商員的生涯：諮商員的發展模式

　　在探討諮商的技能與特質這個議題時，針對的對象大多是從事實務工作的諮商員。最近開始有一些文獻開始探討個人因素、督導模式在諮商發展中的重要性（第十九章），所以也有人開始以發展的角度來探討諮商能耐的變化。許多諮商員也會注意自己的生涯發展（很多人都會寫下日誌），會回想早期的諮商經驗，也發現自己從生疏的生手轉為老手的歷程。這樣的變化歷程大概可以分成五個階段：

1　在兒童時期建立的角色、關係模式、及情感需求。
2　決定當一個諮商員。
3　接受訓練的經驗。

4　因應實務的困境。

5　在諮商員的角色中展現創意。

　　這個模式是美國的情形（Henry 1966, 1977; Burton 1970），在英國也有類似的發現（Norcross and Guy, 1989; Spurling and Dryden, 1989）。要注意的是，這些研究所探討的都是專業諮商員，目前尚無研究探討半專業或兼職諮商員的生涯發展。

　　有一些研究探討諮商員幼年的經驗（Henry 1966; Burton 1970; Spurling and Dryden 1989），找出一部份的因素與諮商員的生涯決定有關。許多治療師都來自弱勢族群（如猶太家庭），有些還是移民。Henry（1977）認為他們都曾經受到不同文化的衝擊。他們在小時候可能有一些創傷經驗，如生病、孤單（獨子或居住在偏僻的地方）、喪親。他們的家庭常有衝突，於是他們經常擔任父母間的潤滑劑，小時候在一群小孩子當中也往往扮演主控的角色。

　　他們小時候，都有擔任小小「諮商員」的經驗。Brightman（1984: 295）發現，「他們小時候都相當敏感，並且會去傾聽家人的心聲。」這些小孩就活在需要關懷別人的情境中。當兄弟姊妹在家中受難時（被父母責難），他們就會表達出關懷。有些諮商員小時候是孤立的，這也迫使他去學習一些技巧打入人群。Henry（1977）認為，關懷別人的動機會促使個體去擔任諮商員的工作，因為這樣就可以進入案主的世界去關懷對方。這些受到孤立的小朋友，因為有更多的時間觀照自己的內心世界，所以長大後也更能進入案主的內心世界。

　　「受傷的治療者理論」（wounded healer theory）是分析諮商員幼年經驗的構面之一（Guggenbuhl-Craig 1971; Rippere and Williams

1985）。這個構面談論到諮商員幼年可能有一些創傷經驗，然後經由轉化後使自己擔任治療者。他們藉由了解案主的苦痛與解決他們的苦痛，從中使自己更強大。但，這是相當危險的一種狀況，因為，他在治療案主時主要是為了滿足自己的需求。從受傷的治療者之概念，可以看出許多諮商員將他們過去的傷痛轉換成助人的力量，進而「追求完整的自我」（Spurling and Dryden 1989）。

　　每個治療師都有不同的幼年經驗，但有些共通點是促使他們走向諮商一途的因素。Marston（1984）認為，促使他們走向諮商一途的因素有：接觸別人、幫助別人、探索別人、社會階層、權力與影響力、自我治療、及偷窺。很重要的是，要如何在這些不同的動機中尋求一個平衡點。雖然大部分的諮商員都覺得自己就這樣很順地走了過來，但是，他們也會發現自己有些抉擇，因為在相關的助人工作當中（護理、社工等），他們還是選擇了諮商。在修習相關課程與接受訓練的歷程中，他們也漸漸清楚自己是否適合這個專業工作。我們也知道，決定擔任一個諮商員並不像想像中那麼簡單。有些諮商員就這樣，慢慢地走進諮商，直到終生。

　　個人一旦決定要走諮商這一途，他們就要開始接受諮商的課程訓練。這些訓練可以使人走過一趟諮商員的發展歷程，而且大部分的發展議題都會在這些課程中探討清楚。經過訓練，個體就會問自己：我夠好嗎？

　　我能夠幫助那些經歷苦難的人嗎？一開始，案主可能會在中途跑掉，或問題太複雜自己無法處理，這些狀況都會使諮商員懷疑自己是否適合擔任商員。另一方面，不論是專業文獻或一般大眾的認知，都有一種刻板印象：治療師相當完美、他無所不知、充滿了愛與關懷，他是一個藝術家與科學家來對抗人生的黑暗面

（Brightman，1984:295）。諮商員在接受訓練的歷程中，都會感到自己很沒能力，但是他們知道他們應該熱切地尋求一項理想，即成為案主心目中「能力高強」的楷模（1986:28）。

治療師為了解決「對能力的期望」與「對能力不足的恐懼」之間的緊張狀態，而以Brightman（1984）所稱的「誇大的專業自我」（grandiose professional self）來因應。有些治療師就以為自己是全知、全能、以及充滿愛的治療師，來處理這種焦慮與恐懼。Ernest Jones（1951）是Freud的學生，他是第一個觀察到這種現象的人。Jones（1951）發現有些分析師好做神秘，好像他們什麼都知道、完全不會犯錯。他稱他們罹患「上帝情結」（God complex）。Marmor（1953）認為，這是一種優越感，而且經常受到案主的增強。Sharaf與Levinson（1964）則強調，施加在治療師新手身上的壓力是一種專業角色的要求。Allen（1990）整理了一些現象，並以自己為例，她曾經面對一個很酷的治療師，治療師的椅子明顯地比她高，並且認為她需要住院治療。

要解決這種自我誇大的現象，可能需要依靠督導以及個體治療來解決（Brightman 1984）。但是，他們在面對真實的自我時，往往會產生憂鬱症與哀悼理想化狀態的破滅。

在下一個階段（第四階段—因應實務的困境），對於諮商員的能耐是一組新的挑戰。高工作量與自我的挫敗感經常會造成個人的「耗竭」（Burton 1970），以及戳破誇大的自我之後會產生「幻滅感」。除了這些不幸以外，Mair（1989）還生動地描述諮商與心理治療是秘密的交易：

心理治療在現代社會佔著耀眼的地位。我們每天都會聽到案主傾訴各種秘密，也因此掌握了我們所屬的社會的各種秘密。我

們是秘密代理人，案主會告訴我們他們原先會隱藏的秘密。……
……在一般大眾的心目中，我們既曖昧也是受到猜疑的人。

Kovacs（1976）類似地將諮商員描述為「只從一個面」參與案
主的生活，不冒真誠接觸的風險，而是扮演「觀察者」或「目擊
者」。在接受訓練後或也包訓練的末期階段，對於諮商能力最大的威
脅就是失去助人的動機，這是耗竭、疏離後的結果。Luborsky發
現，助人的動機是影響諮商成效的主要因素。McCarley（1975）與
Aveline（1986）不約而同地主張「自我更新」之機會的重要性，以
蛻變為有經驗的諮商者。

諮商生涯發展的最後一個階段，就是成為獨當一面的諮商
員。這時候，諮商員不再拘泥於一些小技巧與理論：

每個人開始發展出自己的風格，那些理論取向變成背景知識。
個人的特質與興趣會融入治療技巧中。一個好的諮商員，也會
是一個好的畫家、學者、音樂家。他們是科學家與藝術家的整
合。

（Strupp 1978: 31）

在探討諮商員的生涯發展時，伴隨著許多相關議題。在不同的
階段，諮商見習生在發展其能耐方面會面臨不同的挑戰。當你決定
要將諮商當成自己的志業時，重要的任務包括要回顧自己兒童時期
的超強適應力以及平衡各項動機。當你接受訓練課程時，你就要思
考自己是否適合勝任助人者。在訓練歷程中，則應致力於發現自己
的缺點與可以改進之處。當你開始進行實務工作時，要不斷地反思
自己的角色以及生活的意義，並且可以找到支持系統來減低發生耗
竭的機率。

在任何一種發展模式中，在某個階段若無法克服某項學習的任務，則會影響到下一個階段。例如，當你無法從自己幼年的創傷經驗中獲得洞察，你就無法在自己的意識中認為自己是個夠好的諮商員。諮商員可能會因為每天要跟案主奮戰，而缺乏留給自己做一些省思與成長的時間與精力，因此也就無法進一步在自我表達方面能處處揮灑創意。

本章摘要

- 身為諮商員必須執行各種任務與具備各種能耐。諮商技巧只是諮商員之能耐的一部份。

- 諮商員在溝通、傾聽、身體語言等領域必須具備良好的人際能力。

- 諮商員的核心能耐之一是，有接納案主的容量，以及相信案主自己有改變的潛能。

- 研究證據指出，有成效的諮商員擁有認知彈性與概念化能力。

- 雖然諮商員可能已經克服了自己生活中的創傷與失落等經驗，很重要的是，諮商員應已獲得足夠的自我察覺，並具備容忍焦慮的能力，如此方能充分地陪伴案主並與案主建立適當的關係。

- 諮商員的能耐也包括能適時地運用適當的技術。

- 諮商能耐也包括了解除了案主之外，尚有其他相關人士的要求必須考量，以及組織的限制必須顧及。

- 諮商員的這些能耐領域不應視爲固定與靜態，視之爲發展歷程的一部分會更有用。有人建議，身爲諮商員就宛如置身於旅程中，從幼年時期啓程，然後獲得了一些幼年的經驗，接著接受訓練，最後成爲成熟有經驗的專業人士。

- 諮商能耐的發展模式提醒諮商員應記住自己會把自己獨特的優點、缺點、天賦、及未解決的議題帶到諮商接觸中，並記取這樣的成長永無止境。

討論問題

1 您爲何要選擇諮商這條路呢？在小時候發生了哪些事使您想當諮商員？

2 旅程的隱喻適用在你身上嗎？您現在正處於該旅程的哪個階段？下一站又要往哪邊走？對你而言，何種隱喻最能準確貼近您的諮商員發展？

3 試回想本章已經討論的諮商能耐領域：人際技巧、個人的信念與態度、概念化能力、個人的健全性、技巧的純熟度、與處理社會系統的能力。哪些部分您已經具足？哪些部分還待努力？

4 試思考Sussman（1992）所說的：「治療師必須先解決自己的創傷與內心的衝突？」對於這句話您有什麼看法？

關鍵辭彙與概念

clinical memory   臨床記憶力

competence	能耐
counselor identity development	諮商員認同發展
hazards of practice	實務的困境
manuals	手冊
personal therapy	個人治療經驗
skill	技巧
therapeutic alliance	治療同盟
values clarification	價值觀澄清
wounded healer	受傷的治療者

建議書目

您若對本章探討的主題有興趣，可以閱讀Goldberg（1988）與
Kottler（1988）的著作，他們提供諮商員的畫像與動機，描寫
得稍微誇張，但平衡。相對下，Sussman（1988）與Strean
（1993）則描寫邪惡的一面，指出諮商員犧牲案主來滿足自己
的需求。另外，還可以讀McConnaughy（1987）在本章所提到
的概念。

Skovholt與Ronnestad（1992）特別探討哪些特質構成一位好的
諮商員。Horton與Varma（1997）則晤談了一些有經驗的諮商
員，內容有趣，探討諮商員如何保持高動機與有成效。

19 諮商的訓練與指導

前言

　　過去二十年以來，英國與歐洲漸漸開始注意到諮商的專業化，愈來愈多人開始投身諮商的訓練與督導的行列。在美國，這樣的情形發生在1950年代。隨著對此一專業的需求與諮商相關協會的發展，迫使訓練機構（學校或私人機構或學會）開始將諮商的訓練與督導制度化。在英國，諮商課程首度於1966年誕生。1986年，英國諮商協會頒定諮商課程與訓練的標準；1992年，英國心理學會發佈了諮商心理學的課程指南。

　　儘管相關課程如雨後春筍般出現，但探討如何協助受訓者進行諮商專業訓練的研究卻不多。對於研究與學術性而言，諮商的訓練領域依然是個未開發的處女地。甚至訓練者深厚的專業知識與經驗也很少著書出版。

諮商訓練的歷史

　　當我們要探討心理治療或精神分析的訓練史時，我們會發現這部分的資料相當難找。對於精神分析而言，最主要的訓練媒介是「訓練分析」（training analysis）。精神分析機構的受訓者會先接受機構中資深成員的分析。在整個訓練期間，受訓者以這種方式接受二位或二位以上的分析師之訓練分析。他們認為訓練分析是分析師了解精神分析實際上是什麼的唯一途徑，不過後來許多精神分析機構會在訓練計畫中加上一些理論研習、案例討論、兒童觀察研究。評鑑受訓者是否夠格成為一名分析師，大部分由訓練分析師來決定。這些做法的隱密性與秘密性，導致無法公開討論訓練的議題，受訓

者的評鑑全然交付專業判斷，其中並無關說的可能。這種訓練潛在的壓制性在Masson（1988）的著作中有深入的探討。

　　1940－1950年代案主中心治療法的發展，對於如何訓練諮商員有新的想法。Rogers與他的同事讓受訓者以協同諮商員（co-counsellor）的角色進入治療室觀摩。在訓練歷程中，學員們互相練習相關的技巧。在訓練歷程中，也採用自我成長團體或T團體，使學員有小團體的經驗。在訓練歷程中，訓練者會以晤談歷程的影帶為教學內容，使學員體會與了解治療歷程，並且經由討論更加清楚諮商的歷程。這時，諮商員的訓練已經開始採用較開放與多元的方式來學習技術，並引進其他工具（例如會心團體）來促進自我察覺，而不是像過去只依賴個人接受治療的經驗。此外，這個訓練歷程也有一點民主化的色彩，即除了訓練者的評鑑之外，也讓學員自我評估。

　　在1960—1970年代，結構化的訓練方式開始發展。這不只用在諮商員的訓練課程，也開始運用在較短期的訓練課程，針對其他人群服務領域，例如護理、管理、教學。Carkhuff（1969）是第一個規劃結構化課程的人。此後，也有其他的課程陸續發展出來，如微觀技巧訓練模式（micro-skills model， Ivey and Galvin 1984）、技能型助人者模式（skilled helper model: Egan 1984）、SASHA錄音帶模式（Goodman 1984）、及人際歷程回想（interpersonal process recall， Kagan et al 1963）。儘管這些模式都有不同的重點，但是所有的課程都有結構化的詳細訓練素材、大綱、以及教學影片或錄音帶，使受訓者能以標準化的方式來訓練諮商技巧。

　　最近，有關諮商員的訓練計畫越來越關注督導的角色與個人接受治療的經驗（Thorne and Dryden 1991）。

諮商訓練課程的主要核心

　　現在已有相當多種不同的訓練模式，其中的理念也有所不同，所以，我們必須廣泛地了解，哪些是諮商訓練的核心（Dryden and Thorne 1991; Dryden *et al.* 1995）。不同的課程可能有不同的重點，但是大多包括以下所提的一些基本內涵。

理論架構

　　我們現在已經接受諮商員在進行諮商時，要有他的理論基礎。理論的課程基本上包括諮商模式、基本心理學理論、人際行為與團體動力、心理病理學、及基本的社會學概念（社會階層、種族、性別）。此外，一些特別的諮商師（例如婚姻家庭諮商、悲傷治療），則還有一些特別的諮商模式訓練課程。對於諮商理論的學習，除了基本理論的了解以外，我們也開始注意到學生是否能活用理論。主要目標是，學生可以用理論去詮釋案主的行為，並且知道如何回應。

　　諮商員訓練的一個重要議題是，要使學生專注學習一種理論，還是將所有的理論作廣泛介紹（Halgin 1985; Norcross *et al.* 1986; Beutler *et al.* 1987）。這個議題與諮商訓練機構本身的理念有關。一些獨立的機構會有自己的諮商理念，自然在訓練時也會依循自己特有的理論。在高等教育的學院（大學）裡，因為學術的影響，他們會使學生研習各門各派，並且分析不同理論的異同點，並期望學生可以整合這些理論。

　　另一個問題是，哪一種理論最適合自己。先把各門各派學好，

然後再依照自己的興趣做更深入的探索呢？或先學好一種學派後再來學習其他？在英國，一開始傾向單一學派的學習。Felthman（1997）認為，這樣會少了一些思辯的機會，無法了解各派別的差異、與各派別之間的論爭，並且會因此窄化了諮商師的視野。不論是單一學派的學習，或第十一章所提的折衷取向，目前還是一大論爭。

諮商技巧

　　關於諮商技巧的討論，個人中心取向與認知行為取向比精神分析取向有更多的討論。所謂的諮商技巧就是治療師對於案主的反應所採取的一系列回應策略。基本的想法是如何將治療師的角色切割成一系列的具體行為，而這樣的想法剛好與精神分析取向的概念相違背。

　　現在已經有相當多的諮商技巧訓練模式。一些機構在進行培訓時，都會將這些訓練模式的想法與程序納入培訓課程中，即使未完整地採用。以下我們將深入討論幾個主要的訓練模式：

　　人力資源發展模式（human resource development model--HRD）（Carkhuff 1972; Cash 1984），源自Rogers學派的核心條件─同理心、無條件正面關懷、以及真誠一致。這個模式到後期也發展出一些積極的介入技巧，如具體化（concreteness）、面質（confrontation）、與當下立即（immediacy）等等，並運用在三階段的治療模式中。這個三階段治療模式包括個人探索、了解、及行動。在訓練課程中，學員會交互地學習各種技巧。其中會講解在助人關係中使用各種技巧的邏輯，並以錄影帶或實地操演來示範。學員也參與小團體的的演

練，這種第一手的經驗有助於體驗這些核心條件。

在微觀諮商技巧的訓練模式中（Ivey and Galvin 1984），將諮商切割成以下的要素：

- 照料行為
- 觀察案主的技巧
- 開放式問題與封閉式問題
- 鼓勵、吸收與重述案主的話、歸納
- 反思感受與意義
- 聚焦問題
- 影響技術
- 面質
- 訪談結構化
- 整合技巧

訓練者會把這些技巧的正面例子與負面例子寫成書面資料，並且用錄影帶的顯示方式使學員更加了解這些概念與技巧。另外，在觀摩完錄影帶以後，學員們會進行演練並由訓練者提供回饋。經由如此反覆學習的歷程，成員們對於這些技巧會越來越熟練。微觀諮商技巧訓練的主要目標在於促使諮商員「有意圖」而非「直覺」地運用技巧，換句話說，使他們能夠在廣泛的技巧戲目中選用適當的技巧，而不是只有一或二種固定的溝通與介入技術。另外，還有一些課程會特別強調文化差異的議題（Ivey *et al.* 1987）。

人際歷程回想（interpersonal process recall，IPR）（Kagan 1984; Kagan and Kagan 1990）與上面兩種取向不同，強調學習的經驗歷

程。學員先觀看訓練者與案主的互動錄影帶，然後根據錄影帶上後續的指示圖片進行簡短的演練。第二階段是情感模擬（affect simulation），學員對於錄影帶上的人物做出回應，其中這些錄影帶上的人物直接對著照相機述說其強烈與苦痛的情緒。第三階段，錄下學員的一段諮商晤談，然後立刻看錄影帶，並在一位指導者的協助下，由學員講出當時的感受與經驗。這種刺激性回想（stimulated recall）是人際歷程回想獨特的要素，根據的假設是所有的助人者（包括新進的學員）都有一套助人的回應戲目，但是由於焦慮與社會抑制等因素而無法發揮。從以上的介紹可知，雖然這些訓練模式有一些差異，但是基本上都包含一些類似的學習活動：

- 一開始時著重在一般性的技巧而非理論模式
- 對於技巧背後的原理會有書面資料的闡述
- 觀察專家如何示範技巧
- 學習分辨有效與無效的技巧範例
- 與案主或同學進行演練
- 學員檢討他的技巧表現
- 獲得來自其他學員與訓練者的回饋
- 降低焦慮水準，特別是面對案主表達情緒時
- 有進一步的演練技巧
- 將技巧整合到諮商中。

　　諮商員訓練效果的研究證據支持著微觀技巧與HRD模式，對於IPR則仍然存疑（Baker *et al.* 1990）。

對自我的處理

　　在主流的諮商取向中，自我了解與自我察覺是相當重要的議題。即使是一些技巧導向的訓練取向也強調自我察覺，例如人力資源發展模式與人際歷程回想模式。例如，在心理動力取向的訓練中，治療師必須能夠區別自己因案主的移情作用所產生的反移情作用與個人內心未解決的衝突之投射。在個人中心取向中，諮商員的真誠一致、察覺個人的感受並適當回應的能力等等，被視爲建構有效的治療環境之「核心條件」。

　　自我察覺是一項相當重要的課題，我們必須使治療師學會不將案主的痛苦、恐懼與不安帶進自己的生活中，或因此而耗竭。普通人在面對案主表達出極度痛苦的感受時，大多以否認對方傷害的深度或壓抑自己的反應等方式來處理。一個有成效的諮商員，必須學會無懼地面對這些苦痛，並且學會處理他們的苦痛。另外，諮商員了解自己投注於助人行業的主要動機，以免因爲自己的私利而剝削與傷害案主。

　　傳統上，心理動力取向堅持諮商員在受訓期間須以案主的身分接受治療，做爲一種主要的訓練方式。這種接受治療的訓練差異頗大，從十次晤談到每週兩次且持續多年。這種做法的邏輯是，除了促進個人的成長以外，最重要的是可以體會案主的感受，以及第一手觀摩治療師的做法。另外，有些訓練課程是以此來評鑑受訓者的潛能。

　　這種接受治療的訓練模式，目前受到相當多的批評。首先，這樣的安排並非案主自身的選擇，通常是訓練單位的要求。一般認爲，案主的參與意願對於療效的產生是相當重要的投入要素。在接

受訓練之前，學員可能剛結束一門訓練課程，並不想再次地坦露自己個人的事物，若勉強安排接受分析治療，則損及個人的選擇權。第二，如果在治療的歷程中，觸動了強烈的情緒波動，可能會影響學員在其他課程的學習效果。第三，如果治療進行不順，例如案主與治療師的搭配不佳，這些學員基於訓練的要求會覺得有必要繼續下去，但這麼一來就可能冒著受傷害的風險。第四，治療資源頗為寶貴，治療師將時間精神放在真正遭遇困境的案主身上應比學員重要。第五，這些治療的花費也包括在治療訓練中，那麼對於經濟不佳的族群，是否就無法參與訓練呢？

　　這些論爭還未有定論。如果學員因個人治療而引發出危機也許較好，因為早點發現解決可以避免正式輔導案主時受到誘發。以這樣的角度來想，這些訓練課程確實相當有幫助。另一個想法是，經由親身經歷的經驗，學員更能體會案主的角色：諮商並不是一組施加在案主身上的技術，而是諮商員與案主一起參與的學習歷程。還有人認為，經由接受治療的經驗，使學員知道自己何時需要尋求協助，以及尋求這種協助時會感到坦然，而不是帶著受傷的狀態去輔導案主。整體而言，接受治療是成為諮商員的必修經驗。

　　有一些研究曾深入探討這種諮商員接受治療的效果（第十八章），但是並沒有一致的結論。我們要注意的是，個人接受治療的經驗只是諮商技巧訓練的一部份，我們很難把它獨立出來討論與分析。

　　在處理學員的自我這方面，還有另一種做法是「體驗性」團體。這些團體可能稱為治療團體、T團體、或會心團體，以及可能請外界的顧問、訓練課程的講師來帶領，或甚至一切自助，在團體中並無領導員帶領。主要的目標與個人接受治療的意義類似，此外

還多了團體中的關係品質與支持感等構面。在小團體中，可以使學員確認與澄清自己的價值觀，這會影響到輔導案主時的做法。可惜目前尚無相關研究探討這種體驗性團體在技巧訓練中的角色與效果，其中的議題與兩難值得進行系統性的研究。例如，我們可以發現，團體氣氛對於學員的學習扮演著重要的角色，若是凝聚力強、相互支持的團體，他們所學的就比氣氛緊繃的團體多。此外，在小團體裡產生的主題，能不能在接下去的訓練課程中討論，因牽涉到團體成員的私密性與信任感，需要加以注意。

有一些訓練課程還會要求學員寫心得日誌，這些紀錄有助於學員個人的學習與思考如何將所學應用到實務上（Pates and Knasel 1989）。Progoff與Rainer（1980）曾提供如何撰寫學習日誌的指南。這些日誌不只是學習經驗的整理與反思，也有助於提昇日後的生活與專業發展。雖然如此，撰寫與批閱這些日誌，對於學員或訓練者都很花時間。

要產生良好的自我探索與學習品質，環境的舒適與否也是應考量的因素。訓練團體必須處於舒適安靜的環境中，一般都會選擇郊區，或與世隔絕之處，這樣方能構築一「文化的孤島」，使彼此的關係可以強化及演練新的行為模式。諮商員訓練課程對許多學員而言，代表密集的自我探索與改變（Battye 1991），對於伴侶、家人、及自己過去的角色都會造成影響。

有關諮商員訓練的個人成長領域等相關議題，Johns（1995）與Wilkins（1997）已詳細探討，有興趣的讀者可以進一步閱讀。

專業議題

訓練的課程也應包括一些專業上的課題。專業倫理守則在訓練課程中也會是一大重點。其他應涵蓋的專業議題包括：諮商中的歧視與權力，特別是涉及種族、性別、失能、性傾向；轉介與案主的管理；界線問題；專業責任與保險；專業就業機會；諮商代理機構的組織與行政管理。Bond（1993）曾深入探索這些主題。

實習的督導

在訓練的某個時點，學員會開始輔導真實的案主，而不是同學間彼此演練。一般認為，訓練課程的學員最好能在有人督導的情況下歷練一下實務，這樣的經驗素材能在課程的其他部份應用，而且也能有機會實際運用技巧與概念。在本章最後，我們會針對督導進行深入的討論，這裡要提到的是，對學員的督導包括例行性的一對一督導晤談，以及團體性質的督導。督導的頻率與品質對於學員極為重要。然而，訓練的一些面向使有效的督導可能難以進行。我們想想，當你第一次面對案主，又面臨案主的考驗時，一定會感到焦慮與不安，並且想找個人依靠，督導就是這樣的一個靠山。這部分的諮商員發展在本章的稍後會深入探討。第二個議題是，督導與訓練者的關係。督導的角色與做法最好跟訓練課程一致。另一方面，最好讓學員覺得可以跟督導坦白而無須擔心是否會因此左右他們能否通過訓練。督導的角色與訓練課程的關係，對督導而言是項挑戰，他必須在融入課程及以學生為中心之間找到適當的平衡點。

對研究的興趣

探討研究對於了解諮商歷程的貢獻，也包含在許多的訓練課程中。在訓練中，可加入研習會與研究文獻的指定閱讀，培養學員從中做出結論的能力，以及研究方法的訓練，最終則進行小型研究的設計與執行。從大部分的實務工作者不太理會研究資訊（見第17章），可知過去的訓練課程想引發學員對研究的興趣所做的努力並未達到應有的成效。

諮商訓練的議題與困境

我們都知道目前並無標準化的諮商訓練課程，這其中有兩個經常遇到的問題：平衡與時間。首先，在訓練課程中，我們很難決定要強調哪些訓練的重點與犧牲其他。第二，不論課程多長，時間都是一個必須考量的因素。我們都知道諮商員的訓練很漫長，需要一段時間才足以吸收消化理論與技術。大部分而言，四年的時間才能培養出一個稱職的諮商員，但是少有訓練課程允許這麼長的時間。其他議題包括學員的選擇、能耐的評鑑、以及訓練課程的哲學觀。

選擇學員

很少有研究探討諮商學員的篩選議題。大部分的課程只會利用訪談來了解應徵者的狀態，並依此來篩選學員。對於這樣的訪談是否可以達到篩選學員的效果，目前還是存疑，主要是因為對於何種人適合當諮商師並無一定的標準，自然也沒有一套清楚的篩選標準；所以，我們也很難擔保這樣的篩選可以選出適當的學員。最近

開始有一個趨勢，一些訓練機構會花一兩天的時間，針對應徵者進行評鑑（這樣的做法跟企業界、公務界、與軍方選取資深經理人的做法相近）（Bray 1982），並會有不同的面試官與應徵者各討論不同的主題，並且觀察應徵者在團體討論與諮商角色扮演情境中的表現，以及進行一些測驗，例如人格、智力與諮商態度測驗。這種做法可以比一次的訪談更能找出有潛能的諮商員（經由多種評鑑將更準確，包括：同儕評鑑、老師的評量）。

諮商員能力的評鑑

　　評鑑諮商員的能力是一項困難的任務。在目前，諮商員的資格大多經由專業團體來認定，並強調須通過其訓練課程。因此，訓練課程評鑑學員的方法，對於整個諮商界及尋求服務的一般大眾就很重要了。

　　關於學員修習課程的品質評鑑，目前有多種評鑑判斷與技術。首先是，訓練者或授課講師的評鑑，再來是督導或外界顧問的評鑑。獨立的裁判團可用來評鑑學員所遞交的報告，或進行案例素材的現場口試（Stevenson and Norcross 1987）。許多課程也會採用同儕評鑑或自我評鑑。我們很少會由真實的案主來評鑑學員的績效，不過如果學員彼此輪流擔任對方的案主來演練，則不在此限。上述這些評鑑都有其貢獻，但也有其限制。例如，訓練者或授課講師的評鑑也許很適合針對學員的技巧，但是學員可能採取「印象管理」的對策而在這些人面前呈現自己最好的一面。同儕團體成員的評鑑很可能比訓練者或授課講師更能同時評定學員的優缺點。

　　目前已經有許多其他技術可以來評鑑諮商員的技巧與能力，包

括：

- 問卷與評估量表
- 接案的錄影帶或錄音帶分析
- 學習心得或日誌
- 測驗
- 電腦模擬

　　每種工具都有優缺點。例如問卷與評估量表廣泛用在研究與實務中（如Linden *et al.* 1965; Carkhuff 1969; Myrick and Kelly 1971），因為使用起來很簡便，但是缺乏適當與最新的常模是一大問題。換句話說，問卷可以測量諮商員的一些特質，如同理心，但是沒有一個明確的標準來說明諮商員是否表現得「夠好」。此外，總是有問卷與評估量表無法顧及的學習面向。

　　使用接案錄影帶或錄音帶也會有一些問題，主要是在錄影時，治療師的表現會與平常的表現不同，並且我們只能看到表面的互動，無法了解治療師內心的歷程；又礙於時間有限，一般都只採用片段來評鑑，較少人花時間做整個諮商晤談的評鑑。學習心得或日誌也是評鑑的一種資料來源，我們也可以用這些來評鑑學員的發展情形以及將所學應用於實習上的情形（Pates and Knasel 1989）。不管如何，心得日誌的資料只代表學員主觀的心得，而且應注意有些學員的文筆較差，如此評定恐有欠公允。

　　有些訓練課程會利用考試或測驗來評鑑，而這些測驗主要是配合課程來設計。但我們都知道，這種評鑑方法只能針對學員認知上的知識，這對於輔導案主的成效可能無關。最後，案主問題類型的電腦模擬測試，則用於評鑑諮商員臨床的決策與對案主的掌握情形

（Berven and Scofield 1980; Berven 1987）。

　　對於如何評鑑諮商員的能力有許多的想法，但是大多數技術的信度與效度未知（Scofield and Yoxheimer 1983）。Chevron與Rounsaville（1983）曾進行一項研究，研究中使用各種不同的技術來評鑑治療師的臨床技巧。結果發現，這些評鑑技術之間大多無法達到一致的評鑑成績，即使評分的督導都受過嚴格訓練且相當有經驗。

　　另一個有關評鑑諮商員能力的議題是：評鑑的工具與技術之敏感度。Davis（1989）認為，雖然對於諮商員的錯誤可以準確地判斷出來，而且信賴度也很高，但是很難區分較高水準的技巧表現，例如區分「適當」與「卓越」的諮商。Sachs（1983）的研究結果指出，諮商員若無失誤可以做為案主有良好成效的指標。因此，對諮商員之能力的評鑑只限定在區隔「通過或失敗」，可能是較妥當的做法。

　　Purton（1991）發現，訓練課程使用的評鑑模式反映著訓練課程的哲學觀或理論取向。例如，個人中心學派會強調學員同儕間的評鑑，精神分析學派強調使用直覺，心理動力取向的訓練課程則密切注意潛意識下可能妨礙輔導案主之進行的人格特徵。訓練課程的文化也會影響評鑑方式的選用。Tyler與Weaver（1981）認為，學員能否查看成績紀錄或提供回饋給學員的政策，會嚴重影響到評鑑資訊的效度。訓練者對於評鑑程序與評鑑標準的公開也是個重要的因素。Toukmanian等人（1978）曾研究兩個接受相同訓練課程的學員團體，其中一個團體被告知評鑑的標準，另一個團體則否，結果發現前者的表現比後者好。

　　訓練課程的能力評鑑有重要的涵義。若結業成績良好，在雇主

與案主的心目中常視之爲可以執業的保證。鑑於這個領域的研究很少，所以在選用評鑑的工具與技術時要格外謹愼。最好是儘可能博採各種來源與技術，以及考量更多相關行爲的樣本。Wheeler（1996）的權威性著作探討著這個主題，有興趣的讀者可以參閱。

督導

　　諮商員的養成，訓練過程與實際執業時的督導是很重要的一環。一些專業機構都會要求諮商員必須定期接受督導。要注意的是，在不同的工作場合中，督導有不同的意義。在諮商的場域中，督導主要並不是管理的角色（下達指示與分派任務），而是協助諮商員可以更有效地輔導案主（Carroll 1988）。同時，督導有時也像教師或顧問。Hawkins與Shohet（1989）認爲督導有三個主要的功能。第一是教育：提供給諮商員回饋與新的資訊。第二是支持者：他會協助諮商員解決困境，並且處理個人內心的痛苦。第三是管理者：他會確保諮商工作的品質，及協助諮商員規劃工作與善用資源。

　　督導有幾種不同的形式（Hawkins and Shohet 1989）。大部分是採一對一模式，諮商員在固定的時間與固定的督導碰面。另一種變化版是使用不同的督導各協助處理特定的議題，例如碰到家庭問題時，可能會請家庭專家來協助督導；面對心理疾病時，會邀請專業的臨床精神醫師來協助督導（Kaslowm 1986）。除此之外，團體督導也是常用的方式，即幾個諮商員同時與一位督導聚會。案例討論團體是一種團體督導的形式，特別提醒大家注意與了解某案主的人格動力或家庭洞力；同儕督導團體指一群諮商員定期聚會來彼此督導，這種模式並沒有領導者或顧問。最後是督導網絡（Houston

1990），由一群同事組成，彼此互相督導，採取的方式可以是一對一或一對多。

　　每一種督導方式都有優缺點。固定的個別督導可以促進良好的工作關係（督導與諮商員之間）。另一方面，特定的顧問在特殊的領域會有較深入的經驗。團體督導與同儕督導可以讓諮商員從其他同事的案例與議題當中學習，但是保密問題與處理團體的動力需要注意。選擇督導形式時，考量的因素相當多，包括個人的偏好、花費、可行性、代理機構的政策、以及諮商哲學觀。

　　督導歷程的品質高度決定於諮商員在督導情境中所提供的資訊。一般而言，諮商員都會將治療紀錄與個人的心得日誌，帶去與督導討論。Dryden與Thorne（1991）認為，如果督導要將重點放在治療技巧時，就需要看到諮商員晤談的「實際資料」。這些資料可以來自晤談後的逐字稿及治療錄影或錄音。在某些狀況下，督導甚至到治療現場觀察。

　　在督導中，決定要討論什麼會是一大難題。值得討論的潛在議題包括：諮商員必須探索自己對於案主的了解、他對案主的回應、以及採取不同的介入或技術之適當性等等。Hawkins與Shohet（1989）已建構出一套督導歷程的模式，可以幫助我們澄清上述的一些議題。他們認為，在督導歷程的任何時點都有6條線在運作著：

1　反思諮商晤談中的內容：焦點在案主身上，他說了什麼、他生活中的哪些不同的部份如何搭配、他希望從諮商中得到什麼。
2　探索諮商員使用的策略與技術：焦點是諮商員的治療意圖與介入策略。
3　探索治療關係：焦點是諮商員與案主之間的互動，看看他們是

否建立起工作同盟。

4 諮商員對案主的感覺：焦點放在反移情，看看是否因為與案主接觸後激起自己內心的故事。

5 探索當下的督導狀態：焦點放在當下的督導關係，看看督導與諮商員之間的移情關係，這部分與治療關係雷同（McNeill and Worthen 1989），這樣的平行探索可以促進諮商員的內省。

6 使用督導的反移情：督導對於諮商員的感受也可以做為瞭解案例內情的指南，這些是督導或諮商員都未細思之處，此外也有助於督導或諮商員雙方更清楚督導關係的品質。

Hawkins與Shohet（1989）認為，好的督導必須包括這些層次。督導可以有個人的督導風格，但是最好都能兼顧這些面向。經由這樣的督導架構，可以使督導與諮商員清楚知道現在該做些什麼、需要哪些改變與突破。事實上，在實務工作上這個模式受到廣泛的運用，但是尚未產生實徵研究。

Hawkins與Shohet的模式檢查了單一督導情境中發生的事物。督導有時也會產生某些延續較長時期的歷程，這些歷程與諮商員發展階段的形貌對於諮商歷程所可能產生的衝擊有關。隨著諮商員擁有不同程度的經驗，對於督導的需求也會不同，已有許多模式描述著此等發展的軌跡（Hess 1980; Stoltenberg and Delworth 1987）。例如Friedman與Kaslow（1986）就發展出六階段模式：

1 興奮與行前焦慮。在諮商員開始真正接案之前，他們會感到既興奮又擔心，所以此時的督導著重在給予諮商員安全感與提供一些引導。

2 依賴與認同。在正式接案之後，就進入了第二階段。因爲諮商員缺乏信心、能力、及知識，所以他們會非常依賴督導，期望督導給他們一些協助與解惑。此時的諮商員經常將督導當做楷模。同時，也會因爲害怕暴露自己的缺失，所以有時會有所隱瞞。此時，應將焦點放在案主的人格與動力上，而不是治療關係或反移情現象，並應探討諮商員缺乏信心以及在諮商歷程中的貢獻等議題。

3 主動與持續的依賴。因爲諮商員發現自己漸漸上手，與過去大不同，所以會更主動積極地輔導案主。同時，諮商員也會對督導更開放，表達自己對案主的感受，有時也會與同事或家人分享諮商的事物（Friedman and Kaslow 1986: 38）。在這股對治療的熱忱下，有時他們會走火入魔地將諮商概念或技巧運用在朋友或家人身上。此時督導的主要目標是，接納諮商員同時有積極自主與依賴等需求，並且鼓勵他們探索各種選擇。

4 充實感與紀錄病例。Friedman與Kaslow（1986: 40）認爲，第四階段使諮商員真正了解自己是個獨立的諮商員。他們開始探索自己的治療經驗，並且開始閱讀相關知識。漸漸地將理論與實務進行結合，並且也開始發展自己的理論概念。此時督導除了要處理反移情的現象以外，還要開始討論理論模式。諮商員在此時較不需要督導給予溫暖與支持的感受，而是要更多的挑戰。他們也開始獨立較不依賴督導，並且視督導較像是顧問而不是教師。

5 認同與獨立。這也就是所謂的「專業的青春期」。此時的諮商員開始探索各種不同的觀點，也開始學會獨立飛翔。在這時，他們可能會開始找尋同儕督導，也開始建立自己的內心分析架

構，對於督導的建議也會有所選擇。此時的諮商員也可能認為，自己有些部分可能比督導更為精熟。在這個階段的督導，要能夠讓諮商員找得到，並接受自己漸漸要放手。

6 冷靜與沉澱。此時，諮商員已建立了自己的專業認同，並且對自己的能力也有自信。他們必須能夠接納各種理論的優缺點。會將同儕與督導當作諮詢顧問（Friendman and Kaslow 1986: 5）。在這個階段，諮商員也開始尋求擔任督導的角色。

上述是專業認同的漸進歷程，督導的焦點也有所不同。這個模式有助於督導者與諮商員察覺到專業發展的順序變化，並能隨著調整自己的行為與期望。

從上述歷程的說明，我們可以看出督導與諮商員之關係的重要性（Shohet and Wilmot，1991）。Charny（1986:20）認為：「個人在督導中的最大成長可能性……來自諮商員因某個已知的案子而坦白地剖析自己的心智、靈性、與身體所發生的變化」，他又說對他而言，督導的價值在於：「我可以說我對於案子真正的掛慮」。為了進行這種開放的自我探索，需要同樣程度的情緒安全感及提供同樣的「核心條件」給案主。在諮商中，案主選擇諮商員的自由無比珍貴，決定終止的自由亦然。在許多成功督導過程中所發現的對於關係議題的敏銳感受度，可能有著使「督導」與「實際治療」之間界限模糊不清的危險存在。因此，督導在諮商員的訓練與後續發展中之角色，跟如何與何時為諮商員進行個人治療有密切的關聯。

諮商的訓練與督導：小結

　　在諮商中，理論的發展與諮商實務的研究並未相對應地注意到訓練與督導等面向。只有少數的研究進行訓練效果的評鑑。有關在訓練中涵蓋倫理、多元文化觀點的方法等問題大多還是懸而未決。整合取向與折衷派的訓練也才剛開始。有關訓練採取「科學從業人員」模式與諮商實務的關聯性，也未能充分研究探討。此外，目前也少有訓練課程針對訓練者與督導。非專業工作者或志工諮商員的訓練與督導需求一直受到忽略。因此，在這方面的理論與研究有很大的發揮空間。

　　另一方面，雖然目前尚無清楚的結論，但我們有適度的信心知道諮商員的訓練與教育有哪些核心要素。一個稱職的諮商員必須能夠運用準確的自我察覺、具備理論模式的知識、以及活用各種諮商技巧。

本章摘要

- 在戰後，諮商訓練變得較專業化與受到管制。精神分析取向在訓練方面大部分採取一段時間的個人分析，此一實務已被內容更廣泛的訓練方法所取代。

- 大多數的諮商訓練課程之主要內容是：了解理論基礎、訓練諮商技巧、自我察覺、探索專業議題、在督導下進行諮商實習、培養研究技巧與察覺研究對實務的涵義。

- 訓練課程最大的爭議是要求學員接受個人治療。訓練是否該包

含此一要素，尚未獲得研究的支持。

- 諮商訓練目前最大的課題是：學員的篩選與諮商能耐的評鑑。

- 諮商員的能力評鑑有相當多的方法與技術，但是業界對於決定諮商成效的準則尚未取得共識。

- 對於大多數的諮商員而言，持續接受督導或定期向同事諮詢代表持續接受教育與訓練的主要形式。

討論問題

1　您如何決定誰有潛能成為諮商訓練課程的學員？依您的觀點，諮商員需要哪些特質呢？又該如何評鑑？

2　您認為個人受過治療的經驗是所有諮商訓練的基礎嗎？以您的觀點來看，學員應該接受多久的個人治療呢？那些半專業的志工諮商員也需要嗎？

3　對於諮商訓練而言，您覺得單一取向、整合取向、與折衷取向各有哪些優缺點。

4　一般認為，諮商課程應包括理論、實務技巧、及自我探索，對此您認為最理想的平衡應如何？

5　您如何知道某人會是個稱職的諮商員？

6　試回想您在諮商課程中參與體驗性團體的經驗。這些經驗對於您的學習有何幫助？

關鍵字

assessment center procedure	評鑑中心程序
assessment of competence	能耐評鑑
development of professional identity	專業認同的發展
human resource development	人力資源發展
interpersonal process recall	人際歷程回想
micro-counselling or micro-skill	微觀諮商或微觀技巧
personal journals	個人日誌
professional issue	專業議題
self awareness	自我察覺
supervision	督導
theoretical orientation	理論取向
training analysis	訓練分析

建議讀物

對於諮商的訓練與督導這個議題，可以閱讀由 Hawkins 與 Shohet（1989）撰寫的《助人專業中的督導》（Supervision in the Helping Professions）以及Dryden（1995）的相關著作。

若你對諮商能力的評鑑有興趣進一步探索的話，可以閱讀 Wheeler（1996）的相關著作。

20 展望未來

前言

　　書本的可怕在於，它會讓讀者以為書中所講到的每一點都是「事實」。教科書基本上象徵著權威、定論。我（指作者）希望本書不會產生這種困境。諮商本身處於動態的歷程，會隨著社會情境的轉變而變動，並且也是充滿創新的領域。我希望讀者不會固著在這些理論中，而能有更寬闊的視野。

　　Eric Bern將幽默引入心理治療中，他寫了一本書《當你打完招呼後，你會再說些什麼？》（What Do You Say After You Say Hello?）。在這一章（最後一章）我將抱持這樣的精神來談談一些課題。前面，我們花了很大的力氣去了解諮商的理論與實務歷程。現在，我們在了解基本的知識之後，繼續來探討一些課題。讀過Bern著作的人應該知道，那本書的全名事實上是《當你打完招呼後，你會在說什麼呢：人類命運心理學》（What Do You Say After You Say Hello?: The Psychology of Human Destiny）。在這裡也是一樣，我們將討論諮商的命運。更重要的是，我們也可以藉此探討人類的命運。

　　在這一章我們會環扣著以下的概念：

- 目前有關諮商的理論與實務之論爭的主題是什麼？以及在這個領域裡根本的選擇與緊張情勢是什麼？
- 過去五十年，諮商如何轉變？方向或趨勢為何？
- 未來五十年，諮商將如何轉變？未來可能發展的方向為何？

　　事先須申明的是，此處所提的概念是我個人的淺見。畢竟，除

了先知以外，無人能預知未來。此處所提的，是我個人認為可能發
生的趨勢。

中心主題：業界在談些什麼？

　　談話中的一些隱喻，可以幫助我們更加了解諮商。在治療師與
案主之間發生的，事實上是一種對話。不同理論之間的論爭，事實
上可以視為持續在探討最佳的助人途徑為何，或理解治療關係的最
佳途徑為何。以更長的時間構面來看，人類在諮商中的意象以及諮
商在社會中的角色與定位，都可以視為文化中對於人性的對話。當
然，對話是不會結束的，無時無刻都會有新的資訊與詮釋加進來。
如果我們回溯過去人們說過的一些話，總是會讓我們產生新的視野
與獲得收穫：這些話的意義在當時是否未獲得應有的重視？並且，
對話是一種發生在人們之間活生生的歷程（書本就做不到這一點）。
在對話發生後，雙方會持續在上面加料或做某種偏離。不管如何，
在對話的歷程中，會環繞著某些中心主題。諮商也是一種對話，談
論的是個體在資本主義的工業化社會中的不確定感，談論著沒有答
案的深度問題。

個體的自主性與自由及集體的關係與歸屬感—
兩者間的拔河

　　現代的社會強調個人的獨立自主。在過去的時代裡，則強調相
互依賴，例如覓食、居住等生活的各個面向。對於大多數人而言，
他們彼此關聯與牽制著，自主權不高，甚至連吃什麼住哪裡都會受

制於人。這種狀況與現代的生活截然不同。我們是獨立的個體。我
們要使自己快樂。我們擁有權利。我們要自己做決定。我們可以發
現，個人主義（individualism）的人越來越多了，並且以個人為中心
的諮商也蓬勃發展中。身為一個個體，我們要在私密的個人空間
（諮商室）中處理自己內心的困境（焦慮、憂鬱、恐懼等）。雖然我
們擁護個人主義，但是我們還是活在社會系統中，我們的食衣住行
育樂還是依賴社會系統。所以，純粹的個人主義是一種錯誤。不論
是在個人層次或經濟層次上，我們還是需要相互依賴。焦慮、憂
鬱、困境，事實上源自個體與別人的關係，可以經由共享的文化概
念為人所瞭解，以及可以跟接受的人一同討論，並獲得舒解。

　　活在現代社會的人，處於一種緊繃的狀態，就是同時被個人主
義與集體主義緊抓著。我們同時生活在內心的世界與外在的世界
中。所有的諮商理論與諮商員，都試圖找出一個解決之道，看能否
在個人與群體之間找到平衡點。有些理論乾脆不管外在世界，直接
處理個體的內心。而個人中心取向，將外在的社會面變成一組一般
化的「價值的條件」。近代的心理動力理論，他們也將社會面處理為
「內化的客體」（internalized objects）。相對的，持系統理論的學者，
則不管個人的內心歷程，轉而強調外在的社會結構。有些取向則試
著將個體與外在環境進行整合，例如女性主義取向與多元文化取
向。但是，一直到現在，每個理論取向最終都要面臨個人主義與集
體主義之間的拉鋸戰。

　　當然，以「個人主義」（individualism）與「社群」（community）
來建構這個議題是過度抽象了。人們最重要的「關係」還是那些身
為小孩、身為家長、歸屬於團體等關係。在諮商中，個體討論著他
們對於這些關係的感受，並且試圖找出最佳的施與受之道。

權力與影響力的性質

所謂的有權力、有影響力的意義為何？所謂的無力感、受害者、受制於別人的意義為何？有權力與無力感間的平衡，掌控別人與追隨別人之間的協調，支配與順從之間的權衡，如何拿捏才對呢？身為一個人，我們在一些面向有掌控力，但在另一些面向又受制於人。不可諱言的，我們的生活除了喜樂以外，還有痛苦與挫折。在不同的社會階層中，我們可以發現權力的差距，例如社經地位、性別與種族。我們可以發現，不論是諮商員或案主都會遭遇與權力有關的課題或困境。諮商員應把自己定位為專家，以案主為中心的同伴，或「不知情」的目擊者？我們要如何回應案主的話呢：簡單的反應、灌輸知識、詮釋？諮商的目標為何：是自我掌控、自我管理、或反映著一種慶祝個人權力的自我實現？這些案主是如何長大的：童年時期受性侵害、活在望子成龍望女成鳳的家庭？他們是災難後的生還者？這些案主會以憤怒或寬恕來主張自己的權力？我們可以發現，在諮商的情境中，有相當多與權力有關的議題。事實上，權力與無力感的問題，反覆呈現在諮商中：案主說的生活故事、案主與治療師的治療關係、治療師與治療機構的關係。

在時間與歷史中的認同感定位

我們都活在時間的洪流中，我們有計畫、夢想、未來。「往事」不只是活在我們的回憶中，它還是我們生命中的一種意義。人類的基本困境之一就是會去製造自己與時間及歷史之間的關係。人類好像有一種基本需求，會想要建構自己的生命故事（從過去到現在以

及未來）。許多案主的問題可以視爲，他與時間的關係之扭曲：如憂
鬱就是「未來沒希望」的時間造成的、強迫性行爲就是對「未來」
感到莫名的焦慮、低自尊就是過度在意自己「過去」的負面事件。
雖然所有的諮商取向都想要使案主擺脫過去、面對現在、展望未
來，但是每個取向都有自己獨特的時間軌跡。例如，人本取向強調
「當下」的經驗、行爲主義著強調「未來」：學會標的行爲、預防復
發。整體而言，大多數的諮商理論都在案主生活的時間架構中運
作。一些家族治療師更是延伸這種時間架構，將跨越世代的影響整
合在一起。較文化導向的理論，如女性主義、多元文化、敘事諮
商，他們所延伸的時間架構更是包括了案主之家族歷史以外的事
件。例如，部分多元文化諮商者，會將案主的種族史納入考量。在
所有的諮商取向中，諮商都可視爲協助案主在時間與歷史中做認同
感定位的一種手段。

身體經驗的重要性

人爲身體所束縛，因而有感受、知覺，會移動。只要活著，身
體就與心靈息息相關。人與身體的關係，也是諮商面臨的課題。以
身體經驗爲主的諮商理論，著重在個人存有的情緒經驗。我們從身
體感受到情緒，並且這些情緒指標對我們相當重要。我們的身體會
告訴我們現在的感受爲何。我們目前活在壓抑情緒的時代，在現代
社會中，輿論認爲我們不應隨意發洩情緒，要求我們要理性、冷
靜、自我控制。對於許多人而言，諮商室是唯一可以宣洩情緒的地
方。對於目前的各家學派，情緒的處理還是一個重要的課題。除了
情緒以外，「性」也是一個重要的身體經驗。性關係、性慾、性的

權力，都是諮商的課題之一。除此之外，基本的生理活動也是重要的身體經驗：吃、喝、拉、撒、外型的大小與美貌。除了正常的生理功能以外，健康也是需要注意的課題，生病、失能、生產、死亡，這些都是諮商會去注意的的個體經驗。縱貫一生，我們都會與這個「臭皮囊」一起生活，所以我們必須要關切「它」的一切功能，並且要深入了解自己與身體之間的互動：接納或忽略。諮商是一個可以探索這些議題的場合，但是不同的諮商理論所持的特殊觀點並不同。

知識、真相、與道德行動

我們如何獲得知識？腦中的知識是否正確？如何做才對？人們的行動會依照著自己認為「正確」的道理，因此何者為「正確」的道理，則是有深遠涵義的根本問題。在目前的科技社會中，我們很難真正知道所謂的對錯。首先，我們的知識來源是「專家」。在過去，真理來自先知（宗教的領導者）。但是現在，大多數的人都會反駁這些「真理」，並且會依尋科學的根據。另一方面，在人類經驗未觸及的領域，科學知識也可能受到懷疑。目前，開始有些人重新強調靈性經驗的價值，另有些人強調藝術也是知識的來源，他們強調想像與創造力，這與科學化的現實生活迥異。雖然目前是科學昌明的時代，但是還是有很多人依照「常識經驗」來行事。隨著知識來源的多樣化，使不同的諮商取向鼓勵案主專精於個人的認知途徑，例如，認知行為取向會強調客觀的科學推理，而超個人治療法（transpersonal therapy）則試圖創造靈性學習的條件。

我們在上面已經討論了五個核心問題：個人主義與集體主義、

權力、時間構面、身體、知識。我們也知道個體經驗是不同構面的
整合，也就是這些議題的整合。我想，你也可以感覺到這裡所討論
的議題與存在主義所提的「活在世上」（being-in-the-world）相當接
近，但是要注意的是，我所強調的是社會情境。這裡所探討的也是
一般案主活在社會中所要面臨的課題。這樣的思維，也可以幫助治
療師思考如何協助案主面對現實的社會情境。諮商理論與技巧，就
是藉由晤談來協助案主處理這些議題。這些問題永遠存在，我們不
應逃避。把這些問題指出來，分享別人的知覺與瞭解，使我們面對
這些問題時不再那麼孤軍奮鬥，這樣似乎就能夠有很大的幫助。

諮商的過去：過去的五十年

目前還沒有人真正地探索諮商的發展史。說真的，我們很難三
言兩語說明「諮商」。這是許多專業的整合。就我的印象而言，諮商
在這五十年來有很明顯的轉變，這些轉變與上述所提的五大議題有
關。在個人主義—集體主義（社群）的議題上，可以發現我們開始
朝向社會與文化的取向，例如女性主義諮商與多元文化諮商。這樣
的趨勢，也使我們更了解諮商是個還在發展的領域。在西方的工商
社會中，我們可以發現諮商員大幅度成長，並且開始關注到各種不
同的族群。

有關權力與控制、以及個體爲何要尋求諮商等議題，我們可以
從多個面向來思索。諮商員施展在案主身上之負面、濫用的權力，
反映在對案主的性剝削，這已受到廣泛的注意，並導致業界頒佈嚴
謹的諮商員倫理守則，以及要求諮商員的訓練課程須涵蓋專業的倫
理議題。另一方面，現在的諮商員很可能比過去對案主施以更多直

接的控制，因為他們晤談的時間往往嚴格限制，而且會施加有各種版本的治療程序（例如照著手冊的指示進行冥想靜坐訓練）。結果，案主的空間變小了，他們感覺到他們想要在治療中做的事情變少了。在1960年代到1970年代，一些強調個體自由的諮商員開始活躍，如會心團體與反精神醫療運動（R. D. Laing），到了1990年代，諮商更與工商業結合，開始在職場上進行諮商，採取「員工協助方案」的形式。即使在一般的健康機構中，隨著經濟的考量，也開始研究心理治療的成本效益，並大舉引用志工，進而出現志工是一種有薪資的專業。

　　權力的議題在諮商中日益突顯。在1980年代，諮商員開始面對一些受害者（如性侵害的受害者，或災難過後的創傷後症候群案主）。無力感與受到加害者或災難情境的操控蹂躪，是這些人共通的問題。這種趨勢顯然反映著戰後二個意義更寬廣的社會現象。第一，為了向性別歧視奮戰，意味著對女性的性暴力必須公諸於世來討論，結果伴隨著對兒童的性虐待不再只是兒童片面的幻想。第二，社會學家也發現，二十世紀將盡，人們對於危機的敏感度提高，開始重視創傷心理學。

　　在「對於時間與歷史的認同感定位」這個範疇，過去五十年來沒太大的改變。主要的改變是女性主義者與多元文化諮商者，方向是逐漸開啟對歷史的瞭解，進而超越只專注在個人的生活面。然而，大部分的諮商員還是把他們的討論限定在以一年為半徑的事件上。

　　身體的議題在過去五十年來一直未受到重視。大部分的諮商員還是以不重視身體的方式執業：安靜坐著、肢體移動不多、身體不接觸。但是，在這種主流做法之外，還是有一些諮商員擺脫坐著晤

談的架構，開始採取身體導向的方法。他們將運動、舞蹈、按摩、靜坐等要素融入治療中。身體運動的治療性價值漸漸受到重視。但是大多數的諮商仍以晤談為主。

對知識與真相的疑問，以及現代文化中知識來源的多元化，在過去的五十年間，以許多不同的方式影響著諮商。有些團體已經試圖將諮商視為可以驗證的歷程，並開始針對諮商的歷程與成效進行研究，再把這些研究結果用來辯護與改善其治療取向。另一方面，有些諮商員一直排斥科學性知識。他們認為，以那些所謂科學的手法所產生的知識，對於諮商並無特別的關聯性。他們更強調靈性的經驗與思維，例如基督思想與佛學。另外，還有一群人致力於發展各種版本的創意藝術治療法。因此，諮商反映著知識與道德觀的相對論，這些是後現代文化的特徵。自1950年代以來，這是真實的轉變。在Carl Rogers、精神分析、行為主義等學派早期的著作中，事物顯得單純很多。人處於何種時空，就會知道哪些事情。這些較早期的著作以平鋪直敘、不模糊的筆法探討人們為何會感到痛苦，以及該該做些甚麼來幫助他們。相對下，到了1990年代，建構主義（constructivist）的興起最足以歸納人們普遍的心態。世界就是我們所建構的那個樣子，人們所相信的事物就是真理。

綜觀諮商過去五十年來的發展，可以發現兩個對抗的趨勢：第一是諮商越來越專業化、以及受到管制，在社會上被視為跟醫學與教育相連結的一種服務業，變得受人尊敬；第二，有一些訊號指出，促使諮商產生某種凝聚力的基本理念，開始逐漸地受到質疑。把焦點放在個體身上；信奉理性的科學知識；創造一個處所，供個人從事反省與解決問題，並能避開外界的政治與不平等；諮商就是理論模式的應用—所有這些假設都已受到挑戰。目前有兩股力量正

在折衝著，折衝的力道越來越強，一股是諮商的外表（在社會上肩負的角色），另一股是人們心裡真正的感受。

諮商的未來：未來的五十年

　　我認為，在未來的五十年裡，為了呼應社會的變遷步調，諮商這個領域會有顯著的改變。以下有三種想法是我個人較不能苟同的：第一是，「現在的『諮商』還是會延續到未來。」對此我不認同，主要原因是諮商這個領域很容易受到文化變遷的影響，我們可以預期未來的社會支持系統、社會關懷網絡都會與現在不同，所以未來的照護方式可能會與目前不同。例如，悲傷輔導，也可能會因為未來對死亡的想法改變（對死亡不再排斥，以及以醫療模式來看待死亡）而有所改變。未來的諮商可能會重新創造，理論概念與技巧也會與一般大眾文化融合。例如Jung理論所提的「情結」（complex）不再是專業技術辭彙，而同理心也成為通俗用語。社會變遷是無法抵抗的趨勢，也必然會影響到心理學的發展。諮商員與心理師必須與社會的脈動同行。因此，諮商自然也將會有所改變，只是改變的方向現在無法確定。

　　第二是「諮商可能會跟護理或社工一樣，變成由國家來掌理與管制。」同樣的，這似乎也不太可能。我們都知道，目前諮商的經費來源相當多元化，包括私人捐助、慈善團體、商業界、及國家補助，沒有一個國家的政府有足夠的資源能吸納諮商所有活動，使諮商成為公營的機構活動。此外，諮商還沒有重要到政府需要直接掌控。至於諸如醫學、護理、社工等人群服務專業，因為最終涉及人民的生與死，政府需要直接掌控。（譯者注：國內對於諮商或心理

治療也無法規管轄，目前中華心理學會臨床心理學組正在推動心理師法的立法，希望能夠由法律來管制心理治療的品質與專業。）

第三，「諮商會更像宗教，並成爲靈性經驗與靈性社群的媒介。」以某個程度而言，這種現象正在發生，但不太可能壯大到掌控諮商，因爲第一，現有的宗教會抵制，第二，心理治療法中擁抱科學理念的人會反對，第三，人本主義者會反對。另外，資助諮商的機構大部份將這些資助視爲用於健康照護、人民福祉等名目。一旦諮商往宗教的方向發展，這些資助很可能消失，因爲失去正當性的名目。

如果宗教、社會工作，不是諮商可能的未來，那麼會發生些甚麼呢？我個人認爲，有四種驅勢在塑造諮商的未來方面會產生主要的影響力：

更重視環境主義（environmentalism）：諮商主要是解決民衆的痛苦，隨著文化環境的不同，關注點也會不同，例如Freud因爲他所處的環境而注意到性與權威、Rogers因爲他所處的環境而注意到個體的認同感與自我接納。所以，未來的諮商會越來越注意個體與文化環境的關係。如果我們對未來的預測屬實的話，我們可以發現未來五十年將會是一個充滿恐懼的時代。個體會因爲環境與責任感的要求而改變行爲與態度，而非過去所強調的果斷、自我實現。我們會因爲人們、物種、或地球某部份的滅亡，而感受到鉅大的失落感或罪惡感。現代人的特徵是擁有一個自主、獨立的自我，這種自我意識形成的生活型態，會導致環境的失靈（failure）。屆時，諮商員必須以嶄新的方法，處理相當不同的議題。

實務的在地化（localization）：社會學家認爲，二十世紀末期將會產生「全球化」的現象。隨著媒體的盛行，個體可以接受到不

同國度與文化的資訊。我們可以看到文化與經濟的交融，例如麥當
勞文化（世界各地都有麥當勞）。我們也可以在諮商與心理治療領域
中看到全球化的影子。較落後地區解決心理問題的靈療法將會被西
方的心理治療理論所取代。大量心理治療的訓練錄影帶與手冊，會
在全球各洲流傳著。諮商的專業化意味著，從業人員很可能已受過
國際認定的治療法之洗禮，而不是只在當地受訓後就能執業。然
而，有訊號指出，諮商的全球化器具已開始失去其光環。越來越少
的諮商員承認自己採用手冊化的「名牌」治療取向。越來越多的諮
商員採取折衷立場，樂於採用不同的理論取向與技術，以滿足不同
的需求，只要他們認為有此需要。越來越多的諮商員開始向傳統的
思維取經，如佛教、道家。在歐美，諮商員也開始探索東方文化。
所有這些趨勢似乎指出諮商的「在地化」，即各地區的業界團體會一
起去研發出能解決屬於當地實際議題的諮商服務，而不是全盤引進
適合外國文化與外國人民的治療模式。地方開始針對自己的定位來
發展自己的理論與實務，而不再只是依循著某個傳統模式。

　　跨學科融合（interdisciplinary）：在理論的層次上，諮商與心
理治療有很多想法與概念來自心理學，臨床心理學或精神醫學也有
相當程度的貢獻。未來這種狀態很可能不再。本質上，心理學對於
人類課題所能提供的指引過於貧乏，不足於使諮商員能夠理解在諮
商室中發生的一切。在諮商室中，諮商員與案主所談論的事物必然
關連到他們所處的社會世界、他們對於真相、公正、良好的生活、
以及語言的使用。為了充分了解諮商歷程，必須具有社會學、種族
學、哲學、神學與藝術等概念。此外，目前很清楚的是，已經有許
多彼此競爭的心理學模式：心理動力、人本、行為、認知。我們可
以在心理學的層次上去了解這些學派的差別，但是我們還需要應用

到哲學與一般性社會科學的理論與概念。

　　消費者的賦權與選擇（empowerment and choice）：諮商的歷史性發展最大的特色是其膨脹。與1950年代相比，現在有越來越多人尋求諮商協助。現在有越來越多人讀心理的書，越來越多人接受心理治療。也有一些人從電影、小說、雜誌上看到一些與心理治療相關的資訊。所有這一切的結果是，諮商的消費者獲得的資訊越來越多，越來越能夠表達他們的偏好，即希望接受特定「品牌」的諮商。甚至已經開始有消費者運動，伴隨著使用者團體公佈他們認為何者為良好的實務，以及由消費者進行調查。潛在的案主知道他們要的是什麼，而且有能力找到，因為在大都會區都有相當多的治療服務機構。加上現在開始流行電話諮商與網路諮商，對於民眾而言，這些都是新的選擇。在美國的部分地區，由政府支持的諮商機構會強調服務品質，並由消費者來評鑑諮商的成效。在現代生活的所有領域，消費與消費者的選擇具有壓倒性的優勢，諮商的案主在未來似乎不太可能盲目無知。結果是，未來的諮商形式會受到消費者偏好與選擇的塑造，以及諮商員與案主之間的關係會因此改變，目前還難以預測改變的方向。

　　未來的諮商可能有以上四點的變遷，我想這還不是定論，因為我們無法確切的知道未來將會如何發展。我們只能說在未來的二十到五十年間，諮商將會有所變化。對於諮商員而言，挑戰來自於我們是否樂於分享我們對於諮商的個人看法，並持續加入對話，這對於諮商員與案主將都會很有價值。

諮 商 概 論

原　　著／John McLeod
主　　編／余伯泉博士・洪莉竹博士
譯　　者／李茂興・吳柏毅・黎士鳴
出 版 者／弘智文化事業有限公司
登 記 證／局版台業字第 6263 號
地　　址／台北市大同區民權西路 118 巷 15 弄 3 號 7 樓
電　　話／（02）2557-5685・0932321711・0921121621
傳　　真／（02）2557-5383
發 行 人／邱一文
書店經銷／旭昇圖書有限公司
地　　址／台北縣中和市中山路 2 段 352 號 2 樓
電　　話／（02）22451480
傳　　真／（02）22451479
製　　版／信利印製有限公司
版　　次／2002 年 6 月初版
定　　價／600 元
弘 智 文 化 出 版 品 進 一 步 資 訊 歡 迎 至 網 站 瀏 覽：
http://www.honz-book.com.tw

ISBN 957-0453-53-2
本書如有破損、缺頁、裝訂錯誤，請寄回更換！

國家圖書館出版品預行編目資料

諮商概論 / John McLeod著；李茂興, 吳柏毅, 黎士鳴譯.
一初版. 一臺北市：弘智文化, 2002 [民91]

面： 公分. 一

譯自：An Introduction to Counselling, 2nd ed.

ISBN 957-0453-53-2（平裝）

1. 諮商

178.4   91005387

弘智文化價目表

弘智文化出版品進一步資訊歡迎至網站瀏覽：honz-book.com.tw

書　名	定價		書　名	定價
社會心理學（第三版）	700		生涯規劃：掙脫人生的三大枷梏	250
教學心理學	600		心靈塑身	200
生涯諮商理論與實務	658		享受退休	150
健康心理學	500		婚姻的轉捩點	150
金錢心理學	500		協助過動兒	150
平衡演出	500		經營第二春	120
追求未來與過去	550		積極人生十撇步	120
夢想的殿堂	400		賭徒的救生圈	150
心理學：適應環境的心靈	700			
兒童發展	出版中		生產與作業管理（精簡版）	600
為孩子做正確的決定	300		生產與作業管理（上）	500
認知心理學	出版中		生產與作業管理（下）	600
照護心理學	390		管理概論：全面品質管理取向	650
老化與心理健康	390		組織行為管理學	800
身體意象	250		國際財務管理	650
人際關係	250		新金融工具	出版中
照護年老的雙親	200		新白領階級	350
諮商概論	600		如何創造影響力	350
兒童遊戲治療法	500		財務管理	出版中
認知治療法概論	500		財務資產評價的數量方法一百問	290
家族治療法概論	出版中		策略管理	390
婚姻治療法	350		策略管理個案集	390
教師的諮商技巧	200		服務管理	400
醫師的諮商技巧	出版中		全球化與企業實務	900
社工實務的諮商技巧	200		國際管理	700
安寧照護的諮商技巧	200		策略性人力資源管理	出版中
			人力資源策略	390

書　名	定價		書　名	定價
管理品質與人力資源	290		社會學：全球性的觀點	650
行動學習法	350		紀登斯的社會學	出版中
全球的金融市場	500		全球化	300
公司治理	350		五種身體	250
人因工程的應用	出版中		認識迪士尼	320
策略性行銷（行銷策略）	400		社會的麥當勞化	350
行銷管理全球觀	600		網際網路與社會	320
服務業的行銷與管理	650		立法者與詮釋者	290
餐旅服務業與觀光行銷	690		國際企業與社會	250
餐飲服務	590		恐怖主義文化	300
旅遊與觀光概論	600		文化人類學	650
休閒與遊憩概論	600		文化基因論	出版中
不確定情況下的決策	390		社會人類學	390
資料分析、迴歸、與預測	350		血拼經驗	350
確定情況下的下決策	390		消費文化與現代性	350
風險管理	400		肥皂劇	350
專案管理師	350		全球化與反全球化	250
顧客調查的觀念與技術	450		身體權力學	320
品質的最新思潮	450			
全球化物流管理	出版中		教育哲學	400
製造策略	出版中		特殊兒童教學法	300
國際通用的行銷量表	出版中		如何拿博士學位	220
組織行為管理學	800		如何寫評論文章	250
許長田著「行銷超限戰」	300		實務社群	出版中
許長田著「企業應變力」	300		現實主義與國際關係	300
許長田著「不做總統，就做廣告企劃」	300		人權與國際關係	300
許長田著「全民拼經濟」	450		國家與國際關係	300
許長田著「國際行銷」	580			
許長田著「策略行銷管理」	680		統計學	400

弘智文化出版品進一步資訊歡迎至網站瀏覽：honz-book.com.tw

書　名	定價		書　名	定價
類別與受限依變項的迴歸統計模式	400		政策研究方法論	200
機率的樂趣	300		焦點團體	250
			個案研究	300
策略的賽局	550		醫療保健研究法	250
計量經濟學	出版中		解釋性互動論	250
經濟學的伊索寓言	出版中		事件史分析	250
			次級資料研究法	220
電路學（上）	400		企業研究法	出版中
新興的資訊科技	450		抽樣實務	出版中
電路學（下）	350		十年健保回顧	250
電腦網路與網際網路	290			
應用性社會研究的倫理與價值	220		書僮文化價目表	
社會研究的後設分析程序	250			
量表的發展	200		台灣五十年來的五十本好書	220
改進調查問題：設計與評估	300		２００２年好書推薦	250
標準化的調查訪問	220		書海拾貝	220
研究文獻之回顧與整合	250		替你讀經典：社會人文篇	250
參與觀察法	200		替你讀經典：讀書心得與寫作範例篇	230
調查研究方法	250			
電話調查方法	320		生命魔法書	220
郵寄問卷調查	250		賽加的魔幻世界	250
生產力之衡量	200			
民族誌學	250